量化宽松货币政策、国际资本流动和中国资本账户开放研究

焦成焕 著

上海大学出版社

·上海·

图书在版编目(CIP)数据

量化宽松货币政策、国际资本流动和中国资本账户开放研究/焦成焕著.—上海：上海大学出版社，2020.12(2021.10重印)

ISBN 978-7-5671-3871-1

Ⅰ.①量… Ⅱ.①焦… Ⅲ.①货币政策-研究②国际资本-资本流动-研究③资本-金融开放-研究-中国 Ⅳ.①F821.0②F831.7③F832.21

中国版本图书馆CIP数据核字(2020)第265508号

本书由上大社·锦珂图书出版基金资助

责任编辑　石伟丽
封面设计　缪炎栩
技术编辑　金　鑫　钱宇坤

量化宽松货币政策、国际资本流动和中国资本账户开放研究

焦成焕　著

上海大学出版社出版发行
（上海市上大路99号　邮政编码200444）
(http://www.shupress.cn　发行热线 021-66135112)
出版人　戴骏豪

*

南京展望文化发展有限公司排版
江苏凤凰数码印务有限公司印刷　各地新华书店经销
开本710 mm×1000 mm　1/16　印张22.25　字数399千字
2020年12月第1版　2021年10月第2次印刷
ISBN 978-7-5671-3871-1/F·209　定价　68.00元

版权所有　侵权必究
如发现本书有印装质量问题请与印刷厂质量科联系
联系电话：025-57718474

目　录

导　论 ·· 1

第一章　量化宽松货币政策的作用及其影响 ··· 7
第一节　量化宽松货币政策的内涵 ··· 7
第二节　量化宽松货币政策的理论基础 ··· 9
第三节　量化宽松货币政策的实践 ·· 13
第四节　美日欧量化宽松货币政策的比较 ··· 30

第二章　量化宽松货币政策与国际资本流动 ··· 47
第一节　量化宽松货币政策的溢出效应 ·· 47
第二节　量化宽松货币政策下的国际资本流动 ··· 61
第三节　量化宽松货币政策对中国资本流动的影响 ······································· 72

第三章　量化宽松背景下的资本账户开放 ··· 86
第一节　资本账户开放及其度量 ·· 86
第二节　量化宽松和资本账户开放 ·· 96
第三节　资本账户开放下的经济增长 ·· 102

第四章　中国资本账户开放的条件分析 ··· 120
第一节　资本账户开放条件及其门槛 ·· 120
第二节　中国资本账户开放的历程及现状 ·· 131
第三节　资本账户开放的国际经验 ·· 144
第四节　推进中国资本账户开放的政策措施 ··· 155

第五章　中国资本账户开放与民营企业融资约束 ·· 160
第一节　资本账户开放与民营企业融资约束 ··· 160
第二节　资本账户开放对民营企业融资约束的模型构建 ······························· 168

第三节　资本账户开放对民营企业影响的实证检验……………… 172
　　第四节　研究结论和政策措施…………………………………… 190

第六章　中国资本账户开放与商业银行效率……………………………… 193
　　第一节　商业银行效率理论与内涵……………………………… 193
　　第二节　资本账户开放对我国商业银行的影响………………… 197
　　第三节　资本账户开放对银行效率影响的实证研究…………… 202
　　第四节　资本账户开放对我国商业银行效率影响的实证研究… 210
　　第五节　资本账户开放下的银行业改革………………………… 215

第七章　中国资本账户开放与银行系统稳定……………………………… 218
　　第一节　资本账户开放对银行体系稳定性影响的表现………… 218
　　第二节　资本账户开放对银行体系稳定性影响的实证分析…… 229
　　第三节　抵御银行系统稳定性的政策措施……………………… 247

第八章　中国资本账户开放与货币政策…………………………………… 252
　　第一节　货币政策及货币政策工具……………………………… 252
　　第二节　资本账户开放对货币政策的影响……………………… 256
　　第三节　资本账户开放下中国货币政策有效性实证分析……… 260
　　第四节　中国资本账户开放进程中的货币政策建议…………… 267

第九章　中国资本账户开放与人民币国际化……………………………… 272
　　第一节　人民币国际化和资本账户开放………………………… 272
　　第二节　资本账户开放与人民币国际化的实证分析…………… 280
　　第三节　发达国家货币国际化的经验借鉴……………………… 287
　　第四节　政策建议………………………………………………… 291

第十章　中国资本账户开放对宏观经济的影响…………………………… 296
　　第一节　中国资本账户开放下的宏观经济……………………… 296
　　第二节　中国资本账户开放对宏观经济影响的实证分析……… 307
　　第三节　政策建议………………………………………………… 324

参考文献………………………………………………………………………… 329

后记……………………………………………………………………………… 350

导　　论

一、研究背景和意义

资本账户开放是发展中国家经济对外开放的重要内容,也是困难和风险较大的改革实践。中国自改革开放以来,一直积极稳步地推进资本账户开放,而在发达经济体量化宽松货币政策所产生的流动性冲击下,我国资本账户开放幅度越大,受到的冲击也就越大。党的十八大报告明确指出要逐步实现人民币资本项目可兑换。因此,在美联储量化宽松货币政策的背景下,在综合考虑国内需求和国际形势的基础上,根据资本账户开放对经济增长影响的中间渠道,探讨如何有利于促进企业融资、金融机构改革、规范宏观经济政策纪律和人民币国际化,进而继续积极稳妥地推进我国的资本账户开放,具有重要的理论意义和现实意义,对于维护金融稳定、促进我国经济健康发展具有重要的应用价值。

二、国内外研究现状综述

量化宽松(Quantitative Easing, QE)的概念是英国经济学家沃纳(Werner)于1991年提出的。日本央行在2001年3月首次提出量化宽松货币政策实践,2008年金融危机使美联储对量化宽松货币政策的运用达到了极致。国内外对量化宽松货币政策的研究文献主要集中在量化宽松货币政策的政策框架、传导机制、作用效果和影响等方面。

在政策框架方面,凯恩斯主义是量化宽松货币政策的重要的理论来源。克鲁格曼(Krugman,1998)将传统的IS-LM模型进行扩展,从理论上指出了扩张性货币政策在名义利率为零的条件下失效,经济陷入流动性陷阱。埃格特松和伍德福德(Eggertsson & Woodford,2003)建立了一个新凯恩斯动态一般均衡模型,并通过该模型证明了央行旨在扩大货币供给的量化宽松货币政策并不能起到刺激实体经济复苏的效果。伯南克(Bernanke,2004)认为,零利率条件下货币政策仍可以发挥效能,央行应扩大自己的资产规模,从而达到提振经济的效果,在此基础上他提出了刺激经济的三种货币政策操作。克里斯坦森

(Christensen，2008)将"金融加速器"引入动态随机一般均衡模型中，考察金融加速器对货币政策效果的扩大作用。国内学者在伯南克金融加速器理论基础上也进行了有关量化宽松货币政策的研究。何德旭(2010)认为金融加速器理论揭示了金融危机到信用成本上升再到真实产出持续下滑的传导机制，并对危机时期金融动荡和经济下滑两者之间反馈循环的微观机制进行了探索。余雪飞(2013)从信贷供给视角构建了一个包含银行部门的新凯恩斯 DSGE 模型研究金融加速器效应，发现量化宽松货币政策的执行有助于在经济复苏时期减缓金融加速器效应。美联储量化宽松货币政策对美国国内经济复苏和提升就业率产生了一定效果。

在量化宽松货币政策效果方面，存在两种不同的观点和结论。一是量化宽松货币政策明显促进经济复苏。宇贺(Hiroshi Uga，2006)在对日本央行 2001—2006 年量化宽松货币政策进行实证分析的基础上，证明了在基础利率趋近于零的情况下，量化宽松货币政策能够通过资产负债表扩张效应影响市场机构预期，并对短中长期利率进行有效压低。乔伊斯(M. Joyce)等(2010)认为量化宽松货币政策对金融市场具有影响，并通过资产再平衡效应影响其他市场。卡佩塔尼奥斯(George Kapetanios)等(2012)对英格兰央行实施的量化宽松效果进行了 VAR 分析后认为，量化宽松货币政策对 GDP(国内生产总值)和 CPI(居民消费价格指数)各有 1.5%和 1.25%的推高作用。克里斯纳姆塞(Arvind Krishnamurthy，2011)发现，在 QE1 期间，购买按揭证券有利于降低按揭证券的收益率和企业信用风险；在 QE2 期间，只购买国债对于与按揭证券机构和公司相关的国债和代理商是不利的。二是量化宽松货币政策无效或者具有负面效应。武藤(Muto，2003)、泰勒和威廉姆斯(Taylor & Williams，2009)、李稻葵(2010)、海默林(Hemmerling，2011)、王维安(2011)等从不同方面对量化宽松货币政策的实施效果进行了研究，都认为美联储量化宽松货币政策效果不明显。李石凯(2010)认为美联储投放的美元以游资形式溢出美国金融体系通过乘数和杠杆效应对全球市场产生冲击，而对美国是无效的。马红霞和孙雪芬(2011)研究发现非传统货币工具并不能改善货币市场条件，而只能导致 LIBOR-OIS 利差扩大。

有关量化宽松货币政策溢出效应的研究，学者们关注的重点在于量化宽松对新兴经济体和发展中经济体的影响，而几乎所有有关这方面的研究都考察 QE 对资本流动的溢出效应。这其中，最早的一篇有关 QE 对资本流动的论文是艾哈迈德和兹拉特(Ahmed & Zlate，2013)的文章。作者根据 2002—2012 年新兴市场经济体(EME)的国际收支季度数据测定了与新兴经济体净私人资本流入有关的决定因素，指出新兴经济体与发达经济体之间经济增长差距和利率差是影响资本流入的重要决定因素。赵和伊(Cho & Rhee,2013)的研究显示金融危机(the Great Recession)发生后,伴随着发达经济体的非传统货币政策实施,在2010—2012年期间,亚洲10个较大经济体①的资本流入占GDP比重的7.8%,并且导致亚洲主权风险溢价和本币升值,同时导致一些经济体的房价上涨。弗拉茨舍尔、洛杜卡和施特劳布(Fratzscher, Lo Duca & Straub, 2013)发现,美国的量化宽松货币政策并未影响资本流动的总体规模,但它们放大了资本流动的可变性和顺周期性。蒂尔曼(Tillmann,2015)继续了迈努施与其(Meinusch & Tillmann, 2014)有关量化宽松货币政策对国内影响的研究。他发现,QE1对EMEs的影响是有限的,而QE2和QE3在资本流入、汇率和股票/债券价格的变化中比重相当大。回顾最近的文献,很明显,有关QEs对流向新兴经济体和发展中经济体的资本流动的影响有一个普遍的共识,即认为美联储持续的量化宽松给国际市场注入了大量流动性,输出了通货膨胀,对新兴经济体和发展中经济体产生了负面效应(Green, 2011; Riesco, 2011;易纲,2009;潘成夫,2012等)。在分析量化宽松货币政策对中国经济影响方面,主要观点认为西方发达国家量化宽松货币政策的推出可能导致我国大宗商品价格上涨、大量短期资本流入、高通胀预期增加,甚至产生资产价格泡沫,并对股市形成冲击。对此,姚斌(2009)、曾拥政(2010)、陈磊和侯鹏(2011)、李永刚(2012)、何正全(2012)、熊爱宗(2013)、谭小芬(2013)、路妍和方草(2015)等都得出了相同或相似的结论。

对于量化宽松货币政策对资本账户开放的影响和冲击以及在量化宽松背景下如何进行资本账户开放的相关文献,只是在分析量化宽松货币政策的溢出效应和对我国经济产生的影响中涉及了该问题。例如,费雷蒂(Ferretti, 2010)指出,目前国际资本主要是从发达国家流向发展中国家,如果资本账户开放的话,这种状况将更为显著,从而造成全球经济失衡。张礼卿(2011)认为,美联储量化宽松货币政策对中国形成了冲击,此时中国应该采取积极的财政政策,并实施稳健甚至从紧的货币政策,加强资本管制。张明(2012)指出,发达国家实施量化宽松货币政策推高了全球范围内的流动性,这势必对中国宏观经济与金融市场造成严重负面冲击,因此,当前并不是中国加快资本账户开放的战略机遇期,不宜过快开放资本账户。艾哈迈德和兹拉特(2013)的文章指出,近几年数个EMEs经济体的资本管制对总量资本流入和证券流入存在抑制作用。弗拉茨舍尔等人(2013)指出,资本账户开放不足或者实施一定程度资本管制的新兴经济体,并不

---

① 亚洲10个较大经济体包括:中国内地、中国香港、印度、印度尼西亚、日本、韩国、菲律宾、新加坡、中国台湾和泰国。

一定能免受美国量化宽松货币政策溢出效应的影响。

从上面的综述可以看出,国内现有文献就量化宽松货币政策对资本账户开放的影响研究只是作为我国宏观经济受到影响的一个方面来进行的,并没有对量化宽松货币政策与国际资本流动和资本账户开放之间关系问题进行专门研究,也没有具体探讨量化宽松条件下如何进一步进行资本账户开放,而这些问题的探讨是本研究的核心。

三、研究的基本观点和思路框架

（一）本研究的基本观点

（1）量化宽松货币政策、国际资本流动和资本账户开放密切相关。量化宽松货币政策扩大国际资本流动的规模,加大国际资本流动的速度,进而从正反两个方面对资本账户开放产生影响。

（2）在量化宽松货币政策的影响下,要对资本账户开放的开放条件进行调整,以保障在外部冲击下资本账户开放能够顺利进行。

（3）发达经济体实施的量化宽松货币政策所产生的资本流动冲击不会阻止我国资本账户开放的步伐。我国要在微观、中观和宏观各个领域加快改革,使得各个层面的制度建设更加适合资本账户开放的需要,从而实现资本账户开放,促进我国经济增长。

（二）本研究的主要内容和基本思路

本研究的主要内容是从理论上探讨量化宽松货币政策、国际资本流动和中国资本账户开放三者之间的关系,重点分析量化宽松货币政策对中国资本账户开放所产生的影响,并探讨中国在量化宽松货币政策影响下的国际环境中如何进一步稳健地进行资本账户开放。基本思路如下：

（1）量化宽松货币政策的作用及其影响。首先对量化宽松货币政策的含义、特点进行阐述,并分析量化宽松货币政策与常规货币政策之间的关系,然后对量化宽松货币政策的理论基础进行回顾和总结,再阐述近些年美国、日本和欧洲(以欧元区为例)量化宽松货币政策的实践,并分析量化宽松货币政策对其国内经济产生的影响和作用,最后对美日欧量化宽松货币政策进行比较。

（2）量化宽松货币政策与国际资本流动。量化宽松货币政策的溢出效应为国际市场注入的流动性对世界经济和中国资本流动产生了巨大影响。本部分首先分析量化宽松货币政策的溢出效应,然后分析量化宽松货币政策下资本流动的作用机制及其对全球经济产生的影响,最后分析量化宽松货币政策对中国资本流动的影响。

(3) 量化宽松货币政策与资本账户开放。量化宽松货币政策所产生的短期国际资本流入的压力,对中国的资本账户开放产生了影响。本部分首先从理论上分析资本账户开放的含义及其度量,然后分析量化宽松货币政策与资本账户开放之间的关系,最后综述资本账户开放对经济增长的作用和影响。

(4) 中国资本账户开放的条件分析。量化宽松货币政策导致的资本账户开放风险的存在,必然要求对资本账户开放的条件进行调整,以做到灵活应对。本部分首先总述资本账户开放的条件及门槛效应,然后总结中国资本账户开放的历程与现状,接着分析借鉴国外资本账户开放的经验,最后给出推进我国资本账户开放的政策措施。

(5) 中国资本账户开放对经济增长间接渠道的促进作用。虽然受到发达经济体量化宽松货币政策的溢出效应作用影响,但我国资本账户开放的步伐不能停止。本部分用六章内容分析我国资本账户开放对微观经济、中观经济、宏观经济以及人民币国际化的影响。具体来说,首先分析我国资本账户开放对民营企业融资的作用影响,然后分析我国资本账户开放对商业银行效率和系统稳定的作用影响,再分析我国资本账户开放对货币政策的影响,然后分析我国资本账户开放对人民币国际化的促进作用,最后分析我国资本账户开放对宏观经济的作用影响。

四、研究方法和创新点

(一) 研究方法

(1) 利用理论分析和实证分析相结合的方法研究量化宽松货币政策、国际资本流动和资本账户开放三者之间的关系。

(2) 利用逻辑推理的方法得出量化宽松货币政策对国际资本流动,进而对资本账户开放的作用和影响。

(3) 利用统计方法对量化宽松货币政策所形成的国际资本流动、资本账户开放度、金融部门发展指标、宏观经济政策综合指标进行确定和测算。

(4) 利用规范研究与分析和实证分析相结合的方法探讨量化宽松背景下如何合理地调整资本账户的开放进程。

(二) 创新点

(1) 本研究从量化宽松货币政策、国际资本流动和资本账户开放的关系入手,试图就量化宽松货币政策对资本账户开放的作用和影响进行系统性研究,并探讨如何进一步实行资本账户开放。

(2) 本研究从资本账户开放对国民经济的间接作用角度出发,用独特的视角研究量化宽松货币政策背景下资本账户开放所需要的微观企业融资约束、银行部门培育和宏观经济政策制度与纪律贯彻等方面的内容。

第一章 量化宽松货币政策的作用及其影响

第一节 量化宽松货币政策的内涵

一、量化宽松货币政策的含义

国内外学者分别从不同的视角对量化宽松货币政策进行了定义。白重典(Shigenori Shiratsuka,2010)站在资产负债表的角度,认为量化宽松货币政策是央行通过对资产负债表资产方和负债方的操作,吸收和消除经济所遭受的意外冲击。福利和尼利(Fawley & Neely,2010)基于操作方式的视角,认为量化宽松货币政策是央行采用大量购买资产、增加商业银行信贷等操作手段,旨在扩大市场货币供给的一种货币政策。国内学者张晶(2009)从政策背景和政策目标出发,认为量化宽松货币政策是一种当市场陷入"流动性陷阱",传统的货币政策失去调控功能时,央行用以摆脱经济危机和推动经济复苏的特殊货币政策。中国人民银行在2009年第一季度货币政策执行报告中指出,量化宽松货币政策是在利率机制失灵的前提下,央行采用买入中长期国债等手段,调整基础货币供给,向市场注入流动性的一种非常规货币政策工具[①]。

本研究以量化宽松货币政策的背景、目标和措施为切入点,对量化宽松货币政策进行如下定义:在零利率政策背景下,在常规货币政策和利率传导机制基本失效的情况下,央行通过在公开市场购入国债或政府债券、购买商业银行抵押的金融资产、给予私人部门贷款支持等特殊方式,增加货币供给,向市场注入超额流动性,以期达到稳定金融市场、促进经济增长、推动实体经济投资和消费需求等目的的行为。

---

① 资料来源:中国人民银行2009年5月6日发布的《中国货币政策执行报告(2009年第一季度)》。

二、量化宽松货币政策与常规货币政策的区别

（一）实施背景不一致

常规货币政策是央行在正常宏观经济环境下，为了实现既定的货币政策目标而实行的货币调控政策，其通过货币政策工具的操作调整市场利率，从而间接地对宏观经济产生效应，在任何状态下都可长期使用，实施效果具有可测性和可控性；而量化宽松货币政策，是在常规货币政策失去效力的特殊经济环境下，央行所采取的非常规货币调控政策。其只有在特殊情况下使用，且由于量化宽松货币政策采取的措施比较极端，只适宜短期性地对经济运行方向进行调整，不宜长期使用。

（二）调控目标不一致

常规货币政策是指在经济正常运行的情况下，央行通过购买市场的短期证券等方式实现对利率的微调，调控的标准是将短期利率调整至目标值；量化宽松货币政策与之不同，各国央行通过向金融体系增加货币供给进而给市场注入流动性的方式，以期营造一个宽松的市场环境，保持金融市场充足的流动性。从政策侧重点来看，对于常规货币政策，其制定者主要关注的是控制资金的价格（利率），而对于量化宽松货币政策，其制定者侧重的是调整资金的数量（货币供给）。

（三）操作工具不一致

常规货币政策作为央行实现其既定目标的常备调控武器，一般通过三大货币政策工具的操作，释放对宏观经济的影响效应。这三大货币政策工具被称为央行货币政策的"三大法宝"，分别为公开市场操作、再贴现率和存款准备金制度。鉴于量化宽松货币政策实施的特殊背景，其操作工具打破了传统货币政策工具的范畴，在传统工具的基础上进行了演变和创新。美联储在量化宽松货币政策实施期间，针对不同的使用对象和使用目的，利用其发达的金融市场，设计出大量的新型政策操作工具，从而使量化宽松货币政策的针对性更强、传导效应更有效。

（四）作用力度不一致

常规货币政策以短期市场利率为操作标的，通过调整利率水平对当期消费

和投资产生影响,从而对产出和宏观经济产生效应。常规的货币政策在进行经济调节时主要对经济间接起作用,作用力度小,可不间断地对经济进行微调;量化宽松货币政策则犹如一剂猛药,央行持续向市场投放超额流动性,所涉及的政府债券,不仅规模庞大,而且周期较长,其采取的经济措施比较极端化,直接影响宏观经济,实行和停止都会产生巨大的动荡,而且实施效果不稳定,预测难度较大。

第二节 量化宽松货币政策的理论基础

一、货币非中性理论

在古典经济理论中,货币供给的变化并不影响实际变量,这种货币对实际变量的无关性称为货币中性(Monetary Neutrality)①。随着西方资本主义国家经济的发展,货币当局渐渐意识到货币对经济活动的调控作用,货币非中性理论应运而生。与货币中性理论截然不同,货币非中性理论强调货币供应量的变化能够改变实际利率、产出水平等实际变量。魏克赛尔(Knut Wicksell)和凯恩斯(J. M. Keynes)是这一理论的重要推动者。

魏克赛尔(1959)将利率按照货币利率和自然利率进行划分,其中货币利率表示的是市场借贷利率,而自然利率表示的是投资预期报酬率。当市场中货币供给量增加时,在供求理论的作用下,会直接导致市场借贷利率的下降,此时货币利率小于自然利率,厂商会趋向水平更高的投资预期报酬率,因此当期生产扩大,产出增加。生产的扩张提高了居民的收入水平,在财富效应的作用下,当期消费需求增加,物价水平上涨,经济呈现积累性扩张趋势②。凯恩斯(1936)在《通论》中提到,古典学派的"充分就业均衡"只是一个理论上的设想,现实经济中因有效需求的缺乏性会导致真实就业率总是小于充分就业率的状况。一般情况下,消费需求、投资需求分别与居民消费倾向、投资者未来经济预期有关联,而消费倾向和未来经济预期都与利率呈现负相关关系③。因此,通过降低利率的方式可以增加当期的消费水平和投资水平,而利率的变化可以通过调整货币的供求实现。根据以上分析,凯恩斯(1936)指出,货币可以影响实际变量的水平,国家通过实行扩张的财政政策和货币政策,可以促进消费和投资,从而刺激产出的

---

① N.格里高利·曼昆.宏观经济学:第6版[M].中国人民大学出版社,2009.
② 魏克赛尔.利息与价格[M].商务印书馆,1959.
③ 凯恩斯.就业、利息和货币通论[M].北京出版社,2008.

增加。

二、"流动性陷阱"理论

凯恩斯(1936)在《通论》中创立的"流动性陷阱"理论,是指货币需求出现不规则变化的一种情形,当名义利率降低到一定的低点以后,人们的货币需求可能变得无限大,这个时候如果央行增加货币供给量,这些供给将全部被无限大的货币需求所吸收,从而无法影响市场利率。此后经过各个经济学流派的观点争鸣,"流动性陷阱"理论也经历了不断发展,成为2008年金融风暴后主要发达国家运用量化宽松货币政策的理论基础。

(一)凯恩斯"流动性陷阱"理论

凯恩斯的"流动性陷阱"理论是在其"流动性偏好"理论的基础上提出来的。流动性偏好是指公众愿意持有货币的一种心理倾向。货币作为一种特别资产具有很低的风险性和完全的流动性。因此,虽然持有货币不具有收益性,但公众持有何种形式的资产时总是偏好货币流动性。凯恩斯根据货币需求理论得出利率决定理论,他认为货币的供给和需求相互影响决定了均衡利率。公众对货币流动性偏好增加,其需求量就会大于供给量,利率就会上升,相反,利率则会下降。当满足公众流动性偏好的货币需求量等于货币当局发行的货币量时,利率就会达到均衡水平,即 $L(Y, i) = M_s$。

从图1-1中可以看到,货币当局决定的货币供给曲线 M 与货币需求曲线 L 平行段相交时,不管货币供给如何增加,货币都会被公众持有,无法影响利率,经济陷入"流动性陷阱"。凯恩斯认为,公众对货币的需求动机由交易动机、谨慎动机和投机动机共同决定,货币需求是国民收入和利率的函数。

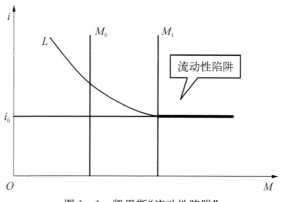

图1-1 凯恩斯"流动性陷阱"

在流动性偏好一定的条件下,货币当局通过增加货币供给量来降低利息率,当利息率低于资本边际效率时,会刺激投资,并由投资乘数作用来增加有效需求,从而使得失业率下降,产出大幅度增长。当利率水平降到一定水平时,公众会将多余的货币增加投机需求,此时经济落入"流动性陷阱",从而打破供需之间的固有关系。而货币需求对利率弹性无限大,利率下降不再影响国民总支出水平。此时,货币供应量的增加将无法影响利率和收入,货币政策也无法改变经济状况。

(二)新古典综合派的"流动性陷阱"

新古典综合派通过 IS-LM 模型对"流动性陷阱"进行了阐述。根据该理论,储蓄 S 和利率 i、收入水平 Y 和利率 i 之间正相关,不同的收入水平和不同的利率水平有不同的储蓄曲线,储蓄构成实际货币供给,投资构成实际货币需求。不同储蓄曲线与投资曲线的各个交点构成 IS 曲线。收入和流动性偏好影响货币需求,收入水平越高所需的货币量就越多,而货币供应量由货币当局控制,毫无弹性。货币供给曲线和不同收入水平下的货币需求曲线的交点形成 LM 曲线。

在图 1-2 中,IS 曲线和 LM 曲线的交点表示商品市场和货币市场同时达到均衡时的产出和利率组合。当名义利率降低到很低的时候,公众的货币需求理论弹性趋于无穷大,此时的 LM 曲线趋于水平,货币当局无法通过增加货币供给来降低利率从而刺激投资与消费,LM 曲线的水平部分就被视为"流动性陷阱"。

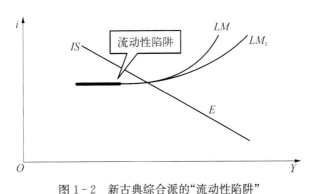

图 1-2 新古典综合派的"流动性陷阱"

(三)克鲁格曼"广义流动性陷阱"

克鲁格曼根据对 20 世纪 90 年代日本经济的研究,提出了"广义流动性陷阱"理论。他认为,在社会总需求持续下降的情况下,即使名义利率降到零,只要总需求持续低于总供给,就可以认为经济陷入了"流动性陷阱",即"广义流动性陷阱"。

克鲁格曼(1998)将预期概念引入应对"流动性陷阱"的货币政策中,指出实际利率才是影响投资和消费的主要因素。他根据费雪效应"实际利率＝名义利率－预期通胀率"的原理,认为在名义利率为零后,政府可以通过提高通货膨胀预期来降低实际利率,从而刺激总需求。克鲁格曼认为日本经济在1990年代陷入了"广义流动性陷阱",在社会总需求持续下降的情况下日本的投资者和消费者对经济缺乏信心,不愿增加支出,信心低落造成预期效应的真实再现并形成了恶性循环,"流动性陷阱"的本质实际是"信心"或市场预期出现问题。

克鲁格曼(2000)对日本央行零利率政策进行研究发现,由于实体经济信贷需求不足、商业银行对市场缺乏信心,央行投放的大量基础货币被商业银行和企业所持有,并未进入流通领域,广义货币供应量增长速度远低于基础货币投放量。储蓄总量已超过充分就业的需求,但不能通过金融市场转化为有效投资,货币投机性需求的利率弹性无限大,这构成总需求不足的根本原因。克鲁格曼建议出现"广义流动性陷阱"后,政府可通过加大公共财政和货币刺激,人为推高通货膨胀以产生负的实际利率预期,如央行在货币政策方面可盯住通货膨胀目标,可通过提高通胀预期使得实际利率下降,继而刺激总需求增加产出。

理性预期的引入是对凯恩斯学派"流动性陷阱"理论的一个重要修正,即对未来经济走势或通货膨胀的预期可以打破名义利率不能小于零的约束,通过撬动未来通胀预期推动实际利率下降,从而推动经济重新达到均衡状态。其作用原理的公式为:实际利率＝名义利率－预期通胀率,实际利率对实体经济中的投资和消费构成影响,当"流动性陷阱"出现后名义利率无法向零以下调整时,可通过提高通胀预期使得实际利率下降,继而刺激总需求增加产出。部分日本学者也针对本国情况进一步丰富完善了加入理性预期的"广义流动性陷阱"理论(Ueda,1999;Hamada等,2000;岩田规久男,2001)。

三、"金融加速器"理论

"金融加速器"理论的内涵是信贷市场内部条件的变化致使初始的经济冲击加倍扩大的效应(Bernanke, Gertler, Gilchrist, 1996)。从理论上来说,因信贷市场信息不对称问题,借贷双方之间会产生代理成本。代理成本在经济衰退时上升,在经济扩张时下降,具有明显的反经济周期特性。因此,信贷市场的摩擦性特征会加速经济的扩张或衰退,这种放大效应即是"金融加速器"机制。

代理成本的存在导致资本配置的低效率,代理成本的高低与企业资产负债表状况呈负相关关系。净资产越多,就能够为企业融资提供更多的抵押担保,外部融资能力越强,融资的成本就越低,反之亦然。外部因素的冲击会改变企业的净资产和资产价格,在代理成本的作用下,企业的借贷能力和投资产出发生相应的调整。同时当期投资产出的变化会对企业后续的投资产出及借贷能力等产生连锁效应,由此出现产出螺旋式上升或下降的过程,推动经济波动进一步加剧。

第三节 量化宽松货币政策的实践

一、美国、日本、欧元区量化宽松货币政策的实践回顾

本节以阶段、时间、实施措施为标准,对美国、日本、欧元区三大经济体实行的量化宽松货币政策的历史进行回顾,如表1-1所示。

表1-1 美国、日本、欧元区三大经济体量化宽松货币政策过程回顾表

国家或地区	阶段	时间	实施措施
美国	第一轮量化宽松货币政策(QE1)	2008.11—2010.04	1. 下调联邦基金利率,从1%降至0—0.25% 2. 总共购买1.725万亿美元资产:1.25万亿美元的抵押贷款支持证券(MBS)、3 000亿美元的美国国债和1 750亿美元的机构证券
	第二轮量化宽松货币政策(QE2)	2010.11—2012.06	1. 承诺维持联邦基金利率在0—0.25%水平 2. 购买6 000亿美元的美国国债
	第三轮量化宽松货币政策(QE3)	2012.09—2012.12	1. 承诺维持联邦基金利率在0—0.25%水平 2. 每月购买400亿美元的抵押贷款支持债券(MBS)
	第四轮量化宽松货币政策(QE4)	2012.12—2014.10	1. 承诺维持联邦基金利率在0—0.25%水平 2. 每月购买450亿美元的美国国债
日本	金融危机后量化宽松货币政策阶段	2008.10—	日本重回"零利率时代" 1. 下调隔夜拆借利率,从0.5%降至0.3% 2. 下调基准贷款利率,从0.75%降至0.5% 3. 继续下调隔夜拆借利率,从0.3%降至0.1% 4. 继续下调基准贷款利率,从0.5%降至0.3%
		2010.10—	1. 宣布2011年底购入35万亿日元资产:种类涵盖商业银行票据和长期国债等 2. 设立资产购买基金
		2011.03—	1. 宣布一系列金融资产购买计划,采购金额增加至80亿美元,延长购买时间至2013年底
		2012.10—	1. 承诺维持隔夜拆借利率在0—0.1%的水平 2. 宣布增加资产购买规模,实行信贷计划,将资产购买规模增至91万亿日元

续 表

国家或地区	阶 段	时间	实 施 措 施
日本	超量化宽松货币政策阶段	2012.12—	1. 承诺维持隔夜拆借利率在0—0.1%的水平 2. 宣布扩大资产购买规模10万亿日元,包括贴现债券和日本国债各5万亿日元
		2013.01—	1. 承诺维持隔夜拆借利率在0—0.1%的水平 2. 引入2%的"通货膨胀目标" 3. 引入"无限期购买资产方式":每年增发基础货币规模60—70万亿日元;每年以50万亿日元的速度增持长期国债,延长购买期限
		2014.10—	1. 增加每年的基础货币规模至80万亿日元 2. 将国债的增持期限从7年延至最长10年 3. 增量购买股市联动型基金,未来一年计划购入3万亿日元交易型开放式指数基金(ETF)和900亿日元的房地产投资信托基金(REIT),以刺激股市
欧元区	量化宽松货币政策第一计划阶段	2008.11—2009.5	1. ECB执行FRFA流动性计划。引入"固定利率全额分配"的招标程序,使商业银行获得长达半年的实质上无限额流动性 2. 启动主要再融资操作(MRO)和长期再融资操作(LTRO) 3. 下调欧元区存款工具利率至2.75%
	量化宽松货币政策第二计划阶段	2009.05—2010.6	1. ECB执行担保债券购买计划(CBPP1):在证券市场购买600亿欧元的担保债券;购买400亿欧元债券
	量化宽松货币政策第三计划阶段	2010.05—2012.09	1. 引入证券市场计划(SMP):欧元区成员国购买财政问题严重国家的政府债券,减小这些国家的融资成本,分担他们的还款压力 2. 推出新的资产担保债券购买计划(CBPP2):购买400亿欧元额度 3. 继续下调欧元区存款工具利率和再融资利率
	量化宽松货币政策第四计划阶段	2012.09—2014.12	1. 引入完全货币交易计划(OMT) 2. 推出资产支持债券购买计划(ABSPP)和第三期担保债券购买计划(CBPP3) 3. 启动无限量冲销式购债计划,成立5 000亿欧元规模的永久性救援基金 4. ECB下调主要政策利率(再融资操作利率、编辑贷款利率、存款利率)

二、量化宽松货币政策目标

货币政策的政策目标反映了社会经济主体在当前历史时态下的客观要求,是央行通过调节货币流通进行宏观调控的最终归宿。一般来说,常规的货币政策目标是基于正常的运作背景,旨在维持正常的宏观经济秩序。而量化宽松货币政策目标则是基于特殊的经济、政治或社会背景,加上国际环境的影响,其具有特殊的历史属性。通过对美国、日本和欧元区量化宽松货币政策实践的揣摩,本研究将量化宽松货币政策的目标设定为:稳定物价、促进就业、经济复苏、恢复市场功能、修复资产价格、增强金融体系的流动性等。其中,恢复市场功能、修复资产价格以及增强金融市场的流动性是特定的货币执行时态下,货币政策制定者所赋予货币政策的特殊使命。

三、量化宽松货币政策工具

货币政策工具即央行为实现既定的货币政策目标所进行的具体操作行为。按照货币政策的性质,货币政策工具分为传统货币政策工具和量化宽松货币政策工具。传统货币政策工具一般包括:公开市场操作、存款准备金制度和再贴现政策。量化宽松货币货币政策工具在传统工具基础上进行了创新和演变,主要分为前瞻性政策指引、非常规公开市场操作和最终贷款人机制。

(一)前瞻性政策指引

在零利率或负利率时代,传统利率机制失效。央行利用货币政策决议等渠道,公布未来政策操作或前景展望,以此引导公众改变对未来政策利率或通货膨胀的预期,从而改变消费者当期消费和投资的行为,最终导致产生水平的增加。

(二)非常规公开市场操作

央行在特定的政策背景下,针对特定的作用客体,在公开市场上与特定的交易对象进行的一系列有价证券、金融资产交易的操作行为。与常规公开市场操作相比,非常规公开市场操作具有针对性、广泛性和创新性等特点。

(三)最终贷款人机制

最终贷款人机制是央行履行最终贷款人职能,针对特定的作用对象,通过贴现窗口指导、存款准备金调整等方式,直接或间接向交易对象提供流动性支持和救助的操作行为。最终贷款人机制一般包括信贷机构贷款便利、存款准备金付息等操作工具。

四、量化宽松货币政策效应

(一) 告示效应

理性预期理论认为,公众可以最好地利用所有可获得的信息,包括现在政府政策的信息来预期未来①。央行在向市场提供流动性的同时,通过政策解读、公告等方式,与公众进行充分、透明的沟通。量化宽松货币政策通过影响公众对未来政策走向、不同资产相对价格、风险和流动性的预期,对资产市场价值产生重要影响②。持续的流动性增加及大量购买资产等操作行为会改善公众对未来经济增长的心理预期,使公众走出悲观心理,促进公众当期的消费和投资,从而实现经济的复苏。

(二) 时间轴效应

利率期限结构理论认为,长期利率水平是预期未来短期利率和期限相联系的函数,长期利率是短期利率预期的平均值与风险溢价的水平相加。在跨时间轴的操作周期内,量化宽松货币政策在维持短期利率低水平的基础上,通过前瞻性指引或购买中长期证券等方式,释放低利率政策持续信号,使公众相信未来一段时间利率会持续维持低水平状态。克鲁格曼(1998)认为,利率承诺的信号效应会引导公众建立低利率持续预期,在市场价格稳定的基础上,增加对当期商品和服务的需求,从而达到刺激经济的目的。

(三) 资产组合再平衡效应

当资产组合的结构背离最优目标配置时,投资者会及时调整资产组合中各类资产所占的比例,以实现目标资产组合,达到投资效用最大化(李自磊,2014)。资产组合再平衡效应基于两个基本理论:① 投资效用是投资者持有的资产组合的函数,投资效用随资产组合的改变而改变(Eggersson & Woodford, 2003);② 货币与其他种类的金融资产是不完全替代的(Bernanke 等, 2004)。

在以上两个基本理论框架下,资产组合再平衡效应的路径是:央行在公开市场大规模购买特定种类的资产,向市场提供流动性支持。这样,原资产持有人

---

① N. 格里高利·曼昆. 宏观经济学: 第 6 版[M]. 中国人民大学出版社, 2009.
② Claudio Bono, Piti Disyatat. Unconventional Monetary Policies: An Appraisal, BIS working paper, No. 292, 2009.

投资组合中的现金增加,其他种类的资产的比例下降,为实现投资组合最优配置,投资者会用多余的现金购买其他种类的资产,这导致了相应种类资产的收益率的下降(Gagnon 等,2011)。在上述投资因素的驱使下,市场上各类资产的收益率普遍下降,收益率与价格呈负相关关系,所以最终导致各类资产的价格升高。这将产生两种作用渠道:一是企业的融资成本降低(姚斌,2009),二是消费者在财富效应的作用下,当期消费增加,两种因素双重驱动下,产出增加,同时一般价格水平也会相应升高。

五、量化宽松货币政策对美日欧的经济影响

(一)研究方法及变量选取

1. 事件研究法概述

事件研究法(Event Study Methods)是由鲍尔和布朗(Ball & Brown,1968)及法马(Fama,1969)率先使用的一种统计分析方法,主要用来测试某一特定事件对样本股票价格波动及收益率的影响程度。其研究思路为,选取某一特定事件,测算事件发生前后股票价格及收益率的变化状况。后来经过沃纳(Warner,1980)和拉斐尔(Raphael,2011)的推广,此方法开始应用在宏观经济问题的研究中。本研究采用的事件研究法的具体思路如下:

第一,事件的界定。量化宽松货币政策的本质是控制资金的数量(货币供给),其操作的核心内容为大规模的资产购买计划;从美国、日本、欧元区量化宽松货币政策的实践来看,资产购置计划按照公布的时间安排分月逐步实施,按照一般规律量化宽松货币政策的实施效果应该逐步显现。但是,根据前文的理论及实践经验,量化宽松货币政策的信号效应非常显著,在其传递过程中发挥至关重要的作用,因此资产购置计划通常在公布初期就会产生明显的效应。基于以上分析,本研究以三大经济体公布资产购买计划的规模为界定标准,具体事件选定见表1-2。

表1-2 美国、日本、欧元区量化宽松货币政策特定事件界定表

国家或地区	事件时间	事件内容
美国	2009.11	宣布大额债券采购计划:涉及1.25万亿美元机构抵押贷款支持证券和1750亿美元机构证券
	2010.11	宣布长期国债购买计划:每月购买750亿美元长期国债,总量达到6 000亿美元

续 表

国家或地区	事件时间	事 件 内 容
美国	2012.09	宣布开放式债券购买计划：每月进行400亿美元抵押贷款支持债券的采购
	2012.12	宣布债券增持计划：维持每月400亿美元机构抵押贷款支持债券不变，每月增持450亿美元长期国债
日本	2010.10	宣布大额资产购买计划：总规模达到35万亿日元
	2013.04	宣布无限期资产购买计划：增加资产购置的规模和范围，从5月起每月固定购买7.44万亿日元资产
欧元区	2009.05	宣布担保债券购买计划：购买总额为600亿欧元的担保债券
	2010.05	宣布证券市场计划：买入欧元区主权债务问题严重国家的政府债券
	2012.09	宣布直接货币交易计划：直接购买剩余期限在1—3年的主权债受困国的政府债券，并不设上限
	2015.01	宣布扩展资产购买计划：计划总额规模为1.14万亿欧元，每月购买额度为600亿欧元

资料来源：美联储官方网站、日本央行官方网站及欧元区央行官方网站

(2) 时间维度选取

根据上文所述，在信号效应作用下，量化宽松货币政策通常在短期内能发挥预期的效果，因此本研究选取事件发生时间点前后各12个月的数据进行分析。

(3) 比对指标的测量

针对比率一类的指标，如国内生产总值(GDP)增长率、居民消费价格指数(CPI)增长率、失业率等，选取其算数平均值及差值作为比对标准。针对指数或具体数值类指标，选取其算数平均值和变化幅度(％)两项指标作为比对依据。

第二，变量的选取。根据本节第二部分对政策目标的阐述，量化宽松货币政策的目标主要有经济复苏、稳定物价、促进就业、修复资产价格等。因此，本部分内容以量化宽松货币政策的目标为标准，选择检验政策有效性的变量指标。具体选择指标如表1-3所示。

表1-3 美国、日本、欧元区量化宽松货币政策变量选取表

变量指标	选 取 目 的	指 标 含 义
国内生产总值	衡量量化宽松货币政策经济复苏的效果	国民经济核算的核心指标体系：计算给定时期内一个经济体生产的所有最终产品和服务的市场价值

续表

变量指标	选取目的	指标含义
居民消费价格指数	衡量量化宽松货币政策稳定物价的效果	价格总水平核心指标体系：反映居民家庭购买消费商品及服务的一般价格水平随时间变动的相对数
失业率	衡量量化宽松货币政策促进就业的效果	闲置劳动产能核算核心指标体系：计算给定时期内未工作劳动力占全部劳动力人口的百分比
股票价格指数	衡量量化宽松货币政策修复资产价格的效果	股票价格变动监测指标体系：测算某个节点上股票市场中各种股票的整体价格水平
房地产价格指数		房地产价格变动监测指标体系：反映一段时间内某个区域房地产价格的总体水平

（二）实施效果比较分析

1. 经济复苏效果的比较

首先对量化宽松货币政策期间总体的 GDP 走势进行分析。本部分选取 2008 年 5 月至 2016 年 1 月美国、日本、欧元区实际 GDP 同比增长率数据绘制 GDP 总体走势图。如图 1-3 所示，在量化宽松货币政策实施后，三个国家或地区的 GDP 同比增长率都在大幅下跌后迅速回升，短期内对经济复苏产生积极影响；从长期来看，波动性大且效果不稳定。美国稳定性最好，GDP 同比增长率在短暂提升后维持在较低区间内波动；日本短期效果最为明显，GDP 同比增长率

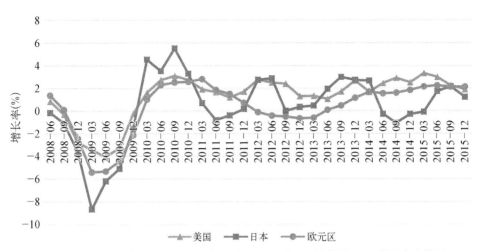

图 1-3 美国、日本、欧元区 2008 年 6 月至 2015 年 12 月实际 GDP 增长率走势图
数据来源：CEIC 数据库

短期拉升幅度最大,长期波动性剧烈;欧元区短期复苏效果良好,长期来说效果并不理想。

接下来用事件分析法对美国、日本、欧元区量化宽松货币政策中特定事件前后时间段内实际GDP的变动幅度进行分析。如表1-4所示,美国四个特定事件前后时间段内GDP同比增长率平均值变化情况具有差异。2009年11月宣布大额债券采购计划,GDP同比增长率平均值从事件前时间段内的-2.76%提升至事件后时间段内的1.98%,由此可见,此次特定事件期间量化宽松货币政策短期内提振经济效果明显;2010年11月宣布长期国债购买计划,GDP同比增长率平均值在事件发生前后时间段内大致相等,基本维持在稳定状态,刺激经济效果并不明显;2012年9月宣布开放式债券购买计划和2012年12月宣布债券增持计划,GDP同比增长率平均值在两次事件发生后,略有下降,但仍维持在1%以上的水平,对经济复苏意义不大。这可能是由于美联储释放退出量化宽松货币政策信号,导致市场对未来经济预期降低,该阶段的量化宽松货币政策的传导机制效率减弱。

表1-4 特定事件前后时间段美国、日本、欧元区GDP同比增长率平均值

国家或地区	事件时间点	事件前(%)	事件后(%)	差值(%)
美 国	2009.11	-2.76	1.98	4.74
	2010.11	1.96	1.98	0.02
	2012.09	1.95	1.54	-0.41
	2012.12	2.12	1.60	-0.52
日 本	2010.10	1.38	1.66	0.28
	2013.04	0.95	2.57	1.63
欧元区	2009.05	-2.34	-1.72	0.62
	2010.05	-1.71	2.40	4.11
	2012.09	0.42	-0.18	-0.59
	2015.01	1.65	2.15	0.50

数据来源:WIND数据库

日本两个特定事件前后时间段内实际GDP同比增长率平均值都有提高。特别是2013年4月宣布无限期资产购买计划,GDP同比增长率平均值在事件发生前后时间段内由0.95%提高到2.57%,短期内刺激经济复苏效果明显。这

主要源于安倍晋三上台后大胆的超量化宽松货币政策,"无限期购买资产方式"大大提振市场信心,增强了公众对未来经济前景的预期,量化宽松货币政策的传导机制效用显著。

欧元区四个特定事件前后时间段内 GDP 同比增长率平均值变化情况不尽相同。2009 年 5 月宣布担保债券购买计划,事件发生前后 GDP 同比增长率平均值由－2.34％上升到－1.72％,经济衰退现象开始改善;2010 年 5 月宣布证券市场计划,事件发生前后 GDP 同比增长率平均值上升幅度显著,经济复苏效果比较理想;2012 年 9 月宣布直接货币交易计划,事件发生前后 GDP 同比增长率平均值由 0.42％下降到－0.18％,此阶段由于欧元区央行的资产购买计划缺乏明确的框架,量化宽松货币政策并没有按照预期执行,加上欧债危机的加剧,经济状况不容乐观;2015 年 1 月宣布扩展资产购买计划,事件发生前后 GDP 同比增长率平均值由 1.65％上升到 2.15％,经济复苏效果开始显现,长期效果需要进一步观察。

2. 稳定物价效果的比较

首先对量化宽松货币政策期间总体的 CPI 走势进行分析。本部分选取 2008 年 5 月至 2016 年 1 月美国、日本、欧元区 CPI 同比增长率数据绘制 CPI 总体走势图。如图 1－4 所示,在量化宽松货币政策实施后,三个国家或地区的 CPI 同比增长率先后由负转正,从长期来看,效果不一且稳定性差。美国在 2011 年 2 月至 2012 年 04 月 CPI 同比增长率维持在 2％以上,之后维持在低水平区间波动,随着美国退出量化宽松货币政策,美国再次面临通货紧缩的风险;日本

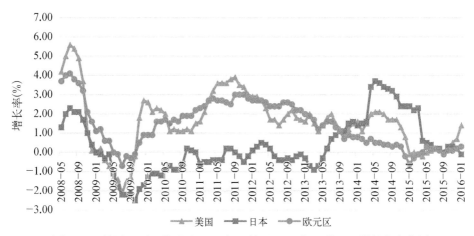

图 1－4　美国、日本、欧元区 2008 年 5 月至 2016 年 1 月 CPI 增长率走势图
数据来源:WIND 数据库

在黑田东彦超宽松货币政策实施后,尤其是2014年3月以后,CPI增长率大幅提升,稳定物价效果显著;欧元区在政策实施前期效果还算可观,从2013年7月开始CPI走势呈现下滑趋势,随着2015年1月欧元区扩展资产购买计划的宣布,CPI同比增长率缓慢提升,后续效果有待考察。

接着本研究用时间分析法对美国、日本、欧元区量化宽松货币政策中特定事件前后时间段内CPI的变动幅度进行分析:

如表1-5所示,美国四个特定事件前后时间段内CPI同比增长率平均值变化情况迥异。2009年11月宣布大额债券采购计划,CPI同比增长率平均值从事件前时间段内的-0.63%提升至事件后时间段内的1.73%,2010年11月宣布长期国债购买计划,CPI同比增长率平均值在事件发生前后时间段内由1.78%增加到3.04%,由此可见,两次特定事件期间的量化宽松货币政策对通货膨胀水平产生了积极效应,在短期内使美国摆脱了通货紧缩的局面;2012年9月宣布开放式债券购买计划和2012年12月宣布债券增持计划,CPI同比增长率平均值在两次事件发生后,不但没有上升,反而有小幅下降,表明此阶段物价稳定效果不明显。根据前文的比较分析和实践经验,笔者分析原因如下:一方面在于此阶段美联储量化宽松货币政策的目标侧重点和操作工具发生变化,另一方面是市场接收到美联储逐步退出量化宽松货币政策信号,导致量化宽松货币政策的告示效应被削弱。

表1-5 特定事件前后时间段美国、日本、欧元区CPI同比增长率平均值

国家或地区	事件时间点	事件前(%)	事件后(%)	差值(%)
美国	2009.11	-0.63	1.73	2.36
	2010.11	1.78	3.04	1.26
	2012.09	2.59	1.65	-0.94
	2012.12	2.19	1.48	-0.71
日本	2010.10	-1.23	-0.21	1.02
	2013.04	-0.28	1.23	1.51
欧元区	2009.05	2.47	0.56	-1.91
	2010.05	0.42	2.13	1.71
	2012.09	2.69	1.73	-0.96
	2015.01	0.44	0.08	-0.36

数据来源:WIND数据库

日本两个特定事件前后时间段内 CPI 同比增长率平均值变化显著。尤其是 2013 年 4 月宣布无限期资产购买计划,CPI 同比增长率平均值在事件发生前后时间段内由 -0.28% 提高到 1.23%,物价稳定效果明显。这主要与安倍政府的政策倾向有关,根据前文分析,安倍政府的超量化宽松货币政策以 2% 的通货膨胀指标为操作标的,激进的资产购买方式和明确的货币政策目标给予市场强烈的信心,告示效应和时间轴效应显著,短期内通货紧缩治理效果明显。

欧元区四个特定事件前后时间段内 CPI 同比增长率平均值变化不一。2009 年 5 月宣布担保债券购买计划,事件发生前后 CPI 同比增长率平均值由 2.47% 下降到 0.56%,此时,欧元区量化宽松量化货币政策主要目的向银行体系注入流动性,侧重点并不在稳定物价水平,在欧债危机的影响下,同比 CPI 增长率平均值不升反降;2010 年 5 月宣布证券市场计划,事件发生前后 CPI 同比增长率平均值从 0.42% 提升至 2.13%,物价稳定效果良好;2012 年 9 月宣布直接货币交易计划,事件发生前后 CPI 同比增长率平均值有小幅下降,此阶段由于欧元区央行的资产购买计划缺乏明确的框架导致执行效率较差[①],间接影响了量化宽松货币政策的稳定物价效果;2015 年 1 月宣布扩展资产购买计划,事件发生前后 CPI 同比增长率平均值变化不大,长期效果需要进一步观察,鉴于欧元区是由多个经济体构成的单一货币区,成员国经济结构的异质性和不平衡性,可能会导致货币政策的调控难度加大,发挥作用的时间更长。

3. 促进就业效果的比较

首先对量化宽松货币政策期间总体的失业率走势进行分析。本部分选取 2008 年 5 月至 2016 年 1 月美国、日本、欧元区失业率数据绘制失业率总体走势图。如图 1-5 所示,量化宽松货币政策实施并没有对三个经济体的失业状况起到一针见血的效果。美国情况最好,随着量化宽松货币政策的实施,失业率以缓慢的速度逐步下降;欧元区情况最差,从长期来看,失业率不降反升,居高不下;日本失业状况在量化宽松货币政策实施前后变化不大。

接着本研究用事件分析法对美国、日本、欧元区量化宽松货币政策中特定事件前后时间段内失业率的变动幅度进行分析:

如表 1-6 所示,2009 年 11 月宣布大额债券采购计划,失业率平均值从事件前时间段内的 8.81% 上升至事件后时间段内的 9.66%,该阶段的量化宽松货币政策并没有起到促进就业的效果;2010 年 11 月宣布长期国债购买计划、2012 年

---

① 郑联盛.欧元区量化宽松货币政策:根源、机制、影响与问题[D].中国社会科学院世界经济与政治研究所国际金融研究中心,2015.

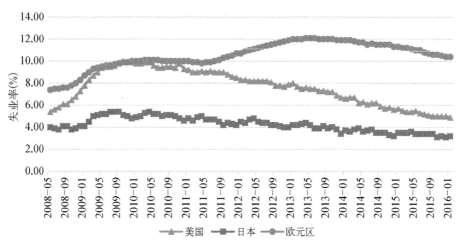

图1-5 美国、日本、欧元区2008年5月至2016年1月失业率走势图
数据来源：WIND数据库

9月宣布开放式债券购买计划和2012年12月宣布债券增持计划,失业率平均值在事件发生前后时间段分别下降-0.66%、-0.80%和-0.76%,表明失业状况在缓慢改善,这与上面分析的总体趋势相一致。究其原因,主要是这些阶段美国经济正处在恢复时期,失业率的波动会落后于经济增长的状况,在经济复苏期间,一般企业先通过各种激励手段促进老员工增加产出,然后才会通过增加新员工的数量来扩大生产①。

表1-6 特定事件前后时间段美国、日本、欧元区失业率平均值

国家或地区	事件时间点	事件前(%)	事件后(%)	差值(%)
美 国	2009.11	8.81	9.66	0.85
	2010.11	9.67	9.01	-0.66
	2012.09	8.38	7.58	-0.80
	2012.12	8.13	7.37	-0.76
日 本	2010.10	5.09	4.66	-0.43
	2013.04	4.28	3.85	-0.43
欧元区	2009.05	8.18	9.90	1.72
	2010.05	9.85	9.97	0.12

① 资料来源于长江网在2011年1月18日的报道。

续 表

国家或地区	事件时间点	事件前(%)	事件后(%)	差值(%)
欧元区	2012.09	10.92	11.98	1.06
	2015.01	11.62	10.79	−0.83

数据来源：WIND数据库

日本两个特定事件前后时间段内失业率平均值差距不大。2010年10月宣布大额资产购买计划和2013年4月宣布无限期资产购买计划，失业率平均值在事件发生前后时间段内均下降了−0.43%。一般情况下，自然失业率水平为4.5%—6%，在此区间内，即可以维持劳动力市场供求平衡。日本失业率长期处在6%水平线以下，因此量化宽松货币政策的促进就业效果对日本而言意义不是很大。

欧元区四个特定事件前后时间段内失业率平均值变化并不乐观。2009年5月宣布担保债券购买计划，2010年5月宣布证券市场计划，2012年9月宣布直接货币交易计划，事件发生前后失业率平均值分别上升1.73%、0.12%和1.06%，表明失业状况进一步恶化，与上文分析的总体趋势相吻合。欧元区本身的高福利体制导致欧元区失业率一致维持在较高的水平，在金融危机和欧债危机的双重冲击下，这些阶段量化宽松货币政策的促进就业效果被冲击弱化，失业状况进一步严峻。2015年1月宣布扩展资产购买计划，事件发生前后失业率平均值从11.62%下降至10.79%，失业状况有改善迹象。这主要源于此阶段量化宽松货币政策的实施力度空前，欧元区央行高层坚定的表态大大提振了市场信心，经济开始复苏，促使失业状况改善，但长期效果并不明显，需要进一步研究和观察。

4. 修复资产价格效果的比较

一是量化宽松货币政策修复股票价格效果的比较。

首先对量化宽松货币政策期间总体的股票价格指数走势进行分析。本部分选取2008年5月至2015年11月标普500指数、日经225指数、德国DAX指数数据绘制股指总体走势图。如图1-6所示，三大股指的走势表现出惊人的相似性，量化宽松货币政策实施后，标普500指数、日经225指数、德国DAX指数反应迅速，在波动中逐步上升；随着量化宽松货币政策的深入推行，三大股票价格指数逐步上升至高位。

接着本研究用事件分析法对美国、日本、欧元区量化宽松货币政策中特定事件前后时间段内股票价格指数的变动幅度进行分析：

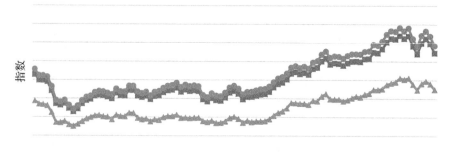

图1-6 美国、日本、欧元区2008年5月至2015年11月股票价格指数走势图
数据来源：WIND数据库

如表1-7所示，2009年11月宣布大额债券采购计划、2010年11月宣布长期国债购买计划、2012年9月宣布开放式债券购买计划和2012年12月宣布债券增持计划，标普500指数平均值在四个事件前后时间段内分别上涨了22%、16%、18%和20%，说明美联储量化宽松货币政策的实施积极刺激了美国股票市场，对修复股票市场价格产生了显著效应。

表1-7 特定事件前后时间段美国、日本、欧元区股票价格指数平均值

国家或地区	事件时间点	事件前	事件后	变化幅度（%）
美国	2009.11	914.25	1 118.80	22
	2010.11	1 099.47	1 280.76	16
	2012.09	1 319.35	1 555.95	18
	2012.12	1 372.46	1 652.29	20
日本	2010.10	9 940.02	9 718.30	−2
	2013.04	9 776.91	14 511.13	48
欧元区	2009.05	5 312.66	5 645.06	6
	2010.05	5 559.77	6 722.59	21
	2012.09	6 423.11	7 898.91	23
	2015.01	9 616.61	10 931.95	14

数据来源：WIND数据库

日本两个特定事件前后时间段内股票价格指数平均值变化差异明显。2010

年10月宣布大额资产购买计划,日经225指数平均值在事件发生前后时间段内由9 940.02下跌到9 718.30,下跌2%,说明此阶段量化宽松货币政策的修复股票市场价格效应微弱,这可能与该阶段量化宽松货币政策的实施力度较小有关;2013年4月宣布无限期资产购买计划,日经225指数平均值在事件发生前后时间段大幅上涨48%,说明该阶段的超量化宽松货币政策大大提振了日本股市,增强了投资者的信心,修复股票市场价格效应尤其显著。

欧元区四个特定事件前后时间段内股票价格指数平均值变化同样令人欣慰。2009年5月宣布担保债券购买计划、2010年5月宣布证券市场计划、2012年9月宣布直接货币交易计划以及2015年1月宣布扩展资产购买计划,事件发生前后德国DAX指数分别上涨6%、21%、23%和14%,这说明,随着欧元区量化宽松货币政策的开展,欧元区股票价格指数逐步提升,与总体趋势分析一致。

二是量化宽松货币政策修复房地产价格效果的比较。

首先对量化宽松货币政策期间总体的房地产价格走势进行分析。本部分选取2008年6月至2015年12月美国、日本、欧元区房地产价格同比增长率数据绘制房地产价格总体走势图。如图1-7所示,量化宽松货币政策实施后,三大经济体的房地产价格同比增长率都先后由负转正,并逐步升至理想水平,但恢复过程中波动性强烈。从长期来看,美国效果明显,随着量化宽松货币政策的推行,房地产价格增长率最终维持在5%水平以上;日本和欧元区短期内效果显著,长期来看稳定性比较差。

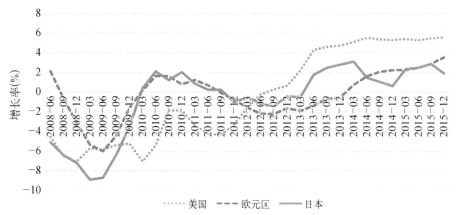

图1-7　美国、日本、欧元区2008年6月至2015年12月房地产价格增长率走势图
数据来源:CEIC数据库

接着本研究用事件分析法对美国、日本、欧元区量化宽松货币政策中特定事件前后时间段内房地产价格同比增长率的变动幅度进行分析:

如表 1-8 所示,美国四个特定事件前后时间段内房地产价格同比增长率平均值都出现了提升的情况。尤其是 2012 年 9 月宣布开放式债券购买计划和 2012 年 12 月宣布债券增持计划,美国房地产价格同比增长率平均值在事件发生后分别增加了 5.31% 和 4.19%,说明随着量化宽松货币政策的推行,恢复房地产价格效果越来越明显,这与上文分析的总体趋势相吻合。

表 1-8　特定事件前后时间段美国、日本、欧元区房地产价格同比增长率平均值

国家或地区	事件时间点	事件前(%)	事件后(%)	变化幅度(%)
美国	2009.11	−5.85	−4.06	1.79
	2010.11	−4.27	−3.42	0.85
	2012.09	−2.36	2.96	5.32
	2012.12	−0.21	3.97	4.18
日本	2010.10	0.05	0.84	0.79
	2013.04	−0.88	2.55	3.43
欧元区	2009.05	−1.74	−1.07	0.67
	2010.05	−1.37	1.21	2.58
	2012.09	−1.69	−1.39	0.30
	2015.01	1.67	2.80	1.13

数据来源:WIND 数据库

日本两个特定事件前后时间段内房地产价格同比增长率平均值也都出现上升状态。值得注意的是,2013 年 4 月宣布无限期资产购买计划,房地产价格同比增长率平均值在事件发生前后由 −0.88% 提升至 2.55%,短期内效果显著。说明超量化宽松货币政策的实施提振了房地产市场的信心,提高了投资者对未来的经济预期,在经济开始复苏的状态下,房地产市场开始活跃。

跟美国、日本一样,欧元区在四次特定事件发生前后,房地产价格同比增长率平均值也都有不同程度的提升。2010 年 5 月宣布证券市场计划,房地产价格同比增长率平均值在事件发生前后时间段提升了 2.58%,说明该阶段量化宽松货币政策对恢复房地产价格产生了积极的效应。特别指出,根据表 1-8,欧元区房地产价格同比增长率平均值在四个事件前后时间段内存在不连续性,波动程度比较大,这与上文分析的总体趋势相一致。

（三）结论

根据以上利用事件研究法对美国、日本、欧元区三个国家或地区量化宽松货币政策进行的实施效果的比较分析,得出如下结论:

1. 整体性效果

在经济复苏效果方面,三大经济体量化宽松货币政策都在一定程度上刺激了经济的复苏,但在刺激程度和稳定性上效果不一。美国稳定性最好,不过效果并不显著,这可能与美国本身巨大的经济体量有关;日本波动性最强,短期阶段性效应显著;欧元区总体效果并不理想。

在稳定物价效果方面,三大经济体量化宽松货币政策对缓解通货紧缩局面产生了一定的积极效应,但作用程度存在差异。美国整体效果还算良好,基本摆脱通货紧缩局面;日本前期效果很差,超量化宽松货币政策实施以后,短期阶段性效应明显;欧元区整体效果先扬后抑,前期效果还算乐观,后期效果逐渐减弱。

在促进就业效果方面,三大经济体表现差异性很大。相比较而言,美国表现最好,但整体效果并不显著,失业率缓慢下降;日本量化宽松货币政策的实施对失业率几乎没有影响;欧元区效果最差,失业率居高不下,持续恶化。

在修复股票价格方面,三大经济体量化宽松货币政策均产生了显著效应,加上全球股票市场联动性因素影响,整体效果协调一致;在修复房地产价格方面,三大经济体整体效果明显但稳定性差,美国效果最为显著,日本和欧元区波动性较大。

2. 事件阶段性效果

根据事件研究法的比对指标及量化宽松货币政策的实践过程,得到如表1-9所示。

表1-9 美国、日本、欧元区量化宽松货币政策特定事件实施效果表

国家或地区	所处阶段	事件时间点	经济复苏	稳定物价	促进就业	修复资产价格	
						股票价格	房地产价格
美国	QE1	2009.11	明显	良好	较差	明显	良好
	QE2	2010.11	一般	良好	一般	良好	一般
	QE3	2012.09	较差	较差	一般	良好	明显
	QE4	2012.12	较差	较差	一般	明显	明显

续 表

国家或地区	所处阶段	事件时间点	经济复苏	稳定物价	促进就业	修复资产价格	
						股票价格	房地产价格
日 本	金融危机后量化宽松货币政策阶段	2010.10	一般	良好	一般	较差	一般
	超量化宽松货币政策阶段	2013.04	良好	良好	一般	明显	明显
欧元区	第一计划阶段	2009.05	一般	较差	较差	一般	一般
	第二计划阶段	2010.05	明显	良好	较差	明显	良好
	第三计划阶段	2012.09	较差	较差	较差	明显	一般
	第四计划阶段	2015.01	一般	较差	一般	良好	良好

第四节　美日欧量化宽松货币政策的比较

一、美日欧量化宽松货币政策的背景比较

（一）经济背景基本相同

1. 宏观经济持续恶化

全球金融危机爆发以后，这三个国家或地区的经济秩序受到强烈干扰，市场出现流动性短缺问题，信贷体系的融资功能遭到严重破坏。金融市场的恶化迅速传播到实体经济，导致宏观经济环境恶化，经济指标严重下滑。居民消费价格指数反映居民家庭购买消费商品及服务的一般价格水平，国内生产总值测算给定时期内某经济体生产的所有最终产品和服务的市场价值，两者都是衡量宏观经济环境的核心指标。如图 1-8、1-9 所示，三大经济体在量化宽松货币政策实施前，CPI 和 GDP 水平都出现了大幅下跌。其中，美日欧 CPI 增长率从 2008 年第三季度开始大幅滑落，美国下跌最大，约 6 个百分点，日本和欧元区下跌约 4 个百分点，至 2009 年第三季度，美日欧 CPI 增长率均降至 0% 以下，经济面临通货紧缩的局面；金融危机爆发后，三大经济体的 GDP 增长率剧烈下跌，至 2008 年底全部变为负增长，经济呈现下行趋势。综上所述，三大经济体在推出量化宽松货币政策时，宏观经济面临通货紧缩、不断衰退的局面，整体宏观经济环境不容乐观并持续恶化。

图 1-8 美国、日本、欧元区 2007 年第一季度至 2016 年第四季度 CPI 增长率
数据来源：OECD 数据库

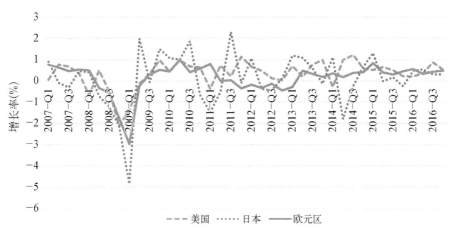

图 1-9 美国、日本、欧元区 2007 年第一季度至 2016 年第四季度 GDP 增长率
数据来源：OECD 数据库

2. 资产价格泡沫破灭

在当前的全球宏观经济框架下，股票市场和房地产市场在各个国家或地区的国民经济体系中扮演了重要的角色。由次级抵押债券危机引发的全球金融海啸，迅速渗透到世界各个国家的股票市场和房地产市场，导致股票价格、房地产价格等资产价格一落千丈。股票价格指数是衡量某一股票市场整体价格水平的指标，如图 1-10 所示，2008 年，三大股票价格标准指数整体表现惨淡，其中，标普 500 指数创下有史以来最差表现之一[①]，日经 225 指数和德国 DAX 指数严重

---

① 资料来源：美国纽约路透社 2008 年 12 月 31 日报道。

受挫,在 2008 年底达到同期低位;房地产价格指数是反映一定时期不动产销售价格变动趋势的核心指标,如图 1-11 所示,从 2007 年开始,三大经济体的房地产价格增长率急速下降,美国最为惨重,在 2008 年第四季度达到 -7.07% 的历史低位,日本和欧元区降幅明显,先后在 2009 年下降到 -6% 左右的水平。综合来看,在美国、日本和欧元区推出量化宽松货币政策时,股票市场和房地产市场持续萎靡,股票价格和房地产价格表现糟糕,泡沫破灭。

图 1-10 美国、日本、欧元区 2007 年第一季度至 2016 年第四季度股票价格指数走势图
数据来源:WIND 数据库

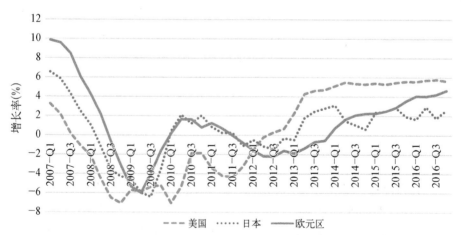

图 1-11 美国、日本、欧元区 2007 年第一季度至 2016 年第四季度房地产价格增长率
数据来源:CEIC 数据库

3. 财政赤字居高不下

全球金融危机爆发后,美国、日本、欧元区都试图采用增加政府购买、减少

税收等扩张性的财政政策,来扩大需求,振兴经济,防止衰退。基于三个经济体固有的高福利体制,政府财政本身就相当吃紧,在扩张性财政政策的实施条件下,三个国家或地区的财政赤字居高不下。如表1-10所示,自2007年美国次贷危机爆发后,三大经济体的综合财政结余一直处在赤字状态。随着时间的推移,美日欧财政赤字占GDP百分比持续扩张。美国和欧元区财政赤字占GDP百分比在2009年分别达到9.8%和6.6%的高位水平;日本2010年财政赤字占GDP百分比达到11%的历史高位,并在随后几年内居高不下。综合来看,在三大经济体推出量化宽松货币政策之际,美日欧三个国家或地区的财政状态持续恶化,财政赤字的居高不下,也大大限制了扩张性财政政策的操作空间。

表1-10 美国、日本、欧元区2007年至2016年综合财政结余占GDP百分比(%)

年 份	美 国	日 本	欧元区
2007	−1.12	−5.40	−0.90
2008	−3.11	−4.90	−2.40
2009	−9.80	−6.80	−6.60
2010	−8.75	−11.00	−6.00
2011	−8.45	−8.80	−4.60
2012	−6.78	−9.00	−4.30
2013	−4.11	−10.00	−3.30
2014	−2.81	−10.00	−3.00
2015	−2.45	−7.90	−2.40
2016	−3.19	−8.00	−2.60

数据来源:CEIC数据库

(二)政治和社会背景各有不同

1. 美国贸易保护主义、美元霸权地位

(1)美国贸易保护主义。金融危机发生后,贸易保护主义情绪在美国国会内部蔓延,众多国会议员纷纷表达贸易保护主义的政治诉求,他们主张以中国为主的一些国家货币升值来冲销贸易逆差,隐含美元贬值的目的[①]。随着美国对

[①] 涂菲.美国量化宽松政策的原因及其影响[J].当代经济管理,2011(3):1-4.

中国贸易逆差不断加大,贸易保护主义的呼声甚嚣尘上,敦促"美元贬值促出口,施压人民币升值"的诉求越来越强烈。

(2) 美元霸权地位。美元是世界中心货币,在国际货币体系中具备世界储备、国际结算等职能。更为重要的是,美国可以发行全球储备货币,这是其他国家所没有的特权。现行的国际货币体系中,美元作为世界主要计价、结算货币和基本的储备货币的角色在短期内无法改变,基于此,美元发行根本不受任何国家、任何因素的制约。所以,其他国家只能被动接受和应对美元量化的冲击。

2. 东日本大地震、安倍政府的政策倾向

(1) 东日本大地震。2011 年 3 月日本爆发史上最大级别的地震——东日本大地震,这也是全世界自有记录以来级别第三高的地震。地震的发生引发了大海啸,接踵而至的自然灾难对日本造成了巨大的生命财产损失,同时也为正在缓慢复苏的日本经济蒙上了阴影。受地震及海啸的影响,日本股市动荡,日本日经 225 指数下跌 1.72%;制造业产业链条断裂问题加剧,丰田公司部分停产;福岛第一核电站发生核泄漏,以此引发的停电问题带来了连锁反应,扰乱了正常的工业生产秩序,给整个日本经济带来了难以估量的负面影响。

(2) 安倍政府的政策倾向。2012 年 12 月,安倍晋三正式就任日本首相。随后,安倍政府强势推出了一系列经济刺激政策,以此向金融市场注入活力,振奋公众和企业的信心。经济学界将安倍政府上台后实行的一系列政策操作称为"安倍经济学"。大胆的货币政策、灵活的财政政策和经济产业成长战略是"安倍经济学"的三大基石,其中宽松的货币政策最为引人注目。在安倍政府的政策主导下,日本央行配合发钞,向欧美的量化宽松学习,同时引入"物价稳定目标"和"无限期购买资产计划"两大政策机制。2013 年 4 月,日本央行新任行长黑田东彦积极响应安倍政府的政策导向,推出了激进的货币宽松措施——"量化和质化双料宽松政策"。总体来说,"安倍经济学"的政策思想在一定程度上推动了日本新一轮量化宽松货币政策的实施。

3. 欧元区一体化弊端、政治催化

(1) 欧元区一体化弊端。欧元区一体化在制度设计、实践本质上本身具备不完善性,在危机面前,缺乏有效的联动运作机制,不能妥善地解决和消弭危机带来的负面影响,脆弱性显露无遗。同时,欧元区国家在发展经济时普遍依赖虚拟经济,实体经济的发展则以银行业融资为依托,导致经济危机发生时蔓延和传播的速度更快。鉴于欧元区各成员国内部结构差异性,在不同程度上会影响欧元区经济的稳固,欧元区经济在走向复苏之路上困难重重。

(2) 政治催化。政治问题经济影响显性化最终导致欧元区央行走向量化宽松之路。2014年,对财政问题严重不满的民族主义政党在欧元区议会选举中取得历史性的突破。更为关键的是,主张抵制救援、反对紧缩和支持脱离欧元区的激进左翼联盟在希腊大选中获得胜利,希腊脱欧的"黑天鹅"事件可能性大增,欧元区地缘政治风险不断扩大,拯救欧元成为整个欧元区国家的共同使命和任务。政治问题对欧元区的联合冲击动摇了德国反对量化宽松的立场基础,催化了欧元区走向分歧颇大的量化宽松之路。

(三) 结论

通过从经济、政治和社会三个维度对美国、日本和欧元区三个国家或地区的量化宽松货币政策的背景进行比较分析,得出如下结论:

1. 相同的经济背景

美国、日本及欧元区量化宽松货币政策都是在全球金融危机的历史环境下应运而生,因此其具有相同的经济背景属性。

全球金融海啸导致世界范围内实体经济衰退、通货紧缩,三大经济体都面临严峻的宏观经济形势,这也是量化宽松货币政策实施的最主要背景;其次,金融海啸同样对虚拟经济产生了强大的冲击。作为虚拟经济的代表性产业——股票行业和房地产在此次金融危机下受到的伤害巨大,两大市场一蹶不振,股票价格和房地产价格泡沫破灭;最后,高福利结构体制下,三大经济体的财政结余本身就呈现赤字化态势,在扩张性财政政策的实施下,财政赤字持续恶化,居高不下,这又反过来限制了财政政策的操作空间。

2. 不同的政治社会背景

除了上述相同的背景外,美国、日本、欧元区作为不同的独立经济体,因其特有政治社会属性,其量化宽松货币政策的实施有其本身特有的背景。

美国国内贸易保护情绪浓厚,"贬美元,促出口"的政治诉求越来越强烈,量化宽松货币政策恰能实现这一目的。另外,美元的发行不受任何国家的制约,这在一定程度上减少了美联储实施量化宽松货币政策的顾虑。日本国内发生大地震,自然灾害给日本经济带来沉痛打击。安倍政府倾向运用宽松的货币政策来经济,一定程度上引导了量化宽松货币政策的实施。欧元区特殊的政治体制以及内部结构差异化,使得欧元区经济在走向复苏之路上步履艰难。欧元区地缘政治风险的增加,使得捍卫欧元成为成员国共同的使命,这在一定程度上促使欧元区实行量化宽松货币政策。

二、美日欧量化宽松货币政策目标的比较

(一)政策目标大体一致

1. 克服通货紧缩、稳定物价水平

根据对实施背景的描述,美国、日本、欧元区在金融危机爆发后,都面临着不同程度的通货紧缩。根据图1-4显示,美国在2009年第三季度的通货膨胀水平仍保持低位,居民消费者价格指数同比增长为-0.42%;日本的通货紧缩状况最为严重,在2009年第一季度至2013年第二季度期间,大部分时间维持在零水平线以下位置;欧元区在金融危机爆发初期,也出现了通货紧缩的风险,在2009年第三季度,居民消费者价格指数由正转负,为-0.32%。这些数据证明三个国家或地区的居民消费意愿与消费能力大大降低,如果不扭转这种局面,改变消费者的低通胀心理预期,势必影响本国国内的消费和投资,长此以往,国内需求削弱,产出水平降低,导致经济形势进一步恶化。因此,扭转通货紧缩的局面、稳定物价水平是三个经济体量化宽松货币政策共同追逐的目标。

2. 刺激投资消费、实现经济复苏

无论是量化宽松货币政策,还是常规货币政策,其政策的最终落脚点都是实现经济复苏,维持经济平稳有序运行。在背景比较中笔者提到,经济危机导致了美国、日本和欧元区三个国家或地区的经济不同程度衰退。从图1-3我们可以看出,美国在2008年第四季度到2009年第二季度,连续三个季度GDP保持负增长,这在美国历史上是十分罕见的;日本更为惨重,从2008第二季度开始,连续三个季度GDP负增长,在2009年第一季度,GDP增速更是下降到-5%的超低水平;欧元区情况也不乐观,同日本相似,欧元区GDP增速在2008年第二季度下降到负值,在此后较长的一段内多次出现GDP负增长。因此,经济危机对三个经济体的宏观经济造成了严重的创伤,如果任容形势发展下去,整个国家或地区都会陷入崩溃边缘。因此,刺激投资消费、实现经济复苏成为三个经济体量化宽松货币政策的最主要目标。

3. 重振市场信心,修复资产价格

2007年的次贷危机,使得美国房地产价格泡沫破灭,次贷危机引起金融市场和信贷市场的一系列连锁反应,最终酿成经济危机。经济危机迅速蔓延至全球,作为市场经济晴雨表的股票市场,势必会受到经济危机的负面影响。根据背景比较中的图1-10,我们看到日本股市和欧元区股市大幅下跌,日经225指数出现断崖式下跌,在2009年2月降至7 568.42的低位,德国DAX指数也在同一

月下降到 735.09 的历史较低水平。一般来说,资产价格泡沫破灭是金融危机爆发的导火索,危机发生后,投资者信心严重丧失,投资热情降低,股票和不动产的供求关系严重失调,根据需求理论,股票价格和房地产价格会急剧降低。股票市场和房地产市场是经济运行中的重要参与者,股票价格和房地产价格的下降又会进一步加剧金融危机的恶化,因此,如何修复资产价格,恢复投资者的信心,对缓解金融危机的负面影响具有重要的意义。基于此,修复资产价格成为量化宽松货币政策的一个非常重要的目标。

(二)政策目标侧重点不同

1. 美国前期以恢复市场功能为主要目标,长期多种目标协调

在次贷危机和金融危机的双重驱动下,美国的金融机构和信贷机构受到严重破坏,金融市场和信贷市场的流通能力下降,流动速度减弱。在金融市场方面,金融机构倒闭,金融市场上的票据或证券等资产价格出现剧烈波动,投资者在安全岛效应的作用下,将避险资本从市场撤出,金融市场上资金流通量大大减少,融资功能失灵;在信贷市场方面,以商业银行为代表的信贷机构财务状况恶化,市场道德风险增加,出现惜贷行为,信贷功能受到严重破坏。金融市场融资功能和信贷市场信贷功能的丧失都会给实体经济带来负反馈效应,因此,在危机爆发初期,恢复信贷体系功能、维护金融系统稳定成为美联储的首要目标。

随着量化宽松货币政策的逐步实施,信贷市场信用重建、金融市场恢复稳定,美联储渐渐地把目标集中到与经济有关的核心指标上。根据图1-8,2010年第三季度,美国 CPI 增速仍然维持在 1% 左右的较低水平,并且同期的 CPI 增速也不乐观,美联储根据经济形势的判断适时调整最终目标的关注,在特定时期设定相关目标,形成多种指标并存的最终目标体系。根据美国四轮量化宽松货币政策的实践,可以得出:2010 年 8 月,美联储宣布实施 QE2,其目标是推高通胀水平,使其与推动就业和价格稳定更为一致[1];2012 年 9 月开始,美联储连续推出 QE3 和 QE4,联邦公开市场委员会(FOMC)在其公开报告中明确了这两轮的政策目标,报告指出"在就业市场环境没有显著改善之前,委员会不会停止对机构抵押贷款支持债券的购买;美联储会根据就业市场变化,酌情运用其他政策工具,直至在物价稳定的环境下实现失业状况的明显改善"[2]。

2. 日本前期短暂关注金融体系流动性,长期侧重通胀目标

日本受全球金融危机的影响,在实施量化宽松货币政策初期,也主要通过向

---

[1] 周闪亮.美国量化宽松货币政策的有效性及对中国经济的影响研究[D].东北财经大学,2013.
[2] Federal Reserve Bank of New York, Domestic Open Mark Operations, During 2012.

市场注入流动性的方式来避免金融市场和信贷市场的融资信贷功能部分丧失。但由于日本在"失去的十年"中的教训,日本金融机构非常注重风险的管理和控制,使得金融机构受到的负面效应有限①。

从长期来看,日本央行实行"稳定物价"的单一目标制。这一政策的制定明显受到上文背景中提到的安倍政府政策倾向的影响,安倍晋三首相和黑田东彦行长上台后的一系列措施也证明了日本量化宽松货币政策对对抗通货紧缩、维持物价稳定目标的侧重。具体操作内容如表1-11所示。在日本央行看来,设定通胀目标和完成期限的前瞻性指引能够改善公众对通货膨胀的预期,提高消费者的信心,有效改善企业的经营状况,刺激消费和投资,从而提高产出,间接达到刺激经济增长的终极目标②。

表1-11 安倍晋三上台之后日本央行主要货币政策内容

背景	时间	政策内容
安倍晋三上台	2013.01	调整通货膨胀目标,将以居民消费价格指数为代表的通胀目标设定为2%;宣布从2014年1月执行新的资产购置计划,并不设总额度限制和结束期限
黑田东彦就任央行行长	2013.04	设定通胀目标2%的达成期限为两年;宣布两年内扩大一倍基础货币规模;丰富日本央行资产购置计划中的资产种类
	2016.01	推迟实现通胀目标时间至2017年

资料来源:根据日本中央银行网站整理

3. 欧元区前期以增强金融体系流动性为主,近期侧重通胀目标

前期,受全球金融危机和欧元区主权债券危机双重驱动的影响,欧元区金融机构也产生了流动性短缺风险。根据对美日欧量化宽松货币政策的回顾,欧元区央行通过执行担保债券购买计划向欧元区银行体系提供流动性;2010年开始,由于欧元区主权债务危机持续恶化,欧元区央行先后引入证券市场计划和直接货币交易计划,向二级债券市场注入流动性,购买问题政府债券,以降低这些国家的融资成本和还款压力③,并进一步向银行业注入流动性,通过改善银行体系的资金环境增强信贷支持,提高欧元区整体抵御双重危机的能力。

2015年1月,欧元区央行开启新一轮量化宽松货币政策,宣布了总额为1.1万亿欧元的资产购买计划,并指出量化宽松货币政策会一直持续,直至中期通胀

---

① 付琳.美日两国应对国际金融危机的量化宽松货币政策比较[J].新疆财经,2012(2):32-35.
② 田心怡.日美量化宽松货币政策及其效果的比较研究[D].吉林大学,2014.
③ 任康钰,曾辉.欧元区量化宽松货币政策的演进及探讨[J].南方金融,2015(7):42-51.

率接近2%的设定目标①。这与安倍政府上台后的日本超量化宽松货币政策极其相似。在此之前,欧元区通缩风险持续加剧,失业率一直维持在高位水平,人口老龄化导致竞争力下滑,经济出现停滞,欧元区央行希望通过量化宽松货币政策的实施振奋市场信心,提高通货膨胀水平,对欧元汇率产生向下压力,以此达到促进出口和经济增长的目的②。

(三) 结论

通过从整体性和侧重点两个维度对美国、日本和欧元区三个国家或地区的量化宽松货币政策的目标进行比较分析,得出如下结论:

1. 整体目标协调一致

基于前文背景的分析,三个经济体都面临经济衰退、通货紧缩和资产价格泡沫破灭的局面,因此,美日欧的量化宽松货币政策都有刺激经济复苏、稳定物价水平和修复资产价格的目标。

2. 目标侧重点不同

美国量化宽松前期,因为金融危机严重损害了金融市场和信贷市场的融资功能,政策目标以恢复市场功能为主,后期根据经济运行情况,侧重物价稳定、经济增长和促进就业的协调性。

日本量化宽松前期,因为自然灾害和金融危机引发金融体系流动性不足,政策目标以恢复金融体系流动性为主,后期在安倍政府坚定对抗通货紧缩的决心下,以稳定物价为单一目标。

欧元区量化宽松前期,因为金融危机和欧债危机引发商业银行流动性短缺,政策目标以增强银行体系流动性为主,后期通货紧缩的压力明显,鉴于欧元区是由多个主权组成的单一货币区,侧重物价稳定目标。

三、美日欧量化宽松货币政策的操作工具比较

(一) 操作工具方向性协调一致

1. 前瞻性政策指引:政策承诺

前瞻性政策指引是央行与市场参与者之间动态博弈的产物,它既不是前者针对市场的单向信息发布,也不是后者对市场现状的情绪化施压。由于在零利率或负利率政策条件下,前瞻性指引仍能发挥效力,金融危机以后,美国、日本和

---

① 宋馨、郭昊.欧央行新一轮量化宽松货币政策前景如何[N].中国财经报,2015-07-04(6).
② 资料来源:中华人民共和国驻欧元区使团经济商务参赞处在商务部网站发布的经贸新闻。

欧元区纷纷把它运用到具体货币政策操作实践中,其中最为典型的就是政策承诺机制。政策承诺,即对于利率或者资产购买计划的目标预期以及实施期限做出承诺,为公众提供一定的政策预期,进而通过告示效应对经济产生影响①。

纵观美国四轮量化宽松的实践,美联储的前瞻性指引经历了开放式、时间指引式和经济指标参考式的演变历程②。开放式前瞻性指引:表述模糊,如2010年8月宣布实施的QE2,从2010年11月开始,一段时间内维持联邦基金利率在0—0.25%的水平不变;时间指引式前瞻性指引:明确指出退出时点,如2012年9月推出的QE3,维持超低利率至2015年;指标参考式前瞻性指引:使用经济衡量指标作为参考标准,如2012年12月的QE4,维持超低利率水平至失业率不高于6.5%并且未来两年预期通胀率不低于2.5%。

日本央行在2001年的第一次量化宽松货币政策中就使用了这一操作工具。2001年3月,日本央行推出货币史上第一次量化宽松货币政策,承诺资金供给直至居民消费价格指数(同比)稳定在非负水平。2011年6月14日,日本央行宣布未来一段时间维持在0—0.1%的水平不变;2013年1月20日,日本央行宣布,以实现2%的通胀指标作为量化宽松货币政策的退出条件。

欧元区央行也使用了开放式和指标参考式前瞻性指引。2016年7月,欧元区央行宣布维持三大政策利率水平保持不变③;2015年1月,欧元区央行宣布了大额资产购买计划,并明确指出资产购买计划一直持续直至欧元区通胀指标开始向通胀目标2%靠近④。

2. 非常规公开市场操作:流动性互换

2007年次贷危机发生后,世界各大经济体的金融机构纷纷进行去杠杆化操作,对流动性的需求以及对信用风险的关切对世界范畴内美元银行间融资市场产生了巨大冲击,导致美元的拆借利率升高。由于美元在世界货币体系中具备结算、储备等职能,全球货币市场上对美元的需求量很高,这就导致很多国家或地区出现美元流动性短缺问题。

为解决国际市场对美元的短期需求,缓解全球性的流动性短缺,美国联邦公开市场委员会宣布执行互惠性货币安排计划(又称互换协定,Swap lines)。协定决议美国和其他国家之间,可以按照双方事前商定的原则,相互交换相当金额的不同货币。协议最初只包括瑞士国民银行和欧元区央行。

---

① 郭强.美联储前瞻指引:理论基础、发展脉络与潜在风险[J].漫步华尔街,2015(4):26-31.
② 资料来源:MBA智库·百科.
③ 资料来源:上海证券报2016年7月20日报道.
④ 蒋先明.欧央行量化宽松的原因和效果[J].清华金融评论,2015(5):115-119.

欧元区央行以互换协定为中介,通过与美联储和瑞士国民银行进行货币互换操作,使欧元区货币市场美元和瑞士法郎的供给得到很好的保证,从而缓解了短期欧元区美元和瑞士法郎资金市场流动性不足的问题。

日本随后加入了货币互换计划的行列,以此向市场注入美元流动性,稳定国际金融市场。三个国家或地区都在危机初期进行了货币互换,为各自资金市场提高了所需的流动性。如表 1-12 所示,央行互换流动性项目表示美联储与其他央行所进行货币互换的金额。此项目从 2009 年 1 月开始进行单列,2009 年和 2012 年发生流动性互换总量为分别 100 亿美元和 910 亿美元,数额庞大,且涉及国家数量也很多。

表 1-12 2008—2016 年美联储资产负债表主要项目简表 单位:10 亿美元

年份 项目	2008	2009	2010	2011	2012	2013	2014	2015	2016
美国国债	741	476	777	1 031	1 651	1 666	2 209	2 461	2 461
MBS	0	0	909	992	840	927	1 490	1 737	1 747
联邦机构债券	4.9	20	160	147	102	77	57	39	33
回购协议操作	57	80	0	0	0	0	0	0	0
定期拍卖便利	0	450	40	76	0	0	0	0	0
央行流动性互换	0	0	10	0.08	91	8.9	0.2	1.5	1
MLI LLC 资产净额	0	27	27	27	7	1.4	1.5	1.7	1.7
MLII LLC 资产净额	0	20	16	16	9	0.06	0.06	0	0
MLIII LLC 资产净额	0	27	23	23	18	0.02	0.02	0	0
TALF LLC 资产净值	0	0	0.3	0.7	0	0	0	0	0
总资产	925	2 266	2 238	2 439	2 901	2 919	4 024	4 498	4 487
负债和所有者权益	925	2 266	2 238	2 439	2 901	2 919	4 024	4 498	4 487

资料来源:根据美联储网站整理

3. 最终贷款人机制:信贷机构贷款便利、存款准备金付息

美国、日本、欧元区在国际金融危机爆发的大背景下,宏观经济受到冲击,以商业银行为代表的信贷机构出现流动性短缺问题,信贷体系的融通功能部分或全部丧失。信贷体系在一个国家或地区的市场经济运行中具有举足轻重的作用,因此,危机发生后,美国、日本、欧元区运用了一系列的货币政策工具来恢复信贷体系的流通能力,维护信贷体系的稳定性和健康性。

(1) 信贷机构贷款便利。央行为防止信贷市场恐慌,防止信贷机构的破产引发更大连锁反应,通过向商业银行等信贷机构提供贷款,缓解其流动性危机。美国运用贴现窗口贷款便利工具向银行体系注入流动性。贴现窗口贷款便利(Discount Window Lending Facility),是指美联储以贴现窗口为中介,运用一级信贷便利,向流行性短缺的商业银行提供短期贷款支持的一级信贷便利。此外,美联储还通过缩小贴现率和联邦基金利率的利差、延长贴现贷款的期限等方式来丰富信贷机构贷款便利工具。日本央行设有两种信贷机构贷款便利工具:一种是以票据、政府债券等信用良好的证券为质押资产的抵押贷款;另一种是票据贴现便利[1]。在量化宽松货币政策实施过程中,日本央行通过这些贷款便利工具,向商业银行提供担保贷款。同时还进行激励机制,对经常使用贷款便利的信贷机构进行免息,取消对贷款最长期限的设置,大大提高了商业银行在贷款便利工具中的参与度。欧元区央行逐步增加贷款便利的金额,除此之外,欧元区央行还提出了再贷款计划,通过增加长期再贷款和主要再贷款的规模,延长贷款期限,大力支持银行体系,为其提供流动性便利。

(2) 存款准备金付息。在现代银行制度中,所有商业银行及存款性信贷机构需要向央行缴纳存款准备金,其中包括必须缴纳的法定存款准备金和自愿缴纳的超额存款准备金。美国、日本和欧元区在量化宽松期间都使用存款准备金付息工具缓解商业银行的流动性短缺。2008年10月,美联储宣布对商业银行等存款机构的法定准备金和超额准备金账户支付利息,利率以联邦基金利率为标准;同月,日本央行推出互补性存款便利(Complementary Deposit Facility,CDF),对存款机构的活期存款账户支付利息,利息直接贷记入存款机构在日本央行开立的活期存款账户[2];欧元区很早就对法定存款准备金账户付息,量化宽松期间,欧元区央行延续以往的做法,继续对存款机构的存款准备金账户进行利息支付。

(二)操作工具创新性差异化显著

1. 美国货币政策工具创新性强,呈现多元化

金融危机爆发以来,信贷市场和金融市场受到重创,流动性短缺问题出现,为了修复信贷市场,稳定金融体系,美联储试图运用传统货币政策工具来恢复金融体系的流动性。但在市场"流动性陷阱"的约束下,常规货币政策工具不能发挥原有的效力。在这种背景下,美国发挥了其资本市场强大的创新

---

[1] 刘亚群.美日欧量化宽松货币政策比较及对中国货币政策的影响研究[D].东北财经大学,2013.
[2] 资料来源:中国金融网在2015年8月14日的报道。

能力,创造了多种货币政策工具,以达到恢复市场功能的政策目标。按照救助的主体,可以将新型货币政策工具划分为三种:面向信贷市场的融资工具、面向货币市场的融资工具和面向证券抵押市场的融资工具(见表1-13)。具体分析如下:

表1-13 美国量化宽松期间货币政策便利工具种类表

信贷市场融资工具	定期拍卖工具(TAF)	通过拍卖的手段向银行提供短期融资
	一级交易商信贷机制(PDCF)	一级交易商通过清算银行以提供包括MBS等债券在内的抵押品申请短期融资
	定期证券借贷机制(TSLF)	一级交易商以所持债券为抵押参与竞拍美联储拍卖的国债
货币市场融资工具	商业票据融资机制(CPFF)	一级交易商购买评级较高的商业票据
	货币市场共同基金流动性工具(AMLF)	银行向美联储融资用于购买商业票据等金融资产
	货币市场投资者融资工具(MMIFF)	一级交易商购买货币市场共同基金出售的合格资产
证券抵押市场融资工具	定期资产支持证券贷款工具(TALF)	纽约联邦储备银行为私人及小企业的资产抵押证券市场提供贷款

数据来源:根据美联储网站和MBA·智库百科整理

(1)面向信贷市场的融资工具。2007年的次贷危机严重干扰了美国金融机构尤其是商业银行的正常运转秩序。房地产市场价格泡沫破灭,导致按揭贷款的违约率升高,次级抵押贷款市场的风险性骤增,最终引发一连串的负面反应,使美国机构面临流动性短缺的压力。危机发生后,金融机构间惜贷严重,银行间拆借意愿下滑,引起美国银行体系的流动性短缺问题[1]。在次贷危机的背景下,为了达到修复金融机构市场秩序的政策目标,美联储大胆创新了一系列面向商业银行等金融机构的融资工具。下面以定期拍卖工具(TAF)为例,简单介绍融资工具的作用机制:定期拍卖工具(TAF)的适用对象是拥有良好财务状况的金融机构。通过拍卖决定利率的方式,符合规定的交易商以金融资产作为质押,可在贴现窗口向美联储申请时限为24天到84天的匿名贷款。通过匿名拍卖的方式,有效避免了公众对市场的错误解读,消除了金融机构的担心。与常规的再贴现工具相比,TAF能够向更广泛的金融机构以更加广泛的抵押品来提供资金支

---

[1] 周闪亮.美国量化宽松货币政策的有效性及对中国经济的影响研究[D].东北财经大学,2013.

持,缓解商业银行等机构的短期融资压力,从而达到修复金融市场的政策目标。

(2)面向货币市场的融资工具。2008年金融危机重创了美国经济,投资者基于避险心理,把资金从货币市场共同基金及商业票据市场转移到更安全的地方,造成了货币市场的流动性短缺,同时也对依托货币市场进行融资的企业造成巨大冲击。企业缺乏资金支持,资金链断裂,生产能力降低,对经济产出产生负面效应,这进一步加剧了金融危机的恶化,为了避免恶性循环,修复货币市场的融资能力成为工具运用的目标。在此背景下,美联储创新性地使用了面向货币市场的融资工具。下面以商业票据融资工具为例,简单介绍其作用机制:美联储以特殊目的载体(SPV)作为行动主体,向符合规定的商业票据发行方购买期限为3个月的商业票据,这种操作一方面直接向商业票据发行企业注入资金,另一方面鼓励和带动了投资者在票据市场的投资行为,双重作用机制对修复票据市场的融资功能产生正向效应。

(3)面向证券抵押市场的融资工具。资产抵押证券使以资产组合为呈现方式、以抵押担保为发行目的的债券,其持有者主要是个人消费者和美国小企业。金融危机发生后,资产抵押债券的发行数量骤减,发行利率攀高,从而导致证券需求量减少,流通能力降低,这大大阻塞了消费者和小企业的融资渠道。消费者和小企业是市场的重要参与者,抵押证券市场的风险提高导致消费者和小企业的市场参与活力降低,进一步加剧了金融危机。因此恢复抵押证券市场的融资能力是防止恶性循环的重要一环。在此基础上,美联储推出面向证券市场的融资工具,主要以定期资产支持证券贷款工具(TALF)为主。下面简单介绍以下TALF的运行机制:TALF的操作主体是纽约联邦储备银行,其以抵押贷款证券作为抵押条件,向证券的发行方提供2 000亿美元的贷款,以此盘活证券抵押市场,恢复其融资能力。

2. 日本货币政策工具,比之前有所创新

在2001年日本第一次量化宽松货币政策的实践中,日本央行主要是通过大量购买国债和银行票据的方式,向市场增加货币投放。数据显示,2001年3月至2006年3月,日本央行对资产抵押证券和股票等非常规资产的购买仅占资产增量的7.1%[①]。金融危机后,日本的量化宽松货币政策实践中,加入了许多创新型货币工具。比如商业银行汇票,日本央行通过买入商业银行汇票,对商业银行进行流动性支持,商业银行将所获资金的一部分存到日本央行的超额准备金账户,增加了日本央行的经常账户余额,从而帮助了日本央行实现其货币政策目

---

① 杨金梅.日美两国量化宽松货币政策的比较[J].金融理论与实践,2011(3):100-102.

标。此外，日本的创新性还体现在资产购买项目的范围上，如表1-14所示，除正常国债外，公司债券、商业票据及金融信托也在资产购买计划范畴之内，其中公司债券和商业票据是新设项目。但从总体来说，日本央行仍然坚持以购买政府有价债券为主，在公司债券、商业票据等风险资产的购买上规模较小。

表1-14　2008—2016日本资产负债表主要项目简表　　单位：万亿日元

年份 项目	2008	2009	2010	2011	2012	2013	2014	2015	2016
日本政府有价证券	70.46	63.13	71.99	76.74	90.2	113.68	181.39	250.44	325
公司债券	0	0	0	0.1	1.53	2.92	3.2	3.22	3.2
商业票据	0	0	0.2	0.1	1.98	2.05	2.19	2.22	2.2
金融信托	1.52	1.27	1.34	1.52	2.36	2.99	4	5.38	8.51
贷款	29.24	25.77	32.5	43.67	39.56	30.69	26.92	31.71	36.46
总资产	111.28	122.77	122.53	128.71	143.02	158.36	224.19	300.21	383.11
总负债和所有者权益	111.28	122.77	122.53	128.71	143.02	158.36	224.19	300.21	383.11

数据来源：根据日本中央银行网站整理

3. 欧元区货币政策工具创新性受到制约

欧元区主要运用的是常规型货币政策工具，比如，长期再融资操作（LTRO），它属于常规型货币政策工具中的公开市场操作。LTRO是指欧元区央行为了缓解流动性风险给商业银行带来的压力，向商业银行提供贷款的输出行为。通过长期再融资操作，达到恢复信贷市场的政策目标。在量化宽松货币政策工具方面，欧元区明显体现出创新性不足的劣势，这与欧元区央行标的资产选择的局限性有关。具体分析如下：量化宽松货币政策传导过程中的核心要素是资产购买计划中的标的资产[①]。如图1-12所示，欧元区央行的标的资产分为两类：一类是CBPP、LTRO、ABSPP等计划中包含的私人部门资产，其主要表现形式是金融机构所持有的抵押债券等；另一类是SMP、OMT、EAPP等计划中涉及的公共部门债券，其早期主要存在于主权债务问题严峻的国家，后来随欧债危机愈演愈烈逐步扩展到整个欧元区。最为重要的是，欧元区央行对标的资产的选择受到法律的制约。1991年12月签订的《马斯特里赫特条约》规定，欧元区央行没有权利直接购买成员国的债券和公共部门债券。在此法律约束下，欧元区央行的标的资产主要由私人部门资产构成，公共部门债券作为辅助部

---

① 任康钰，曾辉.欧元区量化宽松货币政策的演进及探讨[J].南方金融，2015(7)：42-51.

分体现在标的资产体系中。因此,在标的资产选择局限性的制约下,欧元区央行在货币政策操作工具上的创新能力严重削弱,继而影响到量化宽松货币政策的实施效果。

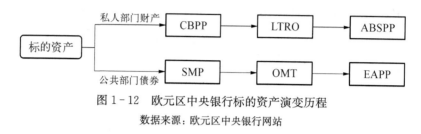

图1-12 欧元区中央银行标的资产演变历程

数据来源:欧元区中央银行网站

(三)结论

通过从协调性和创新性两个维度对美国、日本和欧元区三个国家或地区的量化宽松货币政策的工具进行比较分析,得出如下结论:

1. 操作工具协调一致

基于前文目标的分析,由于美日欧量化宽松货币政策的整体性目标大体一致,不同国家或地区在进行量化宽松操作时也会相互借鉴,三大经济体都使用了政策承诺、流动性互换、信贷机构存款便利及存款准备金付息等量化宽松货币政策工具。

2. 操作工具创新性差异化显著

美国金融市场发达,金融体制完善,为量化宽松货币政策的创新提供了便利环境,针对特定的救助对象和救助目的,美联储创造了多元化的货币政策操作工具。

日本金融体系以商业银行为主,金融产品的丰富度也不高,这都限制了日本操作工具的创新,但是,日本吸取了2001年首轮量化宽松货币政策的教训,加大了对操作工具的改良,在量化宽松货币政策的推行中,进行了一定程度的创新。

欧元区是由多个经济体组成的单一货币区,鉴于其内部经济结构的差异性和主权不独立性,欧元区在实行量化宽松货币政策时有很多掣肘。欧元区特殊的政治经济属性在法律、市场环境等方面限制了操作工具的创新。

第二章 量化宽松货币政策与国际资本流动

第一节 量化宽松货币政策的溢出效应

一、量化宽松货币政策溢出效应的概述

货币政策的溢出效应在本质上是一国货币政策的外部性,即一国货币政策对其他国家和地区的经济、金融等变量产生的影响①。所谓的外部性是指一个经济行为主体的活动使得其他个人或者人群受益或受损的情况,它可以分为正的外部性和负的外部性。正的外部性是指一个经济行为主体的活动使得其他个人或人群受益;负的外部性是指一个经济行为主体的活动使得其他个人或人群受损,而该行为主体却没有因此承担成本。借助经济的外部性,货币政策的外溢效应和货币政策外部性的含义相同。一个国家或地区货币政策的外部性同样存在正和负。货币政策正的外部性或正的溢出效应可以通过经济体之间的合作而放大,实现共赢;货币政策负的外部性或负的溢出效应则对其他国家或地区造成不利影响,造成该负的溢出效应的国家或地区应该承担更多的国际责任。

经济全球化的迅猛发展,提高了经济体之间的依存度,也导致货币政策的溢出效应更加显著和突出。学者们在关注国际经济相互依存的问题时,对货币政策的溢出效应进行了研究。具有代表性的研究,如米德(Meade,1951)提出了两国经济政策一致性模型。库珀(Cooper,1968)在其基础上进一步指出,在固定汇率制下,由于各国经济依存度增强国家的宏观经济目标存在更多的不确定性,宏观经济政策存在溢出效应。滨田(Hamada,1976)认为,根据瓦尔拉斯一般均

---

① Bergin, Paul R. International policy coordination. The New Palgrave Dictionary of Economics. Second Edition. Eds. Steven N. Durlauf and Lawrence E. Blume. Palgrave Macmillan, 2008. The New Palgrave Dictionary of Economics Online. Palgrave Macmillan. 20 October 2014 < http://www.dictionaryofeconomics.com/article? id=pde2008_I000298> doi:10.1057/9780230226203.0834.

衡理论,在经济全球化、资本流动日趋频繁的现代经济中,货币政策溢出效应存在。这些以政策溢出效应为研究事实基础的国际政策协调基础理论印证了货币政策溢出效应的存在。

美日欧实施的量化宽松货币政策对世界其他经济体产生了巨大影响,形成了溢出效应。研究显示,美联储量化宽松对世界其他国家和地区的溢出渠道表现在以下三个方面:流动性、投资组合再平衡和信心渠道(Khatiwada,2018)。这些渠道体现了全球的资本流动,因此几乎所有关于量化宽松对新兴经济体和发展中经济体影响的研究都考察资本流动。这其中,最早的一篇有关量化宽松对资本流动影响的论文是艾哈迈德和兹拉特(2013)的文章。研究者通过考察2002—2012年新兴经济体的季度国际收支数据,测定了与新兴市场经济体净私人资本流入有关的决定因素。结果显示,新兴经济体与发达经济体之间的经济增长差距和利率差是影响资本流入重要的决定因素。结果还显示,近几年数个新兴经济体的资本管制对总量资本流入和证券流入存在抑制作用。研究者没有发现量化宽松与新兴经济体净资本流入之间具有统计学意义的积极影响。相反,赵和伊(2013)的研究显示,危机发生后,亚洲10个较大经济体①的资本流入从危机前资本流入占GDP比重的8.4%降到2008—2009年的1.7%。但是,伴随着发达经济体实施量化宽松货币政策后,流入亚洲国家和地区的资本反弹幅度几乎与此前的下降幅度一样大,为2010—2012年亚洲资本流入占GDP比重的7.8%。由于投资者在新兴市场寻求更高的收益,证券投资推动了资本流入的波动性。赵和伊(2013)发现,美国第一轮量化宽松货币政策导致国内利率下降,包括亚洲的主权风险溢价和本币升值,同时导致一些国家和地区的房价上涨。

此外,这方面系列研究是依赖美联储行动公告(也被称为"事件研究")。例如,格利克和勒迪克(Glick & Leduc,2013)利用高频盘中数据研究了美联储宣布加息后,美元兑美国主要贸易伙伴货币的走势。研究者指出,在常规货币政策和非常规货币政策都出人意料的公布以后,美元大幅贬值。尼利(2014)所做的另一项事件研究考察了量化宽松对澳大利亚、加拿大、德国、日本和英国等其他发达经济体债券收益率和汇率的影响。② 此外,鲍尔(Bauer)和尼利(2014)利用国际利率动态学中的期限结构模型区分了货币政策传导的信号和投资组合平衡渠道。他们表示,量化宽松对加拿大和美国的信号效应大于对澳大利亚和德国

---

① 亚洲10个较大经济体包括:中国内地、中国香港、印度、印度尼西亚、日本、韩国、菲律宾、新加坡、中国台湾和泰国。

② 此外,Neely(2014)用资产组合平衡模型显示,QE的量化效应与数据相符。他表示:"在长期购买力平价假设下,在简单的PB(投资组合平衡)模型中,观察到的资产价格行为大致与资产购买的预期效果一致。"

的信号效应,尽管在这些国家也存在微弱的信号效应。然而,在日本等其他发达经济体中,当存在投资组合平衡效应时,信号效应并不存在。弗拉茨舍尔、洛杜卡和施特劳布(2013)研究了自2007年以来美国货币政策如何促进了金融市场风险资产组合的重新配置和重新定价。他们的研究表明,第一轮量化宽松有效地推高了债券和股票价格,尤其是在美国,这导致美元升值。与此同时,第二轮量化宽松推动全球股市上涨,导致美元贬值。此外,研究者们还表示,虽然第一轮量化宽松引发了各国投资组合的再平衡,使之从新兴市场经济体转向美国,但第二轮量化宽松却引发了相反方向的再平衡。实质上,他们的主要发现是,美国的量化宽松并未影响资本流动的总体规模,但它们放大了资本流动的可变性和顺周期性。此外,拥有更好的制度和更积极的货币政策国家受到量化宽松影响较少。最后,弗拉茨舍尔等人指出,实行钉住汇率政策或一定程度的资本管制,并不一定能使新兴市场经济体免受美国量化宽松货币政策溢出效应的影响。

艾森曼(Aizenman)等人(2014)使用类似于杜利和哈钦森(Dooley & Hutchinson,2009)的"准事件研究"来考察美联储高级政策制定者(最重要的是美联储主席)有关量化宽松缩减新闻公告对新兴经济体金融资产价格的影响。他们使用一个固定效应面板框架,利用每日数据来检验量化宽松对股票市场、汇率和CDS价差的影响,还基于新兴经济体的经常账户、国际储备和外债情况,将其划分为两类:一类是基本面强劲的;另一类是基础薄弱的。研究者发现,美联储主席的公告对新兴经济体股票市场、汇率和CDS利息差有着显著的影响。同样,有些令人惊讶的是,他们发现,实力较强的国家实际上比实力较弱的国家更容易受到缩减公告的影响,表现为股市大幅度下跌,主权债券息差上升,这些在统计上表现显著。研究者们认为,那些最初与全球金融市场接触较少的经济体,由于表现为一种金融自给自足的形式,因此会被"屏蔽"在美联储缩减公告之外。

鲍曼(Bowman)等人(2014)研究量化宽松货币政策公告对17个新兴市场经济体的债券收益率、汇率和股票价格的影响,其方法是通过利用VAR模型组合来确定货币政策冲击对新兴市场经济体资产价格的影响以及面板数据设置来研究美国货币政策引致新兴市场经济体资产价格发生反应的国家特定变量。[①] 研究者指出,尽管美联储量化宽松措施对新兴经济体的资产价格产生了影响,但与美国利率的历史或"常规"变化(巴西和新加坡除外)相比,影响并不是特别大。此外,鲍曼等人(2014)还表明,新兴市场经济体国内用金融变量所表示的经济状况恶化,加剧了它们在美国货币政策意外调整时的脆弱性。与此同时,

---

① Bowman等人的VAR模型中的识别策略与Rigobon(2003)相似。

在迪克尔(Dueker,1995)之后,蒂尔曼(2015)使用定性向量回归将量化宽松货币政策公告的二元信息与标准货币政策 VAR 结合起来。事实上,这一工作是在迈努施与其(2014)研究量化宽松对国内影响的基础上建立起来的。文章的重点是对量化宽松冲击进行量化,并解释新兴市场经济体中哪些变量(如资本流入、汇率、股票和债券价格)受到量化宽松与其他决定因素的影响。研究者发现,第一轮量化宽松对新兴经济体的影响是有限的,而第二轮量化宽松和第三轮量化宽松在资本流入、汇率和股票价格的变化中比重相当大。

与此同时,巴特拉尔(Bhattaral)等人(2015)发现量化宽松对金融变量的溢出效应要比对实际宏观经济变量的溢出效应强得多。采用面板 VAR 框架,研究者表明,扩张性量化宽松冲击导致新兴经济体资本流动增加、汇率升值、长期债券收益率下降和股市繁荣。此外,他们还表明,扩张性量化宽松冲击对"脆弱五国"[①]的影响要大得多。然而,研究者们没有发现美国量化宽松冲击对产出和消费者价格的影响。

达尔豪斯(Dalhaus)等人(2014)研究了美国量化宽松货币政策退出对投资组合流入主要新兴经济体的影响。他们表明,美联储决定缩减量化宽松(即所谓的"缩减讲话")的影响,与资本流动的微小变化有关,资本流动在经济上相对于 GDP 来说规模较小。然而,研究者认为,这并不一定使新兴市场经济体免受金融市场大幅度波动的影响。此外,由于文章考察了美联储"缩减讲话"的信号传递影响,研究者还指出,实际缩减规模可能导致更大的影响,具体取决于国家的具体特征及其与美联储货币政策的互动情况。同样,利姆(Lim)等人(2014)研究了量化宽松和货币政策正常化(QE 缩减)对流向发展中国家的资本流动的影响。研究者考察了不同类型的金融流动,并表明量化宽松的大部分影响来自投资组合,而非对外直接投资;此外,在他们的模拟中,不论缩减的速度如何,流向发展中国家和地区的资金流减少的比重占合同金额的 10%。

同样地,麦克唐纳(MacDonald)(2015)最近的一篇论文也证明了量化宽松与大规模的货币升值、长期收益率的下降以及新兴经济体中资产价格的上升有关。即便在控制了汇率机制、资本管制政策和国内货币政策之后,新兴市场经济体与美国之间的资本市场摩擦似乎也解释了其对新兴市场经济体影响的异质性。更重要的是,麦克唐纳(2015)指出,美联储购买的资产类型是影响新兴经济体资产价格的一个重要决定因素,购买国库券的影响大于 MBS 的影响。

---

① 脆弱五国是指南非、巴西、土耳其、印度和印度尼西亚五国。

国内学者对发达国家量化宽松货币政策溢出效应的研究,主要侧重于分析美联储的量化宽松对中国的影响①。何正全(2012)分析了美联储第一轮和第二轮量化宽松货币政策的影响,发现美联储量化宽松货币政策给中国带来了输入型通货膨胀。丁志国、徐得财(2012)发现,美国的量化宽松货币政策对中国的价格体系具有推动作用。王自锋、白玥明(2013)利用SVAR模型研究发现,美国量化宽松货币政策对中国通货膨胀的间接影响超过对美国通货膨胀的直接影响,并指出这是由于我国的货币政策独立性较弱和对外依赖度过高所致。扈文秀、王锦华(2013)从货币政策传导机制的角度,对美联储量化宽松货币政策的实施效果进行分析,提出我国实行适度量化宽松货币政策的建议。贺俊、胡家连(2014)从存在性检验和强度测算两个方面分析了美国货币政策对我国宏观经济的影响,认为美国量化宽松货币政策对我国的宏观经济发展具有压制作用。张晶晶(2014)发现,美联储实行量化宽松货币政策使我国的贸易顺差快速增长、人民币对美元汇率升值压力增大、流动性增大。何国华、彭意(2014)运用SVAR模型分析了美国扩张性的货币政策对中国的通货膨胀和汇率水平的影响,并得出如下结论:中国应该更多关注输入型通货膨胀和美元贬值给我国带来的不利影响。还有一些学者(谭小芬,2010;易宪容,2014)则探讨了美联储量化宽松货币政策退出可能对中国宏观经济与金融的影响,并提出相应应对措施的建议。

回顾最近的文献可以发现,有关量化宽松对新兴经济体资本流动的影响有一个普遍的共识,但是影响的程度取决于所用的方法和日期。此外,有证据表明,美联储量化宽松逐渐缩减政策导致了新兴市场经济体的资本流入减少。事实上,在美联储缩减购债规模之后,严重依赖外部融资的新兴市场经济体经历了严重的金融不稳定。研究表明,大量资金流入通常会导致信贷繁荣和"过度借贷",随后通常是资产价格暴跌和严重衰退(Mohan,2010;Bianchi, Mendoza, 2012;Lorenzoni, 2008;Korinek, 2009;Bianchi, 2011)。"突然停止"让那些依赖外部融资的国家容易受到金融和经济不稳定的影响,更不用说还有"传染"的额外风险。在不同类型的资本流动(FDI、债务、股权)中,文献一致地显示了债务流动对经济增长的负面影响。资本流入的波动通常会导致汇率波动,这对就业、产出和分配都有重要影响(Mohan,2004)。现有的研究表明,资本流入的波动性对一个经济体的宏观基本面有着严重的影响,这种影响可以是正面的,也可以是负面的。

---

① 马理,余慧娟.美国量化宽松货币政策对金砖国家的溢出效应研究[J].国际金融研究,2015(3):13-22.

二、蒙代尔-弗莱明模型

蒙代尔-弗莱明模型(Mundell-Fleming Model)是"IS-LM 模型"在开放经济中的表现形式,又称 M-F 模型,是开放经济条件下研究货币政策有效性的重要理论。蒙代尔-弗莱明模型能够分析开放经济体偏离均衡时,如何运用宏观经济政策来调节经济,并分析不同汇率制度下财政政策和货币政策的有效性[①]。此外,由于蒙代尔-弗莱明模型涉及利率、汇率等经济变量,而一国经济政策的执行必然导致这些经济变量变动,这些变动也无疑将对其他国家和地区产生影响,因此,只需要将开放经济中一国的 M-F 模型进行拓展,就可以分享一国经济变量的变动如何通过收入、利率等机制对他国产生影响,进而通过拓展后的两国 M-F 模型来探究一国货币政策外溢的传导机制。扩展后的两国 M-F 模型仍需在固定汇率与浮动汇率制两种不同体制下行进分析。

(一)固定汇率制下的传导机制

图 2-1 所示为固定汇率制下两国 M-F 模型。其中,X 国 LM_0、IS_0 曲线相交于 A 点,此时,X 国的国内产品市场、货币市场处于均衡状态,并且国际收支达到平衡。当 X 国采取量化宽松货币政策,导致货币供给量增加时,由于扩张性货币政策使得 LM_0 曲线右移至 LM_1,LM_1 和 IS_0 曲线相交于 B 点,此时利率发生变化,由 r_0 下降为 r_1,表现为融资成本降低,投资增加,带动产出由 Y_0 增加到 Y_1。X 国产出增加会引起其进口上升,也就是他国(Y 国)出口上升,这使得 Y 国的 IS'_0 曲线右移至 IS'_1,Y 国产出上升(Y'_0 上升至 Y'_1),推动利率提高。此时 X 国利率水平低于 Y 国的利率水平,利差驱动下大量资本从 X 国流向 Y 国,外汇市场上的 X 国货币供给增加,Y 国货币需求增加,形成 X 国货币贬值压力,Y 国货币面临升值压力。而实施固定汇率制的货币发行国要维持汇率不变,两国将同时干预外汇市场:X 国与 Y 国货币当局都将使用 Y 国货币(外汇)购买 X 国货币,以此缓解各自面临的汇率变化的压力,从而 X 国货币供应量减少,Y 国货币供应量增加,资本在两国之间的流动将持续到两国利率相等。

相反,当 X 国退出量化宽松货币政策时,导致 X 国货币供给量减少,LM_1 曲线向左移动到 LM_2,此时利率由 r_1 上升至 r_2,利率上升致使投资水平下降,从而总供给下降;Y 国货币供给量增加,LM'_0 曲线向右移动至 LM'_1,利率 r'_1 降至 r'_3,利率的下降导致投资水平上升,总供给增加。另一方面,X 国总需求伴随

---

① 杨长江,姜波克.国际金融学[M].高教出版社,2008.

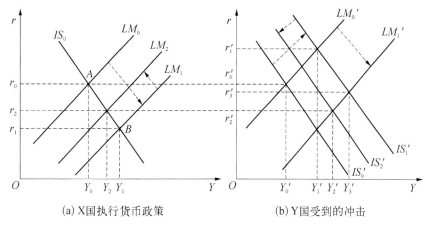

(a) X国执行货币政策　　　(b) Y国受到的冲击

图 2-1　固定汇率下货币扩张的传导机制

着其国民收入下降而下降,该国进口需求下降,其贸易对手 Y 国出口下降,使得 Y 国总供给下降,进而该国货币需求下降,使利率进一步由 r_3' 降至 r_2',X 国与 Y 国利率相等,两国之间资本流动停滞,经济重新回归均衡状态。新的均衡状态下,世界总的货币存量高于期初水平,世界利率水平 r_2' 低于量化宽松前的世界利率水平 r_0',两国总供给水平都高于量化宽松前的总供给水平(Y_0 上升至 Y_2,且 Y_0' 上升至 Y_2')。因此,固定汇率制下一国扩张货币政策如量化宽松货币政策有正的溢出效应。

(二) 浮动汇率制下的传导机制

与固定汇率制度相反,在浮动汇率和资本完全流动性条件下,经济扰动的传递刚好相反[①]。图 2-2 所示为浮动汇率制下两国 M-F 模型,其中,(a)图中 BP 曲线表示资本完全流动下以及利率平价成立时国际收支所处的平衡状态。此时,以直接标价法所表示的利率与汇率具有反向变动的关系。在 A 点处 X 国产品市场、货币市场处于均衡状态,且实现了国际收支均衡。浮动汇率制下 X 国实行扩张的量化宽松的货币政策使利率由 r_0 下降至 r_1,产出由 Y_0 上升至 Y_1;X 国总需求增加,导致对 Y 国出口品需求增加,Y 国出口出现增长,其产出由 Y_0' 上升至 Y_1',产出的增加使得货币需求上升,推动利率由 r_0' 上升至 r_1'。结果,Y 国的利率位于 X 国的利率水平之上。此时,X 国利率水平低于 Y 国利率水平,资本将由 X 国流向 Y 国,现实中就是美国量化宽松导致全球流动性泛滥,大量资本由美国流向新兴经济体。在外汇市场上将出现抛售 X 国货币,购买 Y

---

① 多恩布什、吉奥瓦尼尼.开放经济中的货币政策[M].经济科学出版社,2002.

国货币的行为。与固定汇率制不同的是,浮动汇率制下,X国与Y国货币当局无须维持汇率水平不变,因此,按照直接标价法衡量,X国货币出现贬值,图2-2中表现为汇率水平由 e_0 上升到 e_1,与X国相反,Y国货币升值,两国货币供给不受币值变动的压力而发生变化。

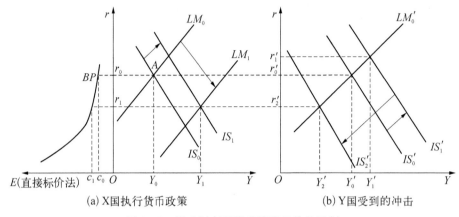

(a) X国执行货币政策　　(b) Y国受到的冲击

图2-2　浮动汇率下货币扩张的传导机制

X国货币对外贬值,Y国货币对外升值,使得X国出口产品在国际市场上价格下降,竞争力提高,从而X国出口增加,此时X国货币需求随着总供给的上升而上升,利率上涨。Y国进口增加,使得Y国的 IS_1' 曲线向左移至 IS_2',Y国的货币需求伴随着总供给下降而下降,利率降低。该过程将持续到X国与Y国利率相等,此时的均衡状态与最初均衡相比,两国总的货币存量随X国量化宽松所导致的货币扩张而比最初均衡状态下的总量大。

在浮动汇率制下,X国量化宽松货币政策所导致的货币扩张带动本国总供给上升,同时Y国总供给下降(Y_0'下降至Y_2')。这其中,X国产出扩张的一部分是以Y国产出的相应下降为代价的,此时的量化宽松货币政策所形成的扩张性货币政策具有负向的外溢效应。当Y国产出下降时,其货币当局会通过采取向本国市场注入流动性的方式来应对本国产出的下降,因此,浮动汇率制下也将存在X国货币扩张导致Y国货币扩张的外溢效应。

从上面的分析可以看到,在蒙代尔-弗莱明模型框架下,一国的扩张性货币政策变化,如量化宽松货币政策的实施,将通过收入、利率和汇率机制的变化对其他国家和地区产生正的或负的溢出效应,具体来说,在固定汇率制下会产生正的溢出效应,而在浮动汇率制下会产生负的溢出效应。在当前的牙买加货币体系下,有管理的浮动汇率制下,美日欧实行的量化宽松货币政策对其他经济体必然通过以下三个方面会形成负的溢出效应:一是收入机制。扩张货币政策导致本国产出和国民收入增加,总需求增加,进口增加。由于边际进口倾向的存在,本国进口增加通过乘数效应带来他国产出增加。二是利率机制。利率变动带来资金在国家间的流动,进而带来相应变量的变动,从而对他国经济产生影响。三是汇率机制。名义汇率或者价格的变化改变实际汇率,导致两国商品国际竞争力发生变化,对他国经济产生冲击。

三、价格调整和预期条件下的溢出效应

多恩布什(Dornbusch,1976)以凯恩斯模型为基础[①],通过引入价格渐进调整机制和资产市场预期因素,拓展了蒙代尔-本杰明模型,给出了货币政策的溢出效应。图 2-3 表示了多恩布什的拓展蒙代尔-本杰明模型。MM 曲线表示当货币市场均衡时,汇率与价格反向变动变动曲线。$\Delta P = 0$ 曲线表示产品市场均衡时,汇率与价格同向变动曲线。图中45度线表示长期购买力平价成立。MM 曲线与 $\Delta P = 0$ 曲线相交于 A 点,此时,该国货币市场与产品市场同时达到均衡,且长期购买力平价成立。

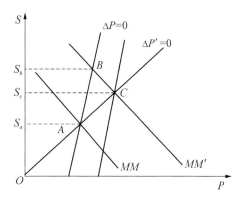

图 2-3 货币供应量增长及汇率动态调整

在短期,当一国采取扩张性货币政策,如量化宽松货币政策,使得货币供给量增加时,货币市场均衡曲线 MM 向右移动到 MM',与 $\Delta P = 0$ 曲线相交于 B 点,此时汇率 S_b 高于货币扩张前汇率 S_a,即本国货币出现贬值。货币扩张致使本币出现贬值的原因主要是货币供给量增加,在短期内,价格黏性导致产品市场无法立即出清,使得产品市场的调整落后于资本市场,实际货币存量增加,货币市场要达到均衡状态要求货币需求相应增加。在货币市场上,名义货币供给量增加而价格水平调整存在时滞的情况下,市场出清的唯一方式是利率下降,进而提高货币需求以维持货币市场的平衡。根据非套补利率平价,在他国利率水平不变和本国利率水平下降时,投资者的理性会预期未来本币汇率长期处于均衡状态,这样,本币的即期汇率相对于预期的未来汇率贬值。总的来说,在短期内,货币供给的一次性增加将降低本国利率水平,本币贬值超过长期平衡水平。

[①] Dornbusch, R. Expectations and Exchange Rate Dynamics[J]. Journal of Political Economy, 1976(84): 1161-1176.

在长期内,随着产品市场的缓慢调整,价格将随之上升,P 曲线向右移动到 P',并与 MM' 曲线相交于 C 点,长期产品市场和货币市场达到均衡,此时,产品市场和货币市场决定的汇率 S_c 位于货币扩张前均衡汇率 S_a 与短期货币扩张后均衡汇率 S_b 之间。这是因为,在一个价格可以任意调整的时期内,总供给曲线不再是一条水平线,其斜率不断增加,产品市场的不断调整将逐步冲销货币存量的增加,导致实际货币供应量下降,从而利率上升,或者说,在货币市场上,由于价格水平的上升,货币需求上升,造成利率上升。总之,在长期内,根据非套补利率平价原理,由于扩张性货币政策所造成的利率下降慢慢回复,本国的利率上升会推动本国汇率逐步升值,而这一本国货币升值是在短期内过度贬值的基础上进行的,体现为经济体系不断向长期均衡状态恢复,图 2-3 中 $S_c S_b$ 部分即为短期汇率超调部分。由于产品价格黏性的存在,货币供给一次性增加后,本币汇率瞬时贬值程度要大于长期内本币汇率的贬值程度。

引入价格调整和预期的 M-F 模型表明,货币供给量一次性增加会立即引起名义和实际汇率贬值。在市场实现充分调整后,物价、货币供给量和汇率都会上升相同比例。在短期内,汇率调整会超过其长期均衡水平。由于名义及实际货币供给量增加降低了本国的均衡利率水平,相对于国外现行利率而言,本国利率降低和抵消性升值预期结合以后,才能得到资产市场均衡。对预期汇率升值的投资者来说,汇率调整必须超出其预期水平,只有当汇率出现瞬时过度贬值,人们才会预期它随后将升值。

浮动汇率制度下,国际资本完全流动时,汇率调节速度超过物价调节速度,扩张性货币政策会引起汇率短期贬值幅度超过长期贬值幅度,然后再逐渐升值到稳态水平,这就是浮动汇率向上调节过头现象。还有一种现象是,货币当局实施扩张性货币政策时,汇率在第一阶段的调节幅度小于长期贬值幅度,会进行第二次贬值调整,直至达到稳态水平。

由于货币扩张而产生的名义和实际汇率贬值以及本国利率下降,会引起总需求和产出增加。产出扩张会引起通货膨胀,并一直持续到初始的实际均衡得以恢复为止。从蒙代尔-弗莱明模型来看,以上表述强调了名义货币量变动对实际汇率、产出和就业的影响。加上预期和长期价格可以灵活调整条件时,货币政策效应就只有短期特点,并于实际汇率变化和净出口变化引起的总需求和产出变化相联系。这里特别要强调利率和汇率即时调整与商品市场渐进调整之间的区别,并需要把这种区别与投资者行为联系起来进行讨论。当市场存在货币扰动时,在货币供给量拟将增加以前就会出现货币贬值,并且将一直持续到货币供给量实际增加之时(Wilson,1979)。在货币供给量实际增加时,名义汇率和实际汇率又会恢复到初始均衡水平①。

弗兰克尔(Frankel,1979)在多恩布什黏性价格模型中加入了通货膨胀预期。加入通货膨胀预期后,本国货币预期贬值率和本国货币现行汇率相对均衡汇率水平的差异正相关,也与本国相对他国预期的长期通货膨胀差异正相关,长期均衡汇率由本国和他国货币供给和需求的相对关系决定。现行汇率和长期汇率差异与两国真实利率差异成反比例关系。当市场预期到他国实际利率高于本国实际利率时,本国货币将贬值并逐渐达到长期均衡水平。最后,两国实际利率相等,名义利率差异由通货膨胀差异决定,没有被预期到的本国货币扩张会导致本币汇率围绕长期均衡水平进行过度调整。

四、名义黏性和不完全竞争下的溢出效应

名义黏性和不完全竞争下货币政策的溢出效应分析是奥伯斯菲尔德和罗格夫(Obstfeld & Rogoff,1995)的开创性工作。他们将1980年代发展起来的跨时分析方法与蒙代尔-弗莱明-多恩布什传统相结合,建立了一个开放经济宏观经济分析的新框架。他们的成果及其后续发展将名义黏性和不完全竞争纳入建立在坚实微观基础上的动态一般均衡模型中。名义黏性和不完全竞争使模拟冲击的传导机制更加贴近现实,微观基础的引入,使得该理论既对现实经济现象的分析和解释更具有说服力,又可以对宏观经济政策进行明确的福利分析和政策评估②。

奥伯斯菲尔德和罗格夫(1995)提出了一个具有坚实微观基础的开放经济动态一般均衡模型,简称Redux模型。Redux模型可以探讨一国货币扩张对于该国和他国实际货币余额和产量的影响,这是Redux模型的核心,与此同时,还可以通过该模型分析一国货币扩张对于他国其他经济变量的影响,包括汇率、进出口等。

Redux模型考虑两个国家的情况,在动态一般均衡模型中融入了微观分析,特别是价格黏性和不完全竞争市场的假定。该模型有如下假设:① 名义价格黏性,产品市场为垄断竞争市场,劳动是要素市场唯一的生产要素;② 居民是生产和消费的统一体,每一个厂商专业化生产差异性产品;③ 经济主体具有生产者和消费者双重身份,所有的生产者对消费指数、实际货币余额和劳动的偏好无差异,且对未来具有完全的预期,产量和劳动力具有正相关关系;④ 不存在贸易障碍,单个产品的一价定律成立,并能够根据这一定律对国内外同一商品进行定

---

① 田素华.国际资本流动与货币政策效应[M].复旦大学出版社,2008:90-91.
② 陈雨露,侯杰.新开放经济宏观经济学:研究文献综述[J].南开经济研究,2006(2):3-17.

价;⑤ 存在统一的国际资本市场,在这个市场上两国能够自由借贷,并且无风险的证券是唯一可借贷的资产,能够利用消费品进行标价。

Redux 模型假定,世界上有两个国家,每个国家都有若干个经济当事人,他们分布在[0, 1]之中。用 n 表示本国居民占世界人口的比重,则本国经济当事人位于区间 $[0, n]$ 之中;他国生产者位于区间 $[n, 1]$ 之中。由假定②可知,模型中生产者同时又是消费者,因此在消费生产过程中,某个体获得的效用将是消费获得的效用减去生产成本,这里假设本国居民消费 X 商品:

$$U_t = \sum_{i=t}^{\infty} \beta^{i-t} \left[\log C_i + \frac{\chi}{1-\epsilon} \left(\frac{M_i}{P_i}\right)^{1-\epsilon} - \frac{k}{2} y_i(x)^2 \right] \quad (2.1)$$

式中,M_i 为该消费者在第 i 期名义货币存量;$y_i(x)$ 为 X 商品的产量;

$$C_i = \left[\int_0^1 c(x)^{1-\theta/\theta} dz \right]^{1/\theta-1} \quad (2.2)$$

为 i 期的消费指数;β 为贴现因子;θ 为商品间替代弹性;

$$P_i = \left[\int_0^1 p(x)^{1-\theta} dz \right]^{1/\theta-1} \quad (2.3)$$

为 i 期的价格指数。则 $c(x) = (p(x)/p)^{-\theta} c$ 为本国居民对 X 的需求函数。

根据假设⑤,本国居民还将受到下式约束:

$$\begin{aligned} P_t F_t + M_t = & P_t(1+r_{t-1})F_{t-1} + M_{t-1} \\ & + p_t(x)y_t(x) - P_t C_t - P_t T_t \end{aligned} \quad (2.4)$$

其中 F_t 表示期末债券存量,M_t 为名义货币存量,r_{t-1} 为 $t-1$ 到 t 期债券实际利率,T 为所缴纳税收或转移支付。

根据式(2.1)、(2.2)、(2.3)、(2.4),实现个人效用最大化,由一阶条件得到标准消费欧拉方程:

$$C_{t+1} = \beta(1+r_t)C_t \quad (2.5)$$

货币存量均衡:

$$M_t = P_t \left[\chi C_t \left(\frac{1+i_t}{i_t} \right) \right]^{1/\epsilon} \quad (2.6)$$

劳动与闲暇交替方程:

$$y_t(z)^{\theta+1/\theta} = \left(\frac{\theta-1}{\theta k} \right) C_t^{-1} (C_t^w + G_t^w)^{1/\theta} \quad (2.7)$$

式中，$G_t = T_t + \dfrac{M_t - M_{t-1}}{P_t}$ 为政府支出。

求解方程(2.5)、(2.6)、(2.7)可得到均衡点，并可分别在弹性价格和黏性价格下利用对数线性近似的方法可得到相应条件下均衡。在黏性价格假定下，价格调整滞后，财政政策和货币政策对本国和他国的冲击在长短期内将产生不同的效应。就扩张性的货币政策而言，长期内货币中性；短期内，在价格黏性的条件下，不对称的货币政策经济将使本国和他国在下个时期达到均衡，相关经济变量将发生永久性的改变。一国扩张性货币政策导致名义利率下降，在利率平价的条件下，本币贬值。本国商品在国际市场上竞争力提高，对本国商品需求增加，出口增加，产量、国民收入增加。居民收入提高，部分用于消费，部分用于储蓄，因此，短期内本国经常账户盈余。对于他国而言，利率相对较高，利差驱动下，资本流入，货币有升值压力。同时进口增加，国际收支恶化，产出下降。但回到长期内，本国财富的增加，本国居民更加偏好闲暇，这又将导致产出的下降。

在奥伯斯菲尔德和罗格夫(1995)这篇构建 Redux 模型的经典文章中，他们利用该模型重点分析了多恩布什汇率超调模型(Dornbusch, 1976)中讨论的一个未预见到的永久性货币供给量增加所产生的各种效应。他们首先考察了最简单的价格完全弹性的情况，以便和后面黏性价格下的情况进行对比分析。在价格完全弹性的条件下，并不存在动态调整过程，价格和货币供应量同比例增加，世界经济总是处于稳定状态；货币供应量的增加对实体经济并不产生实际影响，因此，货币是中性的。但是，当引入短期商品价格黏性的条件，则经济只能在长期达到稳定状态均衡，并且货币冲击会对消费、产出、汇率和贸易条件等的变化产生永久性的影响。具体来看，当一国货币供给量增加，由于短期价格不变，名义利率下降，由利率平价条件，本国汇率出现贬值。于是，他国产品相对于国内产品变得更加昂贵，对国内产品的短期需求上升，导致国内产量和收入相应增加。本国居民本可以将增加的收入用于消费，但是为了实现跨时消费的平滑，他们只消费其中的一部分，而将另一部分用于储蓄。因此，尽管长期经常账户平衡，但短期本国则会出现经常账户盈余。由于长期财富的增加，本国居民会更加偏好闲暇，使得产量又会出现一定程度的下降。

基于上述过程的简单分析，本国永久性的货币扩张冲击的效应大致可以归纳为以下几点：① 消费和产出增加，但增加的幅度小于货币供应量的增加幅度；② 本国汇率贬值，但贬值幅度小于货币供应量的增加幅度。这是由于黏性价格下汇率变动是由货币冲击和消费效应同时决定的，货币扩张导致的消费增加产生的消费效应对汇率贬值产生了一定的抵消作用;③ 本国贸易条件在短期内出现恶化,而长期则会改善。这是由于短期内国内商品价格不变,汇率贬值会恶化贸易条件,而从长期来看,永久性的货币扩张冲击引发的财富效应会导致本国贸易条件改善;④ 降低国际实际利率水平。

与多恩布什汇率超调模型相比,Redux模型认为不存在汇率超调的过程。这是因为当永久性的货币冲击产生后,由于居民对于消费的最优选择并不改变两国的相对消费,两国相对消费的调整一步到位,因此两国相对价格水平不发生变动。那么在一价定理下,汇率将不存在动态调整的过程。

此外,与蒙代尔-弗莱明模型以及多恩布什模型相比,该模型更加强调收入机制的作用,认为货币扩张最重要的效应是增加世界需求。尽管在短期内,货币扩张对于两国的总产出的影响不一致,但最终扩张货币政策的结果是导致国内外福利水平同等程度的提高。

Redux模型从微观层面为宏观经济的一般均衡研究提供了分析框架。后续的很多研究从考虑定价货币差异、劳动市场扭曲程度等方面对"反转模型"进行了拓展,出现了一系列有影响力的研究国际宏观经济的成果,其中,尤其是将定价货币差异纳入考量的相关研究是"新开放宏观经济学"的重要分支之一。贝茨和德弗罗(Betts & Devereux,2000,2001)等相关研究均表明:国际贸易中双方采用不同币种定价,当一国货币扩张时,对本国和他国的产出等将产生不同的影响。恩格尔(Engel,2002)认为基于对称定价机制的货币政策溢出效应分析比较适合发达国家之间的研究,而用于研究发达国家与发展中国家之间货币政策的影响并不合适。柯赛蒂和皮赛蒂(Corsetti & Pesenti,2005)深入研究生产者货币定价和当地货币定价的差异,得出国际货币政策溢出效应的利弊与汇率传递程度之间存在着不确定的非线性关系。综合以上研究来看,定价货币差异主要影响一国贸易中汇率波动风险,通过改变贸易规模影响国际间货币政策的溢出效应。一方面,一国贸易定价货币中外币所占比重越大,尤其是采用美元为代表的"关键货币"能够降低贸易中的本币汇率波动风险,但是增加了"关键货币"币值变动带来的波动风险。美国货币政策通过扩张或收缩货币量带来美元汇率变动影响以美元计价的商品价格,直接影响贸易量。另一方面,贸易中采用不同币种定价影响贸易国内生产与消费预期,当定价机制中外币比重较高,生产者和消费者在预期未来的生产与消费时必须考虑到汇率变动的可能性,增加了预期的不确定性,导致后期生产或消费行为发生改变,进而影响贸易总量。这种对货币政策的溢出效果产生影响的机制可称为"定价货币差异"渠道。

第二节 量化宽松货币政策下的国际资本流动

一、量化宽松货币政策下资本流动现状

(一)新兴市场经济体的资本流入

对于新兴经济体来说,在 2008 年金融风暴到来之前,债券和股票资本流入的数量稳步增加。2005 年 1 月,总债券流入 274 亿美元,总股本流入 1 400 亿美元;到 2008 年 1 月,总债券流入为 900 亿美元,总股本流入为 5 500 亿美元。这意味着流入新兴市场经济体的总债券和总股本增加了 228% 和 293%(图 2-4)。然而,到 2008 年初(就股票而言,2007 年夏季就已经开始了),流入新兴市场经济体的投资组合资金开始缩减。实际上,债券和股票的流量都大幅下降——这一年以来分别下降了 40% 和 53%。2009 年 1 月,总债券流入为 540 亿美元,总股本流入为 2 600 亿美元。然而,值得注意的是,即使在 2008 年下半年经历了最严重的紧缩时期之后,总债券流入也没有回到 2005 年危机前的水平。事实上,2009 年初的资本流动几乎是 2005 年初水平的 2 倍——这表明,尽管紧缩幅度很大,但资本流动总量实际上接近几年前的水平。到 2014 年 1 月,在美联储实施了几轮量化宽松之后,新兴市场经济体流入的债券和股票总量分别为 3 720 亿美元和 8 040 亿美元(按百分比计算,与 2005 年 1 月相比,分别增长了 1 360 美元和 575%)。

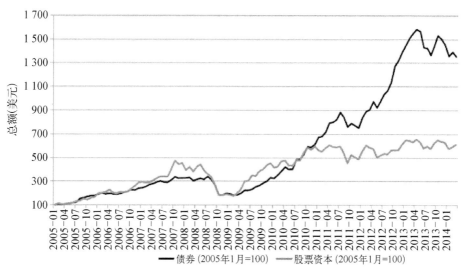

图 2-4 2005—2014 年流入新兴经济体的债券和股票资本总额

与此同时,就两种类型投资中份额最大的国家而言,存在显著差异。就债券流入而言,首先,巴西是最大的债券流入总值的接受者,2014年4月为16%。其他债券流入份额超过10%的国家包括俄罗斯(尽管2014年4月,是略低于10%)和墨西哥(13.9%);其次,2008年1月,阿根廷和土耳其等国的债券总流入比例分别为8.2%和9.5%,而截至2014年4月,这两个国家的债券总流入比例分别降至0.7%和5.3%;第三,中国(0.8%—5.6%)、匈牙利(2%—5.4%)、波兰(4.1%—9.2%)和南非(2.4%—4.3%)在这段时期债券流入总额中所占比例有所上升。

就股票流动而言,首先,中国是至今为止最大的股票资金流入接受者,2014年4月32.6%的股票投资流入新兴市场经济体。另外两个拥有大比例股票流入的国家是巴西(14.6%)和印度(13.3%);其次,在新兴市场经济体中,80%以上的股票资本流入国家仅包括6个,即巴西、中国、印度、墨西哥、俄罗斯和南非;第三,与债券流入相比,股票流入最为突出的一点是,自2008年初以来,接受最大份额股票流入的国家集团变化不大。

考察净资本流入新兴经济体这10年(2005—2014),可以看到它的波动性通常超过债券净流入(图2-5和图2-6)。事实上,QE事件和随后净资本流入的波动性,似乎并没有太大的不同,图片上看起来非常相似(图2-5)。然而,一个明显的区别是前缩减QE3和后缩减QE3的区别。这里,确实可以看到,一旦美联储宣布逐步缩减资产购买计划,将出现明显的逆转。此外,测定大部分股票资金流入新兴经济体中较大的新兴市场时,会发现大部分的资本净流入变化来自巴西和中国(Khatiwada,2017)。似乎股票净资本流入中国的主要原因是新兴

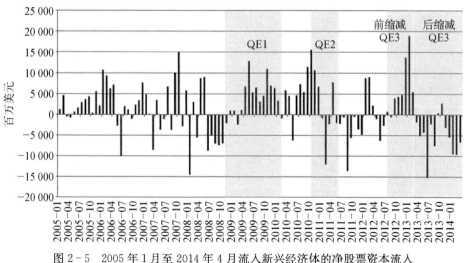

图2-5 2005年1月至2014年4月流入新兴经济体的净股票资本流入

图 2-6 2005 年 1 月至 2014 年 4 月流入新兴经济体的净债券资本流入

市场的总体情况。

与此同时，在量化宽松的不同时期，净债券流入与净股票流入呈现出不同的情况。第一，在金融风暴开始之前，新兴市场经济体的净债券流入相当稳定，而股市的净流入则不然；第二，在危机最严重时期（2008 年末）曾有一段时间出现紧缩，不过当 QE1 生效，新兴市场经济体的净流入为正，并持续到 QE2 结束；第三，在缩减量化宽松（QE3）之前，流入新兴经济体的净债券流入达到峰值，不过当宣布缩减规模，净债券流入也出现了最剧烈的逆转。事实上，在宣布退出量化宽松后，净债券流入的逆转幅度，比 QE1、QE2 和 QE3 推出前的峰值还要大。

此外，似乎没有几个大型经济体，如巴西、墨西哥、俄罗斯和土耳其，是推动净债券流入新兴市场经济体的整体因素。事实上，QE1、QE2 和前缩减 QE3 的情况与前面看到的新兴经济体的情况相符。并且，在美国宣布缩减购债规模之后，这四个国家的债券流入急剧逆转。在净债券流入方面表现突出的一个国家是巴西。巴西从一开始，似乎就成为寻求海外更高收益的国际投资者的接收方；在 QEs 的第一部分中出现了一些最急剧的增长，在宣布缩减规模后也出现了最急剧的收缩。然而，在前缩减 QE3 之前，墨西哥和俄罗斯的净债券流入也大幅增加；同样，土耳其也出现了增长，但幅度较小。

（二）进入其他发展中经济体和新兴经济体的资本流

大部分关注美联储量化宽松货币政策对资本流动影响的研究倾向于关注比较大的新兴市场经济体，如金砖五国（BRICS），或者通常选择"脆弱五国"，包括巴西、印度、印度尼西亚、南非和土耳其。几乎所有研究资本流动的文献都忽视了其他发展中经济体和新兴经济体,这些经济体按照 IMF 定义不属于新兴经济体(Khatiwada,2017)。

2008 年 1 月,流入其他发展中经济体和新兴经济体的债券和股票总额分别为 95 亿美元和 120 亿美元。金融风暴开始几个月后,这两项资本流入都下降了一半,2009 年 1 月,分别为 54 亿美元和 58 亿美元。然而,自 2009 年晚些时候以来,流入这些经济体的债券和股票都开始增加,特别是债券的流入。事实上,到 2014 年 1 月,债券流入增长了 506%,而股票流入增长了 168%。按实际流入总额计算,债券流入 478 亿美元,股票流入 201 亿美元。事实上,自 2008 年以来,流入这些经济体的债券流入量超过了流入股市的量,但这并不是导致大衰退的原因。实际上,2008 年夏季(5 月至 7 月)的总股票资本流入已经超过 200 亿美元,而同期债券流入仍不足 100 亿美元。

与此同时,在这些国家中,2014 年 4 月流入卡塔尔的债券比例最高,从 2012 年 9 月的 11.1% 升至 14%。此外,克罗地亚、哈萨克斯坦、卡塔尔、塞尔维亚、斯里兰卡和乌拉圭占流入其他发展中国家和新兴经济体的债券总额的 60% 以上。如果考虑到总股本流入,2014 年 4 月的最大份额流入了阿联酋——从 2012 年 9 月的 11.3% 上升至 21.5%。2014 年 4 月,在总股本流入中占 10% 以上的国家包括埃及(12.7%)、尼日利亚(11.7%)和巴拿马(10.4%)。就埃及而言,该国在 2012 年 9 月至 2014 年 4 月期间经历了严重的紧缩——从 22% 降至 12.7%。大约 90% 的股票资本投资流向埃及、加纳、肯尼亚、科威特、哈萨克斯坦、尼日利亚、卡塔尔、巴拿马、沙特阿拉伯和阿联酋。

正如前面看到的,这一组国家也是如此,资本流入总额只是反映了过去 10 年资本流动的一部分。当考察净流入时(图 2-7 和图 2-8),可以得出以下结论:第一,净流入在金融风暴最严重时期出现了大幅逆转。[①] 第二,在危机开始阶段净股票资本流入是稳定的,但是在股票资本流入出现大逆转的高度危机期间(10 亿/月比 4 亿/月),他们面临更加严重的紧缩。第三,当量化宽松计划在美国实施,特别是前两轮(QE1 和 QE2),可以发现这些经济体的净资本流入有所增加(对于净流入而言,这种关系似乎并不清楚)。第四,在退出量化宽松(QE3)之前,净债券资本流入似乎有所增加,每月的峰值达到 10 亿美元以上。2013 年夏季宣布缩减规模后,净债券资本流入出现了大幅逆转。事实上,当宣布缩减规模,净债券资本流入的逆转幅度就超过了 20 亿美元。第五,就股票资本而言,尽管我们没有得到一个清晰的结果,但这种模式与净债券资本流入的模式相似。

---

① 然而,请注意,净股票资本流入规模小于债券资本流入规模,具体如图 2-7 和图 2-8 所示。

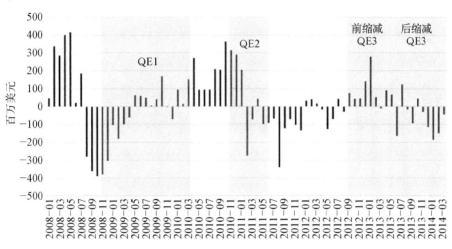

图 2-7　2008 年 1 月至 2014 年 4 月流入其他发达经济体和发展中经济体的净股票资本

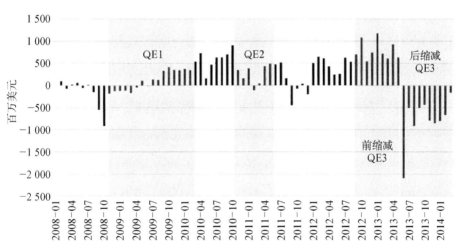

图 2-8　2008 年 1 月至 2014 年 4 月流入其他发达经济体和发展中经济体的净债券资本

像前面的大型新兴市场经济体，当关注美联储宣布退出 QE3 之后的几个月时，我们发现，在 2013 年 7 月至 2014 年 3 月间，这个群体中的许多国家其累计的债券资本流入额非常严重（见图 2-9）。在这个拥有 26 个国家的样本中，约 40% 的国家的 GDP 在 9 个月内下降幅度超过 0.5%。就牙买加而言，债券资本流入额相当于其国内生产总值的 2.4%。诸如克罗地亚、萨尔瓦多、巴拿马、塞尔维亚和乌拉圭等其他国家的债券资本流入减少的幅度约占 GDP 的 1%。同样，哥斯达黎加、多米尼加共和国、加纳、哈萨克斯坦和斯里兰卡等国的债券资本流入累计下降幅度占 GDP 的 0.5%—0.8%。与此同时，这一组国家无法获得有关股票资本流入下降的数据。

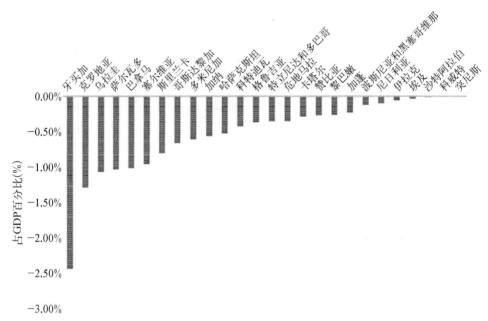

图2-9 宣布退出量化宽松后流入到其他发达经济体和发展中经济体的净债券资本反转情况

二、量化宽松货币政策对资本流动的作用机制

一些研究已经证明了发达经济体状况的"推动"因素在解释新兴市场经济体资本流入和流出方面的重要性(Calvo 等,1993,1996;Chuhan 等,1998;Forbes,Warnock,2012;Fratzcher,2012)。此外,考虑到美国和其他发达经济体的非常规货币政策,一些新的研究将发达经济体的货币政策、全球流动性供给和全球风险规避作为近年来的主要"推动"因素(Cerutti 等,2015;Ahmed,Zlate,2014;Rey,2013;Milesi-Feretti,Tille,2011)。事实上,费因(Feyen)等(2015)的一项新研究表明,在金融风暴以后,债券(包括主权债券和公司债券)发行激增,凸显出美国量化宽松以后,新兴经济体和发展中经济体从全球流动性激增中获益。事实上,债券市场已成为全球流动性从发达市场流向新兴市场的主要传导渠道。然而,如果资金流入欧元区,债券和股票之间应该没有区别。

在美国实施量化宽松货币政策后,随着投资者在别处寻找更好的收益,"推动"因素似乎变得更为重要(Aizenman 等,2014;Bhattarai 等,2015;Bowman 等,2014;Dahlhaus,Vasishtha,2014;Eichengreen,Gupta,2013;Fratzscher,Lo Duca,Straub,2013;Lim 等,2014;MacDonald,2015;Tillmann,2014)。美日欧在实施量化宽松货币政策过程中,特别是美国在量化宽松货币政策的实施和退出过程中,不但在本国内部形成了政策效应,而且对于世界其他国家和地区,尤其是新兴经济体和发展中国家也形成了一定的溢出效应,这种溢出效应表现为大量过剩流动性。具体来说,有以下渠道推动资本在全球流动:

(一)通过汇率及进出口贸易渠道进行推动

随着经济全球化的逐步深入,各国贸易之间的依存度逐渐加大,美联储实施量化宽松货币政策过程中创造了大量的流动性,而这部分流动性由于面临着国内资产收益率下降,开始寻求世界各国收益率较高的资产,正处于增长期的新兴市场成了热钱最为青睐的地区。因此大量资金流入新兴市场,不断迫使新兴国家的汇率产生上升的压力,导致信贷增长和资产价格上涨,从而造成这些国家出口优势减弱。同时,美国量化宽松货币政策带来的这些国家的货币升值,造成了它们的两难境地,如果货币当局进行汇率干预压低汇率,则会产生巨大的成本,并使美国用于更具市场竞争力的汇率,且为其对新兴市场国家进行汇率操控提供了政治借口,如果货币当局不作为或其干预是无效的,新兴市场则将承受高通胀率的压力。

以美国量化宽松为例。自2008年11月以来,美国已实施了四轮量化宽松货币政策,其手段主要包括购买中长期债券、创新货币政策工具等手段,导致美联储资产负债表结构和规模扩大,直接或间接地增加了基础货币供给量,使得市场资本流动性增加,世界金融市场上美元出现了过剩流动性。美元作为全球最主要的国际货币,美国量化宽松造成的过剩流动性,大幅度地增加了国际金融市场中的美元供给,也使得大量热钱涌入中国,迫使人民币升值,如图2-10所示。图中,以美国广义货币供给量M2为横轴,以人民币有效汇率为纵轴,表示了2008年10月份以来人民币实际有效汇率随美国货币供给量M2变动趋势,反映

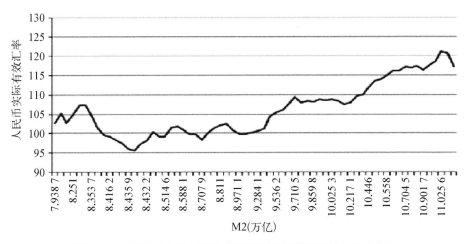

图2-10 人民币实际有效汇率随美国广义货币供给量变动趋势

出随着美国货币供给量 M2 的增加,人民币实际有效汇率总体上呈上升趋势。

此外,还有数据表明,美国对于非洲国家的流动性溢出效应尤为明显,造成了很多非洲国家汇率的上升以及通货膨胀,其中汇率上升较为明显,尤其是对于以投资型为主体的非洲国家,汇率的影响更为明显。对于中国这样外汇储备结构大量依赖美元资产的国家来说影响更大。对于亚洲新兴市场,为了避免被动升值造成的贸易条件恶化,大多选择持有大量的外汇储备,而这一措施将会有加重国内及全球金融失衡的风险。美联储实质上是将本国金融市场的风险及资产泡沫转移至世界各国。这种以邻为壑的货币政策无疑得益于美国作为全球经济的霸主地位。

(二)利用收益率差异和利率差推动资本流动

首先,美国实施的量化宽松货币政策,加速了资本流向新兴市场,而与之相反的是,其他发达国家并未出现资本的大额流入与信贷的快速增长。2008 年底,美国的联邦基金利率维持在 0—0.25%,当美元资产收益率下降时,资本具有逐利性,大量资本便涌入资产收益率较高的新兴市场。美国量化宽松货币政策降低了美国资本市场的收益率,推高了其他新兴市场的股票收益率,使得资本在美国与新兴市场之间产生了不同方向的平衡,导致了投资组合的再分配和风险的再定价。量化宽松货币政策并非使风险在国内得到平衡分布,而是在国家之间得到再分配,因此美国的量化宽松货币政策通过投资组合再平衡的方式将本国的资产风险转移到新兴市场,推动新兴市场的房地产价格上升,无形中催生着泡沫及隐含的风险。

其次,在金融危机期间,美联储一改之前货币政策应"保持神秘"的政策风格,而是在实施政策前将政策的意图及目的广而告之,使公众能够充分了解政策的意图和方向。大量的资本购买计划对于投资者来说是一个低利率保证的信用承诺,而由于发达国家的资本回报率较低,因此这一信号对发达国家并未造成显著的影响,而新兴市场资本回报率较高,在这场量化宽松的战争中主导了资本的流动方向,由于公众一直持有长期通胀的预期,更加促使了资本的流动方向,因此通过管理投资者的预期路径也完成了将风险通过资本转移至新兴市场。

最后,量化宽松在美国创造了足够的流动性,而这部分流动性却流向新兴市场国家,进一步促进了资本的流动以追求更高的风险溢价。同时,资本的流动不断推高资产价格及消费,从而对投资与冒险提供了不断循环加速的动力。同时美国资产市场较低的收益率与充足的流动性刺激了投资者的冒险情绪。他们认为美联储大量购买金融资产,这也就增加了银行的准备金,当资金在二级市场上更容易交易时,获得的成本也相应降低,导致了资产较低的收益率,当国内资本市场收益率较低时,无疑会追求高收益率的新兴市场国家的资产投资。

(三)美国量化宽松货币政策退出机制的推动

2013年,伯南克宣布减少美联储的购债规模至750亿美元,2014年1月29日,美联储再次将购债规模降至650亿美元,2015年12月美联储宣布加息。量化宽松货币政策只是在市场遭遇流动性陷阱时的一剂猛药,随着经济的逐渐复苏,量化宽松货币政策也面临着退出的阶段。量化宽松的推出无疑会对实体经济造成一定冲击,尤其是给新兴市场带来很大负面效应。一方面,量化宽松的退出会影响投资者的信心,美联储的系列公告会造成新兴市场股票市场指数的大幅下滑;另一方面,量化宽松的退出会再次使得资本通过资产组合再平衡的方式发生巨额逆流,曾经进入新兴市场的资本将回流至美国,造成新兴国家资本市场泡沫的破裂。

卡提瓦达(Khatiwada,2017)的研究显示,美国最后一轮量化宽松似乎对国际资本流动的影响更为明显。他发现,提前缩减QE3与新兴市场经济体债券和股本流入的增加有关。QE3缩减前与新兴市场经济体债券资本和股票资本流入的增加有关。同样,在"缩减"公告发布后,无论用哪种指标衡量资本流动,债券资本和股票资本流入都出现了收缩迹象。此外,当使用净资本流入作为因变量时,债券资本流动峰值与谷底之间差值大于股票资本流动。与此同时,他发现,就欧元区国家而言,在缩减QE3规模之前,这两种资产的净流入都有所增加。在缩减公告发布后,净债券资本流入出现下降,但净股票资本流入显著增加;事实上,缩减后,流入欧元区国家的净股票资本增加幅度较大。然而,当使用资本流入总量作为因变量时,并没有看到QE3在缩减前后对流入欧元区国家的资本有显著影响。

三、国际资本流动对全球经济造成的影响

(一)国际资本流动推动全球通货膨胀

2008年金融风暴以后,美日欧经济体出现了流动性严重不足的局面。为了增加市场上的流动性,美日欧先后采取量化宽松货币政策,通过直接向市场注入流动性,来缓解企业流动性不足的问题。但美日欧量化宽松货币政策却引发了全球流动性泛滥的预期,美元、日元和欧元等主要国际货币在一段时间内被大量抛售。由于这些货币在其主权范围外进行大规模涌动,推动了全球性通货膨胀。

发达经济体资本可以在量化宽松中获得新兴经济体和发展中经济体的资本红利,而新兴经济体和发展中经济体由于面临通货膨胀上行压力,不得不采取紧缩货币政策,从而放慢经济增长速度。

美元作为世界经济活动最主要的结算货币之一,也是许多国家的储备货币。美国为应对危机而采用量化宽松货币政策,发行了大量的货币,在缓解国内危机的同时也使得部分流动性注入国际市场。此外,由于新兴经济体和发展中经济体具有更高的资本回报率,热钱热衷于进入这些经济体获得更高的收益,在这些热钱的压力下,通货膨胀明显增大。据布鲁克斯(Brooks)估计,2010年上半年进入新兴经济体的国际热钱中,有78.6%涌入亚洲国家,从而埋下了通货膨胀隐患。2011年1月,世界金属市场、粮食市场和原材料市场等商品价格都显著上涨,形成了部分新兴经济体的输入性通货膨胀。食品价格和能源价格的大幅上涨成为推动新兴经济体此轮物价攀升的主要原因之一,印度、韩国的食品通胀率皆超过10%。在国际石油市场上,由于美元贬值和国际热钱的双重冲击,石油价格持续上涨。另据《越南经济时报》2011年4月25日报道,越南统计总局称,2011年前4个月越南通货膨胀率已经接近10%,高出其国会规定3个百分点,其中,4月份越南居民消费价格指数环比上涨了3.32%,前4个月上涨了9.64%,同比上涨17.6%。交通类商品价格上涨6.04%,食品和饮食服务类商品价格上涨4.5%,住房和建材类商品价格上涨4.38%。从新兴经济体的总体形势来看,20个新兴经济体中有近三分之二的国家实际利率为负值,通货膨胀压力呈上行趋势。如果为了应对发达经济体的量化宽松而进行加息,将扩大这些国家货币与美元之间的利差,进一步吸引国际热钱更大规模流入,形成了输入性通货膨胀。

(二)国际资本流动推动资产价格上涨

在发达经济体实行量化宽松货币政策过程中,由于美元、日元和欧元等货币尤其是美元的滥发,推动了国际大宗商品价格持续上涨,并将全球的债权人和新兴经济体、发展中经济体推到潜在恶性通货膨胀与货币无序贬值的边缘。对美国而言,由于美元的国际货币地位,量化宽松货币政策实施新增发的美元外流不会对美国经济造成太大的负面影响,但对于其他国家而言,量化宽松所带来的国际热钱却引发新兴经济体和发展中经济体资产泡沫膨胀压力,并且这些经济体对美元热钱的涌入束手无策。对于资本账户开放已经达到一定程度的国家或地区,由于资本进出限制较少,发达经济体量化宽松将加剧这些国家或地区资产价格泡沫,而对于资本管制较严格的国家或地区,如中国、印度等,则存在较大的输入性通货膨胀压力。

以东亚新兴经济体的股票市场为例,这些经济体的股市在美国第一轮量化宽松期间经历了普遍上涨,其中印度尼西亚股票指数上涨近140%,泰国、新加坡、韩国、中国香港股票指数分别上涨90%、72%、62%、52%,主要原因是量化宽松所导致的大量国际资本流动。美国第二轮量化宽松对东亚各经济体股票指数推动虽然不如第一轮量化宽松明显,但印度尼西亚和韩国股票指数涨幅还是超过了10%。2012年12月,美国第三轮量化宽松开始的三个月情况来看,中国香港股市已经上涨了9%,泰国股市上涨了7%,其他经济体股市也出现了不同程度的上涨。

中国人民银行在《2010年第三季度中国货币政策执行报告》中指出:"由于全球流动性持续过剩和发达经济体复苏乏力,套利资本大量流入经济增长形势看好、利差较大的新兴市场经济体,加剧了新兴市场股票、房地产等资产价格的上涨压力。"[①]因此,对于那些资本账户已经完全开放或者资本管制比较少的经济体,如澳大利亚、中国香港和部分东亚经济体,由于资产泡沫催生快,通货膨胀率高,量化宽松加剧了这些地区的资产泡沫。随着量化宽松货币政策的持续,更多的热钱流入中国香港,进一步推高了资产泡沫。中国香港房价在2009年反弹29%的基础上,2010年1月到10月继续上涨15%,升幅已经接近1997年房地产泡沫破灭前。而对于一些资本管制较严经济体,如中国内地、印度等,受到输入型通货膨胀与资产泡沫等不利影响,本币不断升值,加剧了本国资产泡沫的形成。

(三)国际资本流动导致新兴经济体货币升值

发达经济体实行的量化宽松货币政策势必会造成国际主要货币的贬值。无论是美国、日本还是欧元区,都通过购买长期国债、收购资产担保债券、购买公司债券等方式向市场上注入了大量的流动性,导致物价上涨,通货贬值。美元、日元、欧元等主要国际货币供给量大幅度增加,充斥国际市场,在这些国际货币贬值的同时也会给新兴经济体的货币带来升值压力。美国两次实施量化宽松货币政策将一些不良资产聚集到美联储名下,虽然资产负债表得以扩张,但这种收购行为会弱化资产负债表的财务结构,长期内将会导致国内对美元的信心下降。另外,由于美元的二元性,美联储大规模的实施量化宽松货币政策会动摇美元在国际上的中心地位,例如,许多亚洲国家为了降低风险而选择减持美国国债。在

---

① 中国人民银行.2010第三季度货币政策执行报告[R].中国人民银行,2010.

量化宽松货币政策在全球大规模实施的背景下,美元贬值的趋势越来越明显。根据美联储递交国会的货币政策报告显示,美元对国际主要货币包括英镑、日元及欧元的汇率总体呈现下降趋势。

美元贬值对于美国经济而言有利有弊。有利的方面在于美元的对外贬值可以促进出口,以出口带动经济的增长。不利的方面在于,首先,美元的贬值很可能导致美元在国际外汇储备中所占的比重下降,美元二元性的优势受到威胁。其次,易对其他国家形成输入型通胀。由于美元大量涌入国际市场,对新兴经济体而言其经济的发展需要外部资金的支持,但过剩的国外投资会推高东道主国家的股市以及资产价格,造成"被通货膨胀"的局面。最后,美元的贬值易引起国际主要货币的竞争性贬值。本国货币贬值可以带动出口的发展以及减小外债的压力,在美元贬值的趋势下,若其他各主要经济体纷纷效仿而不对通胀加以控制,国际经济秩序将会遭到严重的破坏。

2010年后,受美国新一轮量化宽松货币政策预期影响,美元汇率持续走低,引发其他经济体主权货币纷纷升值。从2010年开始,巴西雷亚尔和南非兰特对美元已经升值37%和36%;而亚洲地区由于经济复苏形势较好,所受冲击也相对较大。2010年一年内,泰国铢和马来西亚林吉特涨幅接近10%,韩国元涨幅超过7.6%,印度卢比仅2010年9月的涨幅就高达5%。中国人民币升值压力也不断加大。根据中国外汇管理中心的数据显示,2011年4月29日,人民币对美元汇率中间报价为6.4990,突破了6.5这一重要关口。本币升值从一方面来看,将提高本国在国际市场上对上游原材料的购买能力和市场并购能力;但从另一方面来看,本币升值将提高本国居民的商品购买能力,扩大了内需。但是,本币过快升值将大大削弱本国产品在国际市场上的竞争力,尤其是对那些出口导向战略国家,竞争力削弱力度将更大。例如,越南在越南盾升值后,在2010年1—8月,连续7个月出现贸易逆差,逆差总额达74亿美元,为2009年同期的2倍。对新兴经济体和发展中经济体最重要的是,美国量化宽松货币政策一旦结束,资本将逆转,新兴经济体货币必然贬值,进而面临着极大的金融风险,甚至陷入深度的金融危机之中。

第三节 量化宽松货币政策对中国资本流动的影响

在第一章中,我们较为详细地回顾了美国、日本、欧元区等地为刺激本国经济复苏而施行的量化宽松货币政策,其本意是在短期名义利率接近于零时,通过向本经济不断注入流动性以达到降低长期利率、刺激经济复苏、恢复传统货币政策传导机制的目的。然而,增发的流动性并没有全部进入本国的实体经济部门,其中一大部分以"热钱"的形态快速流动于全球金融市场。特别是在次贷危机后率先复苏的新兴市场国家,迅速成为国际热钱逐利的理想目的地。大量短期投机资本的涌入不仅加剧了新兴市场国家经济波动,而且加大了跨境资本流动管理的难度,增加了该国的金融风险。下面就在热钱视角下分析流动性过剩对中国宏观经济的影响。

一、热钱的含义

量化宽松货币政策所带来的过剩流动性为了追求更高的短期收益,这些流动性中的一部分以游资的形式在国际间迅速流动,并频繁地进行国际投机。从理论上来说,国际游资是一种短期投资资本,又称为国际热钱。对于国际热钱的概念,国内外学术界似乎没有太大的分歧。然而,经过仔细研究发现,人们对国际热钱的定义仍然存在差别。

第一,《新帕尔格雷夫货币金融学大辞典》的定义是:"在固定汇率制度下,资金持有者或者出于对货币预期贬值(或升值)的投机心理,或者受国际利率差收益明显高于外汇风险的刺激,在国际间掀起大规模的短期资本流动,这类移动的短期资本通常被称为游资。"[1]很显然,该辞典把国际热钱看成是固定汇率制度下的一种现象。

第二,汉达在其《货币经济学》一书中,将热钱定义为:"所谓热钱就是在国家之间流动的、对汇率的预期变化、利率的波动或安全和可兑换性安排极为敏感的资金。"[2]他又说:"不受约束的资本流动也带来风险,因为其中的大部分具有高度的流动性,且易受突然的逆转事件的影响——我们给这些资金中最具流动性的部分以一个名称:热钱。"[3]汉达从更大范围定义了热钱,而且强调了热钱的最重要的特征:高度流动性和高度敏感性。

第三,The American Heritage 出版的《英语词典》(第四版,2000)对热钱下的定义是:"热钱是其持有者迅速地从一种投资形式转换为另一种投资形式,以取得国际汇率变化的好处,或获得投资的短期高收益为目的的货币。"[4]这一定

---

[1] 纽曼等.新帕尔格雷夫货币金融学大辞典[M].经济科学出版社,2000:307.
[2] 汉达.货币经济学[M].中国人民大学出版社,2000:390.
[3] 汉达.货币经济学[M].中国人民大学出版社,2000:390.
[4] 转引自何泽荣,徐艳:论国际热钱[J].财经科学,2004(2):87-90。

义着重于热钱的运动也是一种投资。

第四,在我国,一般将热钱理解为短期投资获利为目的的投机性资金。这一定义强调了热钱的投机性。张骞(1998)认为国际游资是全球经济金融自由化、国际化的产物,社会游资是追求高报酬和低风险而在金融市场上迅速流动的投机性短期资本。冯健华(2003)认为短期资本就是热钱,是指快速移动于不同金融资产以获取或期望获得高回报的金融资产。国际游资就是经常在国际或国内金融市场之间快速涌入撤出的短期资本,以套取高额利润为目的。唐旭(2007)将热钱定义为以获利为目的,投机为手段,在国际间迅速流动的大额短期资金。胡月晓和李剑锋(2008)所定义的热钱是以追逐短期高额利润为目的的投机性资本,这其中既包括国际短期资本,也包括中长期资本。

根据上面所说的各种定义,加上笔者的分析,笔者将国际热钱定义为:在国际间迅速流动的,通过投机交易获得高额利润的高流动性投机资本。这个定义表明国际热钱具有短期高速流动性、高风险性和组成特殊等方面的特点。虽然量化宽松货币产生了过剩流动性,但使其成为热钱也是在当今的时代条件下形成的。一是金融自由化的推动。20世纪70年代开始,金融自由化理论被提出,该理论认为,发展中国家经济欠发达的主要原因之一就是政府对于金融活动的过度干预,致使金融市场无法有效地配置资本,严重抑制了经济增长。如果发展中国家能够对其保守的货币金融制度进行改革,放松对金融机构的限制,使利率和汇率能够实现市场化,就能达到抑制通货膨胀、刺激经济增长的目的。在该理论的推动下,一些国家开始尝试放松金融管制,允许资本能够自由流入、流出国境,这就为日后热钱的跨国流动和投机创造了可能性。二是信息网络技术的发展。计算机、互联网等技术的迅猛发展极大地推动了金融创新,也大大降低了国际间资本流动成本,更为资本在国际间的高速流动创造了必要条件。

二、热钱流动性的测度

国际投机性热钱的大量涌入撤出,会对我国的宏观经济带来巨大风险。估算热钱流入的规模、甄别热钱流入的途径、掌握热钱炒作牟利的方式,将有助于一国政府更好地控制热钱进出,维持金融市场稳定,防范系统性危机爆发。我国现有的文献中,对于热钱估算大体上有如下方法。

(一)"错误与遗漏项"法

国际收支平衡表中的错误与遗漏项表示外汇储备变动额与经常项目账户

和资本账户之和的差值,用它可以直接表示热钱流入。误差与遗漏项为正表示热钱流入,为负则表示热钱流出(或资本外逃),这是估算热钱规模的最简单方法。但这种方法过于简单,存在以下问题:一是这种方法假定通过经常项目和资本项目流入的资金中没有热钱,从而低估了热钱规模;二是误差与遗漏项中可能存在真实的统计误差,直接将该项等同于热钱流入将会高估热钱规模。

(二)残差法

残差法是世界银行用来估算热钱规模的常用方法,即用外汇储备的增加量减去贸易顺差和FDI(国际直接投资)的净流入量。差额部分即为热钱流动,其中差额为正表示热钱流入,为负则表示热钱流出。焦成焕(2009)按照这种方法估算我国现有的热钱规模大约在4 521亿美元左右,这样大规模的热钱流入,为我国的宏观经济带来了巨大的风险,如图2-11所示。但是这种方法的缺陷在于不能准确估算通过贸易渠道和直接投资渠道涌入的热钱。

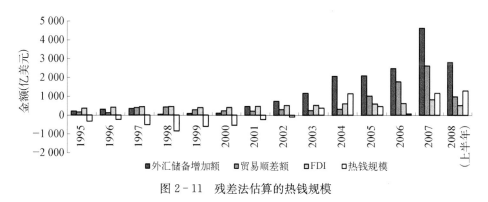

图2-11 残差法估算的热钱规模

(三)分渠道规模法

前面两种方法从总量估算了热钱的规模,由于这两种方法都是假定贸易顺差和FDI中不存在热钱的情况下得出的,所以准确度低,可信度差。如果考虑贸易顺差和FDI中存在热钱,那么热钱的规模要明显大于前面总量方法估算的结果。

1. 直接投资渠道流入热钱规模

改革开放以来,我国一直对FDI采取鼓励和吸引的政策,FDI既可以以现汇形式存放于银行,也可以通过银行兑换成人民币。在这种情况下,国外热钱可以假借FDI的名义流入国内,例如国外跨国公司可以通过投资国内子公司的形式引入热钱,兑换成人民币以后再投资于国内市场,从而形成热钱流入的一种形式。从我国吸引的 FDI 数据来看,国际收支平衡表的 FDI 数据和商务部公布的实际利用外资数据之间有明显差异,这种差异表明 FDI 中有部分资金没有用于实际经济部门,这就是在 FDI 形式下所隐藏的热钱,这个差额可以简单地看作是通过 FDI 渠道涌入的热钱。

2. 贸易渠道流入热钱规模

由图 2-12 我们可以看到,从 1998 年亚洲金融危机以后,我国的国际贸易顺差变化不大。1999—2004 年,中国的贸易顺差分别为 292.3 亿、241.1 亿、225.4 亿、304.1 亿、255.4 亿和 319.5 亿美元。2005 年至 2008 上半年,贸易顺差分别是 1 018.8 亿、1 774.7 亿、2 622 亿和 986.9 亿美元。贸易顺差的增幅之大令人震惊。然而,中国出口部门的产业结构及劳动生产率却没有显著提高,与此同时国外的需求也未出现明显增长。此外,在 2005 年汇率改革以后,人民币兑换美元的汇率开始明显上升,到 2008 年 7 月人民币累计升值幅度已超过 20.8%。因此,可以确信,自 2005 年以来我国贸易顺差的大幅度增加,在很大程度上是由热钱通过虚假贸易流入而推动的。

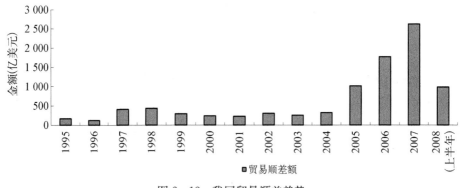

图 2-12 我国贸易顺差趋势

李东平(2008)认为,只要出口部门产业结构不发生明显变化,2005 年以后的真实出口额与真实进口额之比,就应该与 2004 年之前大致保持相同的水平。他同时假定 2004 年以前没有虚假贸易,他按照这个思路对 2005 年至 2007 年的贸易渠道中的热钱进行了测算。张明(2008)采用了 2004 年贸易顺差增长率 25%,作为考察 2005—2007 年各年贸易顺差的假定增长率估算了 2005—2007 年贸易渠道中的热钱。本研究假设 2004 年以前没有虚假贸易,采用张明(2008)25% 比率来估算热钱。之所以这样,是基于下列原因:第一,中国贸易总额的一半以上是加工贸易,而 2005—2007 年全球经济增长率保持稳定,外需也未大幅度增加;第二,中国一般贸易行业都是以劳动密集型和低附加值为特征的,而且产业结构和劳动生产率在2005年至2008上半年间并未显著改变。

3. 外债渠道流入的热钱规模

国际收支平衡表中的净负债增加,是负债项目借方与贷方之差。它与我国对外负债简表在构成项目是一致的,包括贸易信贷、贷款、货币和存款及其他资产/负债四类形式。贸易信贷是指我国与世界其他国家或地区间,伴随货物进出口产生的直接商业信用。资产表示我国出口商的出口应收款以及我国进口商支付的进口预付款,负债表示我国进口商的进口应付款以及我国出口商预收的货款。贷款,资产表示我国境内机构通过向境外提供贷款和拆放等形式而持有的对外资产,负债表示我国机构借入的各类贷款,如外国政府贷款、国际组织贷款、国外银行贷款和卖方信贷。货币和存款,资产表示我国金融机构存放境外资金和库存外汇现金。负债表示我国金融机构吸收的海外私人存款、国外银行短期资金及向国外出口商和私人的借款等短期资金。其他资产/负债,指除贸易信贷、贷款、货币和存款以外的其他投资,如非货币型国际组织认缴的股本金,其他应收和应付款等。

经过比较可以看出,国际收支平衡表中的净负债增加与我国对外债务简表中的当年外债增加在数额上不一致,形成一个差额,并且无法解释其来源,可以看作热钱。

(四)国家外汇管理局的测度方法

国家外汇管理局在2013年发布的《中国跨境资金流动监测报告》中注意到了"残差法"的局限性。报告指出,如果我国国际收支呈现自主平衡,外汇资产的持有和运用主体将由央行转向银行、企业、个人等市场主体。而此时,使用"残差法"所测算的大量资金流出,实际上是境内机构和个人持有的对外资产增加,这种算法容易产生系统性偏差。存在流入压力时,会将合法的资金流入归为热钱;存在流出压力时,又会将合法的资金流出归为资本外逃。因此,国家外汇管理局通过区分我国跨境资金整体流动中的稳定性因素和波动性因素,依托国际收支平衡表,按照国际通行做法,将经常账户和直接投资的合计差额视为稳定较高、与实体经济关系较大的跨境资金流动,而将包括证券投资和其他投资、净误差与遗漏在内的非直接投资资本流动视为波动性较大的跨境资金流动。表2-1给出了国家外汇管理局测算的2001—2014年我国跨境资金流动中的稳定性因素和波动性因素。

表 2-1 2001—2014 年我国跨境资金流动中的稳定性和波动性因素

年份	稳定性较高的资本流动		波动性较大的资本流动		外汇储备变动（亿美元）
	规模（亿美元）	对外汇储备贡献率(%)	规模（亿美元）	对外汇储备贡献率(%)	
2001	548	118	−74	−16	466
2002	822	111	−67	−9	742
2003	925	87	137	13	1 060
2004	1 291	68	610	32	1 904
2005	2 228	88	238	9	2 526
2006	3 320	116	−512	−18	2 853
2007	4 923	107	−347	−8	4 609
2008	5 354	112	−589	−12	4 783
2009	3 304	86	660	17	3 821
2010	4 236	90	435	9	4 696
2011	3 677	96	146	4	3 848
2012	3 916	397	−2 994	−303	987
2013	3 678	85	605	14	4 327
2014	4 123	347	−2 945	−248	1 188
合计	42 344	112	−4 695	−12	37 810

数据来源：国家外汇管理局 2014 年中国跨境资金流动监测报告

根据表 2-1 的测算，2014 年，我国交易形成的外汇储备增加 1 188 亿美元。稳定性较高、与实体经济关系较大的跨境资金净流入 4 123 亿美元，波动性较大的跨境资金净流出达 2 945 亿美元。2014 年，波动性较大的跨境资金净流动规模相当于外汇储备变动额的 248%。这在一定程度上说明，美国宣布退出量化宽松货币政策后，尤其是 2014 年下半年，在人民币汇率双向波动明显增强、美联储量化宽松退出和国内经济放缓等因素叠加作用下，跨境资金流出压力偏大。从 2001—2014 年的较长期来看，我国外汇储备增长基本可以用经常账户与直接投资差额来解释，这可以得出外汇储备增长主要来源于与实体经济相关的贸易投资活动的结论。但也要看到，热钱流入和流出波动幅度较大，对我国资本流动冲击也存在一定的影响，应当予以警惕。

三、热钱流动对中国经济的影响

量化宽松货币政策造成的全球流动性过剩,由于中国存款利差和人民币升值预期的吸引,以热钱的形式流入中国。这些过剩的流动性热钱不仅扰乱了正常的经济秩序,而且加大了宏观经济的波动性,并催生了各种金融泡沫和金融风险。

(一)限制货币政策的执行空间

自 1994 年外汇体制改革以来,我国一直实行强制的银行结售汇制度。除国家规定的外汇账户可以保留以外,任何企业、个人必须将多余的外汇与指定银行进行结汇。当央行面对通货膨胀压力时,强制性结售汇制度使得央行被动地增加人民币供给以兑换流入的热钱,从而削弱了抑制通胀政策的效果。令央行更加无奈的是,通过提高利率抑制通胀的方法反而会吸引更多的热钱涌入,造成恶性循环。此外,大量热钱的涌入会造成人民币持续升值,央行为保持汇率稳定不得已增加的货币供给又会反过来推高通货膨胀,使央行的货币政策陷入两难的境地。

(二)热钱的进出导致资本流动的波动幅度加大

国际热钱对投资热点地区的大量投入及其逆转,造成了资本流动的大幅度波动,从而对该地区产生了资本流动风险。一般来说,国际资本流动的波动幅度越大,金融风险就越大。

热钱流动的波动幅度可以用资本流动的标准差来表示。标准差是用于测量离势数量的指标,是指一组数值的各项对其平均数偏差的平方和的平均数的平方根。设 x 为一组数值,它包括 n 个数值 $x_1, x_2, \cdots, x_n$,$\bar{x}$ 是这组数值的算术平均数,该组数值的各项对其平均数偏差的平方和是

$$(x_1 - \bar{x})^2 + (x_2 - \bar{x})^2 + \cdots + (x_n - \bar{x})^2 = \sum_{i=1}^{n}(x_i - \bar{x})^2$$

这个平方和的算术平均数就为 $\sum_{i=1}^{n}(x_i - \bar{x})^2/n$,从而就得到标准差 σ,即

$$\sigma = \sqrt{\sum_{i=1}^{n}(x_i - \bar{x})^2/n}$$

在计算短期资本流动标准差时,可以以一个月为时间单位来计算资本流入和流出的总量,然后计算 6 个月的资本流动的标准差,最后以移动的方法比较标

准差。也就是说,先计算第一到第六个月的标准差,再计算第二到第七个月的标准差并加以比较。如果标准差的数值发生了较大幅度的变化,就意味着金融风险增大。

笔者选取 2001 年至 2014 年的季度数据,利用外汇管理局资金流动算法来计算我国流动性较大资本流动规模,将其作为热钱的流动规模及其波动幅度,如图 2-13 所示。由图中可以看出,从 2001 年第一季度到 2007 年以前,国际热钱流入流出我国相对平稳。2007 年以后国际热钱流动波动幅度开始加大,其中,受美国 2008 年金融风暴的影响,2008 年第四季度有 841 亿美元热钱流出。此外,我们根据上面所表述的方法求得热钱流动的标准差,并且以移动方法对结果进行了比较,从而得出如图 2-14 所示的结果。热钱流动标准差的大幅度增加

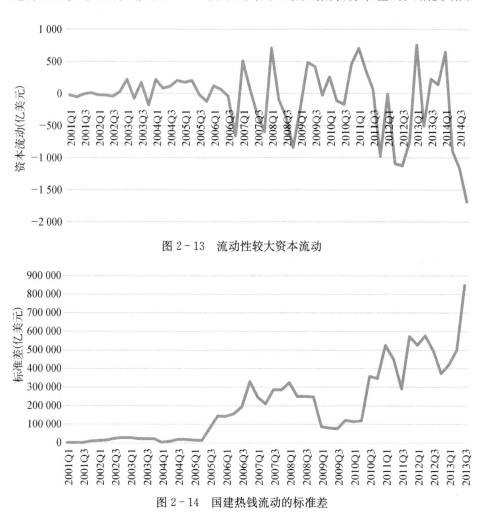

图 2-13 流动性较大资本流动

图 2-14 国建热钱流动的标准差

表明国际热钱涌入使我国宏观经济所面临的金融风险大大增加,一旦国际经济形势发生巨大变化,国际热钱大量撤出,势必对我国宏观经济产生严重的影响。

(三)热钱大量的涌入对资产价格产生重大影响

热钱进入一个国家首先是对资产市场进行冲击,从而对资产价格产生了重大影响。据有关方面统计,我国房地产市场实际利用外资已占到全国利用外资总额的1/5以上,上海市2004和2005年商品住宅销售额中,国际热钱购买的比例已分别约占到33%和40%。而且国际热钱主要集中在高端市场,使房地产市场供应出现结构性矛盾,造成我国房地产的政策效应严重扭曲。尽管我国房地产市场在2007年已经经历了快速发展阶段,但目前市场仍处于高位,短期内价格不会出现大幅下跌。境外专业机构仍将继续看好我国的楼市前景,其投资价值仍将吸引大量国际热钱流入。如果美元贬值逐渐弱化,国际热钱获利后一旦对市场做出不良预期,势必会大规模撤离并导致我国房地产市场和股票市场剧烈波动。20世纪90年代初期,国际游资的撤离致使外来资本推动的日本房地产泡沫破灭,最终导致长达15年的经济萧条期,应引起警惕。

热钱的涌入也对一个国家股票价格的稳定性产生了重大影响。大量热钱流动在某一特定条件下,如果形成对某一事件共同的预期,在短时间内的突然转向。尤其在资本账户开放的情况下,热钱的突然撤出几乎是无任何障碍的,加之发展中国家的股票市场通常规模较小,热钱在市场中占有较大份额,因此,当热钱大规模撤出的时候,国内证券市场必然发生急剧下跌,并相应导致市场流动性的大幅度降低。进一步会造成上市公司筹资和经营困难,甚至破产倒闭,最终将引发全面金融危机。从目前看,我国对于股票市场的管制还比较严格,股票价格和金融市场大幅度波动的可能性不大。但是从国际经验上看,例如1997—1998年亚洲金融风暴,热钱从东南亚等国家和地区大量快速流出,造成这些国家和地区货币大幅度贬值,股市大跌,金融市场崩溃,经济大幅度倒退。这也给我们的资本账户开放提供了警示。

(四)热钱的大量涌入对汇率造成冲击

不论国际热钱流动采取短期资本的形式还是中长期资本的形式,大部分都涉及货币的兑换,从而对外汇市场产生影响。当外国资本流出某国时,在外汇市场表现出来是外币需求的增加或本币供给的增加,在其他条件不变的情况下导致外汇汇率升值和本币汇率降值。因此,国际资本流动造成汇率的动荡。20世纪90年代以来,许多国家都发生过外汇市场和外汇汇率动荡的情况。自2005年7月汇率改革以来,人民币升值已近20%,进入2008年10月份以后,在全球信贷、宏观经济风险不断加剧,新兴市场投资者避险情绪高涨等因素影响下,人民币汇率已经进入盘整期,因而改变了人民币升值预期,人民币升值预期变化必然带来资金流向的改变。此外,由美国引发的金融危机,导致外国金融机构的收入锐减,使美国有可能为了弥补损失而出售在华资产,把资金抽调回国。不少海外热钱主体实际上是借贷投入中国市场,如果危机深化导致中国还债能力削弱,他们也有可能加快抛售在华资产套现回流。从而使大量国际资本在中国掉头撤出,进一步增加人民币贬值的预期,最终引发人民币汇率大幅度波动,并产生货币危机。

四、美国退出量化宽松货币政策对中国资本流动的影响

(一)美国退出量化宽松货币政策前后中国资本流动的变化

发达经济体尤其美国实施的量化宽松货币政策刺激了世界经济的发展,为主要的资本主义国家发挥了货币政策的导向作用,美国向全球经济释放了流动性,为后危机时代主要资本主义国家经济的复兴提供了必要条件和经济支持。而且,发达经济体量化宽松货币政策的实施为新兴市场国家注入了强大的资金来源。根据国际金融协会(IIF)估计,2010—2012年,新兴市场有4 500亿美元流入。随着美联储2013年12月宣布削减资产购买计划,美国开始退出量化宽松。作为世界第一大经济体和最重要的储备货币发行国,美国货币政策的变化将不可避免地引发全球汇率、利率、大宗商品价格变动,改变国际资本流向,对世界经济尤其是新兴市场经济体产生新的冲击。美国退出量化宽松货币政策的预期将逆转全球资本流动方向。从国际清算银行的数据显示来看,自2013年6月份美联储宣布退出量化宽松货币政策以来,流入的趋势发生变化,根据美国新兴市场投资基金研究公司(EPER)的数据显示,2014年1月仅仅一周的时间就有63亿美元由国际投资者从新兴市场经济体的证券基金中抽出。

美国量化宽松货币政策的实施与退出对中国资本流入与流出也产生了影响。美国货币政策的转向改变了投资者风险偏好,进而引发资本流动、资产价格与杠杆率同向运动。如图2-15所示,在美国实施量化宽松货币政策期间,美国超低利率及美元流动性增加推动了热钱流入中国。然而,自从2013年3月美联储宣布将适时退出量化宽松货币政策以来,美联储多次重申要维持低利率"相当长的时间",试图以此缓解全球市场对美国加息以及由此引发流动性快速收紧的担忧。但美联储货币政策正常化的预期推动了美元快速升值。以此为背景,人民币汇率贬值压力增大。与此同时,中国在强势美元的冲击下呈现了资本外流

的迹象,并引发了中国资本账户顺差快速下降。据 WIND 数据库的数据显示,至 2014 年第一季度,中国资本账户差额由正转负,仅 2014 年第二季度,中国通过资本账户的净资金流出就高达 6 亿美元。时任中国人民银行行长周小川在 2015 年 3 月 12 日的"两会"记者会会上承认了中国存在资本外逃的现象。从历史上看,中国的国际收支一直是双顺差,但美国退出量化宽松货币政策加快了资本流出,使国际收支趋于逆差,如图 2 - 16 所示。从图 2 - 16 可知,至 2015 年第三季度,中国的国际收支逆差高达 971 亿美元。

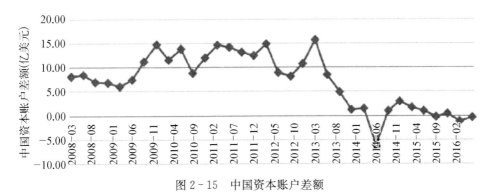

图 2 - 15 中国资本账户差额

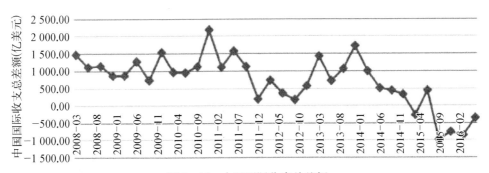

图 2 - 16 中国国际收支总差额

在美国退出量化宽松货币政策后,人民币兑美元小幅贬值,加之国际收支出现逆差,外汇储备呈下行趋势。从图 2 - 17 可知,中国外汇储备从 2014 年 8 月出现缓慢下降的趋势,从 2014 年 8 月的最高值 3.969 亿美元下降至 2016 年第一季度的 3.1 万亿美元,国际资本已经开始流出中国。当然,由于中国经济发展前景良好,稳定快速的经济增长仍吸引大量资本流入中国,至 2016 年第二季度,外汇储备又回升至 3.2 万亿美元,所以国际资本并未出现大规模流出现象。如果美联储进一步加息,国内外无风险收益率之间的利差将继续缩小甚至逆转,同时,考虑到美元升值的倾向,资本流出尤其热钱的流出风险仍然不容忽视。

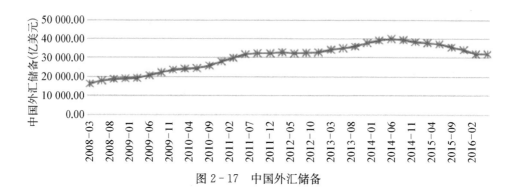

图 2-17 中国外汇储备

(二)美国退出量化宽松货币政策影响中国资本流动的理论分析

首先,美国退出量化宽松货币政策会加大中国国际资本流动的波动。美元快速走强是人民币贬值以及跨境资本流出的根本原因。美元升值导致国内经济行为主体进行一系列调整,改变了外汇市场供求局面。部分经济主体由过去拿到美元就结汇转为不断增加持有美元资产,减少市场上的外汇供应,从而对人民币汇率产生贬值压力。2015年1月,国内外汇存款增加452亿美元至6 557亿美元。另外一部分经济行为主体购汇偿还美元债务,使得外汇需求增加。2014年全年,境内外汇贷存比(贷款/存款)由年初的125%逐步回落到12月末的99%。这些经济行为主体的行为调整造成外汇市场美元供不应求,人民币汇率承受贬值压力,同时跨境资本流出的规模增加。

其次,美国退出量化宽松货币政策在影响其他发达国家货币政策的同时,对中国国际资本流动产生间接影响。伴随着美国退出量化宽松货币政策,欧元区和日本的央行却因全球通货紧缩压力下各自经济复苏乏力而采用量化宽松货币政策。当欧元区和日本经济基本面和货币政策取向与美国分化,欧元区和日本量化宽松货币政策竞相放水,会在一定程度上对冲美联储加息预期的负面影响,从而减缓国际资本从中国等新兴经济体市场大幅流出的趋势。

最后,中国经济基础面使美国退出量化宽松货币政策对中国资本外逃的冲击可控。影响中国短期国际资本流动的因素主要有汇率差、利率差、证券市场价格以及投资者的投资信心。由于人民币汇率制度是管理浮动汇率制,汇率波动受到一定管制,美国量化宽松货币政策影响中国的汇率渠道并不通畅,所以汇率的波动对中国国际资本流动影响较小。相反,中美之间的利差在短期内对中国的国际资本流动有着显著影响。根据美联储召开公开市场会议的规则,美国将利率恢复至危机前水平至少需要两年的时间,且中国货币政策转向控制增量、盘活存量,短期内中美利差发生逆转可能性很小,因此具有逐利特点的短期国际资本依然倾向于利率较高的中国。

虽然美国退出量化宽松货币政策对中国国际资本流动在短期内影响显著，但在长期内由于中国及时采取了各项措施平抑国内的经济波动且效果显著，因此长期内国际资本流动的趋势不会发生太大改变，资本流出在可控范围内。中国宏观基本面的稳定符合资本避险的特点，中国外部账户稳健，外汇储备充裕，能较好抵御跨境资本流动的冲击，因此中国对国际游资或热钱的吸引力仍然很高。由于中国仍具有 3.2 万亿外汇储备，美国退出量化宽松货币政策所造成的外汇流动性不足问题可以通过释放外汇储备压力的形式缓解。

此外，美国退出量化宽松货币政策后，国际货币市场上美元流动性减少，美元走强。一方面，美元走强有利于防止外汇储备缩水。另一方面，资本流出有利于减轻中国巨额外汇储备负担，国际收支结构趋于合理，减轻了未来潜在的通胀压力，一定程度上说明未来美国通过印钞来变相掠夺中国国内有形资源的现象将会减轻，为中国未来一段时间内经济结构的转型升级和资源的优化利用争取了时间和条件，也为中国未来经济景气的复兴和股市的繁荣创造了条件。而中国经济健康发展是吸引国际资本流动的根本，从而美国退出量化宽松货币政策若能有助于中国经济结构调整则会从根本上遏制短期资本流出的负面冲击。

综上所述，美国退出量化宽松货币政策后国际资本回流美国的大趋势无法避免，但在欧元区和日本央行仍实施量化宽松货币政策和中国经济基本面相对稳定增长的背景下，中国国际资本流动在短期内可能交替出现阶段性的资本流出和资本流入，大规模的资金流出可能性较小，不过仍然值得注意防范。

第三章　量化宽松背景下的资本账户开放

第一节　资本账户开放及其度量

一、资本账户开放

资本账户开放也称资本账户自由化,是将过去封闭的资本账户制度变为开放的资本账户体制的政府决策和过程。这种决策和过程一方面实现资本的自由流动,一方面实现外汇的可自由兑换。具体来说,可以从以下几个方面来理解和把握资本账户开放:

第一,政府的决策作用对象是资本账户。所谓的资本账户,又叫资本项目,是人们对国际收支平衡表中资本与金融账户①的习惯性称谓,是指"国际收支中因资本输出和输入而产生的资产负债的增减项目,包括直接投资、证券投资、各类贷款等"②。资本账户开放,就是解除资本与金融账户下政府对资本国际流动和兑换的管制③,是金融开放的重要组成部分。金融开放是一国通过颁布法律、法则及其他规范性法律文件的方式,逐步放松金融管制,实现国内外金融市场一体化和本外币自由兑换的过程。资本账户开放是金融自由化和经济自由化的一部分,而自由化是一个过程,取决于内外均衡的实现特征。因此,资本账户自由化实际上就是内外均衡和资本账户管制放松之间的一个相互作用、相互影响的正反馈机制。

第二,在全球范围内,资本账户开放是一个相对的过程。从世界各国的资本账户开放实践可以看到,资本账户开放没有绝对的管制,也没有绝对的开放。资

---

① 1993年,IMF在《国际收支手册》第五版中将资本账户细化为资本账户和金融账户。
② 转引自张礼卿.发展中国家的资本账户开放:理论、政策与经验[M].经济科学出版社,2000.
③ 根据IMF(1999)指出,资本与金融账户下管制的具体方式为:禁止资本流动、多重货币政策、歧视性税收、准备金要求或管制当局的罚息、有关签订以外币记值合约的限制等。

本账户有48个子项目,每一个资本账户开放的国家,总是根据自己的特殊约束条件和环境,在放松或取消管制本国资本账户中一些主要子项目的同时,其货币当局依然对账户中另一些子项目实施管制。与此同时,在国内外经济条件变化的情况下,货币当局也可以对已经放松或取消管制的子项目重新实行管制。因此,资本账户开放是相对的,它不是资本账户下任何子项目的全面开放,而是大部分子项目充分开放,个别子项目有所管制的状态。此外,资本账户开放的相对性,还表现为保证资本账户开放总方向的同时,根据具体情况变化对某些子项目有开放有管制。

第三,资本账户开放是一个动态渐进过程。资本账户开放就是开放对资本账户与金融账户的资本流动限制。从资本流动的载体来说,消除资本流动限制有两个层面:一是取消跨境资本流动管制;二是取消与资本交易有关的外汇兑换管制。资本账户开放可以是对跨境资本流动管制的放开,也可以是资本账户下的汇兑自由;可以是两者同时放开,也可以是先后进行,孰先孰后,各个国家根据国际和国内经济环境状况做出抉择,并根据内外环境的变化进行调节,因此,资本账户开放是一个逐步展开的动态渐进过程。

回顾历史经验,做好资本账户开放的前提条件非常重要,但这些前提条件并不是决定资本账户开放成败的绝对因素。资本账户开放条件的不完备,是导致金融风险的关键因素。我国当前在对资本账户开放条件认识上还存在着不足,应本国实际,从动态和系统的角度进行考察。资本账户开放能否成功,关键是建立健全的金融监管体系和高效的机制、规范有效的货币政策安排、充足的外汇储备以及强大的综合国力。一般来说资本账户成功开放需要具备以下几个方面的条件:

第一,完善的金融监管体系是资本账户开放的关键条件。历史经验证明,对于发展中国家而言,金融运行和金融监管状况对于防范货币危机非常重要,建立和完善金融监管体系、提高金融监管的效率、降低金融监管的成本,对于资本账户开放能否取得成功至关重要。保护本国的经济政策、有效防范金融风险、为资本账户的开放保驾护航需要完善的金融监管体系。建立健全金融监管措施,应当成为我国开放资本账户的前提条件。在解除资本管制之后,随着外来资本的流入,金融系统尤其是银行里的可贷资金会相应地大量增加,这在国有商业银行占金融系统主导地位的中国会更明显。因为监管措施不完善,面对外来资本的大量流入,亚洲部分国家的银行在亚洲金融危机中可贷资金迅速膨胀,金融系统不得不面对激烈的冲击。因此,在资本账户开放之前,出于防范银行系统风险、增强金融系统的稳定性,我国必须健全和完善对银行的各项监管措施,对证券市场也同样如此。

第二，富有弹性的人民币汇率和完善的人民币汇率形成机制是必要条件。资本账户开放后，资产组合全球化是居民及非居民的迫切愿望，这种市场预期的出现将迫使汇率在外汇市场中找到新的均衡点，弹性汇率安排将利于形成均衡的市场汇率，市场汇率被高估或者低估的情况就会减少，从而减少资本投机活动。另外，根据"克鲁格曼三角原理"，在资本自由流动的情况下，选择弹性汇率安排可以增强本国货币政策的独立性，当外部市场出现动荡时，弹性汇率安排可以起到"隔火墙"的作用，当资本大规模流入或者流出时，相应的汇率变动将起到一定的逆向调节作用，从而阻碍资本的进一步流入或者流出[①]。资本账户开放后，汇率的这种调节作用具有非常重大的意义，原先必须通过资本管制来完成的调节国际收支的任务将由汇率的这种调节作用以及市场化的利率一起来承担。弹性的汇率制度以及这种汇率预期将会对投机套利者的成本进行调节，使得国内和国外实际利率趋于均等，从而有效地减少短期资本的投机套利行为。这对维护经济金融安全至关重要。

第三，充足的外汇储备是资本账户开放的保障。资本账户开放后，伴随着资本流动规模不断扩大的是各种不确定性明显增多，一国经济会越来越暴露在各种不确定的内外部冲击之中，相对充足的外汇储备可以较好地应对各种冲击，起到平衡和减轻国际收支调节压力的作用。根据以往经验资本账户开放很可能导致国际资本在开放初期短时间内大规模流入，从而造成实际汇率升值以及对外贸易账户的恶化，此时，货币当局可以使用相对充足的外汇储备来缓解这一压力，同时充足的外汇储备可以增强市场信心，在一定程度上抑制短期热钱的套利投机活动。

第四，强大的综合国力和经济实力是资本账户开放的后盾。强大的综合国力和经济实力是成功进行资本账户开放实践的坚强后盾。对我国而言，增强国家的经济实力，应加快建立现代化的企业制度和公司治理能力、调整产业结构、提高我国境内企业的国际竞争力。资本账户逐步开放是一项艰巨的系统工程，它要求作为微观经济主体的企业具有灵活和强大的市场应变能力。这就要求我国企业能顺应社会和时代发展潮流，加强技术水平和创新能力，改革落后的生产经营模式，提高生产效率，提高出口产品的技术含量和商品附加值，以期在激烈的国际市场竞争格局中占有一席之地，不断提高我国产业的国际竞争力，为推进和实现人民币资本项目可兑换提供坚实的经济基础和强大后盾。

---

① 杨长江,姜波克.国际金融学[M].北京：高等教育出版社,2008.

二、资本账户开放的度量

资本账户的开放度是在一定时期内资本流动对一国经济影响程度的估计。估计一国的资本账户开放度具有十分重要的意义。在一国资本是完全流动的情况下,一国的市场利率水平不再简单地由国内资本的供给和需求决定,而是受到国际资本追逐利差的套利行为影响,当国内经济面临经济衰退,政府试图通过放松银根来降低国内市场利率,刺激投资与消费时,使国内市场利率重新上升到接近国际利率的水平,从而完全抵消扩张性货币政策的效果。即使一国的资本市场是半开放的,资本不能完全地自由流动,国内外利差导致的资本流动也会使货币政策部分失效。对于大多数发展中国家来说,如果对国内外金融市场联系的强弱程度知之甚少,那么对经济运行就有可能做出一些自相矛盾的经济分析和政策决策。

国内外许多学者对资本账户开放度的测定进行了研究。科塔雷利和贾尼尼(Cottarelli & Giannini,1997)根据 IMF 出版的《汇兑安排和汇兑限制报告》中关于各国资本账户开放情况的说明,于 1997 年首次设定了一个 0/1 的二元虚拟变量来表示一国资本账户的状态,但这种测度方法没有考虑各国资本项目管制在程度和特点上的相异性,并且在以前的统计口径上,IMF 文本中"资本交易约束"一栏专指针对居民资本交易的管制,未包含对非居民的限制,使得该指标的使用缺乏连续性。奎因(Quinn,1997)从资金流入和资金流出的角度分设两项指标,每个指标从 0 到 2 以 0.5 为间隔,反映管制程度组建放松的过程,表述资本账户的开放情况。这种"开关式"的资本账户开放度的测定只是从资本账户开放可否来测定资本账户开放度,即只考察资本账户开放的完全开放和完全封闭两种状态,而没有考虑资本账户开放的过程,这对于许多按阶段进行资本账户开放的国家尤其是发展中国家来讲是不适用的。

在一个国家放松对国际资本流动管制的过程中,国际资本流动对于一国宏观经济层面的影响应该从数量和价格两个方面考虑。一方面,资本的流入、流出增加或减少一国的投资和消费,进而影响该国的经济总量;另一方面,资本的流动引起一国对外净资产的变化,这将导致该国货币供给的变化,从而影响货币的价格——利率。因此,可以从数量和价格两个方面来衡量资本账户的开放度,数量开放度主要衡量资本流动对一国经济总量规模的影响程度,而价格开放度主要衡量资本流动对一国的金融资产价格,特别是利率的影响程度。

在资本流动的数量方面,一般通过计算一国资本转移(流入和流出的平均值)占 GDP 的比重来衡量一国的资本流动状况,据以判断一国经济与世界经济的联系程度,这是一种非常直观的方法。由于工业化国家总的资本流动数量较大而且比较稳定,因此工业化国家已经大体实现了金融一体化[①]。许多文献(如 Calvo 等,1992;Montiel,1994;Dooley 等,1987)注意到在 20 世纪 70 年代和 80 年代初一些发展中国家的大国对外债务大量累积和资本外逃,随后在 80 年代末和 90 年代初国际资本又大量流入,表明这些国家正在经历持续的金融开放。

资本账户开放有两个方面的含义,一是外国投资者对本国投资的自由程度;二是本国居民对外投资的自由程度。所以,我们可以用一国资本流入与流出的规模来对其资本账户开放度进行测定。克拉伊(Kraay,1998)用各国实际发生的资本流量进行计算,用跨国投资规模(资本流入和资本流出)衡量资本账户的开放度,即

$$一国资本账户开放度(CA) = \frac{跨国资本流入量 + 跨国资本流出量}{GDP} \quad (3.1)$$

爱迪生(Edison,2002)进一步深化了这一方法,对 CA 指标的两个子项也分别进行衡量[②],其公式为 $CA = FDI流量/GDP + 证券投资流量/GDP$,其中,证券投资=股票投资+债券投资。

罗龙(1990)和孟夏(1999)从外资流入额占 GDP 的比重来刻画资本流入对一国经济总量的影响,曲如晓(1997)采用的指标是将资本流入量和流出量的算术平均值作为资本流动量的代表,再除以一国的 GDP。应该说,当今大多数发展中国家还处于资本匮乏、鼓励吸引外资的状态,但一部分较为发达的发展中国家也已有了一定规模的对外投资,单独采用资本流入来代表资本流动量有其偏颇之处,不能完全刻画资本流动的规模。王晓春(2001)对资本流入和资本流出分别进行了考察,用两个指标:$Q_1 = CI/GDP$ 和 $Q_2 = CO/GDP$(其中 CI 为资本流入额,CO 为资本流出额)衡量资本流动对一国经济总量的影响。

虽然,这种数量的方法可以直观地表示资本流入和流出的相对规模,但是作为一个较为粗略测度资本账户开放的指标仍不完善。例如,根据王晓春(2001)计算的资本账户开放的数量开放度,像美国这样已经实现了资本账户完全可兑

[①] Golub(1990)用 Feldstein(1983)、Caprio & Howard(1984)、Obstfeld(1986)、Penati & Dooley(1984)等人的研究成果来支持这种观点。

[②] Edison, Levine, Luca Ricci, Torsten Slock (2002). International Financial Integration and Economic Growth. IMF Working Paper, Wp/02/145.

换国家的 Q_1、Q_2 值与泰国、中国等资本账户尚未完全开放国家的相应值差距不大,如果据此下结论说泰国、中国的资本账户开放度要高于美国,恐怕是不符合实际的。实际上,从绝对规模来看,美、英等大国的资本流入流出量远远大于大多数发展中国家,只是由于自身经济规模较大的原因,才使计算出的 Q_1、Q_2 值相对小了一些。所以,单纯考虑资本流动的数量影响是不全面的[①]。国内外许多学者都使用爱德华兹(Edwards,1984)及赫尔穆特和耶奇(Helmut & Yeches,1993)的扩展模型来分析短期投机资本的流动性。

国际资本流量每天都有具体的记录,但资本存量却容易被人们的忽视。然而资本存量对于实证研究有着十分重要的意义。第一,在许多开放经济模型中,一国的外部净资产是一个重要参数,同时也是决定一国外部经济能否实现可持续增长的因素;第二,流量数据无法衡量金融一体化带来的收益,这些都与一国外部资产与外部负债的持有总量密切相关;第三,在分析一国国际风险与国际冲击敏感性时,国际投资头寸,即股权(包括股票投资及证券组合)投资与债权投资之差,是有用的分析工具。

在分析影响长期外部净资产变动的因素时,往往也要用到资本存量指标。第一,国际经济学中的长期基本变量是系统的,共同作用使一国出现资本净流出或净流入的现象。因此,如果只观察经常账户余额忽视对资本账户余额的研究,即使是长期跟踪分析,也会无法正确说明影响一国国际资本流动的因素;第二,由于长期经济因素对一国外部净资产的重要作用,只有考虑到这些长期经济均衡的约束条件,短期流量数据才能得到准确地诠释。比如,分析一国经常账户赤字,必须与该国的长期目标外部净资产头寸结合起来考虑。

莱恩和米莱西-费雷蒂(Lane & Milesi-Ferretti,2001)从存量指标对资本项目开发进行了测度。根据一国对外净资产(NFA)等于外债净额(DEBTA - DEBTL)、股票对外投资净额(EQA - EQL)、外国直接投资净额(FDIA - FDIL)之和,则在 t 时点某国的外部净资产可表示为:

$$NFA(t) = DEBTA(t) + EQA(t) + FDIA(t) + FX(t) \\ - DEBTL(t) - EQL(t) - FDIL(t) \quad (3.2)$$

由 IMF 第五版国际收支表(1993)可得:

$$\Delta FDI = -(\Delta FDIA + \Delta FDIL)$$

[①] 姜波克(1999)已经注意到了单纯用数量指标来衡量开放度的片面性,指出一国国内利率与世界利率的联系程度也是衡量资本账户开放度(姜文称之为开放深度)的重要方面。

$$\Delta EQ = -(\Delta EQA + \Delta EQL)$$

$$\Delta DEBTL = \Delta PDL + \Delta OL + \Delta IMF + \Delta EF$$

$$\Delta DEBTA = -(\Delta PDA + \Delta OA + \Delta EO) \quad (3.3)$$

其中 $PDA(PDL)$ 代表债券投资资产（负债），$OA(OL)$ 代表其他投资资产（负债），IMF 代表基金信用与贷款，EO 代表错误与遗漏净额，EF 代表额外融资。

由上面两式可推出一国经常账户余额（CA）可表示为：

$$CA = \Delta FDI + \Delta EQ + \Delta DEBTA - \Delta DEBTL$$
$$- \Delta KA + \Delta FX \quad (3.4)$$

其中，KA 代表资本转移余额。

从式（3.4）可得到一国在从 s 期到 t 期的经常账户余额为

$$\sum_s^t CA_i = DEBTA_i(t) - DEBTL_i(t) + NFDI_i(t)$$
$$+ NEQ_i(t) + FX_i(t) - KA_i(t) \quad (3.5)$$

综合式（3.3）—（3.5），最后得出计算 NFA 的存量式（3.6），表示如下：

$$NFA(t) \approx NFA(s-1) + \sum_s^t CA_i + KA_s(t)$$
$$= NFA(s-1) + DEBTA_s(t) - BEDTL_s(t) + EQA_s(t)$$
$$+ EQL_s(t) + FDIA_s(t) - FDIL_s(t) + FX_s(t) \quad (3.6)$$

这样，我们将 NFA 与 GDP 的比值作为从存量角度考察一国在某段时期内，资本账户开放程度的指标。设该指标为 $CAPSTOCK$，即

$$CAPSTOCK = NFA(t)/GDP \quad (3.7)$$

同样，考虑到资本流入对一国经济的重要影响，莱恩和米莱西-费雷蒂将一国对外负债与 GDP 的比例也作为考察一国资本项目开放的指标，用 CAPSIF 表示。

三、资本账户开放的基本理论

（一）海曼·P.明斯基的"金融不稳定假说"

海曼·P.明斯基（Hyman P. Minsky, 1991）所提出的"金融不稳定假说"

在研究金融不稳定领域具有非常重要的地位。该假说起源于他所发表的一篇论文——"Can 'It' Happen Again?"。在分析金融内在脆弱性过程中,他将借款者总共分为三种:套期保值者(Hedge-financed Unit)、投机理财者(Speculative-financed Unit)和庞氏借贷者(Ponzi Unit)。套期保值者是指行为主体未来具有经营性现金收入或者其债务人承诺将会支付的现金收入,并且其现金收入超过现金支付,也就是说该行为主体很少发生支付困难,其抗冲击能力最强。投机理财者是指行为主体的现金流入虽然大于其日常支付和应付利息的现金流出,但是不足以兑现到期应付债务的本金。因此该行为主体必须依靠借新还旧来维持其正常经营,其抗冲击能力比套期保值者差很多。庞氏借贷者是指行为主体的正常现金流入小于日常支付和应付利息的现金流出,唯有变卖资产以维持当前经济状况,所以这种主体本身就欠缺抗冲击能力。①

当一个经济周期开始的时候,大多数经济主体属于"套期保值者"。然而随着经济由扩张发展成收缩时,经济主体的盈利能力下降,慢慢转变成"投机理财者",最后变为"庞氏借贷者"。在这个过程中,金融风险也在逐步上升。所以,明斯基认为金融市场本身含有内在的不稳定性,经济危机的发生并不是由外来冲击或不良的宏观经济政策所引起的,而是其经济自身发展的必然结果。

(二)蒙代尔-弗莱明模型

蒙代尔-弗莱明模型是"IS-LM模型"在开放经济中的表现形式,又称M-F模型,是开放经济条件下研究货币政策有效性的重要理论。该模型主要有四个基本假定:① 短期内价格是不变的;② 总需求决定总产出;③ 货币是非中性的,其需求与收入正相关,与实际利率负相关;④ 商品和资本在国际市场完全自由流动,不存在利率差。

该模型的结论为:在固定汇率制下,货币政策无效,但是却加大了财政政策对收入水平的影响力度,主要是由于资本的流入增加了货币供给量,以此减小了利率上升的负作用;在浮动汇率制下,货币政策对收入的提高更加有效。而财政政策正好与此相反,在资本完全自由流动下,财政政策无力刺激经济增长。②

---

① 邓翔,谭璐."金融不稳定假说"的逻辑线索及现实意义[J].西南大学学报(社会科学版),2010(4):129-131.
② N.格里高利·曼昆.宏观经济学[M].中国人民大学出版社,2011:292-318.

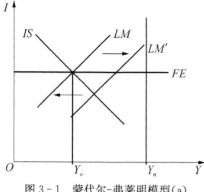

图 3-1 蒙代尔-弗莱明模型(a)

如图 3-1 中，FE 线是外部均衡线，在资本项目下的流动是完全放开的情况下，FE 线为一水平线。

在固定汇率制度下，现假设经济处于 Y_0 水平，低于自然产出 Y_n 的状态。货币当局打算采取扩张性的货币政策（如图 LM 到 LM'）来使产出恢复到均衡水平——使总需求达到 Y_n 的状态，但是，扩张性的货币政策导致国外利率比境内利率高，当 LM 移动到 LM' 后，内外部利率差异会造成大量资本从境内流出境外，进而造成国际收支失衡也即国际收支出现逆差，为维护固定汇率水平，央行不得不逆差动用外汇储备回购本国货币，本国货币供应量会出现减少，从而又使 LM' 回复到 LM，这样就导致在固定汇率制和资本自由流动的情况下货币政策失效。

又如图 3-2，假若在浮动汇率制度下，货币当局打算采取扩张性的货币政策（LM 移动到 LM'）使产出由 Y_0 移动到 Y_n 水平，与上文分析道理相同，扩张性货币政策导致国外利率水平高于境内，国际收支失衡出现逆差，但是在浮动汇率下，虽然资本流出会给本币贬值带来压力，但是本币贬值会导致 IS 线向右移动直至移动到 IS' 的位置，产出还是达到了预期自然产出水平，这样货币政策目标得以实现。所以在浮动汇率制度下和资本自由流动的条件下，货币政策有效。

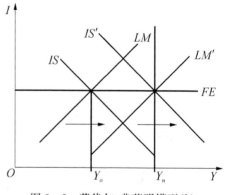

图 3-2 蒙代尔-弗莱明模型(b)

（三）麦克杜格尔模型

麦克杜格尔在 1960 年提出该理论模型，后来经过肯普的发展形成。该模型主要用来研究资本流动对资本输出国、资本输入国、世界总体生产水平以及国民收入分配的影响。资本流动的结果是各国资本价格基本相等，有利于提高资源的利用率，从而增加世界各国的总产量和福利。[1]

---

[1] 陶然.金融稳定目标下的资本账户开放研究[M].中国财政经济出版社,2009：98-99.

假设世界由 A、B 两国组成，其中 A 国是资本输出国，B 国是资本输入国。如图 3-3 所示，横轴是资本量，纵轴是资本的边际生产力，OO' 表示世界资本总量。O 为 A 国的原点，ON 表示 A 国资本量，AA' 表示 A 国的资本边际生产力曲线；O' 为 B 国的原点，$O'N$ 表示 B 国资本量，BB' 表示 B 国的资本边际生产力曲线。

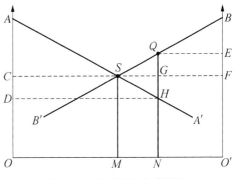

图 3-3 麦克杜格尔模型图

先考虑在封闭的经济条件下两国的情况。在资本边际生产力递减的情况下，资本输出国的边际生产力小于资本输入国的边际生产力。也就是说，A 国使用 ON 资本量，生产总量是 $OAHN$ 的面积，资本的价格＝资本的边际生产力＝OD；B 国使用 $O'N$ 资本量，生产总量是 $O'BQN$ 的面积，资本的价格为 $O'E$。

如果此时资本可以自由流动，由于 A 国的资本价格相对 B 国而言较低，资本将会由 A 国流向 B 国，直到两国的资本价格相等才会停止，即 $OC=O'F$。其结果是，A 国 MN 量的资本流入 B 国。此时，A 国的生产总量变为 $OASM$，B 国的生产总量变为 $O'BSM$。相对于封闭状态下的生产总量 $OAHN+O'BQN$，世界总产量增加了三角形 SHQ。所以可以得出，资本的自由流动将会增加世界总产量，有利于世界生产资源的优化配置。

下面来分别看看两国的情况。对于资本输出国 A 来说，由于对外投资导致其国内总产量减少了 $MNHS$ 部分，但其国民总收入反而上升了，这是因为其获得了 $MNGS$ 的对外投资总收益（投资量×价格）。图中，A 国的总收入增加了三角形 SGH 部分。同样的，对于资本输入国 B 来说，由于增加了 MN 部分的资本，引起总产量上升，增加了 $MNQS$ 部分。其中 $MNGS$ 支付给 A 国，本国的净增加为 SGQ 部分。可见，国际资本的自由流动使得各国总收入都增加了。

然而，资本自由流动对两国不同的要素所有者造成了不同的结果。对于 A 国而言，由于投资部分的价格提高了，资本总收入也增加了。但是，国内劳动者的收入反而减少了。在资本流动前，A 国的资本总收入为 $ONHD$，流动后为 $OCGN$，净增了 $CDHG$ 部分。然而劳动者的总收入为在资本流动前的 ADH 减少为资本流动后的 ACS。B 国的情况刚好与此相反，由于外资流入导致价格的降低，其国内资本总收入减少了，然而劳动者的收入却因此而增加了。在图中，B 国的资本总收益由流动前的 $O'EQN$ 转变为 $O'FGN$，减少了 $EFGQ$，劳动者总收入由流动前的 BQE 转变为 BSF，增加了 $QSFE$。

在一定程度上,麦克杜格尔模型揭示了国际资本流动的一般规律:资本自由流动将会导致总产量的增加以及国内收入的再分配。

(四)蒙代尔"不可能三角"理论

蒙代尔的"不可能三角"(Impossible Triangle)也被称为克鲁格曼"三元悖论"。它的主要观点是一国不可能同时拥有资本自由流动、货币政策独立和汇率稳定这三者,用数学符号表示为"1+1+1=2"。三者的关系可以用图3-4来表示。

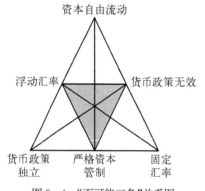

图3-4 "不可能三角"关系图

"不可能三角"概括了一个开放经济体的不同政策选择。

第一种组合:资本自由流动+货币政策独立+浮动汇率。这种组合以美国最为典型。在开放本国资本市场并同时实行浮动汇率制的情况下,政府可以有效运用货币政策来调节本国利率和总需求来实行宏观经济目标,但该国必须承受汇率波动的不确定性。

第二种组合:资本自由流动+固定汇率+货币政策无效。这种组合以我国香港最为典型。在这种组合下,一国的国内利率基本等同于国际利率,但该国的货币政策起不到调节的效果。如果该国发生了经济衰退,政府企图通过积极的货币政策来刺激本国投资与消费,由于国内利率低于国际利率,将会导致大量资本流出,最终抵消扩张性货币政策的作用。如果发生通货膨胀也是一样的结果。

第三种组合:固定汇率+货币政策独立+严格资本管制。该种组合比较符合我国的基本情况。我国当前的汇率制度是有管理的浮动汇率制度,并且拥有完全独立的货币政策,但是对资本流动的监管比较严格。这种情况下使我国不易受金融危机的影响,但同时也失去了参与国际经济活动的机会。①

第二节 量化宽松和资本账户开放

一、量化宽松、资本流动和资本账户开放

发达经济体量化宽松货币政策所带来的全球资本流动,推动了全球的通货

---

① 何慧刚.我国现行汇率制度的货币政策效应[J].山西财经大学学报,2004(5):91.

膨胀、新兴经济体资产价格上涨和非量化宽松经济体货币升值。量化宽松所带来的这些影响也使得新兴经济体和发展中经济体放弃了资本账户开放,重新恢复了资本管制。实际上,早在1997—1998年亚洲金融危机时期,马来西亚就在1998年9月引入了资本管制措施[1]。这些措施是对资本流出的控制,其主要目的就是减轻马来西亚的资本外逃问题,并制止马来西亚货币林吉特的大幅度贬值。在这种情况下,资本管制成了一种危机管理工具,避免国际资本流动所带来的金融风险。

2008年金融风暴也同样刺激了人们将资本管制作为一种防范危机的手段。从2009年年末开始,很多经济体放弃了资本账户开放,引入了对资本流入的管制,这是为了应对资本从发达经济体向新兴经济体和发展中经济体流动的新浪潮。在这些经济体中,有很多在过去使用过这种资本管制措施,如巴西、智利和哥伦比亚,但这种政策的使用却在很大程度上不再流行。然而,资本账户管制政策仍然成为一些国家政策工具,对资本流入和资本流出都实行严格管制。巴西在2009年10月对除直接投资以外的所有类型资本流入都开征2%的税,是最早实施资本管制政策的国家。2010年10月,巴西债券融资的税率上升到6%,并将这个税收扩展到金融衍生品领域。

从理论上来说,美日欧进行量化宽松货币政策以来,新兴经济体和发展中经济体审慎资本流入管制政策的复兴可以看作宏观审慎政策在国际范围内的等价物,这些宏观审慎政策自金融风暴发生后得到了支持,以应对信贷和资产价格的过度波动[2]。

科里内克(Korinek,2010,2011)以及珍妮和科里内克(Jeanne & Korinek,2010a,2010b)从资本流动出现大幅增加和减少时提升总体福利水平的角度,分析了资本向新兴经济体和发展中经济体自由流动是否适宜的问题。他们准确地找出了资本流动高涨和低落所涉及的外部性,以及用以减少这些外部性的恰当政策。

资本向新兴经济体和发展中经济体流动的涨落周期是由很多因素所决定的,其中包括外国投资者的风险偏好类型、在成熟市场上获得的回报率、全球商业周期等。这些因素造成了全球范围内资本流动高涨和低落交替为特征的资本流动周期。资本流入的高涨经常会伴随着外债增长,本币实际升值和国内资产价格普遍上涨。这些作用相互加强,因为本国资产美元价格上升增加了国际上可以被接受的抵押品,国内的市场主体可以据此在国外大举借债。此外,实际汇

---

[1] 吉恩等.资本账户管制还是开放?[M].中国发展出版社,2015:13.
[2] 吉恩等.资本账户管制还是开放?[M].中国发展出版社,2015:23.

率升值放大了一个国家通过外部信贷为其经济增长融资的能力。

对新兴经济体和发展中经济体来说，紧随资本流动长期高涨的是骤然停滞和反转。资本的突然流出与货币贬值和国内资产价格下跌密切相关。资本流入的低落由于那些为了偿还外国债权人而过度使用杠杆的国内贷款人对国内资产的抛售而放大，进一步造成汇率下降、金融恐慌、债务危机等结果。这样，实际汇率的下跌所形成的真实破坏，是由于资产负债表中的货币错配造成的。

图3-5中所表示的金融放大机制揭示出向新兴市场经济体和发展中经济体涌入的资本流动波动是如何造成巨大损害以及如何造成繁荣与萧条的周期的，这些周期的波动性比发达经济体典型的经济周期波动性要大得多。一个负面的需求冲击造成本币贬值，这会对本国那些背负了外币债务的经济主体资产负债表产生负面影响，并放大需求萎缩幅度。这种放大机制也会包含其他冲击，如外国投资者对本国资产的兴趣降低，或者其他不存在货币错配途径。

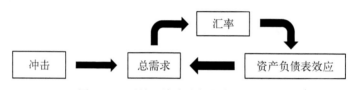

图3-5　开放经济中去杠杆化的外部性

图3-5显示的反馈机制不仅说明了新兴经济体和发展中经济体资本流动剧烈波动的原因，而且从社会福利角度解读了它们可能极具波动性的原因，从而证明了纠正性公共干预的合理性。这种合理性来源于一种简单的外部性，即当理性的单个市场主体设计它们自己的资产负债表，以实现某种程度的风险和收益组合时，它们不会将资本流动对于总体系统性风险的影响内部化。市场参与者认为，出现系统性风险的概率及其规模是给定的，而且确实应该是给定的，因为系统风险并不依赖于单个市场参与主体所采取的行动。市场参与者并没有考虑到，他们的行为共同决定了金融体系的脆弱性。

从这个角度来看，金融系统的脆弱性是外部融资的一个未被内部化的副产品，就如同空气污染是使用汽车的一个未被内部化的副产品一样（Korinek，2011）。大量的资本流动利用系统性风险"污染"了新兴市场经济体。因此，从本质上说，恰当的政策响应类似于用于治理污染或者全球气候变暖问题的政策，也就是征收庇古税，这样会使个体市场参与者把他们对于系统性风险的影响内在化，以便能够恢复分散的市场均衡效率。

宏观审慎管理政策在本质上与前面的原理相同。宏观审慎管理方法则承认一般均衡效应的重要性，并且把金融系统作为一个整体来保护。换句话说，宏观审慎管理方法的目标是使市场参与主体对于系统性风险的影响内部化,特别是在信贷繁荣和萧条期间出现的过度杠杆化和去杠杆化情况下。宏观审慎管理方法的本质是反周期的,这是因为系统性风险在信贷繁荣时期会加强,而在信贷萧条时期会减弱。与之相类似,审慎资本管制的目标在于资本流动高涨和低落周期对系统造成的不稳定影响,这在概念层次上体现了与宏观审慎管理的一致性。

二、量化宽松和资本账户开放的 Edwards 模型分析

前文从定性的角度上解读了在量化宽松的背景下,新兴经济体和发展中经济体采取宏观审慎管理工具来预防量化宽松带来的资本流动冲击的金融风险,下面将从新古典国际经济学理论寻找资本流动和资本账户开放之间的定量关系。

本章的第一节对资本账户开放度的度量进行了分析,实际上,资本账户开放度不仅可以通过总资本或净资本流动的流量来估计,而且可以通过国内外金融资产的收益率来衡量。在资本完全流动的情况下,套利资本的流动会消除一切套利机会,用不同货币表示的同质金融资产在经过风险调整后应该具有相同的收益率。但在资本管制的情况下,国内金融资产与国外金融资产不能完全替代,二者的收益率不一致,表明资本不完全流动。大多数发展中国家处于这两种极端状态之间,既不是完全的资本流动,也不能完全隔离国内金融市场和国际资本市场。

根据利率平价原则,在资本完全流动的情况下,套利资本的流动会消除一切套利机会,用不同货币表示的同质金融资产在经过风险调整后应该具有相同的收益率。但是,在资本管制的情况下,国内金融资产与国外金融资产不能完全替代,二者的收益率不一致,表明资本不完全流动。发展中国家由于较长时期实行资本管制,金融市场的竞争不完全、不充分,所以银行的利差较大,并且高于国家金融市场利率。此外,发展中国家对银行存在或明或暗的政府担保和补贴,促使发展中国家的银行在资本账户开放时向国际资本市场过度借贷。所以,发展中国家资本账户开放和其他金融改革增强了套利资本的套利机会,使得国际资本大量流入,而发展中国家的经济一出现问题,就会使流入的国际资本突然逆转,导致短期内国际套利资本流动性增强,这种较强的资本流动性对制度不健全但是已经开放资本账户的国家来说就是一种资本流动风险,它影响了资本账户开放国家宏观经济的稳定。

爱德华兹和简(Edwards & Khan,1985)在利率平价检验法的基础上,吸收了总量规模法和 F-H 相关系数的合理成分,提出了一套检验发展中国家资本

流动的方法。赫尔穆特和耶奇(1993)对模型进行了补充和发展。在这一模型中,国内的利率受到国内和世界资本供需状况的影响,因此一国的市场利率是国际利率经汇率风险调整后的 r^* 值和资本账户完全封闭时国内市场利率 r' 的加权平均值:

$$r = \theta r^* + (1-\theta) r' \qquad 0 \leqslant \theta \leqslant 1 \qquad (3.8)$$

参数 θ 就是一国资本账户价格方面的开放度指标,当 $\theta=0$ 时,外部因素不对本国的利率决定发生作用,国内市场利率完全由国内资本的供给和需求状况决定,表明资本完全不流动;当 $\theta=1$ 时,国内市场利率完全由世界市场利率决定,表明资本完全流动。而在一个逐渐进行资本账户开放的国家中,θ 将在 0 和 1 之间。θ 越接近 1,则资本流动性越强。因此,只要估计了 θ 的值,就可以定量地描述一国资本账户的开放程度。

由于资本账户完全封闭时国内市场的出清利率 r' 不可直接观测,虽然市场化程度较高的黑市利率可以看作市场出清利率的一个替代变量(Helmut, Yeches, 1993),但是大多数发展中国家黑市利率的数据无从获得,因此为了求出 θ,必须建立以下几个方程:

假设开放条件下货币需求函数:

$$\ln m_t^D = \alpha_0 + \alpha_1 \ln y_t - \alpha_2 r, \ \alpha_1 > 0, \ \alpha_2 > 0 \qquad (3.9)$$

开放条件下货币市场均衡条件:

$$m_t^D = m_t^S \qquad (3.10)$$

封闭条件下货币需求函数:

$$\ln m_t' = \alpha_0 + \alpha_1 \ln y_t - \alpha_2 r', \ \alpha_1 > 0, \ \alpha_2 > 0 \qquad (3.11)$$

除了上面的三个方程之外,我们还要求出封闭条件下的货币市场均衡条件。我们知道:一国的货币供给可以用下式表示: $m_t^S = fs_t + d_t = fs_{t-1} + \Delta fs + d_t$,[①]其中 d_t 为国内信贷量,fs_t 为国内部门的对外资产净值,也就是说,货币供给是由当期的国内信贷存量 d_t,上一期的对外资产净值 fs_{t-1} 和当期对外资产净值的变化 Δfs 三部分构成的。从国际收支的角度来看,一定时期对外资产净值的变动额应该等于一国在此时期所有对外的货币形式的流入和流出的余额,而这种资本的流入和流出是由经常收支 ca_t 和资本收支 ka_t 两部分体现,所以,货币供给 $m_t^S = fs_{t-1} + d_t + ca_t + ka_t$。而在资本账户封闭条件下的货币供给 m_t' 应

[①] 王晓春.中国资本账户开放度研究[J].上海经济研究,2001(4):21-25.

剔除资本收支的影响，所以 $m'_t = fs_{t-1} + d_t + ca_t = m^S_t - ka_t$。注意，为了计量单位的一致性，应将国际收支统计中用美元表示的资本收支换算为本币。所以，封闭条件下货币市场均衡条件：

$$m'_t = m^S_t - ka_t \tag{3.12}$$

上述方程中，y 是实际产出，m' 为封闭条件下的实际货币需求，m^D、m^S 分别为开放条件下的实际货币需求和供给，ka 是资本账户实际值。方程(3.9)和方程(3.11)表明，实际货币需求与利率成反比，与实际产出成正比。由方程(3.9)和(3.11)可以解出 r 的表达式，由方程(3.11)与方程(3.12)解出 r' 的表达式，代入式(3.8)得：

$$\ln m^S_t = \alpha_0 \theta + \alpha_1 \theta \ln y_t - \alpha_2 \theta \cdot r^* + (1-\theta) \ln m'_t \tag{3.13}$$

进一步变换，可以得到

$$\ln m^S_t - \ln m'_t = \alpha_0 \theta + \alpha_1 \theta \ln y_t - \alpha_2 \theta \cdot r^* + \theta(-\ln m'_t) \tag{3.14}$$

从方程(3.14)我们可以看出，资本流动与资本账户开放程度 θ 有着直接的关系。理论上说，伴随着资本账户开放进程的加深，国际资本尤其是短期投机资本流动加剧，从而使得短期投机资本大量流入一个国家，并且突然逆转而大量流出该国的可能性加大，容易使该国的宏观经济产生波动，造成资本流动风险。

三、审慎资本账户开放与适当管制相结合

从前面的分析可以看到，量化宽松货币政策与资本账户开放之间的关系是由资本流动联系的，量化宽松所造成的资本流动的溢出效应，在一个经济体资本账户开放度比较高的情况下对其产生冲击，并形成金融风险。如何防范量化宽松货币政策所带来的国际流动资本对经济体进行冲击，这需要灵活对待资本账户开放，即在进行审慎资本账户开放的同时，要进行适当资本管制。资本管制是一国应对资本账户开放金融风险的最终手段之一。珍妮等(2015)的研究结果表明：合理设计的资本管制措施甚至有可能与常规宏观经济政策工具同样有效，并且也能应用在与资本流动波动不严格相关的其他情况之下。一些资本管制在特定的情况下是适宜的，而另外一些的资本管制则是有害的。这样，资本管制可以分为好的管制和坏的管制。

资本管制中好的管制和坏的管制之间的最基本的区别在于，前者纠正了自由放任状态下的一些扭曲的经济现象，而后者造成了扭曲。前者包括应对由资本流动引起的资产价格周期性波动所采取的减少金融风险的一系列措施，其中

还包括预防性措施,以防止一国出现可能对宏观经济稳定性造成危害的大额经常账户赤字,或者防止会过度弱化可贸易商品部门的币值高估。坏的管制会以多种有害的方式来扭曲资本流动。无论是在全球金融危机开始之前还是在开始之后,最麻烦的资本账户管制都是某些国家用来有效限制其货币升值的措施,而这些措施也导致了国际贸易和资本流动的扭曲。

资本管制有很多种,涵盖了资本流入和资本流出。它们可以是直接管制,也可以是以市场为基础的间接管制。所谓的直接管制是通过完全禁止、明确的数量限制或一种批准程序来限制资本交易,而间接管制是采取提高其成本的办法来抑制资本运动及与其相联系的交易(Akira等,2000)。它们可以是审慎的,其目标是降低金融不稳定性风险,或者用于实现其他目标,如限制本国货币升值等。它们可以通过反周期的方式来得到实施,以应对资本流动的高涨或低落,或者它们也可以是结构性的。

在审慎资本账户开放过程中,通过正确区分好的资本管制和坏的资本管制,并根据资本流动过程中引起的资产价格周期性波动和金融风险预防性等方面的需要,进行适当的资本管制,纠正宏观经济运行中的各种扭曲,从而更好地促进我国的资本账户开放。

第三节 资本账户开放下的经济增长

一、资本账户开放的新古典增长模型

假设产出是由资本、劳动和劳动增加型技术进步的 Cobb-Douglas 生产函数共同决定的,用方程表示如下:

$$Y = F(K, AL) = K^{\alpha}(AL)^{1-\alpha} \qquad (3.15)$$

令 $k = \dfrac{K}{AL}$ 代表每单位有效劳动的资本数量,$y = \dfrac{Y}{AL}$ 为每单位有效劳动的产出数量。这样,方程(3.15)就可以写成

$$y = f(k) = k^{\alpha} \qquad (3.16)$$

令 s 代表每一期国民收入的储蓄率,δ 代表资本折旧率,n 为劳动增长率,g 为要素生产率的增长率。每一期的储蓄增加了国家的资本储备,也使得资本更加丰富,而资本折旧、人口的增长和总要素生产率的提高则从另一个角度说明资本的减少。将方程(3.15)动态化就得到下列方程:

$$\dot{k}(t) = sf(k(t)) - (n+g+\delta)k(t) \qquad (3.17)$$

方程(3.17)是 Solow 模型的重要方程。它阐明每单位有效劳动的资本存量的变化率为如下两项的差。第一项 $sf(k)$ 为每单位有效劳动的实际投资：每单位有效劳动的产出为 $f(k)$，并且该产出的投资份额为 s。第二项 $(n+g+\delta)k$ 为持平投资，即为使 k 保持在现有水平上所必须进行的投资量。与此同时，方程(3.17)还体现了各种因素对每单位有效劳动的资本所产生的影响，如图 3-6 所示①。

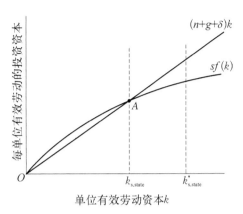

图 3-6 资本账户开放的新古典增长模型

当 $\dot{k}(t)=0$ 时，经济处于图 3-6 中 A 点所示稳态。在 A 点，单位有效劳动资本 k 是一个常数。但是，资本的稳态水平却不是常数，而是以 $n+g$ 的速率增加。而要素生产率的增长率为 g。最终，稳态时，资本的边际产量等于利率加折旧率：

$$f'(k_{s,\text{state}}) = r + \delta \qquad (3.18)$$

方程(3.18)给出了投资均衡条件的一般表达式。由于资本账户开放通过资本成本产生影响，所以这个方程对于一个国家投资和资本账户开放所导致增长的动态学有着十分重要的含义。如果令 r^* 表示外生的世界利率。文献中经常使用的标准假设是 r^* 小于 r，这是因为世界范围内每单位有效劳动比发展中国家具有更多的资本。这也是假设发展中国家是小的，不会影响世界价格。

在这些假设条件下，发展中国家实行资本账户开放以后，由于世界利率和这个国家的资本回报率不同，使得资本迅速流入该国。Solow 模型假设经济中不存在摩擦，这样资本账户开放国家相对于有效劳动的资本回报率就迅速地跳到开放后的稳态水平，在图 3-6 中表现为由 $k_{s,\text{state}}$ 移动到 $k^*_{s,\text{state}}$。在资本账户开放后的稳定状态，资本的边际产量等于世界利率加折旧率：

$$f'(k^*_{s,\text{state}}) = r^* + \delta \qquad (3.19)$$

在任何模型中，有关转换动态学的重要因素，必须存在一个重要的时间段，

---

① Solow, R M. A Contribution to the Theory of Economic Growth[J]. Quarterly Journal of Economics, 1956(70): 65-94.

在这个时间段中资本冲击比在它转换前和转换后更加迅速。资本账户开放前的稳态,资本劳动生产率($k_{s,state}$)是常数,资本冲击增长率为$n+g$;资本账户开放后的稳态,劳动生产率($k_{s,state}^*$)也是常数,资本冲击增长率仍然是$n+g$。然而,由于$k_{s,state}^* > k_{s,state}$,所以在转换期间的某些点上,资本增长率一定超过$n+g$。从这一点我们可以看到,资本冲击的增长率必定瞬时增长。

资本增长率的瞬时增加对经济增长具有重要意义,这是因为每单位劳动产出增长率是由公式$\gamma_{\frac{Y}{L}} = \alpha \frac{\dot{k}}{k} + g$决定的。由于在转换期间的某些点上,资本增长率超过了$n+g$,所以在时间的反应间隔内$\frac{\dot{k}}{k}$必须大于0。因此,每单位劳动产出增长率也在瞬时内增加。图3-7说明了新古典增长模型中,资本账户开放以后,利率、资本增长率、每单位劳动产出增长率和每单位劳动产出的自然对数的时间路径。

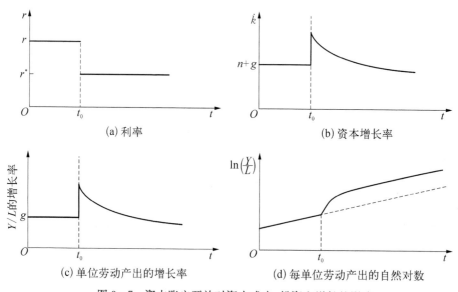

图3-7 资本账户开放对资本成本、投资和增长的影响

二、资本账户开放对经济增长促进的直接渠道

(一)资本账户开放的横断面回归模型及其应用

在测定资本账户开放对经济增长作用的过程中,关键是要获得该国资本账户政策的有关信息。由于许多国家的资本账户开放是逐步进行的,这就要获得

其资本账户开放的程度。每年国际货币基金组织的《汇兑安排和汇兑限制报告》（简称 AREAER）提供了全面的信息。许多文献利用 AREAER 报告来计算每个国家在给定时期内开放资本账户的年数来测定资本账户开放。具体来说，是计算开放资本账户年数占给定期间年数的比例，即国际货币基金组织所说的"对资本交易施加支付限制"指标的偏离程度，也就是 Henry（2006）模型中的"SHARE"。

在利用资本账户开放的横断面回归模型实践中，经济学家们都是运用含有变量"SHARE"的跨国增长回归方程来评定资本账户的实际影响，即

$$GROWTH_i = a + b \times SHARE_i + CONTROLS_i + \varepsilon_i \quad (3.20)$$

这里，$GROWTH_i$ 表示国家 i 在给定时间区间（一般为 20 年）内每单位资本的真实 GDP 的平均增长率，$CONTROLS_i$ 表示博拉（Barro，1991）传统跨国增长回归方程中使用的控制变量集合。由于方程左边变量的数据可以从诸如国际货币基金组织的国际金融统计（IFS）直接获得，所以可以直接测得方程（3.20）中的"SHARE"值。虽然这种测定与前面新古典增长模型的预期明显不一致，但是大量文献都使用方程（3.20）或者其派生形式来分析资本账户开放和经济增长。

然而大多数横断面流派的文献都发现自由化对投资或增长不产生影响。罗德里克（Rodrik，1998）对方程（3.20）左边每单位资本 GDP 平均增长率和右边"SHARE"值的回归结果没有反映出增长和"SHARE"值之间有明确的关系。此外，罗德里克对投资-GDP 的平均比率和"SHARE"值的回归结果也没有发现其有明显的相关性。因此，他得出结论，认为没有明显的证据表明对资本运动缺乏限制的国家比限制较严的国家发展更迅速，投资更多[1]。

由于"SHARE"值没有考虑到国家对资本控制的变动程度。所以奎因（1997）利用 AREAER 信息测定了资本账户的开放程度，然后根据 AREAER 数据定性地对不同国家的资本账户开放程度进行了区分，并在此基础上创立了另一个变量——CAPITAL。奎因选取了 21 个 OCED 国家从 1950 年到 1997 年的数据；43 个非 OCED 国家 1958、1973、1982、1988 四个年份的数据作为样本，对"CAPITAL"变化的平均年增长率进行了横断面回归分析，结果发现其中存在正的和明显的相关性[2]。

---

[1] 罗默.高级宏观经济学[M].上海财经大学出版社，2003：13.
[2] Henry, Peter Blair. Capital Account Liberalization: Theory, Evidence, and Speculation[Z] NBER Working Paper No.12698，2006.

尽管奎因发现自由化和增长正相关的研究可能是对资本账户开放与经济增长之间关系的正确解释,但是他的研究在经常被引用的应用横断面回归分析资本账户开放的宏观经济影响的文献中却被认为是一种例外。莱文和泽沃斯(Levine & Zervos,1998)在奎因研究的基础上分析了资本账户开放后的股票市场,结果没有发现资本账户开放对投资产生影响的证据。而且大量的证据都支持罗德里克(1998)和莱文等(1998)的发现。爱迪生等人(2002)考察了10篇研究自由化的文献,发现仅有3篇证明了自由化与增长之间存在明显的正相关。普拉萨德(Prasad)等人(2003)将爱迪生等人的研究扩大到14篇,但是也仅发现有3篇揭示了国际金融融合和经济增长之间具有明显地正相关。

(二)资本账户开放的政策实践观点

与横断面回归模型努力决定整个资本账户是否开放的数据不同,政策实践观点努力确定一个国家自由化其资本账户政策的特殊方面。开放资本账户特殊方面的一个例子就是一国政府允许外国投资者在本国证券市场上购买国内公司股票。放开国内股票所有权的限制可以使外国资本流入原本国家经济禁止的部分。这些股票市场开放在一定程度上消除了资本流入的障碍,同时也提出了同上面相类似思想试验。股票市场开放提供了实际世界的政策实践,它使学者能够对资本账户开放所持有争论的实践正确性给予评价。

如果将上述资本账户开放的确定性新古典模型加入风险资产因素,就形成了政策实验观点的理论基础。在确定性模型中,资本的边际产品等于利率时,投资达到最优。而当资本投资收益不确定时,利率不再是决定投资的相应最低收益率。在一个具有风险的世界中,只有当预期的边际产品等于利率加上补偿资本不确定收益的风险溢价时,投资才会发生。

对一个还没有开放其股票市场的国家来说,投资的一阶条件是:$f'(k)^e = r+\theta+\delta$,其中,$f'(k)^e$代表资本的预期边际产品,$r$是国内利率,$\theta$是总资产溢价,$\delta$是资本股票的折旧率。根据资产定价CAPM模型,$\theta$等于风险价格$\gamma$乘以市场收益的方差,此时,不确定条件下投资的一阶条件为:

$$f'(k)^e = r^* + \gamma * Var(\tilde{r}_M) + \delta \tag{3.21}$$

这里,$\tilde{r}_M$是市场投资的风险收益。

方程(3.21)中,资本成本的第一部分是国内利率r,它反映了与确定条件下自由化相同的路径;它最终会下降等于世界利率r^*。资本成本的第二部分是总资产溢价θ。资本账户开放之前的资产溢价等于风险价格乘以地方收益的方差,自由化之后的资产溢价等于风险价格乘以地方市场与世界其他地方收益的协方差(Stulz,1999)。也就是说资本账户开放前后,资产溢价发生了改变。

随着资本账户开放的进行,资本成本组成的变化使得投资的一阶条件变为:

$$f'(k)^e = r^* + \gamma \cdot COV(\tilde{r}_M, \tilde{r}_W) + \delta \qquad (3.22)$$

由于世界利率r^*低于国内利率r,所以将方程(3.22)的右边同方程(3.21)相比较可以看出,如果国内收益的方差大于其与世界市场收益的协方差,那么在资本账户开放以后,资本的成本降低。斯塔尔兹(Stulz,1999)分析了历史上的股票收益后得出结论认为,这个条件适用于新兴的股票市场。股票市场的自由化减少了资本成本,同时也可以预期由此引发的投资增加和经济的增长。

政策实践观点认为,人们不能够直接观察到资本成本,但是由于股票价格和资本成本呈反方向运动,所以可以通过观察股票价格间接地考察资本成本。一些学者通过考察证明了在资本账户开放以后,股票价格迅速增加(Kim和Singal,2000,Martell和Stulz,2003),股息率下降5—75个基本点(Bekaert和Harvey,2000)。他们认为自由化降低了资本成本。因此,一旦政府允许外国人持有国内股票,在资本账户开放前表现为负的净现值的项目现在变得值得去投资,从而使资本积累的速率增加,这会一直持续到资本的边际产品被压低到一个新的、更低的资本成本时为止。如果投资暂时增加,每单位资本的GDP增长率也会增加。

政策实践观点认为资本账户开放以后,投资和GDP的行为支持了新古典模型的预期。亨利(2003)用18个发展中国家数据分析表明,股本的粗增长由自由化前5年的年平均5.4%上升到自由化后5年的年平均6.5%。近似地,亨利(2000)对11个发展中国家数据考察后认为,股票市场的自由化使真实私人投资的增长率达到22%。在这11个国家中,只有2个国家在自由化后的第一年没有表现出不正常的高投资率,自由化的第二年只有1个国家。经过以上的实证分析,持有政策实践观点的学者得出结论:当发展中国家实现自由化,运行外国资本流入其股票市场时,资本成本下降,投资增加伴随着每单位资本GDP增长率的提高。因此,通过该理论所得出的证据证明了资本账户开放对真实世界的影响是与分配效率观点完全一致的。

(三)资本账户开放的企业层面观察

前面两个模型所使用的宏观数据在很大程度上限制了我们对自由化国家有

效分配流入资本的理解。文献中所证明的总体股票价格的上涨和投资的增加说明了自由化导致了资本在国与国之间一定程度的有效移动。但是它并没有说明在一国内资本分配的有效性。在一国内部,有效性要求来自发达国家的资本流分配在发展中国家的高收益部门。资本分配的有效性是与资本的成本密切相关的。资本账户开放以后,投资的跨国间变化与资本成本的跨国变化负相关。但是政策实践观点所坚持的小样本分析不能为这个假设提供有力的实践证据。此外,宏观数据在帮助我们理解国际风险分散的作用方面也是有限的。

亨利(2006)将政策实践观点的基本模型扩展到了企业层面的分析,揭示了股票价格重新评估中的风险分散问题。其核心思想是自由化时期内厂商股票价格的改变体现了自由化对厂商基本原则的影响。如果资本分配是有效的,则厂商的投资在决策过程中将对这些信号做出反应。

资本分配的有效性必须满足投资的一阶条件。在用总体数据进行分析时,资本账户开放以前,总投资的一阶条件要求总股本的预期边际产品等于股票溢价的总成本加上折旧率,而以单个厂商为基础确定一阶条件时,所使用的股票溢价却是不同的。总股票溢价是与国内市场收益方差 $Var(\tilde{r}_M)$ 成一定比例的,单个厂商股票溢价是同地方市场厂商的协方差成一定比例的。因此,资本账户开放以前,单个厂商投资的一阶条件就是

$$f'_i(k)^e = r + \gamma COV(\tilde{r}_i, \tilde{r}_M) + \delta \tag{3.23}$$

其中,i 是指单个的厂商。

资本账户开放以后,由于公司股票价格由原来地方股票市场指数确定转为国际股票市场指数来确定,所以自由化改变了一个国家股票市场的系统性风险的相应来源。这样,资本账户开放后投资的一阶条件就变为

$$f'_i(k^*)^e = r^* + \gamma COV(\tilde{r}_i, \tilde{r}_W) + \delta \tag{3.24}$$

这里,$COV(\tilde{r}_i, \tilde{r}_W)$ 是厂商收益相对于世界市场的协方差。用方程(3.23)减去方程(3.24),可以得到自由化前后一阶条件变化的表达式:

$$\Delta f'_i(k)^e = (r - r^*) + \gamma \cdot DIFCOV_i \tag{3.25}$$

其中,$DIFCOV_i = COV_i(\tilde{r}_i, \tilde{r}_M) - COV_i(\tilde{r}_i, \tilde{r}_W)$。

由式(3.25)可以看到,资本账户开放从两个方面改变了厂商的资本成本。第一,与前面利用总体数据分析相同,即国家开放本国的资本账户以后,无风险利率降低了;第二,厂商的股票收益相对于地方市场的协方差与厂商的股票收益相对于世界市场的协方差的差额越大,那么它的资本成本的特殊构成变化就越

大。如果自由化没有改变厂商 i 未来预期的现金流，则厂商对自由化新闻所表现出的股票价格的反应将反映它资本成本的变化。如果资本账户开放减少了资本成本，那么厂商的股票价格将上升，反之亦然。

沙里和亨利（Chari & Henry，2004）与帕特罗和瓦尔德（Patro & Wald，2005）利用上述模型进行分析的结果表明，在资本账户开放期间内，厂商的股票价格明显上升。此外，与资本账户开放相联系的股票价格变化与 DIFCOV 存在着显著的正相关。在沙里和亨利（2004）从 8 个国家选取的 430 个厂商所组成的样本中，以实际美元表示的厂商平均股价升值了大约 15%，特定厂商协方差的变化可以粗略解释升值的三分之一。

在人们关心收益变化和系统风险变化的相关性对国内资产价格水平效率所提供的证据的同时，更加关心由此引起的实际资源分配即投资的变化。资本账户开放的过程中，决定厂商投资最低预期回报率的标准由地方股票市场指数变为世界股票市场指数，投资效率要求厂商物质资本分配的变化与国家系统性风险来源的变化相一致。为了重新恢复均衡，厂商的股本增加并且达到能够驱使预期的边际产品下降到较低的，资本账户开放后的资本成本。方程（3.25）暗示了投资所要求增加的范围，以及由此表示的两个可以测定的预期。

第一个预期是对资本成本的一般性冲击将导致所有厂商的平均投资率增加。这方面在厂商投资的实证中得到了支持。沙里和亨利（2006）的论证指出，平均每一个厂商股本的增长率超过了它在资本账户开放之前的中间值——平均每年 3.8% 的增长率[①]。这个影响要比总股本在同样时期内相应的 1.1% 增长率所产生的影响大得多。因为股票市场的自由化最直接影响了参与公众交易的厂商的投资动机，所以企业层面的投资结果比宏观层面的结果更加可信，同时对资本账户开放产生实际影响提供了强有力的证明。

第二个预期是在给定一般冲击的条件下，厂商特殊冲击（协方差的改变）暗示股票溢价下降的厂商比股票溢价上升的厂商投资多。换句话说，如果物质资本的重新分配符合生产风险的最优平滑原则，那么伴随着资本账户的开放，具有较高 DIFCOV 的厂商股本增长快于具有较低 DIFCOV 的企业。但是实践所验证这个方面的结果却并不是很乐观。没有证据表明，实物投资反映了系统风险的变化，厂商特殊的股票溢价（DIFCOV 变量）的变化对投资的变化在经济和统计上的影响都是微不足道的。

[①] Chari, Anusha and Peter Blair Henry. Firm-Specific Information and the Efficiency of Investment [Z]. NBER Working Paper No. 12186, 2006.

综合上面的内容来看,经济学家们在资本账户开放对经济增长直接促进作用的研究所显出,没有一个强烈的证据表明资本账户开放通过标准理论所强调的直接渠道导致经济增长。从理论上来说,资本应当从资本相对富裕的国家或地区(典型的发达国家)流向资本相对匮乏的国家或地区(典型的新兴市场和其他发展中国家或地区),目的是获得相等的跨国资本边际产出(Marginal Products of Capital)。但是实际上,最近几年,资本出现了相反方向的流动,即从发展中国家流向发达国家。

三、资本账户开放对经济增长促进的间接渠道

(一)资本账户开放对金融部门发展的作用

有一个强烈的理论假设:金融部门的发展不仅能够促进与金融全球化相联系的收益增长,而且还能减少危机发生的可能性。直觉告诉我们,发展良好的国内金融市场对有效地分配外国资本流入竞争投资项目发挥了作用(Wurgler,2000)。学者们用了很多较为正式的模型来分析有限金融发展对经济体资本账户开放的影响。国内和国际相关系统参数在金融不发达经济体中扮演着特别重要的角色,这里所说的金融不发达国家是指正常融资权利被管制的国家。多位学者(Caballero & Krishnamurthy,2001;Aghion, Bacchetta & Banerjee, 2004;Mendoza, Quadrini & Rios-Rull, 2007;Aoki, Benigno & Kiyotaki, 2007)的研究显示,在不同的理论设定中,这些系统参数的相互作用能够对资本账户开放形成不稳定的、间或的、不利的影响。

在金融开放经济体中,金融发展对宏观经济稳定也有一个直接的影响。资本流向的突然改变趋于诱导或恶化发展中国家的繁荣-萧条周期,这些发展中国家都缺乏深度和较好机能的金融部门(Aghion & Banerjee, 2005;Caballero & Krishnamurthy,2001)。此外,不适当的或者管理不善的国内金融部门开放也是与金融一体化相联系的危机发生的一个主要因素之一(Mishkin,2006)。在解释金融一体化和科泽(Kose)等(2003b)所阐述的消费增长相对波动之间正相关关系中,缺乏充分发展的金融市场也是一个关键的因素[①]。

大量实证文献分析了金融部门发展在决定金融一体化对经济增长影响中的作用。测定金融部门发展的主要指标是私人信用和股票市场资本化占GDP的

[①] 例如,Levchenko(2005)和 Leblebicioglu(2006)认为,只有一些代理人的动态一般均衡模型适合国际金融市场。在这两个模型中,资本账户开放导致总消费的波动性增加,因为有资格参与国际金融市场的代理人不会与没有资格参与的代理人一起参加风险分担安排。

比率,而且这些指标能够很好地描述金融深度。对金融开放来说,所使用的指标是外国直接投资(FDI)的流入量或者资本管制的测定,同时在某些案例中还使用了股票流(Equity Flows)和股票市场的自由化。

Hermes 和 Lensink(2003)使用了大量的发展中国家的样本,对 1970—1995 年的数据进行了分析。他们发现,为了享有 FDI 增长收益,金融部门发展的临界水平是一个先决条件。尽管在他们的样本(大多数是拉丁美洲和亚洲国家)中,超过一半的国家似乎满足必需的临界值,但是金融系统相对脆弱的撒哈拉以南的非洲国家几乎都低于这个水平。另有学者(Alfaro, Chanda, Kalemli-Ozcan & Sayek, 2004;Carkovic & Levine, 2005;Durham, 2004)也发现,在金融部门发展好的经济体中,FDI 对经济增长的影响是巨大的。但是,一个正的金融开放系数所暗示的金融发展临界值在研究中发生了本质上的改变(Kose, Prasad & Taylor, 2008)。例如,根据横截面回归模型,存款占 GDP 比例的临界值的变化范围是 13%—48%。这可能反映了不同的时间、不同的国家样本,还可能是不同的存款测定方法。

金融部门的发展还趋于促进股票流收益的增长。例如,贝克特、哈维和伦布拉德(Bekaert、Harvey & Lundblad, 2005)及哈梅尔(Hammel, 2006)发现,对于一个国家来说,如果运行着较发达的私人存款或股票市场和开放股票市场,或者分别运行这两个市场,那么,允许外国投资者投资国内股票市场,股票市场开放所带来的增长是较高的[①]。

金融部门发展的另一个主要收益是它对宏观经济稳定所具有的积极作用,这反过来也暗示了资本流总量和结构。在理论上,通过扩大多样化可能性的范围,发达的金融市场减轻了冲击的影响,并且有助于减少宏观经济波动[②]。新兴市场国家的经济危机再三表明,具有一定深度和监管良好的国内金融市场在金融一体化的过程中的重要性。米什金(Mishkin, 2006)论述了在资本账户开放以后,国内银行所承担的过度风险在 1994 年墨西哥金融危机和 1997 年东亚金融危机中扮演了重要的角色。石井(Ishii)等(2002)证明,具有较强金融系统的国家一般都能够避免由资本账户开放所带来的危机。但是,金融市场不发达和管理滞后的国家在开放资本账户以后却遭遇了金融危机。最近的实证工作也发现,具有较深国内金融市场的国家,金融一体化的确与较低的消费增长波动相联

[①] 使用广泛的金融开放测定,Prasad, Rajan & Subramanian(2007)发现了在非工业国家中的高或低相互影响的证据,与此同时,Kraay(1998)和 Arteta 等(2003)也发现了相互影响的少量证据。

[②] 见 Easterly, Islam & Stiglitz(2001);Beck, Lundberg & Majnoni(2001);Denizer, Lyigun & Owen(2002),Larrain(2004)。

系(Eozenou，2006；IMF，2007)。

(二)资本账户开放对制度质量的改进

制度质量作为金融开放和经济增长相互关系的一个重要的结构要素,也受到了广泛关注。公司和公共治理的质量、法律框架、腐败的程度和政府的透明度都能够影响一个经济的资源配置。由于资本流入带来了更多可利用资源,因此,制度质量对金融开放经济体来说就更加重要。例如,亚洲金融危机的事后分析将其原因的大部分归结为裙带资本主义,认为裙带资本主义鼓励和滋生了腐败并且弱化了公共管理(Haber，2002；Krueger，2002)。确实,有着局部资本管制的达到中等程度的金融开放可能更容易导致裙带资本主义,因为它使得拥有一定政治联系的企业有权使用外资(Johnson和Mitton,2003)。关于这一点,在后面的章节中会将其作为一个政策工具进行讨论。

在一些贫困国家,财产权保护的弱化意味着外国融资不可能被用于长期酝酿的、密集投资的、低初始利润项目(包括基础设施),如果给定国内融资系统参数,这个融资可能是特事特办的(Rajan & Zingales，1998)。一些研究者表明,像不佳的宏观政策这样的因素确实是危机的前兆,事实上,不佳的宏观经济和结构政策的深层次因素可以追溯到不佳的制度(Acemoglu, Johnson, Robinson & Thaicharoen, 2003)。这些模型暗示了,在决定经济增长和金融一体化波动影响的自身临界条件中,存在重要的相互作用。

实证证据显示,制度质量不但在金融一体化结果的确定中扮演重要角色,而且在实际一体化水平的确定中也扮演着重要角色。此外,制度质量还对流入发展中经济体的资本结构有着较强的影响,流入发展中经济体的资本结构是影响宏观经济结果的另一个渠道。

许多实证研究发现,较好的制度能够促进资本账户开放收益增长。在实证文献中,制度和金融开放的一系列指标都被使用在其中,因为这些相互作用的专有名词改变了整个研究的重要程度。克拉伊(1998)及奎因和丰田(Quinn & Toyoda, 2006)表明,有一些证据证明它们之间存在的相互作用关系,与此同时,贝克特等(2005)和钱达(Chanda, 2005)获得了更多的支持证据。克莱因(Klein, 2005)发现,只有中等水平的制度质量与增长和资本账户开放正相关具有一定的联系。这暗示了非线性临界影响的可能性。钱达(2005)发现,资本管制和经济增长之间的跨国相关性依赖于民族异质性的程度,他用民族异质性来代替寻租和公共资源问题。对于有着更多异质性(更多的竞争集团)的国家来说,资本管制会导致更严重的无效率和低增长①。

作为一个可以选择使用的制度质量指标,一个国家的收入水平可以用来表示全面制度发展及其相互作用关系,这与金融开放的测定相近似。这些研究报告的结果好坏参半。爱德华兹(2001)及爱迪生、克莱因、里奇和史洛克(Edison, Klein, Ricci & Slok, 2004)分别发现了一个正的、显著线性相互作用关系和一个倒 U 形状的相关关系。然而,其他文献测定了这些关系,例如阿尔特塔(Arteta)等(2003)及奎因和丰田(2006)都使用了理论测定,卡科维奇和莱文(Carkovic & Levine, 2005)使用 FDI 流动来测定金融开放,但是他们没有发现收入水平对金融开放的经济增长影响的证据。

此外,较好的制度质量增加了资本流入水平,尤其是治理和制度指标似乎对 FDI 流入在数量上有着重大影响。根据美国跨国公司在世界范围内的分布,海因斯(Hines, 1995)报道说,美国公司对腐败水平较高的国家投资趋于减少。使用从 12 个 OCED 资本的来源国到 45 个东道国的 FDI 双边股票,魏尚进(Wei, 2001)指出,国家的腐败水平与 FDI 流入是负相关关系。因为边际公司税率上升了差不多 50 个百分点,所以从新加坡到俄罗斯,它们腐败水平增加都对 FDI 有着同样的负面影响。再者,对于任何给定的腐败水平,少集中和更多任意形式的腐败都会更加强烈地阻止 FDI 流入。较好的治理也会使得更多的资本流入(Gelos & Wei, 2005)。

一系列的证据表明,制度通过系统性的方式影响了一个国家资本流入的结构。因为资本流入的构成似乎对货币危机有着强烈的预测能力,所以与金融全球化相联系的结果是非常重要的。特别是,一个国家总资本流入中 FDI 所占的比例与货币危机发生的概率负相关(Frankel, Rose, 1996; Frankel, Wei, 2005)。构成的其他部分是外债的期限结构和外债货币面额。在外债期限结构中,短期债务越多,危机发生的可能性越大。在外债货币面额中,外币债务的比例越大,危机发生的可能性就越大②。

魏尚进(2001)及其与武屹(Wei & Wu, 2002)认为,有着较好公共制度的国家更可能吸引比银行贷款还要多的直接投资。这些研究者提供了以总资本流入

---

① IMF(2007)就治理金融一体化和消费波动性之间相关关系的制度质量条件方面提供了实证证据。尤其是,在研究报告中指出,那些具有相对较差的制度结构的国家,它们较高的消费波动是与金融一体化联系在一起的。

② Hausmann 和 Fernandez-Arias(2000)对流入发展中国家的资本构成的决定和含义方面提出了一个相反的观点。Albuquerque(2003)指出,金融管制国家可能获得的 FDI 流入多于其他形式的资本流入,因为 FDI 很难被这些国家侵占,同时 FDI 也是高效率的和低波动的。Ju 和 Wei(2006)提供了一个框架来调节这两篇文章的结论,因为有其他一些研究者认为区分产权制度和金融制度是至关重要的。

和从来源国到目标国的双边流动为基础的证据,总资本流入是根据IMF的国际收支统计获得的,来源国到目标国的双边流动是根据OECD的双边FDI数据和BIS的双边银行贷款数据得到的。

法里亚和莫罗(Faria & Mauro, 2005)发现,较好的制度质量能够帮助一个国家的资本结构向FDI和股票投资组合流倾斜。这种结构可以使这个国家在金融一体化中获得更多的相关利益。这些研究者发现,在新兴经济和其他发展中国家的横断面中,股票类债务作为国家总外债(或者GDP)的一定比例与制度质量指标存在正相关关系[1]。

(三)资本账户开放和贸易开放

贸易一体化通过多种途径促进经济增长和一体化稳定性收益。首先,贸易一体化减少了与突然停止和经常账户反转相关的危机可能性。较少开放贸易的经济体不得不对一个给定的经常账户调节而经历较大的实际汇率贬值,面对由于货币贬值而造成的更加严峻的国际收支,结果更可能拖欠他们的债务。这形成了突然停止的概率与违约可能性之间的联系,暗示了更加开放的经济体发生金融危机的敏感性越低[2]。另外,贸易一体化还能够减缓金融危机对增长的负面影响,并且加速从危机中复苏。它能够帮助一个经济体持续地修复债务和出口从而摆脱经济衰退,因为一个给定的货币贬值给其出口收益所带来的影响要大于一个较少开放的经济体。

此外,一般来说,贸易一体化的风险似乎比金融一体化的风险要小。例如,贸易一体化在金融一体化缺失的情况下能够持续正常地运行下去,而缺少贸易一体化的金融一体化却会导致资源的错误配置。埃森格林(Eichengreen, 2001)注意到,在这些条件下,资本流入可能会直接流入一个国家没有相对竞争优势的部门。马丁和雷伊(Martin & Rey, 2006)构建了一个模型,在这个模型中,贸易一体化对增长有着促进作用,但是金融一体化会导致资产价格冲击和金融危机的发生。他们认为,与货物和资产各自的国际贸易相联系的成本增加了发展中国家抵御金融危机的脆弱性[3]。这个模型有一个清晰的暗示,即发展中国家在开放金融资产交易之前应该开放商品贸易/货物贸易,这符合人们普遍的看法。

---

[1] 他们测定制度质量时,使用了六个指标的平均数,他们是言论和责任指数、政治稳定性指标、政府的效能、监管质量、法制、腐败的控制(Kaufmann、Kraay和Mastruzzi, 2003)。Faria和Mauro用移民的死亡率(Acemoglu、Johnson和Robinson, 2001)及种族和语言多样性指标构建了制度指标。

[2] 见Calvo、Izquietdo、Mejia(2004)和Frankel和Cavallo(2004)。

[3] Obstfeld和Rogoff(2001)强调与广泛定义的贸易成本相关的摩擦的重要性来解释国际宏观经济学中许多争论。

许多文章确认了一个传统的偏好和观念,就是贸易开放要先于金融开放,但是实证证据表明贸易一体化显著地影响了金融一体化和经济增长之间的关系,并且这种影响是复杂的。使用贸易开放[(出口+进口)/GDP]和 FDI 流入之间的关系,巴拉舒伯拉曼雅姆、萨里苏和萨普斯福德(Balasubramanyam,Salisu & Sapsford,1996)发现,有着较高进口和 GDP 比例的国家的子样本和 FDI 之间正相关,但是卡科维奇和莱文(2005)没有发现它们之间存在显著的相互作用。古普塔和袁(Gupta & Yuan,2008)应用产业部门数据发现,那些在贸易领域中更具有竞争性的部门实现其国际股票市场开放会带来较高的经济增长,这种竞争性被定义为每一个产业的年度出口占所有样本国家中的这个产业的年度产出比率。

这里我们引用缺乏实证证据的例子,这是几个对摩洛哥和委内瑞拉进行实证研究的例子。罗德里克(1999)表明 FDI 对东道国的经济发展没有什么额外的好处[1]。莫兰(Moran,2005)反驳了上述观点,他认为这些文章对摩洛哥和委内瑞拉所分析的时间段,是这些国家实践以进口替代基本贸易政策的时期。他提供了一个案例研究,研究显示 FDI 的全部利益只有在贸易障碍和其他的贸易保护政策被最小扭曲的环境下才能实现。

然而,也似乎有证据表明理论所强调的其他途径。例如,贸易开放对突然停止可能性的负面影响的确是重要的经验。卡尔沃、伊兹奎尔多和梅西亚(Calvo、Izquierdo & Mejia,2004)显示,贸易开放使得国家减少了金融危机的脆弱性,包括突然停止和货币冲击,贸易的内生性控制加强了这方面的影响。弗兰克尔和卡瓦洛(Frankel & Cavallo,2004)以及卡瓦洛(2007)得出了相似的结论。他们总结出贸易开放每增加 10 个百分点,其突然停止的可能性就减少 30 个百分点。

对于在危机恢复阶段,贸易一体化是否发挥重要作用的问题?卡尔沃和塔尔维(Calvo & Talvi,2005)断言,在 20 世纪 90 年代,阿根廷和智利资本流动的崩溃对智利的影响是微不足道的,因为它是更加开放的贸易流动[2]。最近的发现也证明,那些更加开放贸易的经济体所遭受的经济增长滑坡的概率也是较小

---

[1] 被 Rodrik 引用的研究是 Haddad 和 Harrison(1993)和 Aitken 和 Harrison(1999)。这两篇文章测定了在向摩洛哥和委内瑞拉传播 FDI 的生产效益过程中水平溢出的作用,这种溢出是在同一部门中的外国企业向国内企业的生产力溢出。Lipsey(2004)也注意到,这些研究使用数据所涵盖的时间段,正好是摩洛哥和委内瑞拉贸易相对封闭的时期。

[2] Kose、Meredith 和 Towe(2005)认为,贸易一体化使得墨西哥经济更具有弹性,从而可以使其抵御冲击,并且使得其与 1982 年的债务危机相比更容易从 1995—1995 的比索危机中复苏起来。

的①。例如,爱德华兹(2005)指出,贸易开放度大致下降30个百分点,经常账户突然逆转的负面影响就会增加大概1.2个百分点。

最近的研究还分析了贸易一体化和金融一体化如何影响经济增长和波动的负相关问题。虽然国家都倾向于将较高的宏观经济波动看作增长运行较差,而不是更多的稳定运行,这种解释似乎不完全来自数据②。尤其是,新兴经济体最近受到了高产出剧烈波动的金融危机影响,它们在过去的20年间实际上比其他的发展中国家经历了更多的平均增长率的增长。特别是在1986—2005年,许多新兴经济体遭受了金融危机,但是他们的产出平均增长率高于其他的发展中经济体两倍还多。在全球化迅速发展的时期,经济增长和波动性的负相关关系发生改变了吗?

通过研究过去40年的一个巨大的国家样本的增长和波动关系,最近的发现解决了这个问题(Kose,Prasad & Terrones,2005,2006)。结果显示,虽然利用1960—1985年数据研究增长和波动负相关的先期发现一直持续到20世纪90年代,但是按照国家集团来分类时,它就不具有同质性/共同的特征了。相关关系出现正的情况是在发达国家,这暗示了,对一个发展到发达阶段和融入全球经济中的国家来说,波动和低增长没有必然的联系。在发展中国家中,平均来说,新兴市场经济体的相关关系是正的,而对于其他的没有更多地参与到全球化过程中的发展中经济体来说是负的。

对于新兴市场经济体来说,贸易一体化和金融一体化似乎在改变波动性和增长相互关系的特征中扮演了重要的角色。增长和波动的关系在贸易开放之前是负的,而在贸易开放之后是正的。对于金融一体化,虽然强度较弱,但是结论是近似的。换句话说,从新兴经济体我们可以得到一个提示性证据,即贸易一体化和金融一体化都改变波动性和增长相关关系的符号。

回归分析也表明,虽然波动性与经济增长仍然呈现负相关,但是较高程度的贸易和金融自由化使这种关系较弱。换句话说,更多地融入全球经济中的经济体有能力承受高水平的经济波动,并且波动对经济增长的反作用较小③。

此外,他们认为这些影响可能是定量重要性。人们在比较发达国家和发展中国家的增长/波动运行的时候发现,对于这些国家集团之间的平均增长率的可

---

① 见 Edwards(2004,2005);Desai & Mitra(2004);Guidotti,Sturzenegger & Villar(2004)。
② Ramey & Ramey(1995),Aghion & Banerjee(2005),Aizenman & Pinto(2006)证明了增长和波动之间的负相关关系。
③ 虽然FDI流能够帮助减缓经济增长波动的不利影响,可是其他类型流动似乎没有对波动和增长之间的相互关系产生显著影响(Kose,Prasad & Terrones,2005)。

见差异,在一些假设条件下,新兴市场较高水平的贸易/金融开放能够解释大约40%。总的来说,这些发现建议,贸易一体化和金融一体化的效力能够帮助减少波动对经济增长的不利影响。

(四)资本账户开放与宏观经济政策

当有好的宏观经济政策支持的时候,包括财政政策、货币政策和汇率政策,人们期盼金融一体化能够带来较好的经济增长结果(Eichengreen,2000)。此外,较差或者不适合的政策会增加来自开放资本账户的危机风险。例如,固定汇率和开放资本账户的组合已经涉及了许多货币危机(Obstfeld & Rogoff,1995;Wyplosz,2004)。类似地,在拥有着大量的财政赤字和顺周期的财政政策的发展中国家,管理资本流入的效应可能是特别复杂的(Kaminsky、Reinhart 和Vegh,2004)。所有这些都表明,开放资本账户可以激励政策制定者提供稳定的政策。这个逻辑思路已经形成了一个命题,即资本账户开放能够充当约束宏观经济政策的承诺机制(Bartolini & Drazen,1997;Gourinchas & Jeanne,2006)。纽特和韦拉斯科(Neut & Vélasco,2003)提出了一个不同的观点,他们认为这样的一个承诺机制实际上会反而不确定,这种不确定性是不可避免的债务违约的可能性,是由于巨大的不利冲击可能导致一个保守政策制定者信用较低而造成的。

大量文献阐述了宏观经济运行、对危机的脆弱性、资本流入的水平和构成的政策质量。例如,阿尔特塔等(2003)使用本国货币的外汇黑市溢价作为宏观经济失衡的限度指标,给出了与金融开放对经济增长产生正效应的好宏观政策有关的临界影响的证据。只有在使受管制汇率和其他政策相矛盾的宏观经济失衡首先被消除的情况下,换言之,在不存在较大的外汇黑市溢价的情况下,这些正效应才能显现出来。莫迪和穆尔希德(Mody & Murshid,2005)考察了政策如何影响资本流和国内投资增长之间的关系。使用世界银行构建的体现宏观经济政策质量的一个复合变量,他们发现,在有着较好宏观政策的国家,资本流动对投资增长的影响较大。在预警系统模型中,汇率和货币政策的代理对于预测金融危机很重要[①]。

这些结果被大量的案例研究进一步地支持。例如,IMF(2007)承担了一项研究分析许多国家资本账户开放进程的经验,并得出结论:虽然开放过程的速

[①] 见 Berg, Borenzstein & Patillo(2004)。Eichengreen, Rose & Wyplosz(1995)显示这些观点也与较多的发达国家有关。用 1959—1993 年的 20 个 OCED 国家的季度板面数据,他们证明高货币和信用增长,以及巨大的经常账户和财政状况赤字都趋于提高贬值的可能性。

度似乎不会影响危机倾向,但是有着较高的通货膨胀、执行赤字财政和经常账户赤字增加的国家比那些相对通货膨胀较低、较好的财政状况和较低经常账户赤字的国家更可能经历金融危机。这些结果证实了石井等(2002)的早期发现,石井等(2002)在国家案例研究中强调开放资本账户的国家为避免危机所采取的稳定宏观政策的重要性。

关于财政政策,原因很明显,有一个巨大的发现计划聚焦在财政谨慎的重要性上。那些持续面临政府债务问题的国家,莱因哈特和罗格夫(Reinhart & Rogoff,2004)称其为"分期付款的违约者",如果它们的政府同时采取政策措施,以避免积累过多的债务,那么它们就更可能从金融全球化中获益。在一个相关的文献中,莱因哈特、罗格夫和萨瓦斯塔诺(Reinhart, Rogoff & Savastano, 2003)研究了"债务不耐"的概念,这表现在极端胁迫新兴市场经济体经历由发达经济体的标准管理总债务水平。他们认为,对于债务不耐的国家,通过债务人制度变迁来限制借款的机制,能够极大制约与金融一体化相联系的风险[1]。

在大量的资本流入时期,宏观经济政策的设计自然变得更加复杂[2]。卡德里、埃莱克达和科泽(Cardarelli, Elekdag & Kose,2007)考察了过去20年间发生在许多国家的100多个大量净资本流入事件中,与各种政策反应相联系的宏观经济结果。他们的结果强调具有一定规则的财政政策和货币政策的重要性,以更好地应对大量资本流入的宏观经济影响[3]。例如,保持一个稳定的政府支出路径,而不是在资本流入期间忙于过度支出,这似乎可以减轻大量资本流入产生的不利影响,因为它有助于减少总需求和实际汇率的上升压力。关于货币政策,他们证明,资本流入期间,一个较高程度的抵御汇率压力的货币政策与较低的实际升值或较好的逆流入增长性能无关,同时更大程度的消除导致增加货币供给的货币政策也是一样的。

有越来越多的研究项目分析金融全球化和汇率政策之间的联系[4]。文献中已经更多地注意了适当汇率制度的选择。开放资本账户可能会给其他政策和支持固定汇率制度的经济结构特征(诸如,产品和劳动市场弹性)施加更大的负担。

---

[1] 当然有多种限制发展中国家的财政过剩(fiscal excess)。这些包括财政限制立法(legislation of fiscal limits)和公共账目的较大的透明性(见 Obtfeld,2007)。

[2] 许多学者根据1990s一些国家的经验,检验了资本流入的政策反应(见 Calvo, Leiderman & Reinhart, 1994; Fernandez-Arias & Montiel, 1996; Glick, 1998; Montiel, 1999; Reinhart & Reinhart, 1998; Edwards, 2000)。

[3] 他们的发现提供了有益的指导,使人们知道在过去已经做什么了或者还没有做什么。对于大量资本流入的适当政策反应依赖于具体国家的各种情况,包括基本流入的性质、经济周期的阶段、财政政策状况,国内金融市场的质量也很重要。

[4] 这些研究者提供了一个广泛的研究调查,来分析货币和汇率政策对经济增长的影响。对于金融全球化对货币政策影响的分析文献,也可以见 Obstfeld(2007), Rogoff(2007)和 Woodford(2007)。

尤其对较弱金融系统的经济来说,开放资本账户和固定汇率制度不是一个最佳组合。确实,有一个令人信服的案例指出,当一个国家开放其资本市场的时候,刚性的汇率制度可能使其更容易发生危机。例如,普拉萨德、朗博和王(Prasad、Rumbaugh & Wang,2005)考察了许多工业化国家和发展中国家的经验后指出,资本账户开放和固定汇率制度的搭配常常会导致固定汇率制度转化为更加灵活的汇率制度。这能够表明,如果不存在理论或实际的固定汇率制度,20世纪90年代的绝大多数危机,从墨西哥到亚洲,再到俄罗斯,再到巴西,可能不是致命的,或者危机完全可能避免。

然而,文献并没有显示出,在国内金融发展的早期或者对国际资本市场开放之前,固定汇率制度在这些国家一定存在问题。侯赛因、莫迪和罗格夫(Husain、Moday & Rogoff,2005)使用由莱因哈特和罗格夫(2004)发展的分类汇率制度的实际做法发现,钉住汇率制度能够提供一些优势,比如没有过多地暴露给国际资本的发展中国家的较低通货膨胀。对于新兴市场经济体,宏观经济绩效的标准度量并没有与汇率制度的特征系统相关,但是实行钉住汇率或者接近钉住汇率的国家,其发生金融危机的概率是较高的。侯赛因、莫迪和罗格夫认为,在一个具有"明确承诺"的汇率制度下,后面的结果无力应付变化的环境,也不能应付在汇率不变的假设下,包括企业家和金融代理人在内的经济代理人进行冒险活动的动机,还不能顶住来自寻找测试该承诺的投资者的投机压力[1]。

怀普洛兹(Wyplosz,2004)归纳了资本账户开放时与维持汇率钉住相关的困难和风险。作为发展中国家的短期战略。他建议温和钉住汇率制度或者有管理汇率制度与精心设计的资本流动管制进行搭配。保持一个自由浮动的汇率制度或者硬钉住汇率和资本账户开放的搭配要求有强有力的承诺来培育良好的制度,特别是在金融市场的管理和监管方面。

罗德里克(2007a,2007b)认为,一个被低估的实际汇率有利于促进经济增长。他的主要观点是,发展中国家的贸易部门比非贸易部门更容易遭受制度和市场失败。对低估汇率的体制提供补贴能够抵消这些问题。他注意到有很多政策使得国家能使实际汇率被低估。在其他政策的测定中,他也列出了对资本流入管制、资本流出开放和外汇市场干预,其目的是保持汇率低估。

---

[1] 这些研究者同时发现,刚性汇率制度下更容易发生银行危机。他们注意到这个结果是与Ghosh、Gulde和Wolf(2003)的结果相反的,他们还找到了后面研究者与其的不同,即他们使用了理论汇率制度分类。

第四章　中国资本账户开放的条件分析

第一节　资本账户开放条件及其门槛

一、资本账户开放条件

20 世纪 80 年代以来,由于发达国家和部分发展中国家实行资本账户开放后对经济增长的巨大差异,对资本账户开放的研究也经历了从研究资本账户开放对经济增长的影响到考察的转变。随着各国资本账户开放的实际经验和众多学者的研究,对不同条件下资本账户开放对促进经济增长的效果的研究逐渐趋向于一国只有满足一定经济条件,资本账户开放才会对其经济增长起促进作用。这些条件包括:宏观经济稳健情况、经济发展水平、国内金融市场运行情况、相关金融制度、对外贸易及对外投资情况、外汇储备情况等。

国外的研究主要集中在金融发展、制度安排、金融体系等方面。马西森(Mathieson)等(1995)通过研究发现,一国政府及其政策的可信度和一致性对资本账户开放后经济增长有重要影响。约翰斯顿(Johnston,1997)认为相关金融工具及配套金融市场和机构是维持资本账户开放中货币和汇率政策稳定的必要因素。拉赫德(Rached)等(1998)指出,合理的汇率安排、充分竞争的国内市场、充足的外汇储备等是资本账户开放促进经济增长的必要条件。埃森格林和穆萨(Eichengreen & Mussa,1998)认为,良好的宏观经济政策、有效的激励机制和充分的监管是一国资本账户开放的前提条件。克莱因(2005)研究 71 个国家1976—1995 年的面板数据后指出,一国的制度安排对资本账户开放后金融稳定和经济发展有重要影响,具有较好制度安排的国家在资本账户开放后更倾向于有较为稳定的金融市场,且更容易吸引高质量的外资流入。部分学者(Arteta 等,2001;Edwards,2001;Bekaert 等,2005;Alfaro 等,2008)认为,若一个国家在金融机构和金融市场较为完善的情况下,具有较高经济水平条件下的资本账户开放,会降低其投资、产出水平和资本流入量,从而引发一定的风险因素。埃森格林等(2009)通过研究发现,资本账户开放仅对拥有相对发达的金融体系、良好的会计标准、强有力债权人权利和法治完备的国家经济发展有积极影响,这说明金融稳定是资本账户开放促进经济发展的"门槛条件"。耕辅(A. Kosuke)等(2010)通过模型分析指出,较低的金融发展水平会导致资本账户开放后短期内失业率的上升和长期内生产率(TFP)的停滞,同时出现金融不稳定隐患,从而得出国内金融发展水平对资本账户开放有较大影响的结论。

国内主要从人民币可兑换角度研究资本账户开放条件。吴晓灵(1997)认为中国资本账户开放的前提条件包括国内健全的财政体制、灵敏的微观活动主体、内外资金融机构的同等税负、健全的金融体系和强有力的金融监管等。姜波克(1999)指出跨境资本流动的结构对金融开放后果有重要影响,短期投机资本是导致金融危机的重要因素,资本账户开放必须在严格的监管下。除此以外,稳定的宏观经济状况、较高的经济发展水平、合理的金融体制、合适的汇率制度和汇率水平等也是人民币国际化的必要条件。何慧刚(2007)通过研究发现,本国货币的国际化将有效地降低资本账户开放的风险,提高资本账户开放的收益。

国际货币基金组织将资本账户开放的条件分为四个方面,其中良好的宏观经济状况、充足的外汇储备和有效的金融监管是重要条件。还有观点认为在此基础上还包括较高经济发展水平、完善的金融制度和健全的官方保障体系等。

虽然国内外学者都对资本账户开放条件做了大量的研究,但大多数学者在研究时将包括政治稳定等非经济因素在内的几乎所有条件囊括其中,很少有学者将诸多条件进行主次区分,无法为寻求开放的国家特别是发展中国家提供具有可操作性的建议。同时,许多文献所提诸如稳健金融体系和稳定宏观经济环境等条件过于苛刻,绝大多数国家无法满足,不利于人们对资本账户开放条件的认识。实际上,一国即使只满足比较基础的条件,也可以通过渐进式资本账户开放,在逐步开放过程中不断完善国内金融体系和制度建设,稳步改善国内经济条件,实现资本账户开放对经济增长的正效应,并能抵御国际流动资本冲击。

二、资本账户开放的门槛模型

(一)理论模型

汉森(Hansen,2000)提出的两体制门槛回归理论模型可表示为:

$$\begin{cases} y_i = x_i'\beta_1 + e_i, & q_i < \gamma_i \\ y_i = x_i'\beta_2 + e_i, & q_i \geq \gamma_i \end{cases}$$

其中 y_i 为被解释变量，x_i 为 $p \times 1$ 阶解释变量向量，q_i 为门槛变量，q_i 可以是也可以不是 x_i 的一部分。门槛变量 q_i 的作用是将样本划分为不同组（内分组），采用汉森(2000)的门槛回归方法，以门槛变量为体制改变的转折点，模型中不同体制就是通过门槛变量大于或小于某一门槛值来表示。

定义虚拟变量 $d_i(\gamma) = (q_1 < \gamma)$，其中 $d(\cdot)$ 是指示函数，即对于 $q_1 < \gamma$，$(\cdot) = 1$，否则 $(\cdot) = 0$。这样，上述方程组即可用单一方程表示：

$$y_i = x_i'\beta + x_i'd_i(\gamma)\theta + e_i, \quad e_i \sim \text{iid}(0, \delta_i^2)$$

其中，$\beta = \beta_2$；$\theta = \beta_1 - \beta_2$。

对任意门限值 γ，通过残差平方和 $S_1(\gamma) = e_i(\gamma)'e_i(\gamma)$ 进行参数估计。能使 $S_1(\gamma)$ 最小的 $\hat{\gamma} = \arg\min S_1(\gamma)$ 即为最优门槛值。对每一个观测值进行条件识别，满足 $S_1(\gamma)$ 最小化的即为门槛值。①

（二）显著性检验和置信区间

通过显著性检验确定门槛值划分的两组样本的模型估计参数是否显著不同。不存在门槛值的零假设为：$H_0: \theta_1 = \theta_2$，同时构造 LM 统计量：

$$L = n(S_0 - S_n(\hat{\gamma}))/S_n(\hat{\gamma})$$

其中，S_0 是在零假设下的残差平方和。由于 LM 统计量并不服从标准 χ^2 的分布，因此，汉森(2000)提出了通过"自举法"(Bootstrap)来获得渐进分布的想法，进而得出相应的概率 p 值，也称为 Bootstrap P 值。其基本思想是：给定解释变量和门槛值，模拟产生一组服从 $N(0, e^2)$ 分布的因变量序列。每得到一个自抽样样本，就可以计算出一个模拟的 LM 统计量。将这一过程重复 1 000 次，汉森(1996)认为模拟产生的 LM 统计量大于上式的次数占总模拟次数的百分比就是"自举法"估计得到的 P 值。这里的 Bootstrap P 值类似于普通计量方法得出的相伴概率 P 值。②

对 $H_0: \hat{\gamma} = \gamma$ 进行检验，构造统计量：

$$LR(\gamma) = n(S_n(\gamma) - S_n(\hat{\gamma}))/S_n(\hat{\gamma})$$

对于上述统计量，当 $LR(\gamma) \leqslant c(\alpha) = -2\ln(1 - \sqrt{\alpha})$ 时，不能拒绝原假设。

---

① Bruce E. Hansen. Sample Splitting and Threshold Estimation[J]. Econometrica, 2000, 68(3): 575 - 603.

② Bruce E. Hansen. Sample Splitting and Threshold Estimation[J]. Econometrica, 2000, 68(3): 575 - 603.

三、资本账户开放的门槛效应分析

(一) 基本模型

一些学者认为资本账户开放程度和经济增长之间的非线性关系存在"门槛效应",并从不同角度来解释了这种门槛出现的原因。钦恩和西洛(Chinn & Hiro,2002)则认为不同国家的制度建设的区别导致了在经济增长和资本账户开放的计量模型当中,系数出现了差别;普拉萨德(2003)则认为门槛的出现,与一国资本账户开放程度有关系,随着资本账户开放程度提高,一国受到资本账户开放的经济发展驱动力量将会不断下降;阿吉翁和巴切塔(Aghion & Bacchetta,2005)认为"门槛效应"的存在主要是因为资本账户开放国家的金融发展水平不同。

如果将这个资本账户开放的门槛值考虑到上述经济增长的模型当中,则可以将上述计量经济学模型改写成以下形式:

$$\begin{cases} Y = X\theta + \lambda_1 \cdot OP + e, & q_i < \gamma_i \\ Y = X\theta + \lambda_2 \cdot OP + e, & q_i \geqslant \gamma_i \end{cases}$$

其中 Y 表示国家经济增长情况, X 表示影响一国产出的解释变量, θ 为 X 的系数向量, OP 则表示为一个国家资本开放程度, λ 为其系数, 而 e 则代表误差。q_i 表示门槛变量, 而 γ_i 表示其所对应的门槛值, 在这个模型当中, 资本账户开放开放程度对经济增长的驱动力大小会随着相应门槛变量的大小而发生变化, 从而能够真实的表现出资本账户开放程度对经济增长的贡献大小。

(二) 模型数据的选取

实证分析时选取 1982 年到 2012 年的各国各项数据作为分析样本。

Y 表示国家经济增长情况,实证分析时用世界银行发布的 GDP 增长率[1]表示。

OP 是指一国资本开放程度。资本账户开放程度的测度方法可以分为法规指标法(De Jure)和事实指标法(De Facto)两大类。法规指标法从法规和制度约束角度描述总体资本开放度,这类信息大多源于 IMF 的《汇兑安排与汇兑限制年报》,部分源于经合组织(OECD)和国际金融公司(IFC)。典型的方法有格雷利和米莱西-费雷蒂(Grilli & Milesi-Ferretti,1995)提出的 Share 法、奎因

---

[1] 数据来源:http://data.worldbank.org.cn/indicator/NY.GDP.MKTP.KD.ZG。

(1997)提出的强度区分法以及约翰斯顿和塔米瑞萨(Johnston & Tamirisa, 1998)提出的项目细分法等。目前普遍采用的是钦恩和伊东(Chinn & Ito, 2006)提出的 Chinn-Ito 指数,其与 Quinn 指数的相关性在 80% 以上。[①]

Chinn-Ito 指数使用基于 IMF《汇率安排和外汇限制年报》的有关跨境资本交易信息的二元变量。该方法根据各国对是否存在多重汇率、经常项目交易管制、金融项目交易管制、出口创汇上缴等的肯定和否定回答,构建四个虚拟变量,以其第一标准化的主成分来计算指数,指数介于 −1.84 和 2.48 之间,数值越大表示金融开放程度越高。

Chinn-Ito 指数在计算上考虑时间变量并争取度量资本管制强度和广度,不只考虑对资本账户的管制,还顾及其他因素对资本流动的影响,因此对资本账户开放或者管制的度量更加全面,且其取值范围较小,能很好的应用于回归分析当中。综合以上因素考虑,本研究采用 Chinn-Ito 指数[②]来衡量资本账户开放程度,整理后涵盖 1982—2012 年完整数据的有 81 个国家,即为本研究样本国家。

X 是除 OP 外其他影响一国产出的解释向量。由经济学知识可知,影响一国经济增长最重要的因素包括投资水平、人口增长率和技术水平等,将以上因素纳入控制变量 X。其中投资水平用投资率衡量,技术水平用入学率表示。

相关数据均来源于世界银行发布的各年度统计数据,具体如下:

EDU:入学率;根据世界银行对入学率的定义,中等教育人口占总人口的比例为各个国家的入学率。本研究中用世界银行发布的样本国家中学净入学率[③]来表示。

INVEST:投资率;指一定时期(年度)内总投资占国内生产总值的比率。本研究用世界银行公布的样本国家投资率[④]来表示。

POPU:人口增长率;人口增长数与人口总数之比。本研究用世界银行公布的样本国家人口增长率[⑤]来表示。

(三)门槛变量的选择及确定

传统的门槛分析基于外生样本分离的办法,具有较强的主观性,并非足够可靠。自从 1996 年汉森提出新的以"自举法"对获得的门槛值进行显著性分析的

[①] 石巧荣,程华强.中国资本项目开放:基于国民财富增长视角[J].世界经济研究,2012(9):23-28,40,87.

[②] 数据来源:http://web.pdx.edu/~ito/Chinn-Ito_website.htm。

[③] 数据来源:http://data.worldbank.org.cn/indicator/SE.SEC.NENR。

[④] 数据来源:http://data.worldbank.org.cn/indicator。

[⑤] 数据来源:http://data.worldbank.org.cn/indicator/SP.POP.GROW。

门槛回归方法,使其对应的模型更加科学和具有说服力,从而获得了在各个领域的广泛应用。

在上文资本账户开放条件分析中提到,影响一国资本账户开放效果的因素包括宏观经济稳健情况、经济发展水平、国内金融市场运行情况、相关金融制度、对外贸易及对外投资情况、外汇储备情况等。本研究选取大多数学者认可的影响较大的因素作为门槛变量,包括经济发展水平(以初始人均 GDP 衡量)、金融发展程度(以信贷占 GDP 的比值衡量)、贸易基础情况(以进出口贸易总额占 GDP 比值衡量)和初始制度水平(以经济自由度指数衡量)。具体考量如下:

首先是一个国家的初始经济水平。人均 GDP 一般用来衡量或表示一个国家或经济体的经济发展程度。一国经济的发展能够促进基础建设、教育医疗、信息技术和产权保护等的发展,能有效降低资本账户开放风险,增加开放收益,为资本账户的开放扫清障碍。

其次是一国的金融发展水平。外来资本要真正能在新兴市场上发挥作用,必须建立在一定金融发展水平基础上。一个金融发展水平较低的国家,本国的资金尚且不能得到合理配置和利用,更不可能充分利用外资。国内金融体系的稳健、高效又是降低外部冲击的重要保障。因此,选取一国的金融发展水平作为资本账户开放和经济增长模型当中的又一门槛变量。

再次是一国的对外贸易水平。应该要指出的是,在面对剧烈波动的外部环境的时候,对外贸易水平较高的国家,其经济增长受到的影响较小,主要是由于对外贸易能够降低一个国家的国有企业和银行的在经济危机当中的风险。因此,本研究将一个国家的对外贸易水平选择为资本账户开放和经济增长的计量模型的一个门槛变量。

最后是一国的制度建设水平也会极大地影响资本账户开放程度对经济增长的促进作用。一国经济发展需要一个良好的内部环境和较为开放的政治制度。制度建设水平对一国宏观经济稳定性有着直接的影响,是决定外来资本能否对本国的经济增长发挥作用的关键因素之一。因此,本研究将制度建设水平选定为资本账户开放和经济增长的计量模型的最后一个门槛变量。

FPGDP:初始人均 GDP;以样本国家的 1982 年人均 GDP[1] 代表。

FFIN:金融发展程度;以 1982 年信贷占 GDP 的比值[2]来衡量。

FFTRAD:贸易基础情况;以 1982 年进出口贸易总额占 GDP 比值[3]来

---

[1] 数据来源:http://data.worldbank.org.cn/indicator/NY.GDP.PCAP.CD。
[2] 数据来源:http://data.worldbank.org.cn/indicator/FS.AST.PRVT.GD.ZS。
[3] 数据来源:http://data.worldbank.org.cn/indicator/TG.VAL.TOTL.GD.ZS。

衡量。

FINSTT：初始制度水平；以加拿大弗雷泽研究历年公布的经济自由度指数①来作为衡量。

（四）门槛识别

本研究以 1982—2012 年的各国各项数据作为分析样本，利用 MATLAB 软件的门槛面板模型②进行门槛值识别。

首先针对整个样本进行回归分组。通过"自举法"进行第一轮门槛识别，产生的 P 值分别为：0.014 1(FPGDP)、0.210 6(FFIN)、0.251 0(FFTRAD) 和 0.473 1(FINSTT)。FPGDP 初始国民产出水平具有"门槛效应"，其 F 统计量为 7.53。进一步估计，得出其门槛值为 FPGDP=3 418.56 美元。

分析置信区间，给出 FPGDP 为门槛的 LR-A 序列。由图 4-1 可知，门槛 FPGDP=3 418.56 美元位于图像最低处，95% 置信水平下的置信值为 7.35。依据样本回归的门槛值将样本以初始人均 GDP 的门槛值 3 418.56 美元分为两部分，低于该值的国家有 55 个 (FPGDP<3 418.56)，而高于该值的国家有 26 个 (FPGDP≥3 418.56)。

然后对 FPGDP<3 418.56 的国家进行第二轮分组，所生成的 LM 统计量的 P 值分别为 0.612 1(FPGDP)、0.011 0(FFIN)、0.366 0(FFTRAD)、0.540 0(FINSTT)。金融发展水平 FFIN 通过检验，成为第二个门槛，F 统计量为 6.82。

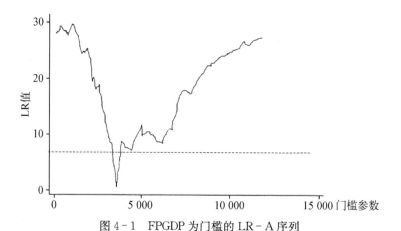

图 4-1　FPGDP 为门槛的 LR-A 序列

---

① 数据来源：http://www.freetheworld.com/。
② 模型来源：http://www.ssc.wisc.edu/~bhansen/progs/et_04.html。

分析置信区间,给出 FFIN 为门槛的 LR-A 序列。由图 4-2 可知,门槛 FFIN=23.21% 位于图像最低处,95% 置信水平下的置信值为 7.35。根据金融发展水平对 FPGDP<3 418.56 的部分进行具体的门槛变量的回归,得到门槛值为 23.21%,按金融发展水平将其分为低于该值的 27 个国家和高于该值的 28 个国家。

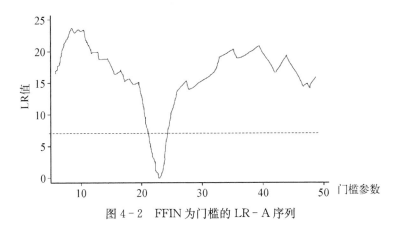

图 4-2　FFIN 为门槛的 LR-A 序列

同理根据制度发展水平对制度水平 FFIN<0.011 0 的部分变量进行门槛变量回归,得到的门槛值为 6.88 的制度发展水平,从而将其分为制度发展水平 FINSTT<6.88 的 17 个国家和 FINSTT≥6.88 的 10 个国家。(见图 4-3)

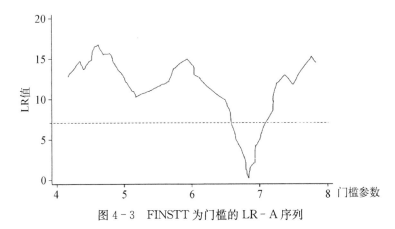

图 4-3　FINSTT 为门槛的 LR-A 序列

对第二大类的样本数据根据初始贸易情况进行门槛回归,得到的门槛值为 51.61%。以初始贸易情况为 51.61% 的门槛值,可以将第二类的数据分为低于该值的 5 个国家和高于该值的 21 个国家。(见图 4-4)

具体分组过程如图 4-5 所示。

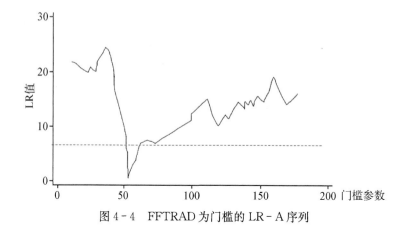

图4-4 FFTRAD为门槛的LR-A序列

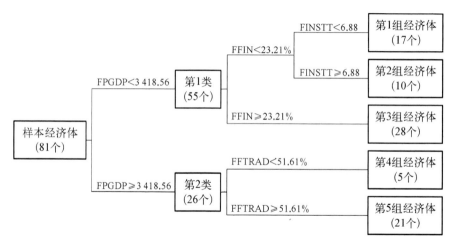

图4-5 样本经济体分组过程

最终依据各个门槛变量的门限值不同,将所有经济体分为5组,如表4-1所示。

表4-1 样本经济体分组条件

分组	数据特征	样本经济体数量(个)
1	FPGDP<3 418.56, FFIN<23.21%, FINSTT<6.88	17
2	FPGDP<3 418.56, FFIN<23.21%, FINSTT≥6.88	10
3	FPGDP<3 418.56, FFIN≥23.21%	28
4	FPGDP≥3 418.56, FFTRAD<51.61%	5
5	FFPGDP≥3 418.56, FFTRAD≥51.61%	21

依据门槛分类条件划分的结果如表4-2所示。

表4-2 样本经济体分类结果

分组	样 本 经 济 体	样本经济体数量(个)
1	危地马拉、巴基斯坦、贝宁、叙利亚、尼加拉瓜、津巴布韦、尼日利亚、博茨瓦纳、卢旺达、洪都拉斯、喀麦隆、利比亚、布隆迪、秘鲁、肯尼亚、加纳、巴西	17
2	安哥拉、尼泊尔、塞浦路斯、白俄罗斯、印尼、斯洛伐克、赞比亚、马来西亚、墨西哥、土耳其	10
3	巴拉圭、牙买加、马其顿共和国、埃及、莫桑比克、玻利维亚、韩国、中国内地、伊朗、菲律宾、阿根廷、也门、巴拿马、亚美利亚、罗马尼亚、泰国、印度、哈萨克斯坦、阿尔及利亚、俄罗斯、摩洛哥、智利、约旦、乌拉圭、老挝、斐济、突尼斯、波兰	28
4	意大利、西班牙、美国、法国、日本	5
5	卢森堡、澳大利亚、德国、匈牙利、葡萄牙、比利时、丹麦、芬兰、冰岛、英国、加拿大、瑞典、中国香港、荷兰、奥地利、爱尔兰、新加坡、新西兰、挪威、希腊、瑞士	21

(五)实证回归及结果分析

将上述五组数据经怀特异方差调整后进行最小二乘估计,得出五组经济体在门槛模型中各个解释变量的系数大小,结果如表4-3所示。

表4-3 回归结果

分组	C	OP	EDU	POPU	INVEST	R^2
1	−0.044 7	0.001 3	0.011 9	0.278 8	0.038 4	0.63
2	−0.049 2	0.003 4	−0.005 2	−1.913	0.081 7	0.75
3	0.064 1	0.003 2	0.002 4	1.207	0.062 9	0.72
4	−0.001 7	0.005 1	−0.058 7	3.781	0.113 6	0.59
5	−0.031 3	−0.001 9	0.009 2	−0.394	0.019 8	0.62

为方便对该表解释说明,将上表做进一步的处理,如表4-4所示。

表4-4 回归结果分组

分组	分组经济体特征	OP
1	经济发展水平较低、金融发展程度低、制度建设水平差	0.001 3
2	经济发展水平较低、金融发展程度低、制度建设水平高	0.003 4

续 表

	分组经济体特征	OP
3	经济发展水平较低、金融发展程度高	0.003 2
4	经济发达、对外贸易程度低	0.005 1
5	经济发达、对外贸易程度高	−0.001 9

从上述实证回归的结果来看,资本账户开放程度的大小和经济增长之间的作用与各个经济体的实际情况有着重要的关系。

在第一组经济体当中,其人均产出较少,经济发展水平较低,而与此同时伴随的条件是该经济体的金融发展程度较低、制度建设水平较差,使得外资的流入难以在其内部市场上发挥较大的作用,而其又缺乏一定的资本流出进行海外投资,从而使得资本账户开放对其经济增长的作用较小,不显著。

而在第二组经济体当中,虽然其人均产出以及其金融发展程度都依然处在一个较低的水平上,但是其制度建设处在一个较高的水平上,经济自由度较高,使得外资能在本经济体得到很好的流动。因此,在这一组数据当中,资本账户开放程度和经济增值之间的关系系数相比第一组数据有所提高。

在第三组经济体当中,其人均产出及其经济发展仍然处在样本经济体中较为落后的水平上,但是其金融发展程度较高。也就是由外部资本提供的信贷、保险、证券等投资能够迅速在该经济体得到利用,从而变成刺激经济增长的巨大动力,从而使得资本账户的开放程度和经济增长之间,保持着一种较高的正相关关系。

分组中的第四组经济体,是所有分类经济体当中资本账户开放对经济增长最明显的一类。这一类经济体的特点是经济较为发达,人均产出高,但是对外贸易的水平不高,也就是说,这一类经济体虽然经济发达,但其主要靠自身内部市场的需求,而对外部市场的需求度较低,从而能在一种较低程度的外贸水平之下保持这一种较高程度的产出。因此,这样的经济体,资本账户开放对其主要作用是使得其内部市场得到更进一步的发展,从而资本账户开放的程度和经济增长之间保持着较为密切的关系。

最后一组经济体是所有经济体当中唯一的资本账户开放程度和经济增长保持着负相关关系的经济体。这一组经济体包括了冰岛、瑞典、荷兰等,其特点是,内部市场较小但其资本主义经济发展时间较长,从而使得其内部形成了很多极为有实力的国际公司,通过巨额的对外贸易使内部经济长期处于一种较好的状态,同时使得人民生活水平处在较高的水平上。而随着资本账户的开放,随着全世界的各个新兴市场对资本的吸引力不断加大,这些经济体的资本,尤其是优质的跨国(地区)企业,不断流到外部,从而使得内部经济发展缺乏动力。

总体而言,资本账户开发程度和经济增长之间的关系,应当是保持着一种动态变化的关系,这种动态变化的关系,使得资本账户开放程度和经济增长之间保持着一种高度非线性的关系。这种非线性性的出现主要和不同经济体的初始经济水平、金融发展程度、制度建设水平以及对外贸易水平有主要关系,还和其他一些个体性的因素有关。但通过门槛分类的方式,还是可以从计量经济学的角度来对资本账户开放程度和经济增长之间的关系进行一定程度上的刻画,从而消除这种非线性性。从实证回归的角度来看,一个经济体的经济发展水平、金融发展程度、制度建设水平以及对外贸易的程度等变量都决定了资本账户开放程度对经济增长的影响程度。因此,对一个经济体来说,想要制定出合适的有利于本经济体经济发展的资本账户开放政策,一定要从以上几个角度,即经济发展水平、金融发展程度、制度建设水平以及对外贸易的程度,再结合其他一些因素和具体措施的实施难易程度来进行资本账户的具体开放。尤其是从最后一组经济体的数据来看,资本账户开放并非就一定对该经济体经济增长会有益处,只有正确地进行资本账户开放才能有利于其内部经济发展。

第二节　中国资本账户开放的历程及现状

一、中国资本账户开放条件分析

从中国改革开放之后的资本账户开放历程来看,中国实际上是在不断放开资本管制的,其主要目的还是发展国内市场,从而刺激国内经济增长。但从上文的分析结果来看,资本账户开放程度对各个不同基础条件的国家影响也不尽相同。对于我国的资本账户开放应该分为两个层面去看待,一是根据上文中建立门槛模型,二是根据我国某些方面存在的特殊情况具体分析。

(一)经济发展水平

1. 从宏观经济层面考虑,我国经济稳定,但有经济增长下滑趋势

从我国的经济基本面来看,各方面发展都保持得较为稳健,从总量上来看,国内生产总值居世界第二。同时,我国具有全世界最多的外汇储备,能很好地抵御较高的外部风险。虽然在一定程度上受到发达经济体量化宽松货币政策外溢效应冲击,但总体来说经济增长较为稳定。自 2015 年以来,我国已经逐渐进入

了经济发展的下行阶段,国内很多企业出现市场需求不足和产能下降的情况。2015年央行放开商业银行的存贷比限制后,一再降低基准利率,期望刺激实体经济的发展,但效果并不明显。从一定程度上来说,我国国内资本基本足够推动我国经济的发展,资本流入的意义不大。同时要指明一点是,我国经济目前的增长态势对外资的吸引力正在逐渐下降,等到外资最终撤出会对我国经济形成巨大风险。

2.我国人均国内生产总值虽然处于较高水平,但存在区域发展不平衡问题

在这个模型当中,第一个门槛变量是一个国家或者经济体的人均产出,本质是一个国家的经济发展情况。近年来,我国经济得到较大发展,我国的人均产出折合成美元已经远远大于上文分析的门槛值3 418.56美元。从全国数据来看,我国已经从第三组逐渐转为第四组国家行列,经济处在资本账户开放最有利于经济增长的水平(见图4-6)。

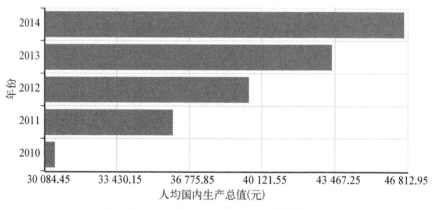

图4-6 我国人均国内生产总值①

由于我国幅员辽阔,各地区的人均产出及经济发展水平各有不同,尤其是西部地区和东部沿海地区存在较大差距,而资本账户开放则是以一个国家为单位进行的。因此,资本账户开放也会因地区基础经济差异产生不同的影响,同时,资本账户开放会加大经济发达地区的资金聚集能力,使其不仅吸收外资的能力得到不断加强,同时其吸收内地欠发达地区资本的能力也得到加强,进而可能导致内地本来就稀缺的资本资源变得更加稀缺,发展更加迟缓。这种影响将会使得我国本来就已经较为严重的区域经济发展不平衡问题变得更加严重,从而对

---

① 数据来源:国家统计局。

社会经济造成恶劣的影响。理论上来说,绝大部分的社会矛盾都是由于经济发展问题引起的,如果资本账户开放的实施过程中不能正确处理好地区发展不平衡的问题,那么资本账户开放必然会给我国整体社会经济发展造成不利的影响。

（二）金融发展水平

从我国金融发展水平来看,我国在2014年的信贷资金运用总量达到了1 323 453.03亿元人民币,而整个2014年的国内生产总值也达到了636 462.7亿元人民币。我国的金融发展水平远远超过上文按信贷资金占国内生产总值比例的衡量评价指标。数据说明我国的金融发展水平已处于较为先进的水平,以几大国有商业银行为主的我国金融体系已日趋完善。国外income file网站根据评级、资产和客户评价,评出了世界最富有的、安全等级最高、最好的十大银行。我国的工行、农行、建行、中行四大商业银行都位居其中,其中工商银行排名第一,是世界上资产最多的商业银行。改革开放以来,我国通过深化银行体制改革,不仅建立了强大的国有商业银行,也丰富了我国市场的融资渠道,增强了商业银行的信贷能力。

虽然我国信贷总量占国内生产总值的比重很高,但我国金融发展水平依然较为落后,金融体系的市场化程度也不够。金融产品单一、金融机构效率低下、金融机构自由度太低都是我国金融机构的弊病,尤其是各个商业银行。从我国金融发展水平来看,国外进入的外资并不一定能在实体经济当中得到高效利用,进而转化成实体经济增长的动力,反而有可能由于低效的金融体系,使得资金闲置,或是大量资金流入到虚拟经济当中,造成经济泡沫。

中国金融市场发展时间较短,各方面都存在诸多不足。首先,中国货币市场整体发展滞后且呈现分割状态,同时缺乏完善的监管机制和满足市场发展的市场工具。其次,国内资本市场存在国际化程度低、筹资能力不足等缺点,中国资本账户开放程度已经无法满足经济发展速度,而资本市场的筹资能力也无法满足国内经济发展需求,尤其是国内中小企业融资渠道的缺乏严重制约中国经济的进一步发展。再者,利率市场化程度低,除了民间借贷和银行同业拆借利率实行市场化,国有商业银行利率仍受到管制。最后,我国参考"一篮子货币"的浮动汇率制度还不够完善,短期内仍无法达到内外均衡的汇率管理目标,人民币汇率形成机制还需进一步完善。

同时需要指出的是,对于我国的很多中小、民营企业来说,融资困难依然是制约其进一步发展最大因素,地方政府和各大国有企业却有着极为便利的融资渠道。这种现象的出现,也是近年来国内各地纷纷涌现的小额担保贷款公司以及网络上P2P金融繁荣发展的原因。因而,从数据上来看,我国的金融发展水平较高,实体经济融资不难,从而资本账户开放会使得外资流向实体经济,从而满足实体经济的发展需要,促进我国经济的发展。但是实际情况是,我国的各大国有商业银行,具有雄厚的借贷能力,同时每年也保持着较高比例的借贷输出,但我国的民营企业却很难享受国有商业银行的贷款,从而造成民间金融业发展旺盛。这其实说明了,我国的金融发展程度较低,而并非像数据反映的较高水平,依然存在着一定的落后。因此,资本账户开放会对我国发展程度较低金融行业以及经济增长造成什么样的影响,也并非单纯的如同上文的理论分析。

(三) 制度建设水平

制度建设水平同样是我国资本账户开放的重要条件之一。加拿大弗雷泽研究所公布的经济自由度指数,常常用于研究一个国家的制度建设水平,也是本研究选用的门槛变量之一。我国的经济自由度指数,长期保持在5.8—6.1之间,在全世界处于一个中等偏小的水平。而国内生产总值排名世界第一的美国2012年的经济自由度指数是7.74,排名第三的日本则是7.48。同时,我国的经济自由度指数也远低于上文得出门槛值7.21。加拿大弗雷泽研究所公布的经济自由度指数是从政府规模、法律结构与产权保护、货币政策合理性、对外交往自由度及信贷、劳动力与商业管制五个因素综合指数计算得到的。

实际上,我国市场经济发展较晚,各方面情况较为特殊,所以无论是中央政府和地方政府在进行政策制定和行政管理的时候,一方面缺乏经验,一方面又表现出一种小心谨慎的态度。而同时作为一个社会主义国家,要保证经济发展的秩序和稳定,我国政府对经济的干预较多,比西方国家较多进行宏观调控,甚至在一定程度上,国家的经济增长都是靠政府的各项投资完成。与西方政府作为市场的旁观者不同,我国中央政府和地方政府在市场中同时扮演着参与者的角色。这使得我国的经济由政府产生的推动力更强,而自由性大大降低。在我国实力较为强大的,融资需求强的多为国有大型企业,甚至是地方政府,但是其性质又导致了其并不能吸收过多的外部资本。而很多民营企业,发展时间通常较短,企业规模较小,无法吸纳过多的外部资本。同时,我国的幅员辽阔,区域经济发展不均衡造成东部和西部地区,沿海和内陆地区,各大省会和地方小城市等的政府、企业和个人的行为和意识存在着极大的差别。这些差别使得外部资本在东部地区、沿海地区以及各大省会城市能得到很好的利用,而在西部地区、内陆地区、地方小城市受到层层阻碍,资本力量难以得到发挥。

（四）对外贸易情况

在对外贸易方面，我国2014年对外贸易的进出口总额为264 334.49亿元人民币，2014年的国内生产总值也达到了636 462.7亿元人民币，对外贸易的进出口总额占国内生产总值的41.53%[①]，对世界经济稳定增长有不可替代的作用。虽然这个对外贸易水平的衡量指标相比之下要小于上文计算所得到的门槛值50.61%，理论上应该处于上文分类当中的第四类国家，即资本账户开放程度与经济增长的正相关系数最大，经济增长受到资本账户开放的有益影响最多。但是实际上，我国沿海地区对外贸易总额占国内生产总值比重较大，其他地区工业发展程度相对较低，出口产业大多处于产业链中低端水平，企业还不具备参与国际竞争的能力。而东南沿海很大一部分的出口产品都是由外商、港商、台商或是内地商人投资建厂制造的低成本低附加值的劳动密集型产业，无论是资本大量流入造成本国实际汇率上升造成的劳动力成本上升和出口的困难，还是资本大量流出都会给本国面向出口的制造业造成严重的影响。同时要指出，若没有合理的监管和引导措施，资本账户开放后国外资金可能更倾向于流入赶超型、信贷扩张型或者投机性资本市场，而不是具有比较优势的高新企业。在当今中国制造业尚处于较低水平且制造业相对利润不高的情况下，只有对资本流动进行一定的管制或是采用渐进式的资本账户开放措施，才能一方面满足我国经济发展对资本的需要，促进我国的经济发展，另一方面也不会因为资本的大规模流入或是流出对我国的某些产业发展造成巨大的影响。

从我国的经济结构来看，我国是制造业和进出口大国，资本账户开放会对我国的经济结构产生较大的影响。制造业，尤其是各种劳动密集型产业是我国经济增长的重要驱动力量。但目前来看，随着其他东南亚国家人力和成本优势的凸显，中国低价劳动力和低成本资源的优势已经逐渐消失。同时，我国的制造业主要是以劳动密集型为主，而虽然近年来"一带一路""中国制造2025"等的实施一定程度上提升了我国出口贸易质量，但总体仍缺乏技术密集型和高新技术产品，造成了我国制造业利润低，对市场依赖度高的情况，处在较低层次的国际化分工，自主创新产品缺乏。在中国制造业附加利润不断下降，竞争激烈，而人力成本又不断升高的背景下，外部资本进入制造业的可能性更小。而我国铁矿石、铜矿石、石油、天然气等基本资源存在大量进口的情况，长期受国际市场的价格波动影响。

---

① 数据来源：国家统计局。

（五）小结

总体而言，中国宏观经济较为稳定，并且具有较高外汇储备，对国内经济和外汇市场调控较好，在体制和微观企业等主体等方面，中国还存在较多问题。中国具有较为深厚的基础，有较为稳定的国内宏观经济、较高的经济发展水平，金融发展水平也得到一定的发展，同时金融体制等方面的改革也初见成效，对外贸易水平处在比较合理的范围，基本具备了资本账户开放的基础条件，而中国也在持续推动进一步的资本账户开放。然而，深入分析中国经济条件，各方面都还存在一定的问题。首先是经济发展水平，作为世界第二大经济体，我国经济总量和人均 GDP 均处在较高水平，但存在较大的地区差异，中西部与东部沿海等之间的经济发展存在巨大差距。另外，不同人群之间的收入差距也在进一步扩大。其次是金融发展水平，虽然我国信贷水平较高，但作为国民经济重要组成部分的中小企业和民营企业融资困难的情况广泛存在，大大制约我国经济进一步发展。再次，在制度建设方面，虽然经过初步的市场经济和金融体制改革，相关体制得到一定程度的完善，但仍然缺乏比较完善的资本流入流出及外汇管理方面的制度安排，使得进入国内的外资并没有得到充分合理的利用。金融市场发展较为滞后，缺乏管理金融市场的经验和相关成熟的制度，2015 年 6 月以来股票市场的连续几次股灾面前，相关机构对市场监管力的缺乏，都是有力的证明；对外贸易方面，中国已经连续多年实现顺差，到 2015 年 9 月外汇储备达到 3.51 万亿美元，然而以大量初级、中级产品为主的出口结构优势正在被其他新兴国家取代，具有竞争力的高科技出口结构还未形成，国内有竞争力的企业数量相对较少等。

以上的问题都是阻碍中国经济进一步发展和资本账户进一步开放的因素，为了获得资本账户开放带来的更大的经济增长效应，就必须采取相应措施，改善相关条件。

二、中国资本账户开放的基本历程

（一）中国资本账户开放的历程回顾

我国的资本账户开放进程可大致分为四个阶段：改革开放前的完全封闭阶段、改革开放初期的初探阶段、加入世贸组织之后的加速阶段、人民币国际化正式启动后的深度优化阶段。

1. 完全封闭阶段（1953—1978 年）

这一时期我国处于计划经济时期，资本账户基本处于完全封闭状态，稀缺的外汇资源由国家统一计划分配,一方面获得的外汇收入统一出售给国家,并由国家实行计划分配。另一方面,基本上不对外举借外债,不接受外来投资。此外,汇率只能由国家统一规定,且只有结算功能。

2. 初探阶段(1979—2000年)

1979年开始实行外汇留成制度,允许出口企业有一定的外汇自主权,调剂经营过程中的外汇余缺,同时批准部分金融机构经营外汇业务,放松对国内居民的外汇管理。1980年,国务院颁发了外汇管理暂行条例,促进了外汇资源的市场机制不断发育,吸引外资,鼓励出口创汇,对国民经济发展起到推进作用。1993年十四届三中全会提出"逐步使人民币成为可兑换的货币"[①]。1994年,国家开始实行人民币官方汇率与市场汇率并轨的"双轨制",建立中国外汇交易中心,进一步放松了对外汇的管制。1996国务院取消了经常项目的全部限制措施,于12月宣布接受IMF协定中的第八条款,人民币经常项目开始实现完全可兑换。此时的资本账户虽然逐步开放,但依然实行十分严格的管理,如少数企业经批准后可以开立外汇账户,但是仅能持有上年进出口额15%的外汇,居民个人每人每次只能购买500美元。1998年,亚洲金融危机的爆发使我国为防止遭受危机波及而强化了外汇管制,暂时停止了资本账户开放进程。

3. 加速阶段(2001—2008年)

2001年,我国正式加入世界贸易组织(WTO),开始融入全球经济并面临全球化的挑战,资本账户开放进程大大加快。2002年,我国开始实行合格境外机构投资者(QFII)制度,允许经批准的国外投资机构进入境内证券市场。2003年,十六届三中全会明确指出,"在有效防范风险的前提下,有选择、分步骤放宽对跨境资本交易活动的限制,逐步实现资本项目可兑换"[②]。对此,我国政府继续加速推进资本账户开放,2005年,中国改变钉住单一美元的做法,实施参考"一篮子货币"的更加具有弹性的有管理的浮动汇率制度,人民币持续升值。2006年,我国推出合格境内机构投资者(QDII)制度,放宽了证券市场的资本流入。然而,2008年的金融危机抑制了人民币的升值,资本账户开放再一次遇到了阻碍。

4. 深度优化阶段(2009年至今)

2009年,我国开始推行跨境贸易人民币结算试点,提高了人民币在对外贸易结算中的地位。2011年人民币合格境外机构投资者(RQFII)试点业务正式启动,为促进香港离岸人民币市场的发展提供有利的条件。2012年,中国人民银行提出加速资本账户开放的条件已成熟,并引发了广大学者对是否"加速"资本

---

① 资料来源:http://cpc.people.com.cn/GB/64162/134902/8092314.html。
② 资料来源:http://cpc.people.com.cn/GB/64162/64168/64569/65411/4429165.html。

账户开放的讨论。2014年,沪港通的开通加强了在岸市场与离岸市场的联系,促进了资本市场的双向开放。2016年和2017年,深港通和债券通相继"通车",为资本账户的进一步开放打下了基础。

(二)中国资本账户的管制情况

IMF每年发布的《汇兑安排与汇兑限制年报》(AREAER)将资本账户分为7个大类11个大项,又按照非居民在境内买卖、非居民在境内发行、居民在境外买卖和居民在境外发行具体细分为40个细分子项目。根据对2008年到2016年AREAER的梳理,从大类来看,我国的商业信贷资本项目从2012年开始已基本开放,而其他项目或多或少依然存在着资本管制,如表4-5所示。从细分子项目来看,在40个资本子项目中,我国于2012年已实现14个子项目基本可兑换,22个子项目部分可兑换,4个子项目不可兑换。其中,基本可兑换的项目主要集中于信贷项目和直接投资项目,不可兑换的子项目较少,占比仅为10%。具体情况如表4-6所示。

表4-5 我国资本项目可兑换情况表

项目\年份	2008	2009	2010	2011	2012	2013	2014	2015	2016
资本市场证券	●	●	●	●	●	●	●	●	●
货币市场工具	●	●	●	●	●	●	●	●	●
集体投资类证券	●	●	●	●	●	●	●	●	●
衍生工具和其他工具	●	●	●	●	●	●	●	●	●
商业信贷	●	●	●	●					
金融信贷	●	●	●	●	●	●	●	●	●
担保、保险和备用信用支持	●	●	●	●	●	●	●	●	●
直接投资	●	●	●	●	●	●	●	●	●
直接投资清盘									
不动产交易	●	●	●	●	●	●	●	●	●
个人资本转移	●	●	●	●	●	●	●	●	●
针对商业银行和其他信贷机构的规定	●	●	●	●	●	●	●	●	●
针对个人投资者的规定	●	●	●	●	●	●	●	●	●

注:● 表示该项目存在管制,空格表示该项目不存在管制

表 4-6　我国资本项目可兑换情况表①

类别	大项	子项		可兑换数(个)
资本和货币市场工具	资本市场证券	股票或有参股性质的其他证券	1. 非居民在境内买卖	2
			2. 非居民在境内发行	3
			3. 居民在境外买卖	1
			4. 居民在境外发行	1
		债券和其他债务性证券	5. 非居民在境内买卖	2
			6. 非居民在境内发行	2
			7. 居民在境外买卖	2
			8. 居民在境外发行	2
	货币市场工具	货币市场工具	9. 非居民在境内买卖	2
			10. 非居民在境内发行	3
			11. 居民在境外买卖	1
			12. 居民在境外发行	2
	集体投资类证券	集体投资类证券	13. 非居民在境内买卖	2
			14. 非居民在境内发行	2
			15. 居民在境外买卖	1
			16. 居民在境外发行	2
衍生工具和其他工具	衍生工具和其他工具	衍生工具和其他工具	17. 非居民在境内买卖	2
			18. 非居民在境内发行	3
			19. 居民在境外买卖	2
			20. 居民在境外发行	3
信贷业务	商业信贷	商业信贷	21. 居民向非居民提供	1
			22. 非居民向居民提供	1
	金融信贷	金融信贷	23. 居民向非居民提供	1
			24. 非居民向居民提供	2
	担保、保险和备用信用支持	担保、保险和备用信用支持	25. 居民向非居民提供	1
			26. 非居民向居民提供	1

① 郭树清.中国资本市场开放和人民币资本项目可兑换[J].金融监管研究,2012(6):1-17.

续 表

类别	大项	子项		可兑换数(个)
直接投资	直接投资	直接投资	27. 对外直接投资	2
			28. 对内直接投资	1
直接投资清盘	直接投资清盘	直接投资清盘	29. 直接投资清盘	1
不动产交易	不动产交易	不动产交易	30. 居民在境外购买	2
			31. 非居民在境内购买	2
			32. 非居民在境内出售	1
个人资本交易	个人资本交易	个人贷款	33. 居民向非居民提供	2
			34. 非居民向居民提供	2
		个人礼品、捐赠、遗赠和遗产	35. 居民向非居民提供	2
			36. 非居民向居民提供	2
		外国移民境外债务的结算	37. 外国移民境外债务的结算	1
		个人资产的转移	38. 移民向国外的转移个人资产	2
			39. 移民向国内的转移个人资产	1
		博彩和中奖收入的转移	40. 博彩和中奖收入的转移	2

在随后的五年中,我国采取多项举措调整对各资本项目的管制。

在资本和货币市场工具管制中,允许境外投资者通过符合条件的外国金融机构、外国央行或货币当局、国际金融组织和主权财富基金方式参与银行间市场交易;允许一定的投资基金在香港特别行政区销售;允许境内个人投资者通过登记方式,不需要经过核准,直接参与境外上市公司的股权激励计划,简化相关外汇业务手续,扩大允许的股权激励方式和参与人员范围。此外,中国采取的多项资本账户开放措施有利于人民币国际化的进一步推进。例如,允许中国境内包括商业银行、保险公司和其他金融机构的香港子公司以及经批准的中国台湾、英国和新加坡机构投资者使用在境外市场筹集的人民币资金流入国内证券市场;允许境外清算银行和商业银行在银行间债券市场进行回购业务,为离岸人民币业务提供资金;允许境外金融机构和主权财富基金在试点的基础上,在国内银行间债券市场发行人民币计价债券;允许合格外资非金融企业通过在国内外市场发行人民币计价的债务工具筹集资金;允许使用在境外筹集的人民币资金用于偿债;取消合格境内机构投资者对境外人民币投资组合的限制;允许持有人民币的外国机构投资者投资更广泛的金融工具;放宽保险公司在国内外股票市场的投资限制。

在衍生工具和其他工具的管制中,允许外国央行或货币当局、国际金融机构和主权财富基金参与中国银行间外汇市场,承接各种类型的外汇交易,包括远期、掉期、期权。

在信贷管制中,允许注册于四个自由贸易区的机构在没有事先批准的情况下,在规定的范围内进行跨境融资。此外,还放松了对国外贷款目的和期限的限制。

在直接投资管制中,允许外商独资企业在未经批准的情况下兑换人民币,允许使用境外获得的人民币用于直接投资。此外,我国为了方便直接投资项目的运行,逐步简化直接投资的外汇账户管理程序,放松对资金运用的限制。从2015年开始使用报告系统取代对外直接投资(除了敏感国家、地区和行业)的审批流程。

在不动产交易管制中,我国通过简化境外居民销售房地产收入的相关外汇审批程序,放松对不动产交易市场资本流出的管制。但是,我国也增加了对境内机构投资者购买境外不动产的限制。

总的来看,经过五年的发展,我国的资本账户已没有完全不可兑换的项目,但仍然保持一定的管制力度,管制措施主要针对资本项目的审批流程、投资的期限和目的、投资主体的资格和投资的渠道,资本账户开放的重心主要在资本和货币市场,放松管制的对象主要针对机构投资者。虽然多数管制措施都在放松管制力度,但是在不动产交易中,我国也增强了对境内机构投资者购买境外不动产的管制力度,说明资本账户的开放不是线性的开放,而是结合中国国情,针对各项风险,有放松有管制的审慎开放。

三、中国资本账户开放的现状

(一)法定层面的资本账户开放

所谓的法定层面资本账户开放,是指基于一国对资本账户管理的法律法规进行的度量分析,代表性方法有 IMF 的《汇兑安排与汇兑限制年报》(AREAER)、OECD 发布的《资本流动自由化通则》,以及各种资本账户份额指标、强度指标和管制指数等。IMF 的 AREAER 将资本账户分为 7 个大类 11 个大项,又按照非居民在境内买卖、非居民在境内发行、居民在境外买卖和居民在境外发行具体细分为 40 个细分子项目。

根据 2017 年 AREAER 对中国 2016 年度资本账户管理的描述,我国资本账户中不可兑换项目有两大项,主要集中在非居民参与国内货币市场和衍生工具的出售和发行;部分可兑换项目主要集中在债券市场交易、股票市场交易、房地产交易和个人资本交易等方面。与 2015 年相比,2016 年"对资本市场证券交易的管制""对货币市场工具的管制""对集体投资类证券的管制""对衍生工具与其他工具的管制""对商业信贷的管制""对金融信贷的管制"和"对直接投资的管制"这七个大项有进一步的放松。具体来看,在资本项目的 40 个子项中,有 12 个子项出现明显的变化,表明中国的资本账户进一步向开放推进。根据《人民币国际化报告 2018》测算的结果,我国资本账户开放度为 0.690,同比提高了 27.4%。

目前在我国资本账户各个项目中,实业领域的开放程度较高,信贷和直接投资项目已实现基本可兑换。由于资本与金融项目下的跨境资本流动波动性较大,所以资本与金融项目尤其是证券投资项目开放较为谨慎,目前仍处于较为严格的管制状态。跨境资本主要采用合格机构投资者、境内外交易所互联互通("沪港通"和"深港通")、金融开放创新区域试点(上海自贸区)三种不同渠道进入我国资本市场,但目前这些渠道的投资额度与资金汇兑都面临严格限制。此外,由于衍生品具有高杠杆、高波动、高风险的特征,目前我国衍生品交易的开放程度较低,境内外双向投资均受到投资主体和投资品种的限制。

(二)中国资本账户开放的实际情况

IMF 对可兑换情况的评估也是建立在法定层面之上的,而现实中资本账户开放情况与法定情况有所不同。改革开放 40 年以来,中国资本账户呈现出渐进式开放的特点,但从总体来看,中国资本账户开放的整体现状表现为开放程度明显增大。根据 IMF 发布的数据并利用 Kraay 流量法计算可以得到资本项目、直接投资流入、直接投资流出、证券投资、金融衍生品项目和其他投资项目的开放情况,如图 4-7 所示。从图 4-7 可以看到,中国资本账户开放进程中,资本流动呈现净流入特点,但近两年出现净流出现象,各资本项目子账户的开放水平都呈上升趋势。截至 2016 年,直接投资的流入和流出分别占 GDP 的 1.5% 和 1.9%,证券投资和其他投资项目分别占 GDP 的 0.37% 和 0.27%,而资本账户和衍生品账户在 GDP 的占比中还不到 0.1%。

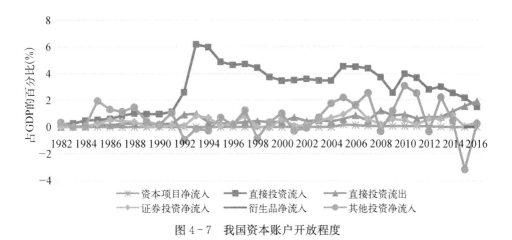

图 4-7 我国资本账户开放程度

在直接投资项目中,外商直接投资账户的开放程度最大。1993 年十四届三中全会开启中国资本账户开放进程,当年的开放程度高达 6%,是 1992 年的 2.4 倍。随后外商直接投资账户的开放程度一直保持在 4% 左右,直至 2008 年金融危机,直接投资流入急剧下降后小幅攀升,2010 年开始开放程度逐渐下滑至 1.5%。与外商直接投资相比,我国的对外直接投资开放较晚,发展也较为缓慢。改革开放以来,对外直接投资开放程度稳步攀升,2016 年首次超过外商直接投资开放程度。

经过分析可以看到,数据表现出来的资本账户开放程度与我国的实际情况相符。我国作为最大的发展中国家,为了提高经济发展水平,我国开放直接投资账户,引进海外资本,发展国内经济。但是为了防范资本流动风险,我国遵循"先流入后流出"的原则,在经济发展水平的较高阶段,抵御风险能力较强的时候,坚持"引进来"和"走出去"并重。

与直接投资相比,证券投资项目下的跨境资本流动增幅较小,但波动程度较大。虽然我国近几年对证券投资项目的开放力度加大,但现阶段的管制力度仍然保持较高水平。经过 30 多年的发展,我国的证券市场日渐完善,我国先后实行合格境外机构投资者(QFII)制度和合格境内机构投资者(QDII)制度。如图 4-8 所示,我国 QFII 和 QDII 的审批额度在 2012 年大幅上涨,2015 年开始有所下降。截至 2018 年 2 月底,33 个国家和地区共获批 991.6 亿美元的投资额度,其中,中国香港、中国台湾、美国、英国和韩国获批的投资额度排名前五,其获批的投资额度占总额度的 58.6%。截至 2017 年底,共有 132 家合格的境内投资机构累计获批 899.93 亿美元的投资额度,其中,证券类获批的投资额度最大,占比 41.7%,保险类占比 34.3%,位列第二,随后,银行类获批 138.4 亿美元,信托类获批 77.5 亿美元。

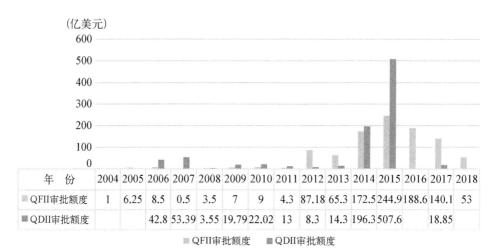

图4-8 我国 QFII 和 QDII 审批额度情况①

此外,资本项目和衍生品投资项目开放程度较低,其他投资项目的开放程度虽然较大,但是资本流动的波动幅度也较大。需要重视的是,IMF 官方数据显示,我国国际收支平衡表的误差与遗漏净值居高不下,该项目 2008 年流入 188 亿美元,2009 年流出 412 亿美元,2016 年更是流出 2 227 亿美元,占当年储备资产的 50%。造成这一漏洞的部分原因在于我国对资本账户的管制效率较低,当投资者对跨境资本流动的需求增加而政府管制较严时,资金会通过违法渠道入境或出境,造成国内资本大量流失。

第三节 资本账户开放的国际经验

历次金融危机的产生,使得诸多研究资本账户开放问题的专家达成了共识,即一国的资本账户开放往往同时伴随着巨大的利益和未知的风险。资本账户开放并不存在某种单一方案,各国应当根据自身国情以及市场条件实行资本账户开放。实际上,自 20 世纪 80 年代以来,众多新兴市场国家都在一定的时期一定程度上开放了资本账户,一些国家通过资本账户开放获得了国外资金投入,经济得到不断增长,同时保持自身的国际收支平衡;另有一些国家由于在资本账户开放过程中决策失误,在金融危机当中抵御风险能力过差,造成了本国的经济大幅度衰退和财富大量流失。这两种截然相反的情况,一方面与自身基本国情和所

① 资料来源:http://www.safe.gov.cn/wps/portal/sy/glxx_jwjgmd。

处的特殊历史时期等客观条件有关系,另一方面也与该国在资本账户开放过程中所采取的方案和开放力度有关。无论是成功利用资本开放使本国经济得到发展的案例还是不恰当资本开放使得本国经济受创而又回复外汇管制的案例,都对我国将要实施的各项金融改革政策有着极为重要的借鉴意义。

一、各国资本账户开放特点及过程回顾

(一)发达国家资本账户开放

英、日、法等发达国家均是在比较成熟的市场经济基础上实行资本账户开放的。发达国家微观经济主体对资本账户开放可能带来的竞争和各类风险具有较强的抵御能力。政府较强的宏观经济调控能力,能够较好地防范和化解资本账户开放后带来的金融风险。综合考量发达国家的资本账户开放历程,可以发现其大多采用"激进"方式。

英国的资本账户在不到半年的时间里就实现完全开放,虽然法国和日本实现资本账户完全开放分别花了 10 年和 20 年时间,但在初期开放步伐还是较快的。作为老牌资本主义强国,第二次世界大战前英国在国际金融领域处于霸主地位,英镑是当时的国际储备货币。二战后英国经济快速恢复,为了提高自己的国际影响力,重建在国际金融领域的霸主地位,英国加速开放资本账户,在极短的时间里实现资本账户的完全开放。法国和日本在二战中经济遭到近乎毁灭性打击,战后恢复缓慢,后期的开放过程相比于英国则更为渐进,实现完全开放的时间较长。发达国家资本账户开放方式并不完全一致,但基本都是采取较为"激进"的模式。

在具体开放过程中,法国和日本都采取"直接投资—证券投资—银行信贷"的顺序。法国在 1983 年开始取消居民海外直接投资限制,1987 年允许居民从事国外证券投资,1989 年取消对非居民贷款限制宣告法国基本实现资本账户开放。与法国相同,日本资本账户开放首先放松对国内直接投资限制,接着放开非居民对国内证券投资限制,1984 年取消了国外非居民国内贷款限制,基本实现资本账户开放。

国际组织一定程度促进了各国资本账户开放。根据经济合作与发展组织(OECD)1961 年制定的《资本流动自由化通则》,成员国必须取消国外非居民境内资本交易和本国居民境外资本交易限制。作为经合组织成员国,英、法、日等国资本账户开放一定程度受其影响。1971 年,"魏尔纳报告"提倡在欧元区推动商品、资本和劳动力等自由流动,很大程度上推动了法国资本账户开放。

作为典型的发达国家,日本的资本账户开放严格体现了以上特点。日本在二战后实行严格的外贸和外汇管制,1964年加入经合组织后逐步放开资本交易限制。到1980年末,日本八成左右的资本项目交易实现了自由化。1998年4月,日本为应对国内通货紧缩和经济衰退,维护其世界资本市场地位,日本实施了《外汇和外贸法》(简称"新外汇法"),开放了剩余的受限资本项目交易。

(二)发展中国家资本账户开放

对发展中国家来说,由于国内微观经济缺乏国际竞争和抵抗风险的能力,其资本账户开放特点与发达国家存在明显的差异。

首先,发展中国家一般先放松资本流入限制,再放松资本流出限制。放松对资本流入的限制能缓解发展中国家建设资金不足的问题,在开放初期,大多数发展中国家首先放开资本流入限制,引入国外直接投资。智利资本账户开放初期,首先放松直接投资和证券投资限制,接着放松国内银行贷款限制,1980年完全取消对银行外债的管理。泰国在20世纪70年代迅速取消直接投资、证券投资和银行向海外贷款的限制,而直到1990年才允许国内商业银行向非居民发放外币贷款。

其次,由于国内金融体制不完善,发展中国家在放松资本流入限制后,通常会由于对短期投机资本管理的忽略而导致国内金融环境恶化。智利第一阶段资本账户开放中,在墨西哥债务危机爆发后,在银行外债管理取消后大量流入的短期资本迅速外逃,引发国内金融危机。智利第二阶段资本账户开放加强对短期资本管理有效避免短期资本频繁流入流出对国内金融环境的影响。泰国资本账户开放期间国内较大的正利差导致中短期资本在1995年达到净流入总额的60%,一定程度上导致了泰国1997年的金融危机。

最后,由于微观经济缺乏足够的抵御风险和竞争的能力,多数发展中国家采取典型的渐进模式实现资本账户开放。具体表现为将资本账户开放放在经常账户开放后进行,同时作为国家经济改革和结构调整的组成部分,并伴随着金融改革。IMF的一项研究表明,国际货币基金组织成员国中履行第八条款的国家数占IMF成员国总数的比例从1978年的35%上升到1997年的78%,而同期实施弹性汇率体制的国家占IMF成员国总数的比例也增加了两倍多。

二、智利成功实现资本账户开放的案例分析

(一)智利资本账户开放的发展历程

智利拥有较高的竞争力和生活质量,具有稳定的政治环境,全球化的、自由

的经济环境,以及较低的腐败感知和相对较低的贫困率。被世界银行集团视为高收入经济体。按照部分评判标准(例如人类发展指数)它又可以算作发达国家。2010年,智利成为南美洲第一个OECD成员国。① 智利的繁荣发达,在一定程度上和其资本账户开放是分不开的,但是实际上,智利的资本账户开放经历了多个复杂的过程。总体而言,其资本账户开放可以分为四个阶段。

第一阶段是在20世纪30年代经济大危机爆发之后到1973年。在经济大危机爆发之前,智利和绝大部分西方国家一样,保持着一种相对开放的资本账户管理。但是受到经济大危机的影响之后,智利在国家经济方面受到重创,立即开始进行极为严格的外汇管制。

第二阶段是从1973年到1976年。这一阶段智利对资本账户开放进行初步尝试,主要放开个人资本账户交易限制。1973年,陆军司令奥古斯托·皮诺切特(Augusto Pinochet)发动军事政变后出任总统,开始了其军政府统治。奥古斯托·皮诺切特信奉自由经济主义,积极推进智利的资本账户开放。在此期间,智利实行自由化贸易,大幅度削减关税;减少对经常账户交易的汇兑限制,实现经常账户的可兑换,成为IMF的第八条款国;积极推进国内金融自由化,放宽并逐渐取消商业银行的利率上限。1974—1976年,智利政府逐渐开放个人资本账户交易,但仍限制金融机构资本账户交易。智利通过修改《外汇管制法》,在相关条款中要求外资须到央行登记,但限制外资通过银行中介的自由流入流出。智利1974年颁布第600号法规(the Decree 600),允许外商在资金到位三年后可以通过购买外汇的方式将利润汇回国内。由于该法规的颁布实施,到1976年智利虽然保持对金融机构资本流动的限制,但基本实现了对于个人和除银行以外的企业的资本账户开放。由于个人和非金企业当时直接融资能力有限,智利限制银行资本流动的措施极大制约了外资流入。因此,在开放资本流入之后,智利外资流入的规模并没有出现明显放大,1974—1976年,年平均资本账户余额仅为3亿美元。②

第三阶段是从1977年到1984年。这一阶段主要对放开银行以及海外融资的限制进行尝试。20世纪70年代末期到80年代前期,在资本账户开放的影响下,智利的GDP增长长期保持在8%以上,国际收支常年保持盈余,国家通货膨胀率不断降低,一举走出1975年经济危机的衰败。可以说,在资本账户开放的短期内,为智利经济注入了旺盛的活力,使得智利在各个方面得到了巨大的发展。但是智利的通货膨胀率一直保持在30%左右,尝到了资本账户开放带来的红利的智利政

---

① http://www.oecd.org/。
② 张礼卿,戴任翔:智利的资本账户开放:一个从失败走向相对成功的案例[J].国际金融研究,1999(5):40-47.

府,进一步加快了金融自由化的步伐,以期获得更大的成功。智利的银行从不允许兑换外汇,到可以兑换不超过1万美元的外汇,加大了资本流出的便利性。自1977年之后,智利从政策上逐步放宽银行引进外资的限制,到20世纪80年代初期,智利已完全放开了对银行外资头寸的限制。在此期间,智利允许外资银行在智利建立分行,到1978年,智利的外资银行的信贷占智利全国信贷的2.4%,而仅仅过了两年,这个数字就变成了5%。在此之后,由银行进入智利国内的外债逐年上升,到1980年,与其他途径进入智利的外债大致相当,总和达到60亿美元。大量的资本流入,终于导致了资本账户开放的恶果,即智利货币比索的实际汇率升值。20世纪70年代末80年代初是一个世界石油价格不断飞速上涨的时间段,智利的货币升值使得出口受到抑制,而进口又由于油价上涨不断增加,导致其国际贸易长期保持逆差状态。仅仅1981年智利在国际贸易中的逆差额度就达到当年国内生产总值的12.5%,对整个智利的国内经济造成了严重的创伤。智利当局不得不于1982年放弃固定汇率,采用浮动汇率制来缓解恶化的局势。由此引发国际投资者对智利经济形势信心的丧失,怀疑其偿债能力。结果就是国际投资者逐渐撤出流入智利的资本,使得智利国内的大部分银行难以为继。最终智利当局为了改变局面,开始对国内的银行进行本金的注入和资产的重组,使得国内银行的股权分化;与此同时,智利政府开始重新对资本进行强力的管制措施,关闭了外汇兑换窗口,以阻止资本外流,这一次智利的资本账户开放遭受了巨大的挫折。

第四个阶段是从1985年至今。这一阶段智利的国内经济逐渐开始复苏,智利当局开始选择更为谨慎的渐进型资本账户开放措施。此时的智利逐渐认识到激进型的资本账户开放会产生的巨大的危害,而采用渐进型的资本账户开放,同时其渐进型资本账户开放与其整体的国内宏观经济政策在各个方面都紧密配合,使得整个智利在经济不断增长的同时,对外抵御国际金融危机的能力也不断加强。在1995年的墨西哥金融危机和1997年的东南亚金融危机当中,智利不仅未在其中遭到巨大损失,相反还能保持其国内经济不断稳定地增值;而在2008年全球性经济危机时,虽然智利也受到一定影响,经济增长速度由2008年前连续数年4.5%以上降到2%—3%左右,但相比于其他拉美国家甚至于毁灭性打击的经济相对已较为稳定,这不能不说是智利政府当局采取的渐进型资本账户开发和正确的国家宏观改革措施的作用。

(二)智利的资本账户开放分析及借鉴

智利共经历两次资本账户开放,第一次是从1973年到1984年,以失败告终,第二次从1985年至今。

阶　　　段	时　间	资本账户开放情况
第一阶段：资本严格管制	1934—1973年	严格的外汇管制
第二阶段：资本账户开放的初步尝试	1973—1976年	放开个人资本账户交易限制，对金融机构严格管制
第三阶段：资本账户开放的进一步尝试	1977—1984年	1977—1982年放开银行以及海外融资的限制；1983—1984年国内经济恶化，重新实行管制
第四阶段：第二次渐进式开放	1985年至今	改善国内经济条件，逐步实施市场化利率，放开居民、非居民证券等个人账户交易限制，放开资本流出限制

在第一次开放过程时，智利经济基础相对薄弱。1981年，智利的人均GDP为2863.5美元，进出口商品贸易占GDP比例为33.7%，以经济自由度衡量的制度水平为5.30，处在第一、二类国家水平。当时其经济发展水平、金融发展程度和制度建设水平都处在较低水平。尤其是缺乏金融市场监管和对外来资本尤其是国外热钱相关制度安排，使得外部资金疯狂涌入智利的主要原因是其实际利率要远比其他各国实际利率要高得多。国外的大量热钱流入智利，使得智利国内通货膨胀，实际汇率大大提高。而在国内经济恶化时，又缺乏限制热钱流出的相关制度，造成"资本账户开放—热钱流入—刺激国内通货膨胀和利率上升—经济恶化—热钱流出—经济持续恶化"过程的发生。

智利第二次资本开放从1985年开始，吸取第一次激进型资本账户开放的失败教训，智利政府更加注重金融监管的作用。1986年，智利出台了新的银行法，对金融健康、银行管理、存款保险等采用了更为严格的管理办法，使得银行的各项经营活动更加透明，并将银行的各项经营活动都纳入监管范围之内。从贷款方面，限制银行的放贷数量，从各个方面对银行的放贷进行约束，同时禁止银行的业务结构直接参与证券业务。对存款方面的保险制度又做了新的规定，包括银行的活期存款以及定期存款；同时加强了智利央行在整个金融体系当中的重要地位，采取立法手段保障了央行的金融监管职责。通过一系列的改革措施，使得智利当局加强了自身金融监管的能力，并随着相关法律的实现和金融机构的重组，使得整个智利的金融体系更加健全。到1990年，其代表制度建设水平的经济自由度指数上升到6.70。

第一次开放过程中，国外的大量热钱流入智利，使得智利国内通货膨胀，实际汇率大大提高。在第二次开放过程中，智利特别加强对短期投机资本的流入流出的管理。

不管在资本流入还是流出管理中,智利政府都保持谨慎的态度。在流入管理方面,先是在 1985 年准许外国资本以债券换股权,但不得在十年之内撤回。同时,在 1991 年规定,流入本国的外债要将总金额的 20% 存放于智利的重要银行,从而提高外债进入智利国内的成本;在资本流出安排中,首先是准许民间通过兑换外汇,在国外进行投资,并缩短了外资赎回的期限。然后是准许并在一定程度上鼓励银行、保险公司、基金等在海外进行各种投资,并在政策上放开了对外国投资者从智利撤资的限制,逐步释放国内外资,缓解货币升值的压力。

通过以上对资本流入流出管理措施来控制外资中热钱的流入,防止"热钱流入—本国通货膨胀—实际汇率不断攀升—经济恶化—热钱流出—金融危机"的恶性过程。实际上,对很多新兴市场国家来说,其同样面临着境内外资过多使得实际汇率升高,而境内外资突然撤资又会重创其币值的影响,因此要合理谨慎的开放资本的流出,并具有多种多样的手段才能保障国内金融市场的安全与稳定。

三、泰国资本账户开放失败的案例分析

(一)泰国的资本账户开放的发展历程

泰国位于东南亚的中南半岛,曾经一度因为其在 20 世纪八九十年代繁荣的经济,与菲律宾、马来西亚以及印度尼西亚并称为"亚洲四小虎"。其在 20 世纪 90 年代发展迅速的自由经济,曾受到无数国内外专家和学者的追捧,但在 1997 年金融危机之后,泰国经济至今尚未恢复到其在危机之前的繁荣景象,甚至受到危机的长期影响,导致泰国不仅国民经济倒退,政局也长期动荡,国内政变不断,"红衫军"与"黄衫军"对峙。至今,诸多学者认为造成东南亚危机的重要原因便是,泰国激进型的资本账户开放,开放得过快,开放得过早。而最终,泰国激进型的资本账户开放为泰国、东南亚各国乃至全世界都带来巨大的灾难,让亚洲地区的经济陷入了寒冬。研究泰国的资本账户开放的过程,有利于我国以及其他新兴市场国家完善自身的资本账户开放措施,从而在资本账户开放的过程中,减小风险,提高收益。

泰国在放开资本流入方面采取了诸多激进型的措施,大大加快了资本流入的速度。首先,在 1986 年,泰国当局降低了境外投资者的股利收入所得税,除此之外,还有其他相关措施,使得在税收方面大大降低了境外投资者的投资成本。而在境外银行方面,1993 年,泰国允许泰国商业银行向境外或境内的外国银行进行外币的存款或借款,同时,可以在一定额度方法贷款等,大大拓展了国外资本流入泰国的途径。而在对泰国国内的直接投资上,1991 年泰国当局修改了相

关法律,部分外资企业,如出口型外资企业,其对泰国国内公司的控股可达100%,从而使得大量外资对泰国境内企业进行直接投资。不断增加的资本账户金额到1990年,已经占到了泰国国内生产总值的十分之一。而极为危险的是,随着证券投资的不断增长,使得短期资本以惊人的速度流向泰国市场。到1995年,短期资本甚至占到了所有外资资本的五分之三,为1997年的东南亚金融危机埋下了祸根。

除了在资本流入方面,泰国当局采取了激进型的举措之外,在资本的流出方面,泰国政府也缺乏谨慎之心。自20世纪80年代末的几轮外汇改革措施之后,泰国当局对货币交易以及外汇的管制不断松懈,最终泰国居民和银行都可以跨国交易本国货币以及外国货币。随后到90年代初期,泰国政府允许泰国国民有条件地对境外市场进行投资、放贷等,之后不久条件又不断减弱。可以说,资本流出的开放使得泰国本土居民和企业在国外投资活动更加活跃,从一定程度上也缓解了泰国本身实际汇率升高,国内通货膨胀的压力,但是也为境外资本迅速逃离泰国市场创造了机会。

1997年金融危机对泰国造成毁灭性打击,到1997年年底,泰铢已贬值42%,泰国股票市价已贬值50%,外汇储备基本耗尽,财政和国际收支赤字不断上升,出口不振,银行负债累累、坏账高企,地产和证券市场实际崩毁,泰国经济受到严重损伤。

(二)泰国的资本账户开放的教训

与智利先经历失败再取得成功的资本账户开放过程相反,泰国在资本账户开放初始阶段取得了不错的成果,最后由于经济基础过度薄弱形成对外资过度依赖,同时缺乏对短期投机资本进行管理的金融制度安排,成为金融危机爆发的源头,对本国经济造成灾难性的影响。泰国从1986开始实行资本账户开放,一直到1995年,其国内经济保持10%以上的年增长率。但是由于其本国经济发展水平限制,国内经济形成对外资的高度依赖,同时在后期缺乏对短期资本管理的制度安排,大量短期资本流入,最后爆发严重的金融危机。

时间	经济基础	开放措施	影响
1986—1989年	较低的人均产出,相对较高的制度水平,中等水平的对外贸易水平	放松对外汇的管制,放开居民和银行对本、外币的跨国交易等,实行税收优惠和单一汇率制,加强对银行体系的监管	国内经济基础向好,经济高速增长,但形成对外资的依赖

续 表

时间	经济基础	开放措施	影响
1990—1995年	人均产出相对提高,制度水平和对外贸易水平进一步发展	放开对银行资本账户交易限制,开放离岸金融业务,允许外资对出口企业100%控制	大量外资进入出口型企业直接投资,资本净流入持续增长,经济保持高速增长
1995—1997年	人均产出相对提高,对外贸易水平,缺乏短期资本流动管理的制度安排	放开对外资进入证券市场的相关限制,出台部分吸引短期资本流入的政策	经济发展对外资高度依赖,大量短期资本流入,短期资本超过外资60%,经济增长逐渐降低

泰国1986年人均GDP仅为813.1美元,经济自由度指数6.1,对外贸易占GDP 41.9%,除了较低的经济发展水平,泰国的制度建设和对外贸易都处于较高水平。较为完善的制度水平是泰国资本账户开放前期经济高速发展的基础,然而薄弱的经济水平导致泰国经济发展形成对外资的高度依赖。

20世纪六七十年代以来,泰国以及其他东南亚国家以政府作为参与市场的一部分,对各项资源进行相应的分配。政府的干预,使得这些国家在完善市场,加快经济发展方面迅速加快了进程。到20世纪80年代初,随着泰国外向型经济的不断发展以及市场的不断完善,使得政府对市场干预的成本更大,作用越小,也不利于自由经济的发展,泰国政府逐渐开始放松了对资本的管制。

泰国希望通过放松资本管制,吸引外资进入国内,投入自身各项基础建设,同时提高其外向型经济发展水平。从20世纪80年代后期,泰国的金融自由化进程不断加快,外资不断流入,刺激了泰国的经济发展。

然而1995年后,泰国加快资本账户开放速度,出台允许外资进入证券市场等吸引短期资本流入的政策,同时缺乏有效的管理短期资本流动制度安排。薄弱的经济水平导致泰国经济发展形成的对外资高度依赖的弊端在短期资本流出时迅速突显,在金融危机爆发时,不合理的经济结构、经常项目赤字和薄弱的经济基础使得泰国无法应对国际投机资本的冲击,给泰国经济带来毁灭性打击。

总结泰国资本账户开放失败的原因,其主要包括以下几点:

首先是缺乏有效的短期投机资本管理制度。自泰国政府放开外汇管制后,资本大量频繁的流入流出泰国的市场,政府却对汇率变化和短期资本流动缺乏任何管理的手段和措施。到1995年,短期资本甚至占到了所有外资资本的五分之三。而泰国金融危机的爆发就始于国际投机资本对泰铢和泰国汇率制度的攻击。

然后是薄弱的经济基础和不合理的经济结构。由于国内经济水平较低,泰国政府经常账户赤字太高和资本项下大举借债,对国际资本市场形成过度依赖。同时由于外汇储备的缺乏导致对固定汇率制度宏观调控能力不足。在经济结构上,房地产的过度发展形成严重的经济造成泡沫。在20世纪80年代末90年代初,泰国大量的缺乏技术含量的劳动密集型产品的外贸出口,刺激本国经济的不断发展,实际汇率不断升高,吸引到了大量的外部资本。但外部资本的大量流入使得本国资本和外国资本都不断流入到房地产行业等暴力部门。而政府不仅坐视这种情况,甚至由于短期内泡沫的繁荣实行了相关利好政策,使得大量资金流入到商场、高级旅馆、豪华医院、豪华住宅等,而不是与泰国经济发展息息相关的基础制造行业和外贸相关行业。最终造成尽管泰国的国内生产总值长期保持高速增长的趋势,但是作为经济发展主要驱动力量的制造行业和外贸行业并未发展起来,需要资金投入和时间积累的高科技产业和外贸服务行业等远远落后于其他周边国家,使得其在国际贸易当中的比较优势逐渐丧失殆尽。在这种情况下,随着时间的积累,终于在1996年爆发,外贸出口额大幅度下降,不仅仅没有任何增长,甚至出现了高达2%的下滑,出口的下降大大地阻碍了泰国的经济增长。

最后是缺乏对银行的有效监管。这主要体现在:① 政府及央行只对15家商业银行进行监管,而对91家银行伴生的财务证券公司无任何有效监管;② 在开放资本市场下,在外资大量涌入时,泰国央行缺乏对外资的有效管理;③ 在外资结构、投向等方面基本放任自流。

泰国自资本账户开放之后,商业银行的业务大大增加,同时伴生的有大量的非银行的金融机构,如大量的财务证券公司。其资产主要分布在四个风险很高、波动较大、与宏观联系密切的领域里:房地产、消费者贷款(大部分是汽车贷款)、个人证券投资贷款和证券投资。大量财务证券公司对商业银行和国外金融机构借款或向居民发短期票据融资,形成大量的汇率风险。与此同时,商业银行对投资房地产的大量投资导致其资产严重超过存款,使得银行、房地产业和外债市场结构的失衡。随着股市的危机和房地产泡沫的破灭,商业银行及其伴生的财务证券公司不良资产大幅度上升,银行的贷款抵押实际价值大大下降,使得商业银行陷入了流动性危机。

四、小结

第一,必要的经济发展水平是保障资本账户开放顺利进行的基础。在泰国资本账户开放的案例中,泰国初始经济发展水平较低,在较高的贸易水平和制度建设水平支持下,资本账户开放的前期取得巨大的成果。但是,由于国内经济水平较低,泰国政府经常账户赤字太高和资本项下大举借债,对国际资本市场形成过度依赖。同时由于外汇储备的缺乏导致对固定汇率制度宏观调控能力不足。在经济结构上,房地产的过度发展形成严重的经济造成泡沫,无法有效促进制造行业和外贸相关行业的发展。导致面对外部冲击时,泰国没有足够的能力应对经济危机。

第二,完善的制度建设是资本账户开放顺利进行的有力保证。资本账户开放意味着资本流动的放开,资本频繁流动必然带来金融风险,尤其是短期热钱的频繁流入流出会导致金融市场的剧烈波动,带来"资本账户开放—热钱流入—刺激国内通货膨胀和利率上升—经济恶化—热钱流出—经济持续恶化"的风险。智利第一次资本账户开放和泰国1997年金融危机的爆发都是由于缺乏对短期资本的有效管理,国外的大量热钱流入,使得国内通货膨胀,实际汇率大大提高,最后使国内经济恶化和资本外逃。完善的制度建设能对短期资本实施有效的管理,一方面防止短期资本的过度流入,减少国内金融市场的投机行为;另一方面避免引入的外资短期内大量外逃,从而对国内宏观经济造成不利影响。

第三,较高的金融发展水平是引导外资进入基础制造行业和外贸相关行业等关键性行业的有力支撑。金融发展水平是包括银行业在内的金融业的发展水平,在很大程度上决定了一国资本账户开放后外资进入本国的行业。首先,在资本账户开放过程中,金融发展水平高的国家能为本国企业提供更多的信贷,使得新兴市场国家的很多企业能通过信贷得到促进自身发展的资金;其次,一个国家的金融发展水平高,说明其国内商业银行业存在合理的竞争,使得该国的商业银行具有相应的效率和竞争力。最后,一个国家的金融发展水平也是一个国家金融实力的体现,只有具备较强的金融实力,商业银行能够在资本账户开放的过程中表现出足够的应对实力,才不至于被国外资本占据全部国内市场,最终导致局面完全失去控制。泰国资本账户开放的后期,商业银行依靠外资严重,深陷房地产投资的泡沫之中,同时大量伴生的财务证券公司蜂拥入高风险的房地产、消费者贷款(大部分是汽车贷款)、个人证券投资贷款和证券投资行业,导致外资流入本国后无法对基础制造行业和外贸相关行业起作用,反而加大金融市场和房地产等的泡沫,阻碍经济发展。

第四,适当的对外贸易水平是经济正常发展的必要保证。对外贸易水平一定程度反映出宏观经济发展情况,体现一国经济结构。一个国家如果经济过于依赖对外贸易,则很有可能资本账户的开放程度越高反而会更加不利于该国经济增长。智利和泰国都是属于外贸水平较高的国家,智利在激进型的资本账户开放过程中,由于受到国际油价的升高的影响,使得其经济发展衰退,一定程度导致第一次资本账户开放的失败;而泰国在20世纪80年代末90年代初的经济大发展主要靠其低级产品加工出口和其他外贸进出口,随着产品被韩国、马来西亚赶超,其国内经济大受影响,迅速衰退,最终导致资本账户开放失败。在一国经济结构中,外向型的经济特点,使得其国内经济发展受到外部环境影响因素较大,使得该国的经济发展呈现出不稳定的特点。同时,从泰国的例子也可以看出,虽然在20世纪90年代初,泰国国内经济发展迅速,但是其产业劳动和资源依赖的低水平结构,缺乏技术密集型产品,更在高新技术产品上毫无作为,从而使得其制造业附加利润低,使得国内资本和国外资本自然而然的流入到利润更高的房地产业、股票、期货等,造成国内经济的空心化,最终使得经济发展变成"空中楼阁"。因此,在资本账户开放之前,一个国家不仅要保持长期稳定的高人均产出和旺盛的经济发展活力,同时也要调整好自身的经济结构,一方面要减少自身经济发展对外部环境的依赖性,防止由于国际外部环境变化造成的本国经济衰退;另一方面通过产业升级和转型进行产业结构调整,发展技术含量高回报高的高新技术产业,防止在资本账户开放后,外部资本过多流入本国的房地产行业等,造成经济泡沫。

第四节 推进中国资本账户开放的政策措施

从前面的分析可以看到,资本账户最终能否真正开放取决于其是否能促进一个国家的经济增长。资本账户开放能否成功受到两个方面因素的影响:一方面,资本账户开放成功与否与该国自身的基础条件密切相关,这在前面的计量分析中已经得到证明;另一方面,资本账户开放还同开放进程中所体现的经济发展变化、政策制定实施以及商业银行等因素有关,前面国际经验也充分说明。因此,推进中国资本账户开放应该采取以下措施:

一、协调地区经济发展,缩小区域经济差距

在我国,由于西部地区和东部沿海地区存在较大差距,导致发达地区能满足资本账户开放的经济发展水平条件,而西部等欠发达地区则无法达到经济发展水平的初始条件,从而影响资本账户开放效果。因此,协调地区经济发展、促进西部等贫困地区的发展、缩小地区差异,尽量使经济落后地区满足初始经济条件对中国资本账户开放至关重要。

资本账户开放的目的是促进国家经济增长。区域经济协调发展是整个国民经济发展的重要条件,只有发挥地区优势,充分利用各个地区的自然、人力、技术等资源,加速区域经济发展,才能促进整个国民经济的发展。对于引入外部资本而言,只有缩小区域经济间差距,才能使外部资本出现集中化的趋势,减小引入外部资本的风险性。协调地区建设能有效提高资本的利用率,整合地区的资源,更好发挥外部资本的作用。

就我国目前的资本账户开放情况来看,协调地区经济发展需要从两方面着手。一方面,应该从产业政策和地区发展战略等方面对经济落后地区进行扶持,比如对落后地区经济发展给予适当补贴、积极推进落后地区基础设施建设、鼓动具有实力的地区和企业进入、引导国内资金投向经济欠发达地区等,通过国内主动促进落后地区发展缩小地区差异。另一方面,应引导国外资本合理流入各地区和各产业,实现与我国正在实施的地区发展规划和相关产业政策。近年来我国实施经济均衡发展战略,增加中西部专区投资项目,但在资金方面还存在较大缺口。而外资流入集中于东部沿海地区,导致东部沿海地区资金饱和而中西部地区资金严重缺乏,造成资源浪费。因此,在考虑地区分配时,政府除了提供信息资源,也应给予适当的政策优惠,鼓励外资流向中西部地区投资项目,实现资金在区域上的均衡分布,提高资本利用效率。

二、拓宽民营企业和中小企业融资渠道

我国金融发展方面主要存在的问题是中小企业和民营企业融资困难。作为我国经济的重要组成部分和国民经济的重要支柱,中小企业和民营企业一方面促进社会财富积累,提供多样化市场,推动市场和产品创新;另一方面,广大中小企业和民营企业提供了大量工作岗位,为就业问题的解决做出了积极贡献。尤其是我国现下处在经济转型的关键时期,中小企业和民营企业是国家提出的"大众创新、万众创业"战略的核心。我国中小企业和民营企业一直发展困难,而融资难是制约其发展的关键因素。改善中小企业和民营企业融资环境,解决其资金缺乏问题,扩大其融资渠道,促进中小企业和民营企业快速健康发展,是中国当务之急。

中小企业和民营企业融资难主要有以下几方面原因:一是商业银行贷款的规模效应,导致中小企业贷款成本过高;二是中小企业和民营企业由于缺乏抵押资产导致的较大贷款风险增加了其向银行贷款的难度;三是信息不对称等因素导致银行对中小企业和民营企业缺乏信任,从而减少了对中小企业和民营企业的贷款。解决中小企业融资问题应以充分利用国内资本为前提,引入的外资形

成对国内资源的替代降低了资源使用效率,阻碍经济发展。只有在充分利用国内资源的前提下,国际资本的引进才能补充国内储蓄,达到促进经济增长的作用。解决中小企业和民营企业融资问题的关键是拓宽其融资渠道。首先,搭建企业融资平台,通过建立资金需求企业和资金供应企业交流、委托、担保等渠道,通过企业间相互融资,缓解企业融资问题,从而实现企业间的自救与互救;其次,通过实行减轻税负、提高中小企业融资风险容忍度等政策鼓励农村合作等地方性金融机构对地方中小企业和民营企业提供融资服务;最后,鼓励企业通过民间借款等方式进行融资,吸纳社会闲散资金解决企业资金不足的问题。

三、完善金融制度和资本市场体制

对国内资本市场安排和金融体制改革应该做到以下几点:首先,资本市场安排和金融体制改革要促使外资合理流入国内,达到国内相关企业融资的目的,也要考虑地区和产业间的均衡分布,避免过分流入发达地区或房地产等行业,从而导致经济泡沫;其次,资本市场安排和金融体制改革要维持资本正常流动,减少热钱的频繁涌入和外逃,避免进入"资本账户开放—资本大量流入—经济过热和货币错配—资本外逃—金融危机"的路径,使经济真正受益于资本账户开放;最后,资本市场安排和金融体制改革应该具备完善的监管职能,包括对资金流动、相关金融机构和资本市场运行等的监管。

健全的资本市场是经济健康发展和资本账户开放的重要前提和基础。合理的资本市场安排一方面能为国内企业发展提供必要的融资渠道,另一方面能保障资本账户开放后资本的合理流动,降低短期资本频繁流入流出风险。健全的资本市场要建立多层次资本市场,发展可以补充和完善社会融资方式,满足企业不同发展阶段对于资金的需求,在一定程度也能替补国内企业海外融资的需求。同时,多层次的资本市场以市场和价值为主导,反映了市场主体深层次的需求,增加了金融与实体经济互动,推动经济的市场化改革。此外,多层次的资本市场结合外资流入多层次资本市场的渠道建设,可以吸引国外资本投资我国的资本市场,并用市场的办法来引导和监管国际资本。

推进金融体系改革。推进金融体系改革关键是建立完善的国内金融机构和外资银行的监管体系。资本账户开放一方面通过金融工具创新等方式提高金融市场效率,另一方面也使金融市更加复杂。因而监管制度上应该以风险监管为主,配之以存款保险、预防管理和紧急救援等。其次,要加强商业银行自身建设,推动同业拆借市场、再贴现市场的建立和完善,通过利率市场化实现银行业的市场竞争。同时通过适当引进外资银行与国内证券、信托相结合等方式,增强中国应对汇率、利率等波动风险的能力。最后,通过建立价格、工资、利率的调整机制,完善金融市场机制,健全相关法律法规等方法提高金融市场的自我调节能力。

我国金融体系长远发展,离不开合理成熟的市场监管体制,市场监管除了可以降低金融危机发生的概率、最小化金融危机的损失,还可以引导金融市场合理发展。已经发生的多次金融危机都是由于缺乏足够监管造成,因此无论是金融改革还是金融创新必须以相对完备的监管为前提。在资本账户开放中,除了加强对国内金融体系的监管,更要加强对外资、外国投资者以及国际资本流动的监管。

金融市场的监管又要改变传统的监管方法,创新监管方式。比如随着国际资本流动的加剧,货币供应的统计口径将会变得模糊,市场流通中的货币将被大大低估,特别是证券市场所引致的货币需求,从而传统的监管方法的效力将会越来越弱。

对于外资金融中介机构的监管,在市场准入方面实行适当程度的标准,给予外资金融中介机构一定的特许经营价值,提高外资银行的违规操作的机会成本,从内在约束外资金融中介机构的经营行为;监管当局对于金融业的监管既要实行国民待遇,也要针对不同国籍的外资金融中介机构给予不同程度的监管关注度。因为不同国籍的外资金融中介机构,其母国的监管制度和中国有所差别,监管的关注点也不一样,从而导致其在中国市场的经营行为可能不合乎我国的监管要求;合理引导外资参股国内金融中介机构,监控外资在国内金融中介机构的股权变化及变动原因,并在中资与外资的摩擦中维护好本土银行的权益。

对于外汇储备的管理,首先要转变消极的管理模式,积极主动的扩充外汇的投资渠道。积极主动的外汇管理需要国内外两手抓,对内积极改变我国的外汇管理政策,根据对外经济的发展情况,积极调整外汇储备结构,以满足不同交易的兑换需求。对外努力扩充外汇的投资渠道,加强金融产品、金融形式的创新。在投资渠道的扩充中充分利用民间力量,鼓励并引导国内企业进行对外投资和海外并购。此外,我国高额的外汇储备以及经济大国的地位,在国际交易结算中可以推行强势人民币政策,努力争取人民币在对外经济交往中作为计价和清算货币,并引导人民币有序升值。

四、鼓励创新,改善对外贸易结构

中国国际贸易多年实现顺差,但粗放式发展模式导致我国以原料、半成品和低技术含量产品为主要出口商品,改善不合理的对外贸易结构已经成为我国经济进一步发展的重要任务。企业是微观主体,其竞争能力强弱直接影响资本账户开放后该国货币的稳定情况。当前我国作为微观经济代表的国有企业正在经历重大改革,很多企业尚未真正实现自主经营、自负盈亏,而众多中小企业和民营企业由于发展起步晚、缺乏融资渠道等因素,难以应对资本账户开放后激烈的国际竞争。中国长期以来依赖资源和劳动力消耗的出口优势正在被东南亚国家取代。因此,中国必须调整对外贸易结构,通过加大投资力度,增强企业创新能力,在产业转型和升级中不断引进创新因素,增强微观企业的综合实力和国际竞争力。

改善外贸结构首先需要鼓励和引导国内和国际资本流向近年来重点发展的农业、高科技产业和基础产业。通过适当的政策带动和产业规划引导,扩宽高新技术企业融资渠道、实施相关优惠和鼓励政策,促进高新技术产业快速发展。政府可以通过税收优惠等手段引导外资投资于高新技术产业,弥补资金空缺的同时促进经济增长。

改善外贸结构还要利用高新技术提高我国出口商品在国际市场的竞争力。利用高新技术使用范围广、渗透性强的特点,在不同产业领域广泛应用,提高生产效率和产品国际竞争力。利用高新技术加强产品设计,改进工艺和生产流程,通过高新技术改变传统生产模式,降低生产成本,提高生产效率,增强产品综合竞争力。当前重点实施的"一带一路""中国制造2025"等就是我国全面提升创新能力、打造具有国际竞争力的企业的重要举措。

第五章　中国资本账户开放与民营企业融资约束

第一节　资本账户开放与民营企业融资约束

一、民营企业融资约束

20世纪80年代以来,伴随着对资本账户开放对经济增长研究的不断深入,学者开始寻找资本账户开放影响经济增长的微观证据,切入的视角之一就是融资约束。发达经济体的量化宽松所带来的广泛流动性,对中国企业尤其是民营企业融资产生了巨大的影响。

融资约束的概念是法扎里(Fazzari)等(1988)最先提出的,其定义为"在不完善的市场条件下,由于企业内外信息不对称存在,外部融资往往成本高于内部融资成本,进而形成了企业外部融资约束"。[①] 后来,卡普兰和津盖尔斯(Kaplan & Zingales,1997)将代理成本引入融资约束概念中,将融资约束定义为是由于信息不对称和代理成本等问题的存在,使得企业的外部融资成本大于企业内部融资成本。国内学者也给出了相似的定义,但有的学者强调融资约束是一个程度问题,其主要取决于内外融资成本的差距(魏锋,2004)。有的学者强调融资约束产生的直接原因是可获取的融资数量不足以满足投资需求(马淑琴,王江杭,2014)。总结上述各个定义,不难看出融资约束具有三个鲜明的特征:一是源于信息不对称和代理成本;二是表现为外部融资成本与内部融资成本的差异;三是前提条件为企业本身要有投资需求。鉴于此,这里将融资约束定义为:由于信息不对称和交易成本的普遍存在,使得企业的外部融资成本大于内部融资成本,进而导致企业需要投资时现有资金需求无法得到满足的现象。

目前学术界关于融资约束的测量大多数是从融资约束结果层面来进行度量

[①] Fazzari S M, Hubbard R G, Petersen B C. Finance Constraints and Corporate Investment[J]. Brookings Papers on Economic Activity, 1988(37): 1988-1991.

的。具体有三种：第一种是单一财务指标，主要有股利支付率（Fazzari，1993；魏锋，刘星，2004等）、公司规模（Oliner，1992；王彦超，2009等）、利息保障倍数（Aggarwal，2003；Carpenier，2008）、债券等级（Whited，1992；李科，徐龙炳，2011等）、债务融资溢价（蔡晓慧，2013）等。由于这种指标具有很强的主观性和片面性，不少学者开始采用第二种方法：含有多种财务指标的融资约束指数来衡量融资约束，包括卡普兰（1997）构造的KZ指数，怀特（Whited，2006）构造的WW指数以及哈德洛克和皮尔斯（Hadlock & Pierce，2010）利用KZ方法构造的SA指数。与上述两种测量方法并存的还有第三种模型法：包括投资-现金流敏感度模型（Fazzari等，1988）和现金-现金流敏感度模型（Almeida等，2004）。需要说明的是，上述三种衡量方法并不是相互独立的，投资-现金流敏感度模型和现金-现金流敏感度模型的验证也是建立在利用单一财务指标对融资约束进行分类的基础上的。另外由于研究目的和样本可获得性的不同，不同学者所用的方法也不尽相同。除了上述三种方法外，也有个别学者采用问卷调查数据从自我感知和信贷状况直接对企业融资约束进行测度（张三峰，张伟，2016）。

在理论层面上来看，学者认为企业融资约束的原因之一是信息不对称（FHP，1988）和代理成本普遍存在（Bernank，Gertler，1990）。从实证层面上来看，国内外学者从不同角度做了诸多验证，如根据战略投资活动受到内部现金流波动的显著影响（Lewen，1990；Froot，1993），根据上市公司后续投资在融资约束方面的分化（郑江淮，2001），如针对日本上市公司的样本（Hoshi，1991），针对中国上市公司的样本（魏锋，刘星，2004）

综合以上观点，不难看出融资约束在国内外企业中普遍存在。就我国而言，在民营企业中表现更为明显。一般而言，受预算软约束和"父爱主义"的影响，在信贷市场我国民营企业面临着严重的信贷歧视，再加上民营企业本身规模较小缺乏足够的抵押品，因此面临的融资约束更为严重。而融资约束的存在往往容易制约企业的业绩提升和经济发展（李科，徐龙炳，2011），限制企业的出口（孙灵燕，李荣林，2012）等。

近20年来，随着各国微观企业数据可获得性的增强，已经有国外学者关注资本账户开放对于企业融资约束的影响，目前研究重点是资本流入对缓解企业融资约束的作用。大部分学者得出了有益的结论，FDI能显著降低企业受到的融资约束从而促使企业增加对外投资，而组合投资与其他投资并无显著影响甚至会恶化企业财务状况（Harrion et al，2001；Tong，2009）。然而，也有一小部分学者发现国际资本流动这种缓解效应并不明显（Harrion等，2002）。

目前，基于我国样本研究资本账户开放对我国企业融资约束影响的文献相对较为匮乏。大部分文献主要集中在讨论FDI和外资银行进入对我国企业融资约束的影响,仅有个别文献从资本账户开放整体视角研究了其对企业融资约束的影响(朱津滢,2010)。在研究FDI进入对我国企业融资约束层面,大部分研究发现FDI可以有效缓解企业的融资约束(Yanagawa et al,2007),特别是针对民营企业的融资约束(Hericourt,Poncet,2009;冼国明,崔喜君,2010)。在研究外资银行进入对我国企业融资约束层面,大部分研究发现外资银行进入可以缓解国有企业和大型民营企业的融资约束(陈刚,翁卫国,2013;姚耀军,吴文倩,王玲丽,2015),但会进一步加剧小型民营企业的融资约束或者缓解并不明显(姚耀军,吴文倩,王玲丽,2015;杨兴全,申艳艳,尹兴强,2016)。

在资本账户开放与企业融资约束层面,通过整理相关文献发现基于国外的样本主要围绕资本流动这一视角展开并拓展到不同类型资本流动对企业融资约束的影响,而且综合考察了金融发展水平、市场化进程的调节效应,这为我们研究资本账户开放对企业融资约束提供了很好的视角借鉴,也就是说我们可以按照不同类型资本账户开放来研究它对企业融资约束的影响,并引入上述涉及调节效应的变量进行检验。另外基于国内样本的研究主要从FDI流入和外资银行进入相对比较具体的经济现象展开,这也为我们研究提供了理论层面的支撑和实证层面的支持。

二、资本账户开放条件下民营企业融资约束的特点

民营企业作为我国社会主义市场经济重要的微观主体,在推动社会主义市场经济发展和完善社会主义市场经济体制方面发挥重要作用。然而长期以来,民营企业面临着较为严重的融资约束,融资渠道较为单一,以民间融资为主。伴随着资本账户开放,民营企业的融资约束将发生很大变化。

(一)融资成本的信号传递效应增强

在一个有效的资本市场,融资成本作为反映企业资质的软信息,可以有效减少资金供给方和需求方的信息不对称,从而缓解民营企业的融资约束。长期以来,由于我国实行利率管制导致市场资金价格扭曲,无法真实反映企业的资质。伴随着我国资本账户开放的不断推进,跨境资本流动的规模也在不断上升。在利率管制的条件下,一旦我国利率和外国利率出现利差,就会导致大量资本进入国内进行套利,甚至导致资产价格泡沫。这种现实的困境对我国利率市场化形成倒逼压力。面对上述种种弊端,我国逐渐开始了利率市场化进程,伴随着利率市场化,市场各金融机构能够自由根据企业的自身情况设置

贷款利率,从而可以更好发挥融资成本的引导作用。这样资本账户开放通过推进利率市场化进而修复我国市场资金传导机制,更好发挥融资成本对企业资质的反映作用。

(二)对外融资渠道更加多元

伴随着资本账户开放,民营企业的融资渠道更加多元化。首先,民营企业可以和外资企业合作办厂,以外商直接投资的方式参与国内竞争。这样不仅可以使用更多的资金,还可以在税收等各方面享受一定的优惠。其次,资本账户开放给我国资本市场带来了QFII这些机构投资者。那些规模较大的民营企业可以通过IPO和定增的方式获取来自外国投资者的资金。例如作为中国民营企业500强之一的海大集团,在其2013年12月份的定增方案中,就有QFII美国斯坦福大学的资金参与。[①] 再次,伴随着资本账户开放,外资银行逐渐在中国生根发芽。理论上,外资银行在中国的存在可以给民营企业提供更多的信贷资金供给。

(三)公开市场融资成本有所下降

资本账户开放给民营企业提供了到国际市场融资的机会。由于不同国家利率成本不一样,如果国外的利率低于国内利率,在不考虑汇兑成本和交易成本情况下,到国际市场融资可以降低民营企业的融资成本。以四川民企天齐锂业为例,该企业于2017年11月发行5年期美元债,票面利率只有3.75%,而同期我国人民币贷款利率为4.75%。2018年1月,民企天齐锂业在境内发行的5年期公司债票面利率高达6.3%。再以民企龙湖地产为例,该企业于2017年7月发行5年期美元债,发行利率只有3.875%,而同一时期发行的同样5年期的中期票据,发行利率则为5%。[②] 从上面案例可以看出,资本账户开放在为民营企业提供更多发债渠道的同时也降低了这些企业的发行成本。

三、资本账户开放对民营企业融资约束的影响机制

以上是从民营企业融资特点方面进行分析,但是资本账户开放具体是如何对民营企业融资约束产生影响的?上述特点是否与理论逻辑相一致?下面我们分析资本账户开放对民营企业融资约束的具体机制。

---

① 每日经济新闻.海大集团定增募资7.77亿元吸引QFII"入伙"[EB/OL].(2013-12-06). http://www.cs.com.cn/ssgs/gsxw/201312/t20131206_4235456.html.
② 资料来源:万德金融数据库。

(一)资本账户整体开放对民营企业融资约束的影响

资本账户开放可以通过减少市场的信息不对称和代理成本缓解民营企业的融资约束。资本账户开放能够引入国外的投融资主体,增强本国金融市场的竞争性。伴随着金融市场竞争性的不断提升,那些优秀的企业为了更好地在竞争中占据有利地位,会主动加强自身的信息披露,以便更好被消费者和融资主体所识别。同时,国外的投资主体借助自身先进的管理制度,会进一步加强对投资对象的监督,进而减少代理成本。这样,资本账户开放通过市场竞争不断减轻金融市场上资金需求方和供给方的信息不对称和代理成本,对企业的融资约束产生了缓解作用。

资本账户开放在不断推动本国金融市场发展的同时,也通过倒逼本国金融市场改革,逐步解除一国的金融管制,发挥利率和汇率的价格信号功能缓解企业的融资约束。长期以来,我国金融市场的利率和汇率并不能完全有效反应市场的资金供求情况。例如尽管近些年来,利率市场化改革稳步推进,但央行在人民币存贷款利率层面仍然设置了上下区间,存贷款利率并不能完全反映市场真实的资金价格。而在资本账户开放条件下,当存在跨境资本套利,如果我国利率和汇率不能市场化,那么国外的投资者将借助金融管制形成的内外利差获取巨额利益。这样,当存在资本账户开放时,一国的金融监管当局为了维护本国的金融安全,将不得不打破金融抑制的环境,通过逐步解除对金融资产价格的不适当管制,以消除跨境资本的长期套利行为,推动利率和汇率的逐步市场化。伴随着利率和汇率市场化程度不断提高,资产价格对企业信息的信号传递作用会不断增强,从而更好地引导资金以更加合理的价格流向企业,缓解企业的融资约束。

基于以上分析,本研究提出假设1:资本账户整体开放有助于缓解民营企业的融资约束。

(二)不同类型资本账户开放对民营企业融资约束的影响

1. 直接投资开放

直接投资开放可以通过降低信贷市场的信息不对称来缓解民营企业的融资约束。根据信息不对称理论,企业融资约束产生的主要原因在于借贷双方的信息不对称,直接投资可以作为一只无形之手,通过向金融机构传递相关企业资质的信息进而降低借贷双方的信息不对称。直接投资开放的信息传递主要表现在三个层面:一是个体传递效应。既有外资参与的民营企业,在金融机构看来通常是优质客户,往往具有较低的风险和较高的信誉,因而更容易获得银行的资金支持。二是行业水平传递效应。外国投资者通常具有先进的技术和管理经验，因此他们投资占比较高的行业往往是中国的比较优势所在，这些行业里的企业市场前景也相对稳定。因此这些行业里的企业在整体上，也更容易得到外部金融资源的支持。三是行业垂直传递效应。那些向外资提供中间品的企业，在银行看来，通常具有较强的信誉和实力。因此银行存在较大的动力将金融资源向这些部门倾斜。

罗长远(2011)在对世界银行调查数据分析的基础上，发现：当外资在一个行业占比超过20%时，同一行业的民营企业的投资不会因为自身的债务而推迟；当外资与上游国内民营企业的联系程度超过0.7%，或与下游国内民营企业的联系超过0.9%，这些民营企业的融资约束将得到缓解。其中满足行业水平传递效应条件的这些企业主要分布在电子设备、交通运输和服装行业。而满足行业垂直传递效应的企业中，满足后向联系传递的企业以电子设备、家用电器和化工行业为主，但对于满足前向联系来说，主要集中在冶金制品业。

通过以上信号传递，直接投资开放引导资金流向那些具有比较优势、自身实力较强的民营企业，进而缓解了这些企业的融资约束。

基本以上分析，本研究提出假设2：直接投资开放有助于缓解民营企业的融资约束。

2. 证券投资开放

根据委托代理理论，企业融资约束产生的主要原因在于代理成本的存在。由于股东和债权人之间、大股东和小股东之间的委托代理关系的存在，导致企业的股东和债权人要求增加外部融资成本以弥补自身承担的代理成本，进而产生了内外部融资成本的差异。伴随着证券投资的开放，外国机构投资者开始进入国内市场，通过参与并完善企业治理结构，减少代理成本，进而缓解企业的融资约束。具体表现在：首先，外国机构投资者可以通过对管理者的监督降低其会计操纵的可能性，从而提高财务报告的真实性。其次，外国机构投资者的价值投资理念有助于降低管理层注重短期收益而面临的业绩压力，进而引导管理层注重企业的长期发展。最后，伴随着持股比例的增加，机构投资者监督的积极性也会不断增强，可以进一步减轻小股东之间搭便车的行为。

除此之外，根据信号传递理论，外国投资者持股本身就向资本市场传递了其收益强、公司治理结构好的信号，因而更容易获得一种资金支持，进而缓解这些民营企业的融资约束。一般来说，外国机构投资者在进行投资选择时，更倾向于选择那些具有良好财务状况和公司治理水平的民营企业。同时，由于这些外国投资者本身具有较强的资金实力和国际影响力，在投资过程中具有很强的价值评估和风险识别能力，对于被投资对象的经营运作具有非常丰富的实践经验，因此被这些外国机构者投资的企业往往向市场传递了一种较高投资价值的信号，从而帮助资金供给者识别值得投资的对象，缓解企业的融资问题。

基本以上分析，本研究提出假设3：证券投资开放有助于缓解民营企业的融资约束。

3. 金融信贷开放

根据信息不对称理论，企业融资约束产生的主要原因是信贷市场上借贷双方信息不对称，资金供给方进而要求资金需求方提供风险溢价，从而导致企业的外部融资成本大于内部融资成本。一般来说，企业的信息可以分为硬信息和软信息，硬信息指的是通过资产负债表可以直接获得的信息，软信息指的是企业自身的品牌、声誉以及可能获得的隐性担保等信息。由于外资银行进入中国的时间比较短，本身能够获取的软信息较为有限，而又不可能在短时间内与本土企业建立紧密的客户关系以增加软信息的获取。因此外资银行在对企业信息的获取上，主要以硬信息为主。而民营企业相对国有企业在硬信息上明显存在劣势，因此外资银行在进行贷款选择时往往容易将其排除在外，通过这种选择，外资银行将大量的劣质客户留给信贷市场上的中资银行。中资银行为了控制自身的风险，往往要求民营银行提供更高的风险溢价，甚至拒绝向民营企业提供贷款。通过对印度企业的研究，戈姆利（Gormley，2010）发现处于行业前10%的企业将会受益于外资银行的进入，但其他企业将因此减少大约76%的信贷可得性。这样伴随着我国金融信贷领域的开放，外资银行通过目标客户的选择导致我国民营企业的融资成本上升，因此我国金融信贷开放在一定程度上会加剧民营企业的融资约束。

基于以上分析，本研究提出假设4：金融信贷开放在一定程度上会加剧民营企业的融资约束。

（三）资本账户开放影响民营企业融资约束的行业差异

资本账户开放对民营企业融资约束的影响除了与资本账户的不同类型有关，与民营企业本身所处的行业也存在一定的关系。根据不同要素在生产活动中的相对密集程度，可以把民营企业所处的行业划分为三个类型：劳动密集型、资本密集型和技术密集型。三种类型的企业所处的行业特点决定了资本账户开放对民营企业融资约束的影响也不尽相同。

劳动密集型行业为对劳动力要素依赖程度比较高的行业，主要包括纺织服装、木材家具、交通运输、建筑业等行业。改革开放之初，我国凭借廉价的劳动力成本和其他相关要素的低成本，成功进入全球价值链条之中。近年来，随着我国经济的快速发展和人口增长速度放缓,劳动力成本和其他廉价要素的价格不断上升,使得我国劳动密集型行业的低成本优势不断下降,整个行业盈利能力不断降低。以纺织行业为例,近10年我国纺织行业的毛利率、销售净利率和ROE已经从最高点时的10.68%、12.47%和15.14%分别下降为现在的8.25%、3.75%和6.26%。① 但是由于政府扶持保护弱者的特点,以及劳动密集型行业在解决本地就业问题上的重要地位,地方政府往往愿意为这些行业提供较多的财政补贴,以保证这些行业的持续经营,进而在一定程度上缓解了这些行业的外部融资需求。因此,资本账户开放对劳动密集型行业融资约束的影响并不显著。

资本密集型行业是指对资本要素依赖程度比较高的行业,主要包括房地产、有色金属、造纸印刷、公用事业等行业。这些行业具有投资金额比较大,回报周期较长,进入和退出门槛较高的特点,因此一般民营企业往往很难进入,行业内一半以上的企业都是国有企业。例如在123家从事房地产行业的上市公司中,民营企业只有49家,占比为39.84%。在146家公用事业行业的上市公司中,民营企业只有53家,占比为36.3%。而且在资产规模上,这些行业国有企业的平均资产规模大都明显超过民营企业。例如,在123家从事房地产行业上市公司中,国有企业的平均资产规模为480亿元,民营企业只有380亿元。在146家公用事业行业上市公司中,国有企业的资产规模为428亿元,而民营企业平均资产规模只有62亿元。② 伴随着资本账户开放,外资在进入这些行业中会优先选择那些规模大实力强的国有企业,将而将规模实力较小的民营企业留给银行等融资机构。由于信息不对称等原因,银行等融资机构只能通过提高贷款利率等方式获得风险溢价,进而加剧了民营企业的融资约束。

技术密集型行业是指对技术要素依赖程度比较高的行业,主要包括电子信息、生物医药、机械设备等行业。这些行业普遍具有国家政策支持力度大、投资回报率高、产品创新速度快等特点,因此往往容易受到外资的青睐。例如在外商直接投资领域,排名第一和第二的行业分别是信息传输、计算机软件服务和科学研究、技术服务。因此,伴随着资本账户的开放,技术创新型行业由于比较容易受到来自国外资本的融资支持,因此面临的外部融资压力就会相对较小。

基于对以上三种行业的分析,本研究提出假设5:资本账户开放对劳动密集型行业民营企业的融资约束影响并不显著,对于资本密集型行业民营企业的融资约束具有一定的加剧作用,对于技术密集型行业民营企业融资约束具有一定的缓解作用。

---

① 资料来源:万德金融数据库。
② 资料来源:万德金融数据库。

第二节 资本账户开放对民营企业融资约束的模型构建

一、变量选择

（一）资本账户开放度的衡量

本研究拟采用基于事实的指标度量资本账户开放，主要原因是资本账户开放对融资约束的影响机制是借助实际的资本流动实现的，基于事实的指标恰好能在这个方面对其予以准确的刻画。另外由于基于法规的资本账户开放在各年度变化较小，采用这种方法难以准确得到估计结果。

借鉴莱恩和咪莱西-费雷蒂（2006）文献账户的做法，本研究将采用表5-1中的形式来定义一国资本账户整体开放程度、直接投资开放程度、证券投资开放程度和金融信贷开放程度。变量的取值越高，代表资本账户越开放。

表5-1 资本账户开放程度的衡量方法

变 量 名 称	衡 量 方 法
资本账户整体开放程度	（对外总资产＋对外总负债）/GDP
直接投资开放程度	（对外FDI资产＋对外FDI负债）/GDP
证券投资开放程度	（对外证券投资资产＋对外证券投资负债）/GDP
金融信贷开放程度	（对外金融信贷资产＋对外金融信贷负债）/GDP

（二）融资约束的衡量

根据前文的分析，本研究主要采用现金-现金流敏感度模型来衡量企业面临的融资约束。具体见下面的模型设定。

（三）控制变量

1. 公司规模

本研究拟采用企业总资产的自然对数表示公司规模。主要原因如下：一是公司规模越大，越具有较高的外部影响力，因此可获取的融资渠道和机会越多；二是公司规模越大，由此产生的规模效应也越大，在降低成本上效果也就越显著，更容易受到投资者的支持；三是公司规模越大，社会影响力越大，由于带来的外部监管压力越大,因此信息披露越规范,信息不对称程度越低,融资成本也相对更低,因而对内部资金的依赖较小,现金的持有量也会更小。但是另一方面,如果公司规模大,需要的现金也就越多,企业可能会保持较高的现金持有量。因此,本研究认为该变量系数正负均可。

2. 企业成长性

以往研究往往采用托宾 Q 值来表示企业成长性,但是由于托宾 Q 模型的应用前提是存在一个强势有效的资本市场。而相关文献和系列事实表明,中国股市尚未达到弱势有效(连玉君等,2008)。因此,为减少变量衡量偏误带来的影响,参照唐建新等(2009)的研究,本研究采用主营业务收入增长率这一指标来衡量企业成长性。一般来说,处于成长期的企业对现金的需求量都比较大,因此应该保持较低的现金持有量,因此本研究预计该变量与企业的现金持有量呈反向变动关系。

3. 流动负债变动率

该变量可以用本期流动负债的变动与期初总资产的比值表示。当企业的短期债务被用于支付现金时,该变量的系数符号为负值,当企业借来的债务被作为现金持有时,该变量的系数符号为正值(Almeida,2004)。

4. 营运资本变动率

该变量可以用本期公司净营运资本与期初总资产的比值进行表示。净营运资本可以用流动资产减去流动负债再剔除现金进行表示。由于净营运资本既可以作为现金持有又可以用来支付,因此该变量符号可正可负。

5. 资本支出

该变量可以用本期公司为构建固定资产、无形资产及其他长期资产支付的现金与期初总资产的比值进行表示。一般认为,公司资本支出的增加会冲销公司现金的持有。

(四)变量定义表

表 5-2 变量定义表

变量	变量名称	变量说明
CAP	资本账户整体开放	(对外总资产+对外总负债)/GDP
$CAP1$	直接投资开放	(对外 FDI 资产+对外 FDI 负债)/GDP
$CAP2$	证券投资开放	(对外证券投资资产+对外证券投资负债)/GDP
$CAP3$	金融信贷开放	(对外金融信贷资产+对外金融信贷负债)/GDP

续表

变量	变量名称	变量说明
$\Delta Cash$	现金持有量变动	现金以及现金等价物增加额/期初总资产
$Flow$	现金流	经营活动现金净流量/期初总资产
$Scale$	企业规模	期末资产总额的自然对数
ΔStd	短期负债变动	短期负债的增加额/期初总资产
ΔNwc	净营运资本变动	净营运资本增加额/期初总资产
$Grow$	企业成长性	主营业务收入增长率
$Expend$	资本支出	本期购买固定资产、无形资产和其他长期资产支付的现金/期初总资产

二、模型设定

（一）现金-现金流敏感度模型

参照前面的分析,本研究建立现金-现金流敏感度基准模型来衡量企业的融资约束,其基本的表达公式如下：

$$\Delta Cash_{i,t} = a_0 + a_1 Flow_{i,t} + a_2 Scale_{i,t} + a_3 \Delta Std_{i,t} + a_4 \Delta Nwc_{i,t} + a_5 Grow_{i,t} + a_6 Expend_{i,t} + d_t + f_i + \varepsilon_{i,t}$$

其中,$\Delta Cash$ 表示现金持有量变动；$Flow$ 是企业现金流；$Scale$ 是企业规模；ΔStd 是企业短期负债变动；ΔNwc 是企业净营运资本变动；$Grow$ 是企业成长性指标；$Expend$ 是企业资本支出；i 是企业标识；t 表示时间；d 为时间效应；f 为企业个体效应；ε 为误差项。

在上述待估参数中,a_1 最为重要,因此其反映了企业现金资产持有量变化对现金流的敏感度。如果该参数显著为正,说明在该模型中企业融资约束确实存在。这正是本研究进行实证分析的前提条件。

（二）检验资本账户开放对民营企业融资约束影响的模型

为考察资本账户开放对民营企业融资约束的影响,参照类似的研究,将企业现金流与资本账户开放指标相乘构建交互项,再将交互项纳入现金-现金流敏感度模型,进而获得下列拓展模型：

模型1：

$$\Delta Cash_{i,t} = a_0 + a_1 Flow_{i,t} + a_2 CAP_t + a_3 Flow_{i,t} \cdot CAP_t + a_4 Scale_{i,t}$$
$$+ a_5 \Delta Std_{i,t} + a_6 \Delta Nwc_{i,t} + a_7 Grow_{i,t}$$
$$+ a_8 Expend_{i,t} + d_t + f_i + \varepsilon_{i,t}$$

模型2：

$$\Delta Cash_{i,t} = a_0 + a_1 Flow_{i,t} + a_2 CAP1_t + a_3 Flow_{i,t} \cdot CAP1_t$$
$$+ a_4 Scale_{i,t} + a_5 \Delta Std_{i,t} + a_6 \Delta Nwc_{i,t}$$
$$+ a_7 Grow_{i,t} + a_8 Expend_{i,t} + d_t + f_i + \varepsilon_{i,t}$$

模型3：

$$\Delta Cash_{i,t} = a_0 + a_1 Flow_{i,t} + a_2 CAP2_t + a_3 Flow_{i,t} \cdot CAP2_t$$
$$+ a_4 Scale_{i,t} + a_5 \Delta Std_{i,t} + a_6 \Delta Nwc_{i,t}$$
$$+ a_7 Grow_{i,t} + a_8 Expend_{i,t} + d_t + f_i + \varepsilon_{i,t}$$

模型4：

$$\Delta Cash_{i,t} = a_0 + a_1 Flow_{i,t} + a_2 CAP3_t + a_3 Flow_{i,t} \cdot CAP3_t$$
$$+ a_4 Scale_{i,t} + a_5 \Delta Std_{i,t} + a_6 \Delta Nwc_{i,t}$$
$$+ a_7 Grow_{i,t} + a_8 Expend_{i,t} + d_t + f_i + \varepsilon_{i,t}$$

其中，模型1、模型2、模型3和模型4分别检验资本账户整体开放、直接投资开放、证券投资开放、金融信贷开放对民营企业融资约束的影响，如果每个模型对应的交互项系数为负且显著，则表示资本账户整体开放和不同类型资本账户开放有助于缓解民营企业的融资约束。

（三）检验资本账户开放对民营企业融资约束行业差异的模型

根据以往的研究，本研究以要素密集程度为依据将样本划分为劳动密集型、资本密集型和技术密集型三类行业，然后按照上述模型分行业对样本进行检验，并比较不同行业交互项的系数大小和符号方向，以分析资本账户开放对民营企业融资约束影响的行业差异。

（四）模型估计

面板数据主要分为固定效应、随机效应模型和混合模型三种类型。F 检验以及 $BP-LM$ 检验都显示本研究采用固定效应模型更好。由于本研究所选的样本是一个短而宽的非平衡面板数据，容易出现异方差，为了保证估计结果的无偏性,本研究采用广义最小二乘法(GLS)对模型进行估计。

三、样本选择和数据来源

本研究选取 2006—2016 年间中国 A 股市场 1 712 家民营企业(非金融行业)作为总样本,对各年度截面数据汇总后得到 18 139 个年度样本。为避免数据异常带来的影响,对样本按照以下标准进行了剔除:① 同时发行 B 股和 H 股的公司年度样本 88 个;② 曾经或正在被 ST、*ST、S、S*ST 的公司年度样本 315 个;③ 财务指标异常的年度样本 1 362 个;④ 变量数据严重缺失的年度样本 4 135 个。最终得到 12 239 个有效年度样本,其中 2006 年 201 个,2007 年 364 个,2008 年 654 个,2009 年 880 个,2010 年 983 个,2011 年 984 个,2012 年 1 421 个,2013 年 1 617 个,2014 年为 1 711 个,2015 年 1 712 个,2016 年 1 712。为减少离群值影响,对研究中 0—1% 与 99%—100% 之间主要连续变量的极端值进行 Winsorize 处理。

本研究使用的上市公司财务报表数据和资本账户数据来自万德金融数据库。本研究综合使用 Eviews6.0、stata12 和 SPSS22.0 统计分析软件进行相关的计量分析。

第三节　资本账户开放对民营企业影响的实证检验

一、描述性统计分析

(一)资本账户开放度

图 5-1 显示,2006—2016 年我国资本账户整体开放程度在不断提高,但不同年份波动较大。2006—2016 年整体开放进程不断加快,开放程度除了 2008 年受金融危机影响出现明显下滑以外,都在快速提高。2010 年以后,资本账户开放呈现出比较稳定的状态,中间出现了几次波动,但整体并没有明显的上升或者下降趋势。说明目前我国政府在资本账户开放的推进方面日益谨慎。

图 5-2 显示 2006—2016 年,我国三种类型的资本账户开放程度都在不断提高,但开放速度和开放程度并不均衡。其中,直接投资的开放程度最高且开放速度最快,其次是金融信贷开放,证券投资开放程度和速度最低。其主要原因在

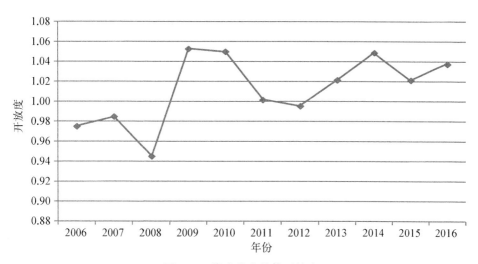

图 5-1　资本账户整体开放度

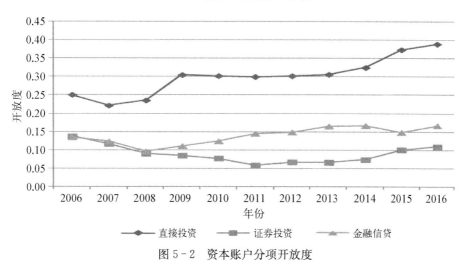

图 5-2　资本账户分项开放度

于,证券投资属于短期资本,具有很强的投机性,它的流入和流出会对我国经济带来较大的冲击,因此我国政府在其开放的政策推进方面相对谨慎。

(二) 融资约束相关变量

从表 5-3 可以看出,民营企业在经营活动现金流和资本支出方面差异比较小,在公司规模、短期负债变动、营运资本变动和成长性方面差异均比较大,说明我国民营企业整体异质性较强。其中经营活动现金净流量为正值,说明我国民营企业目前的现金流尚处于相对健康的状态,净营运资本变动均值为负,说明民营企业用于日常经营资本受到一定的约束。

表 5-3 主要变量的描述统计情况

变量	均值	标准差	中位数	最大值	最小值	观测数
$\Delta Cash$	0.12	0.53	0.02	31.39	−1.14	12 239
$Flow$	0.10	0.20	0.08	11.44	−4.45	12 239
$Scale$	9.03	0.47	9.01	11.23	7.20	12 239
ΔStd	0.09	0.30	0.05	20.57	−0.56	12 239
ΔNwc	−0.01	0.40	0.02	6.80	−28.35	12 239
$Grow$	0.25	0.60	0.17	37.81	−0.91	12 239
$Expend$	0.40	0.26	0.32	5.49	0.11	12 239

从图 5-3 可以看出,2006—2016 年我国民营企业与融资约束相关的财务指标整体呈现波动下降趋势。其中 2006—2010 年期间整体保持稳定,虽然期间由于金融危机出现大幅下滑,但整体变化不大;2010 年以后开始不断下滑然后到 2012 年以后开始呈现缓慢上升趋势。这与我国经济增长趋势基本一致,是我国经济步入新常态后的必然现象。

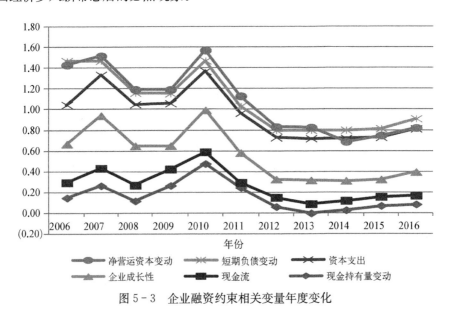

图 5-3 企业融资约束相关变量年度变化

二、相关性分析

为了检验各变量之间的相关程度,本研究针对主要变量进行了相关性分析,分析结果如表 5-4 所示:

表 5-4 变量相关性分析

	CAP	CAP1	CAP2	CAP3	Cash	Flow	Scale	ΔStd	ΔNruc	Grow	Expend
CAP	1.000										
CAP1	0.490***	1.000									
CAP2	−0.009	0.362***	1.000								
CAP3	0.388***	0.487***	−0.083***	1.000							
Cash	0.043***	−0.086***	−0.005	−0.203***	1.000						
Flow	−0.005	−0.091***	0.059***	−0.151***	0.206***	1.000					
Scale	0.166***	0.374***	0.050***	0.340***	−0.063***	−0.313***	1.000				
ΔStd	−0.050***	−0.079***	0.099***	−0.061***	0.063***	0.030***	0.070***	1.000			
ΔNruc	−0.101***	−0.162***	−0.116***	−0.160***	−0.036***	−0.184***	−0.142***	−0.474***	1.000		
Grow	−0.061***	−0.146***	0.031***	−0.149***	0.137***	0.126***	−0.054***	0.437***	−0.106***	1.000	
Expend	0.009	0.022**	0.010	0.019**	−0.001	−0.019**	0.015*	−0.029***	0.002	−0.033***	1.000

注：***、**、*分别代表统计显著性水平为1%、5%、10%

本研究的 Pearson 相关系数分析结果表明：① 现金流和企业现金持有量变动之间呈现显著的正相关关系，现金-现金流敏感系数为正，表明我国民营企业整体存在融资约束问题。② 企业规模和资本支出与企业现金持有量变动之间呈正相关，说明企业规模越大、资本支出越多，企业现金持有量增加也会越多。③ 企业短期负债变动、净营运资本变动与企业现金持有量变动之间呈负相关。说明企业短期负债和净营运资本被用于替代现金支付而不是作为现金被持有。④ 所有变量之间的相关系数均不超过 0.5，说明了方程不存在严重的多重共线问题。

三、多元回归分析

（一）基准模型的回归分析

民营企业融资约束的存在是本研究进行实证分析的前提。因此，本部分首先引入基准模型来对这一结果进行检验，如果现金流 $Flow$ 的系数为正，表示民营企业融资约束确实存在。表 5-5 显示了基准模型的回归结果。其中现金流 $Flow$ 的回归系数在 1% 的条件下显著为正，说明了我国民营企业的确存在融资约束。另外企业规模 $Scale$ 和资本支出 $Expend$ 系数均显著为正，说明了随着民营企业公司规模和资本支出的增加，企业未来持有的现金类资产规模也会不断增加。而短期流动负债 ΔStd、净营运资本 ΔNwc 和成长性 $Grow$ 系数显著为负，说明了伴随着企业短期流动负债、净营运资本和成长性的不断增加，企业未来倾向于持有更少的现金类资产。

表 5-5 基准模型的回归结果

变量	系数	t 统计量	P 值
$Flow$	0.209***	47.707	0.000
$Scale$	0.370***	36.850	0.000
ΔStd	−0.074***	−13.078	0.000
ΔNwc	−0.108***	−19.211	0.000
$Grow$	−0.024***	−4.483	0.000
$Expend$	0.008***	5.078	0.000
截距项	4.563***	38.271	0.000
年份效应	已控制		
行业效应	已控制		
调整 R 方	0.374		
样本量	12 239		

注：***、**、* 分别代表统计显著性水平为 1%、5%、10%

(二) 加入资本账户整体开放交互项的回归分析

表 5-6 为加入资本账户整体开放与现金流交互项 $CAP*Flow$ 后的回归模型,主要用来检验资本账户整体开放对民营企业融资约束的缓解作用,如果模型中交互项系数为负,说明资本账户整体开放对民营企业融资约束具有缓解作用。表 5-6 现金流 $Flow$ 的系数在 1% 的条件下显著为负,说明我国民营企业面临融资约束这一结论在该模型中保持不变。资本账户整体开放与现金流的交互项 $CAP*Flow$ 在 1% 的条件下显著为负,说明我国资本账户整体开放对民营企业融资约束具有缓解作用,假设 1 得到验证。

表 5-6 加入资本账户整体开放交互项后的回归结果

变量	系数	t 统计量	P 值
$Flow$	0.214***	50.960	0.000
$Scale$	0.373***	36.168	0.000
ΔStd	−0.075***	−13.315	0.000
ΔNwc	−0.103***	−18.653	0.000
$Grow$	−0.027***	−4.997	0.000
$Expend$	0.009***	5.163	0.000
$CAP*Flow$	−0.013***	−2.746	0.006
截距项	3.879***	35.309	0.000
年份效应	已控制		
行业效应	已控制		
调整 R 方	0.385		
样本量	12 239		

注:***、**、* 分别代表统计显著性水平为 1%、5%、10%

(三) 加入不同类型资本账户开放交互项后的回归分析

表 5-7 中模型 1、模型 2、模型 3 分别代表加入了直接投资开放 $CAP1$、证券投资开放 $CAP2$ 和金融信贷开放 $CAP3$ 与现金流 $Flow$ 交互项以后的模型,主要用来检验不同类型资本账户开放对民营企业融资约束的影响。如果模型中交互项的系数显著为负,那么表示该种类型资本账户开放对民营企业融资约束具有缓解作用。表 5-7 显示在模型 1、模型 2 和模型 3 中,现金流 $Flow$ 的符号显

著为正,说明了民营企业普遍存在融资约束的结论在该模型中依然成立。模型1中资本账户直接投资开放度与现金流的交互项系数显著为正,说明我国资本账户直接投资开放加剧了民营企业的融资约束。这与假设2的结论有所不同。

表5-7 加入不同类型资本账户开放交互项后的回归结果

解释变量	模型1	模型2	模型3
$Flow$	0.211*** (47.567)	0.192*** (39.376)	0.212*** (50.178)
$Scale$	0.381*** (38.122)	0.368*** (36.996)	0.372*** (36.356)
ΔStd	−0.068*** (−12.583)	−0.079*** (−13.639)	−0.072*** (−12.957)
ΔNwc	−0.095*** (−18.023)	−0.117*** (−20.196)	−0.101*** (−18.393)
$Grow$	−0.032*** (−6.222)	−0.014*** (−2.409)	−0.029*** (−5.378)
$Expend$	0.006*** (3.807)	0.009*** (5.850)	0.008*** (4.680)
$CAP1*Flow$	0.019*** (5.403)		
$CAP2*Flow$		−0.011*** (−2.510)	
$CAP3*Flow$			0.007*** (4.750)
截距项	2.162*** (9.481)	3.323*** (28.662)	3.906*** (35.970)
年份效应	已控制	已控制	已控制
行业效应	已控制	已控制	已控制
调整R方	0.443	0.355	0.390
样本量	12 239	12 239	12 239

注:***、**、*分别代表统计显著性水平为1%、5%、10%,括号内为t统计量

假设2未得到验证的原因可能在于地方政府债务融资的"挤出效应"超过了FDI本身对民营企业融资本身的缓解作用。有学者研究发现,在我国财政分权体制下,地方政府针对FDI展开了激烈的引资竞争,各地针对FDI的优惠措施不断强化,使得外资企业对国内投资形成了过度的竞争优势(朱轶,熊思敏,

2009),从而导致FDI对国内资本具有明显的"挤出效应"(罗长远,2005)。

模型2中证券投资开放与现金流的交互项系数显著为负,说明证券投资开放对我国民营企业的融资约束具有缓解作用。假设3得到验证。模型3中金融信贷开放度与现金流的交互项系数显著为负,说明金融信贷开放对我国民营企业的融资约束具有缓解作用,假设4得到了验证。通过比较模型1、模型2、模型3中交互项系数的绝对值,不难发现直接投资交互项系数绝对值明显大于证券投资,证券投资交互项系数明显大于金融信贷开放。说明了直接投资开放对民营企业融资约束的缓解作用大于证券投资开放,证券投资开放的这种效应又大于金融信贷开放。

(四)分行业多元回归分析

本部分需要按照要素密集程度对行业进行分类,如果完全按照经验层面对不同行业归类可能不够客观,因此本研究采用聚类分析方法对行业进行分类。所谓聚类分析就是利用统计方法将样本按照相似性分成不同类别,它的好处在于排除了主观判断可能产生的偏误,完全根据数据自身性质进行探索。本研究以证监会(2012)年的行业分类为基础,将21个行业按照固定资产比重和研发费用的比重进行分类,具体公式如下:

$$固定资产比重 = 固定资产/总资产 \quad (5.1)$$

$$研发支出比重 = 研发支出/应付职工薪酬 \quad (5.2)$$

式(5.1)中的含义表示固定资产在总资产中的重要性,比重越大表示固定资产越重要,则属于资本密集型行业;式(5.2)中的含义表示研发支出在生产要素中的重要性,如果研发支出比重超过应付职工薪酬比重,就说明这个行业者技术要素越重要,因此这个行业属于技术密集型行业。剩下的一个行业则属于劳动密集型行业。我们首先分别计算出21个行业中固定资产比重、研发支出比重,然后采用聚类分析中广发采用的离差平方和方将所有行业分为三类。这种方法的好处在于使群内的差异尽量小,群间的差异尽量大;当类数固定时,使整个类内离差平方和达到极小的分类则为最优。具体的分类结果见表5-8。

表5-8 按要素密集程度对行业分类

劳动密集型	资本密集型	技术密集型
A 农林牧渔业 　E 建筑业	C3 造纸印刷	C5 电子
B 采掘业 　F 交通运输、仓储业	C4 石油化学、塑胶塑料	C7 机械、设备、仪表
C0 食品饮料 　H 批发和零售贸易	C6 金属、非金属	C8 医药、生物制品

续 表

劳动密集型	资本密集型	技术密集型
C1 纺织服装皮毛　L 传播和文化	J 房地产业	C9 其他制造业
C2 木材家具　M 综合类	K 社会服务业	G 信息技术业
	D 电力、煤气及水的生产和供应	

整体来说,根据聚类分析得出的结果与以往研究结果大致一致,稍微不同一点在于本研究聚类分析结果中电力、煤气及水的生产和供应是被放在了资本密集型行业而非劳动密集型行业,这显然也与经验相一致,事实上电力行业生产本身就需要巨大的资本投入作为支撑。

1. 劳动密集型行业

模型 1 表示加入资本账户整体开放与现金流交互项后的模型,主要用于检验劳动密集型行业中资本账户开放对民营企业融资约束无显著影响这一假设。模型 2 至模型 4 分别表示加入直接投资开放、证券投资开放和金融信贷开放与现金流交互项后的模型。从表 5-9 可以看出,所有模型中现金流 $Flow$ 的符号均显著为正,说明了我国劳动密集型行业民营企业普遍存在融资约束。

表 5-9　劳动密集型行业回归分析

解释变量	模型 1	模型 2	模型 3	模型 4
$Flow$	0.174*** (13.478)	0.168*** (12.765)	0.175*** (13.768)	0.169*** (13.085)
$Scale$	0.351*** (13.306)	0.342*** (12.980)	0.347*** (12.561)	0.353*** (13.420)
ΔStd	−0.262*** (−9.831)	−0.264*** (−9.950)	−0.264*** (−9.925)	−0.265*** (−9.957)
ΔNwc	−0.370*** (−13.907)	−0.369*** (−13.907)	−0.369*** (−13.892)	−0.374*** (−14.048)
$Grow$	−0.001 (−0.118)	0.004 (0.331)	0.002 (0.179)	−0.000 (−0.014)
$Expend$	0.001 (0.195)	0.000 (0.002)	0.000 (0.028)	0.001 (0.175)
$CAP*Flow$	0.004 (0.350)			
$CAP1*Flow$		0.030*** (2.986)		

续　表

解释变量	模型1	模型2	模型3	模型4
$CAP2 * Flow$			−0.019** (−2.071)	
$CAP3 * Flow$				−0.011 (−0.890)
截距项	3.692*** (12.925)	2.032*** (3.005)	3.399*** (10.622)	3.726*** (12.564)
年份效应	已控制	已控制	已控制	已控制
行业效应	已控制	已控制	已控制	已控制
调整R方	0.337	0.352	0.351	0.334
样本量	2 337	2 337	2 337	2 337

注：***、**、*分别代表统计显著性水平为1%、5%、10%，括号内为t统计量

模型1中资本账户整体开放度与现金流的交互项系数并不显著，说明了我国资本账户整体开放并没有有效缓解劳动密集型行业民营企业融资约束，假设5得到部分验证。原因可能在于劳动密集型行业的利润率较低，但在解决就业方面发挥着重要作用，因此政府往往会给予较多的财政补贴，因此对外部资金的需求并不敏感，因此资本账户整体开放对民营企业融资约束的影响并不显著。

模型2中直接投资开放与现金流的交互项显著为正，说明直接投资债务"挤出效应"大于对融资约束的缓解效应，因此在劳动密集型行业，直接投资开放反而加剧了民营企业的融资约束。模型3中证券投资开放与现金流的交互项系数显著为负，说明证券投资开放对我国民营企业的融资约束具有缓解作用这一结论在劳动密集型行业同样适用。模型4中金融信贷开放度与现金流的交互项系数并不显著，说明在劳动密集型行业，金融信贷开放对我国民营企业的融资约束无显著影响。

总结以上分析，不难看出：在劳动密集型行业，尽管资本账户整体开放对民营企业融资约束不具有显著影响，但是直接投资开放和证券投资开放却对资本账户开放具有显著的异质性影响，直接投资开放对民营企业融资约束的加剧作用大于证券投资开放对民营企业融资约束的缓解作用。

2. 资本密集型行业

在表5-10中，模型1表示加入资本账户整体开放与现金流交互项后的模型，该模型主要用于检验资本密集型行业中资本账户整体开放对民营企业融资约束具有加剧作用的分析。模型2至模型4分别表示加入直接投资开放、证券

投资开放和金融信贷开放与现金流交互项后的模型。所有模型中现金流 $Flow$ 的符号显著为正,说明了我国资本密集型行业民营企业普遍存在融资约束。

表 5-10　资本密集型行业回归分析

解释变量	模型1	模型2	模型3	模型4
$Flow$	0.131*** (13.776)	0.137*** (13.757)	0.125*** (13.026)	0.132*** (13.615)
$Scale$	0.368*** (12.659)	0.366*** (12.555)	0.362*** (12.940)	0.364*** (12.586)
ΔStd	−0.076*** (−6.816)	−0.083*** (−7.215)	−0.077*** (−6.818)	−0.082*** (−7.183)
ΔNwc	−0.086*** (−7.702)	−0.092*** (−8.089)	−0.086*** (−7.670)	−0.091*** (−8.101)
$Grow$	0.002 (0.236)	0.014 (1.409)	0.004 (0.390)	0.007 (0.692)
$Expend$	0.001 (0.218)	−0.002 (−0.411)	0.000 (0.056)	0.000 (0.066)
$CAP*Flow$	0.021** (2.479)			
$CAP1*Flow$		0.050*** (6.446)		
$CAP2*Flow$			0.012*' (1.724)	
$CAP3*Flow$				0.048*** (5.437)
截距项	3.486*** (12.370)	1.359*** (1.969)	3.080*** (9.558)	3.491*** (5.437)
年份效应	已控制	已控制	已控制	已控制
行业效应	已控制	已控制	已控制	已控制
调整R方	0.252	0.224	0.231	0.251
样本量	3 464	3 464	3 464	3 464

注:***、**、*'代表统计显著性水平分别为1%、5%、10%,括号内为 t 统计量

模型1中资本账户整体开放与现金流的交互项系数显著为正,说明了我国资本账户整体开放反而在一定程度上加剧了资本密集型行业民营企业的融资约束,假设5得到了部分验证。其原因可能在于我国资本密集型行业投资金额大,

汇报周期长。民营企业涉足动力不足,因此主要以国有企业为主。伴随着资本账户开放,外资进入中国后会优先选择那些实力雄厚的国有企业,因此逐渐把民营企业排除在金融市场之外。

模型2中直接投资开放与现金流的交互项系数显著为正,说明我国资本密集型行业民营企业的直接投资债务"挤出效应"大于对融资约束的缓解效应。资本账户开放反而会加剧这些行业的融资约束,这一结论与劳动密集型行业相一致。模型3中证券投资开放度与现金流的交互项系数在10%的条件下显著为正,说明证券投资开放在一定程度上加剧了我国资本密集型行业的融资约束。模型4中金融信贷开放度与现金流的交互项系数为显著为正,说明我国金融信贷开放进一步加剧了资本密集型行业民营企业的融资约束。

总结以上分析,不难看出:在资本密集型行业,资本账户开放加剧了民营企业的融资约束,具体主要表现在直接投资开放和金融信贷开放两个领域。

3. 技术密集型行业

表5-11中模型1表示加入资本账户整体开放与现金流交互项后的模型,主要用于检验技术密集型行业中资本账户整体开放对民营企业融资约束具有缓解作用这一假设。模型2至模型4分别表示加入直接投资开放、证券投资开放和金融信贷开放交互项后的模型。所有模型中现金流 $Flow$ 的符号显著为正,说明了我国技术密集型行业的民营企业普遍存在融资约束。

表5-11 技术密集型行业回归分析

解释变量	模型1	模型2	模型3	模型4
$Flow$	0.205*** (24.902)	0.192*** (23.623)	0.203*** (23.682)	0.204*** (24.597)
$Scale$	0.374*** (27.124)	0.372*** (26.636)	0.374*** (27.028)	0.378*** (27.368)
ΔStd	−0.058*** (−9.014)	−0.056*** (−8.553)	−0.060*** (−9.187)	−0.049*** (−8.385)
ΔNwc	−0.095*** (−15.615)	−0.086*** (−14.347)	−0.097*** (−15.732)	−0.083*** (−14.396)
$Grow$	0.001 (0.091)	0.016 (0.504)	−0.000 (0.002)	0.001 (0.161)
$Expend$	0.017*** (6.728)	0.016*** (6.479)	0.015*** (5.871)	0.012*** (5.197)

续 表

解释变量	模型1	模型2	模型3	模型4
$CAP*Flow$	−0.031*** (−4.560)			
$CAP1*Flow$		−0.030*** (−5.109)		
$CAP2*Flow$			−0.000 (−0.108)	
$CAP3*Flow$				−0.010*' (−1.723)
截距项	3.925*** (25.013)	0.397 (1.281)	3.431*** (19.973)	3.872*** (25.136)
年份效应	已控制	已控制	已控制	已控制
行业效应	已控制	已控制	已控制	已控制
调整R方	0.368	0.391	0.365	0.437
样本量	6 437	6 437	6 437	6 437

注：***、**、*'分别代表统计显著性水平为1％、5％、10％，括号内为 t 统计量

模型1中资本账户整体开放度与现金流的交互项系数显著为负，说明了我国资本账户整体开放缓解了技术密集型行业民营企业的融资约束，假设5得到了部分验证。模型2中资本账户直接投资开放与现金流的交互项系数显著为负，说明我国技术密集型行业民营企业直接投资开放缓解了民营企业的融资约束。模型3中证券投资开放度与现金流的交互项系数并不显著，说明证券投资开放对我国技术密集型行业民营企业的融资约束并不具有显著影响。模型4中金融信贷开放度与现金流的交互项系数10％的水平上显著为负，说明我国金融信贷开放在一定程度上缓解了技术密集型行业民营企业的融资约束。

总结以上分析，不难看出我国资本账户整体开放缓解了技术密集型行业民营企业融资约束，但这种影响主要表现在直接投资开放领域。

通过三个行业模型的比较，我国资本账户整体开放对民营企业融资约束的影响存在明显的行业差异：我国资本账户整体开放对劳动密集型行业的融资约束没有影响，对资本密集型行业的融资约束有加剧作用，对技术密集型行业的融资约束具有缓解作用。在劳动密集型行业，资本账户整体开放对民营企业融资约束的影响主要表现在直接投资和证券投资开放领域，在资本密集型行业主要

表现在直接投资和金融信贷开放领域,在技术密集型行业主要表现在直接投资开放领域。

四、模型的稳健性检验

(一)用投资-现金流敏感度模型代替现金-现金流敏感度模型

在前面的实证分析中,本研究采用现金-现金流敏感度模型来估计民营企业面临的融资约束。但是在学术界,投资-现金流敏感度模型作为另一个衡量融资约束的模型,也为不少学者所使用。因此,为保证结论的稳健性,本部分将采用投资-现金流敏感度模型进行模型进行实证分析。具体回归结果见表5-12和表5-13。

表5-12 全样本回归结果

解释变量	基准模型	模型1	模型2	模型3	模型4
$Flow$	0.212*** (47.713)	0.224*** (50.986)	0.215*** (47.578)	0.199*** (39.383)	0.232*** (50.182)
$Scale$	0.372*** (36.861)	0.377*** (36.179)	0.383*** (38.133)	0.389*** (36.977)	0.382*** (36.365)
ΔStd	−0.075*** (−13.079)	−0.076*** (−13.325)	−0.069*** (−12.584)	−0.080*** (−13.629)	−0.073*** (−12.958)
ΔNwc	0.118*** (19.212)	0.113*** (18.654)	0.096*** (18.025)	0.127*** (20.197)	0.102*** (18.394)
$Grow$	0.024*** (4.483)	0.027*** (4.997)	0.032*** (6.222)	0.014*** (2.409)	0.029*** (5.378)
$CAP*Flow$		−0.013*** (−2.746)			
$CAP1*Flow$			0.018*** (5.413)		
$CAP2*Flow$				−0.012*** (−3.121)	
$CAP3*Flow$					0.008*** (4.821)
截距项	4.564*** (38.286)	3.882*** (35.322)	2.163*** (9.492)	3.333*** (28.673)	3.915*** (35.982)
年份效应	已控制	已控制	已控制	已控制	已控制

续 表

解释变量	基准模型	模型 1	模型 2	模型 3	模型 4
行业效应	已控制	已控制	已控制	已控制	已控制
调整 R 方	0.375	0.386	0.442	0.359	0.391
样本量	12 138	12 138	12 138	12 138	12 138

注：***、**、*′代表统计显著性水平分别为 1%、5%、10%，括号内为 t 统计量

表 5-13 分行业回归结果

解释变量	模型 1	模型 2	模型 3
$Flow$	0.176*** (13.478)	0.132*** (13.782)	0.223*** (24.913)
$Scale$	0.352*** (13.316)	0.378*** (13.269)	0.375*** (27.125)
ΔStd	−0.263*** (−9.832)	−0.077*** (−6.826)	−0.058*** (−9.024)
ΔNwc	0.371*** (13.927)	0.087*** (7.712)	0.096*** (15.625)
$Grow$	0.001 (0.118)	0.002 (0.236)	0.001 (0.091)
$CAP * Flow$	0.003 (0.352)	0.022** (2.456)	−0.032*** (−4.572)
截距项	3.634*** (12.923)	3.492*** (12.365)	3.876*** (25.213)
年份效应	已控制	已控制	已控制
行业效应	已控制	已控制	已控制
调整 R 方	0.316	0.263	0.346
样本量	2 365	3 689	6 084

注：***、**、*′代表统计显著性水平分别为 1%、5%、10%，括号内为 t 统计量

表 5-12 为全样本回归结果，其中基准模型为不包含资本账户开放指标的原始模型，模型 1 至模型 4 分别为纳入资本账户整体开放、直接投资开放、证券投资开放、金融信贷开放四个变量与现金流交互项的模型。无论在哪个模型中，现金流 $Flow$ 的系数始终显著为正，说明民营企业面临融资约束的结论在投资现金流模型中同样适用。企业规模 $Scale$、净营运资本 ΔNwc 和成长性 $Grow$

在四个模型中显著为正,说明企业规模越大,净营运资本越充足、成长性越好,后续进行的投资也更多,短期负债 ΔStd 变动均显著为负,说明民营企业短期负债会制约资本的扩张。同时,资本账户整体开放、直接投资开放、证券投资开发和金融信贷开放四个变量与现金流的交互项系数均显著且与现金流模型中变化不大,说明我国资本账户开放对民营企业融资约束的影响在投资-现金流敏感度模型中同样稳健。

表 5-13 显示了分行业回归结果。模型 1 至模型 3 分别表示劳动密集型、资本密集型和技术密集型三个行业中加入了资本账户整体开放与现金流交互项的回归模型。无论在哪个模型中,现金流 $Flow$ 的系数始终显著为正,说明民营企业面临融资约束的结论在投资现金流模型中同样适用。企业规模 $Scale$、净营运资本 ΔNwc 和成长性 $Grow$ 在四个模型中显著为正,说明企业规模越大,净营运资本越充足、成长性越好,后续进行的投资也更多,短期负债 ΔStd 变动均显著为负,说明民营企业短期负债会制约资本的扩张。同时,资本账户整体开放与现金流的交互项系数均显著且与现金流模型中变化不大,说明我国资本账户开放对民营企业融资约束的影响的行业差异在投资-现金流敏感度模型中同样稳健。

(二)用托宾 Q 值代替主营业务收入增长率

在现金-现金流敏感度模型中,我们使用主营业务收入增长率来衡量企业成长性,尽管这一指标是最优的。但是为了保证估计结果的稳健性,我们在此使用托宾 Q 值来衡量企业的成长性,具体计算公式为股权价值与债券价值之和占资产总额的比重。

表 5-14 为全样本回归结果,其中基准模型为不包含资本账户开放指标的原始模型,模型 1 至模型 4 分别为纳入资本账户整体开放、直接投资开放、证券投资开放、金融信贷开放四个变量与现金流交互项的模型。现金流 $Flow$ 的系数始终显著为正,说明民营企业面临融资约束的结论在更换变量后同样适用。企业规模 $Scale$ 在四个模型中显著为正,说明企业规模越大,后续持有的现金资产也越多。净营运资本 ΔNwc 和短期负债 ΔStd 变动均显著为负,说明民营企业短期负债和净营运资本越大,后续持有的现金资产越少。同时,资本账户整体开放、直接投资开放、证券投资开发和金融信贷开放四个变量与现金流的交互项系数均显著且与更换变量前结果中变化不大,说明我国资本账户开放对民营企业融资约束的影响在更换成长性衡量指标后同样稳健。

表 5‐14 全样本回归结果

解释变量	基准模型	模型1	模型2	模型3	模型4
$Flow$	0.215*** (47.734)	0.225*** (50.981)	0.211*** (47.534)	0.189*** (39.392)	0.231*** (50.173)
$Scale$	0.373*** (36.862)	0.375*** (36.179)	0.387*** (38.134)	0.381*** (36.965)	0.384*** (36.365)
ΔStd	−0.075*** (−13.079)	−0.074*** (−13.316)	−0.067*** (−12.584)	−0.079*** (−13.629)	−0.071*** (−12.967)
ΔNwc	−0.118*** (−19.212)	−0.123*** (−18.643)	−0.096*** (−18.024)	−0.118*** (−20.197)	−0.121*** (−18.394)
$Grow$	−0.019 (−4.486)	−0.028 (−4.987)	−0.031 (−6.232)	−0.024 (−2.419)	−0.030 (−5.373)
$Expend$	0.007*** (5.178)	0.009*** (5.173)	0.007*** (3.817)	0.009*** (5.851)	0.009*** (4.681)
$CAP*Flow$		−0.014*** (−2.756)			
$CAP1*Flow$			0.019*** (5.423)		
$CAP2*Flow$				−0.013*** (−3.122)	
$CAP3*Flow$					0.007*** (4.822)
截距项	4.564*** (38.286)	3.882*** (35.322)	2.163*** (9.492)	3.333*** (28.673)	3.915*** (35.982)
年份效应	已控制	已控制	已控制	已控制	已控制
行业效应	已控制	已控制	已控制	已控制	已控制
调整R方	0.371	0.382	0.441	0.33	0.376
样本量	12 239	12 239	12 239	12 239	12 239

注：***、**、*'分别代表统计显著性水平为1%、5%、10%,括号内为 t 统计量

表5‐15显示了分行业回归结果。模型1至模型3分别表示劳动密集型、资本密集型和技术密集型三个行业中加入了资本账户整体开放与现金流交互项的回归模型。无论在哪个模型中,现金流 $Flow$ 的系数始终显著为正,说明民营企业面临融资约束的结论在投资现金流模型中同样适用。企业规模 $Scale$ 在四

个模型中显著为正,说明企业规模越大,后续持有的现金资产也越多。净营运资本 ΔNwc 和短期负债 ΔStd 变动均显著为负,说明民营企业短期负债和净营运资本越大,后续持有的现金资产越少。同时,资本账户整体开放与现金流的交互项系数在每个行业中均显著且与更换变量前结果中变化不大,说明我国资本账户开放对民营企业融资约束的影响在行业层面的差异在更换成长性衡量指标后同样稳健。

表 5-15 分行业回归结果

解释变量	模型 1	模型 2	模型 3
$Flow$	0.177*** (13.468)	0.133*** (13.792)	0.213*** (24.923)
$Scale$	0.352*** (13.316)	0.378*** (13.269)	0.375*** (27.125)
ΔStd	−0.263*** (−9.832)	−0.077*** (−6.826)	−0.059*** (−9.024)
ΔNwc	−0.371*** (−13.917)	−0.087*** (−7.712)	−0.096*** (−15.625)
$Grow$	−0.003 (−0.118)	−0.003 (−0.226)	−0.002 (−0.072)
$Expend$	0.001 (0.195)	0.001 (0.218)	0.017*** (6.728)
$CAP * Flow$	0.002 (0.363)	0.026** (2.459)	−0.031*** (−4.562)
截距项	3.634*** (12.923)	3.492*** (12.365)	3.876*** (25.213)
年份效应	已控制	已控制	已控制
行业效应	已控制	已控制	已控制
调整 R 方	0.322	0.265	0.343
样本量	2 337	3 464	6 437

注:***、**、*'分别代表统计显著性水平为 1%、5%、10%,括号内为 t 统计量

另外无论是全样本回归结果还是分行业回归结果,使用托宾 Q 衡量的成长性指标系数均不显著,这与使用主营业务收入增长率来衡量的结果并不相同。说明了托宾 Q 可能真的不适合在中国资本市场使用。

第四节　研究结论和政策措施

一、研究结论

本研究选取 2006—2016 年中国 A 股市场 1 712 家民营上市公司作为研究对象,首先利用现金-现金流敏感度模型检验了我国民营企业是否存在融资约束,然后检验了我国资本账户整体开放以及不同类型资本账户开放对民营企业融资约束的影响,接着比较了上述影响在劳动密集型、资本密集型和技术密集型行业的具体差异。最后得出如下结论:

我国民营企业普遍存在融资约束,且不同行业面临的融资约束大小并不一致。无论是在总样本还是在分行业样本中,现金、现金流敏感系数始终显著为正,说明民营企业的融资约束是普遍存在的。同时不同行业上市公司面临的融资约束大小不尽相同,技术密集型行业上市公司面临的融资约束最大,其次是资本密集型行业,最后是劳动密集型行业。

资本账户整体开放对民营企业融资约束具有缓解作用。这一结论无论是在总样本中还是在不同行业的样本中均保持不变。说明了我国目前账户整体开放在促进民营企业融资约束层面发挥了积极作用。这无疑是对我国三十年来对于资本账户开放政策的一种肯定,也为资本账户开放促进经济增长提供了微观层面的证据。

不同类型资本账户开放对民营企业融资约束影响具有异质性,资本账户开放具有一定的结构效应。直接投资开放加剧我国民营企业融资约束,说明了外商直接投资带来的增量资金主要在国有企业层面发挥了较多作用;证券投资开放会缓解民营企业融资约束,说明了资本市场的开放在缓解民营企业约束层面发挥了积极作用;金融信贷开放加剧了我国民营企业融资约束,目前外资银行的进入在一定程度上加剧了我国民营企业融资环境的恶化。

资本账户开放对民营企业融资约束的影响存在较强的行业差异。资本账户整体开放对民营企业融资约束缓解效应主要存在于技术密集型行业,对劳动密集型行业没有显著影响,对资本密集型行业民营企业反而起到了加剧作用。说明了我国资本账户开放在推动高新技术企业发展层面发挥了有益作用。在具体的影响领域,资本账户开放对技术密集型行业融资约束的影响主要表现在直接投资领域。

二、政策措施

（一）稳步推进资本账户逐步开放，充分发挥其对民营企业融资约束的缓解作用

关于我国资本账户开放是否应该加快，在学术界是一个争论不休的话题。但是毋庸置疑，资本账户开放促进经济增长的微观路径在本研究得到了验证。本研究发现中国资本账户的整体开放可以缓解民营企业的融资约束。说明了我国资本账户开放作为一个战略决策，可以通过降低民营企业的融资成本进而促进我国经济的增长。

坚定不移地推进资本账户开放对降低民营企业融资约束具有非常重要的现实意义。一方面，伴随着我国经济进入新常态，经济增速放缓已成为不争的事实。通过加快资本账户开放缓解民营企业融资约束，进而释放民营企业发展的资金束缚，无疑为我国经济发展提供一种新的动力。另一方面，中央经济工作会议明确把去杠杆作为我国当前经济工作的重要任务。通过资本账户开放引入国外的权益资本，可以在不增加企业负债的情况下推进民营企业的发展，是对中央政府政策的一种响应。

（二）实施差异化开放对策，挖掘资本账户开放缓解民营企业融资约束的潜力

本研究结果表明不同类型资本账户开放对民营企业融资约束的影响不同，直接投资开放和金融信贷开放会加剧民营企业融资约束，证券投资开放会缓解民营企业融资约束。因此，我们在资本账户开放的结构层面：一方面要坚持推进证券投资开放，发挥其对民营企业融资约束的缓解作用，另一方面要最大限度减弱直接投资开放和金融信贷开放对民营企业融资约束的加剧作用。

一要继续稳步推进资本市场开放。一方面，要进一步优化资本市场环境，不断完善信息披露制度和投资者保护制度。台湾等股市发展经验表明，没有一个成熟的资本市场环境，QFII 靠脚投票的治理手段是很难充分发挥积极效果的。因此要更好发挥 QFII 的作用，必须进一步优化资本市场环境。另一方面要大力鼓励 QFII 的发展。在保证不增加系统性风险的前提下，不断消除 QFII 和国内机构投资者之间的不合理差距，让 QFII 和国内机构投资者可以在资本市场公平展开竞争。

二要着力解决制约直接投资开放和金融信贷开放缓解民营企业融资约束的

实质性障碍。制约直接投资开放发挥积极作用的是 FDI 的债务"挤出效应",其原因主要在于地方政府不合理的政绩考核观和对本地信贷等政策的干预权力。因此要削弱 FDI 对民营企业融资约束的负面效应,关键是建立正确的政绩考核制度同时严格限制地方政府对于当地信贷政策的干预。制约金融信贷开放发挥积极作用的主要是金融市场信息不对称。因此要削弱金融信贷开放对民营企业融资的负面效应,关键是要建立一套针对民营企业的合理有效的金融制度,例如成立针对民营企业融资的担保公司,创新以应收账款为基础资产的证券化融资方式等。

(三)大力推进产业结构优化升级,不断增强我国经济对外资的吸引力

本研究表明资本账户开放对民营企业融资约束的缓解作用主要集中在技术密集型行业,且以直接投资为主要渠道。主要是因为技术密集型行业投资回报率比较高而且受到国家政策支持。例如中国资本市场最近提出要对独角兽回归 A 股提供绿色通道,这些独角兽企业有很大一部分属于技术创新型企业,在资本市场可以获取较高的估值溢价。

因此我国要不断推进产业结构优化升级,在大力发展技术密集型行业的同时,要不断提高劳动密集型行业产品的附加值和技术含量,提高这些行业创新能力。对于技术密集型行业的支持要贯彻到底,对于劳动密集型行业的政府补贴虽然含有社会维稳的内在需求,但这种救助也可能减弱这些行业转型的压力,因此政府要适当减少这些行业的财政补贴,同时要把重点放在促进这些行业的转型升级方面。只有这样方能更好发挥资本账户开放对民营企业融资约束的缓解作用。

第六章 中国资本账户开放与商业银行效率

第一节 商业银行效率理论与内涵

一、商业银行效率的界定

所谓商业银行效率是指银行投入与产出或成本与收益之间的对比关系。更进一步来说,商业银行效率是在确保自身盈利水平、资产安全以及流动性的前提下,适当安排自身可支配资源,进而最大程度上推动社会和经济发展的能力,其代表了投入产出能力、竞争能力和可持续发展能力等。商业银行效率可以从微观和宏观两个方面来进行分析,在微观层面上,商业银行效率指其投入与产出或成本与收益的比较;而在宏观层面上,银行效率指的是整个银行业对国民经济增长的贡献率,把包括银行人力、物力、分支机构和各类金融资产的存量与流量的投入与国民经济增量进行比较。这里主要从微观层面对商业银行效率进行研究。

银行效率与银行效益既紧密关联,又有所区别。银行效益是指银行的资产和服务所带来的收益率。银行在追求效益的同时,还要兼顾其可持续发展的能力,这就要求银行讲究运作效率。而且,又要追求安全性和流动性。有效益的金融交易未必有效率,如借助垄断所获得的高收益,并不一定是高效率和可持续的。可见,银行效益包含在银行效率之内,商业银行经营活动的核心是效率,而基础是效益。[①]

二、商业银行效率的分类

银行效率的研究内容涉及方方面面,从国内外的研究情况来看,主要包括了

---

① 易会满.中国商业银行效率实证研究[J].金融理论与实践,2007(1):15-17.

三种效率：规模效率、范围效率和 X 效率。

规模效率研究商业银行在扩张存款、贷款和资产规模时，其经营成本与经营效益是否同步。它的成因可以归结为收入提高、成本降低、风险分散等方面。如果产出的增长快于成本的增长，银行即处于规模效率状态中。

范围效率研究商业银行在实行业务经营多样化时，其经营成本与经营效益是否同步。它的成因包括充分利用品牌优势和营销网络、实现资源的充分利用、实现管理能力的充分利用、"一站式"服务等方面。在既定的产出水平上，如果经营多种业务的成本低于经营单一业务的成本，银行即处于范围效率中。

X-效率（X-Efficiency）是商业银行效率研究的主要内容。X-效率指的是除了规模效率和范围效率外的所有配置效率（Allocative Efficiency）和技术效率的总和，即在一定的产出水平下，实际成本与成本效率边界的偏离程度，它是一个相对效率。自 1990 年以来，X-效率是国内外研究银行绩效的主要方向，其中 X-效率通常由成本效率表示，而成本效率又可分解为技术效率和配置效率，其中技术效率又可以分为纯技术效率和规模效率。其中，技术效率是反映厂商由给定投入获得的最大产出能力；配置效率，反映厂商在分别给定的价格和生产技术下以最优比例利用投入的能力。本研究是以技术效率为主的。

三、影响商业银行效率的因素

（一）宏观因素

宏观经济因素具体包括经济增长、通货膨胀率、利率与汇率变化、经济政策等。经济因素对商业银行效率的影响分为长期影响和短期影响两个方面。

从长期看，宏观经济政策的变化对商业银行的经营决策和预期目标会产生重要的影响，进而导致商业银行经营方式的改变，最终将影响商业银行的长期效率状况。2013 年，十八届三中全会发布了针对各领域深化改革的决定，银行领域主要包括开放民营银行的准入门槛，推进存款保险制度，发展普惠金融，完善人民币汇率形成机制，加快推进利率市场化。可以推断，以后我国的商业银行尤其是国有银行无法继续享有垄断经济利润，而且随着利率市场化和更多民营银行的加入，利润空间进一步缩小，更为令人感到危机的是存款保险制度的建立将改变以往国家兜底的情况，银行要自负盈亏，自食其力，这些都将提升银行的危机感，让其更好地经营，提高银行效率。

从短期看，通货膨胀率、利率与汇率的变化将直接影响商业银行的运营成本和利润水平，因而对商业银行效率会产生直接的影响。2008 年席卷全球的金融危机,使我国经济迅速进入下行通道,GDP 和 CPI 双双大幅降低。尽管金融危机没有对我国银行业造成直接冲击,但是由实体经济下行带来的间接影响同样不可忽略,银行作为社会融资中介、财富管理机构和清算支付中介的职能发挥受到一定程度的抑制,银行的盈利水平受到了影响。

（二）行业因素

影响商业银行效率的行业因素主要是市场结构。市场结构(Market Structure)指在特定行业中企业与企业之间在数量、规模、份额等方面的各种关系及由此决定的竞争形式的总和。市场结构集中体现了市场的竞争和垄断程度。在主流产业经济学的 SCP(Structure-Condition-Performance)框架中,市场结构是影响企业行为,进而影响市场绩效的重要因素。市场结构一般体现在市场集中度、产品差异程度和进入壁垒等因素,其中市场集中度是决定市场结构的主要因素。

比较典型的是外资银行的进入使得我国商业银行市场结构发生了变化,外资银行的资产份额和数量份额在中国银行业中的比重逐年提高。而且随着民营银行的逐步推进,我国银行业将逐渐由高度集中的市场结构过渡为适度集中的市场结构。此外,随着阿里巴巴等互联网公司掀起的互联网金融热潮,尤其是"余额宝""理财通"等互联网金融产品,与银行活期存款、定期存款、银行理财产品等形成一定程度的竞争关系,从一定程度上蚕食了银行的业务规模和盈利水平。这些无疑都将进一步迫使各大商业银行转变经营方式,创新金融产品,提高经营效率。最近以国有银行为首的商业银行便开始全面将存款利率上浮到顶,此外平安银行、浦发银行等已经推出了类货币基金型理财产品正面迎战"余额宝"为首的互联网理财。

（三）微观因素

1. 产权制度

所谓产权制度,是指既定产权关系和产权规则结合而成的且能对产权关系实现有效的组合、调节和保护的制度安排。产权制度的最主要功能在于降低交易费用,提高资源配置效率。产权是以财产所有权为核心或由财产所有权所引起的权利总称,具体而言是资源或物的所有者所拥有的对其获得、占有、控制、收益或任意处置的权利总和。

现代产权理论对公有、私有进行了明确分析,公有产权是归全体社会成员所有,其收益权与控制权分离,容易导致成员内部"搭便车"的现象。而由于私有产权边界明晰,成本和收益均由特定的所有者承担,消除了外部性,因此可以有效运行激励机制。股份制改革以前,国有银行国家资本一股独大,且所有权由谁代表并未明确,导致权责不明,因此国有银行普遍效率低下,资产不良率达到历史高点。国有银行经历了股份制改革后,中央汇金作为国家资本出资人代表,使得国有银行长期存在的产权主体虚位问题得以解决。

此外,国有银行引进战略投资者,纷纷在境内境外上市。国有银行股东的多样化带来了对内部管理和盈利的更高要求,上市也使得银行的经营状况和决策更加透明,促进银行的审慎性经营,有利于银行资产风险的降低,而国有银行改革后的经营状况也印证了这一点,短短几年间银行不良资产大幅减少。国有银行上市后,监管主体在原来银监会的基础上又增加了一个证监会,监管更加严密。

2. 银行规模

商业银行规模对效率的影响主要表现为银行的规模经济。商业银行的规模经济是指随着银行规模的扩大、机构网点的增多而产生的单位经营成本下降、收益上升的现象。首先,银行规模的扩大可以减少每笔业务担负的固定成本,节省人力资源和经营开支,同时银行规模可以带来产品定价上的强势地位;其次,随着业务量的增长,员工的熟练程度增加,从而提高工作效率;最后,有利于银行采用先进的信息技术,吸收高层次的金融人才,降低银行的边际成本。然而,当银行的规模扩大到一定程度时,规模扩大带来的成本节约小于规模扩大带来效率损失时,商业银行将面临规模不经济。

3. 创新能力

著名经济学家熊彼特(Schumpeter)在其1912年的成名作《经济发展理论》中对创新的定义是:创新是指新的生产函数的建立,也就是企业家对企业要素实行新的组合。我国学者对金融创新的定义为:金融创新是指金融内部通过各种要素的重新组合和创造性变革所创造或引进的新事物。金融创新大致可归为三类:金融制度创新、金融业务创新和金融组织创新。

民生银行作为我国第一家完全由非公有制企业入股的股份制商业银行,其在短短十几年时间迅速发展壮大,制度创新功不可没。长期以来,我国银行业形成了总分行制的管理体系,级别待遇根据总行、分行、支行依次递减。在这种分配制度下,大家都会努力争取分行或总行的岗位,而直接创造利润的一线岗位往往无人问津,这样的局面导致银行效率低下。民生银行则大胆创新,推出了"等级行制度",该制度按照利润、成本、风险等综合指标进行考核,并以此作为收入分配的标准,打破了以往的总分行概念。这项制度的实施极大地调动了员工的积极性,使人才的配置更加有效合理,给民生银行注入了新的活力,培养了一大批给该行创造巨大利润的一线职业经理人。

在业务创新方面,供应链金融尤其引人关注。我国商业银行为了规避风险,大部分都不愿意给中小企业贷款。而随着经济结构的调整,以中小企业为主的民营经济将扮演更加重要的角色,此外,银行业的竞争也更加激烈,各银行逐渐将中小企业作为潜在的客户来发展。平安银行的前身深圳发展银行是我国供应链金融的开创者。供应链金融是指银行围绕核心企业,管理上下游中小企业的资金流和物流,帮助其融资并有效控制银行信贷风险。供应链金融谋划于产业链,用核心大企业为中小企业增信,显著降低了银行风险,同时极大拓展了银行的客户范围,提高了赢利水平。

第二节 资本账户开放对我国商业银行的影响

一、资本自由流动效应

(一)资本账户开放的福利效应

1. 资产组合多样化效应

国际资本流动使得投资者扩大了资产组合的选择范围,不仅可以持有国内资产,而且还可以持有国外资产,而资产组合的多样化能够使得投资者在其承担风险不变的情况下获得较高的预期收益率,或者在预期收益不变的情况下承担较小的风险。资产组合多样化效应的理论基础是资产组合理论。其基本思想是:投资者试图在各种可供选择的资产之间,按照效用最大化的原则——对金融资产来说就是风险一定收益最大或者收益一定风险最小——来分配财富。根据马克维茨的理论,通过持有多样化的资产可以降低风险水平而不一定降低预期收益,其前提是各种资产的收益不完全相关。因为不同国家资产收益之间的相关性远比同一国内部资产之间的相关性低,资本管制的放松不仅有助于国内商业银行在更广阔的范围内分散风险,而且在特定情况下,外国金融机构总部可以充当其在东道国分支机构的最后贷款人角色,起到稳定作用。

资产组合多样化效应还意味着资本流动没有影响储蓄投资,也就是说资本账户中资本流入与流出正好平衡,资本净流动额为零,一国的金融机构也能从资本管制的放松中获益。

2. 制度创新效应

资本账户的开放有助于金融监管制度的完善和社会信用基础的建立。资本账户开放的一个重要表现是该国主动地成为各种相关的国际和区域性协议的签字国,这无形中将对政府的经济管制行为的不连续性和不稳定性以约束。按照国际公认的惯例和规则监管金融活动,不仅为本国金融市场提供了一个规范的竞争环境,同时也减少了包括国家风险在内的许多不确定性。一个可信赖的金融监管制度不仅会增强包括国外在内的投资者的信心,在良好监管制度下的金融交易行为也将变得更加规范,金融契约将具有真正的约束力,从而重建社会的信用基础。

资本账户开放有助于金融监管制度的完善还在于外资金融机构的进入将有助于金融监管人才的培育与监管技能的提高,这是良好监管制度的保障。外资金融机构有效的风险管理机制和技术提供了示范;其不断的金融创新时刻为监管者提出许多新的课题;由此引起的其他突发问题也将迫使监管者迅速找出解决问题的办法。许多开放状态下遇到的风险在封闭状态下是无论如何也碰不到的。

资本账户开放还为国际金融监管的良好合作奠定了基础。在贸易、金融活动日益全球化的今天,金融风险乃至金融危机呈现了广泛的区域性甚至于国际性特征,单靠一个国家的能力要想成功实施风险管理和危机管理是不大现实的,必须充分依靠国际组织及其他国家的良好合作。积极参与国际组织的活动,改善外部环境将为这种合作奠定坚实的基础。

(二)资本自由流动的风险分析

新古典主义基于有效市场假设,认为资本自由流动能够导致资源有效配置,产生以上正面的效应,然而对于这些观点还存在争议。批评者认为,由于信息不对称等金融市场扭曲的存在,引发逆向选择、道德风险和从众行为等问题,资本账户开放引起的资本自由流动可能导致无效率,在极端情况下还会引发严重的金融危机。例如,资本账户开放在一定程度上加剧了资本的大量无序流动;为国际游资的形成发展及其风险扩散创造了金融环境;削弱了各国货币政策的有效性,甚至扰乱了该国金融体系的稳定性;还给各国的金融监管与控制带来了困难。

资本账户开放对发展中国家银行业稳定性的影响更大。在发展中国家,特别是亚洲新兴市场国家,由于资本市场不发达,银行机构通常是主导型的金融中介。因此,在银行主导型的金融结构下,资本账户开放导致的资本流入无论是采取商业银行贷款,还是证券投资抑或是直接投资形式,除非它们用于货物进口或由央行通过冲销干预加以转移,否则其中大部分都会以直接或间接的方式进入银行体系,相应地增加银行可贷资金,并由此对银行业的稳定造成重大影响。

二、外资银行竞争效应

(一) 技术进步

资本账户开放的一个主要现象就是外资银行的进入,尤其是最近十年,外资银行大规模进入中国,而我国为了实现加入WTO的承诺,对外资银行的经营区域、业务范围等方面的限制越来越少,外资银行可以更平等的和中资银行进行竞争。外资银行全方位深入中国带来了技术外溢效应,这个过程是在无意中产生的。首先是外资金融机构总部向东道国分部转让有关技术等,然后是东道国分部员工和管理的本土化,使得技术向其他银行和整个社会扩散。其次,根据GATS第四条"发展中国家更多参与"的原则,发展中国家还可以要求发达国家在银行服务的商业性技术、信息网络上给予更多的帮助,这无疑是东道国提升技术的一个非常好的途径。再次,中资银行视外资银行为强大的竞争对手,必然会关注其技术、管理等方面,吸收其优点,并运用到自身。最后,外资金融机构进入本国市场,同时也带来了国际市场的大量信息,有助于国内金融机构进入国际市场。面临更加激烈竞争的国际市场,中资银行只有不断提高经营能力,才能谋得一席之地。

(二) 组织创新

随着银行业竞争的不断加强,越来越多的银行认识到,要想在竞争中获胜,除技术进步外,组织创新也十分重要。组织创新的目的是形成合理的组织结构(包括权利结构、分工结构、沟通结构)和有效的激励机制,从而使银行能够适应不断变化的环境和不断加剧的竞争压力。

西方银行业的组织创新主要表现在以下几个方面:第一,强调组织的灵活性,以便适应迅速变化的经营环境;第二,强调组织内部的协作,并据此灵活设置业务部门和职能部门;第三,决策机构与执行机构有逐渐融合的趋势,以提高决策的效率;第四,强调组织内部的沟通,以便政策能够顺利地执行;第五,重视组织的激励机制,以充分发挥雇员的能动性。

随着组织的创新和发展,西方商业银行(特别是美国银行)出现了以客户为中心的新型组织形式,即以客户为中心来设立各次级结构等。同时,银行的权力也从过去"金字塔"式的等级结构逐渐非集中化,决策层次减少,相应每个层次所直接控制的下级人员增多,决策出现了更加分散化和民主化的趋势。对外资银行而言,由于其面临的是在不同的国家和商业环境下经营,因此,组织创新更为重要。

外资银行在我国的经营,一方面由于环境的变化,可能会使银行自身的组织结构得到创新,另一方面对我国银行组织创新与发展也有一定的促进作用。外资银行对我国银行组织创新的积极意义表现在:一是体系内转让和创新效应,即外资银行通过体系内(如母行向驻我国分行)组织技术的转让,及外资银行为适应我国环境而进行的组织创新,丰富了我国银行业的组织技术。不过,一般而言,组织技术的跨国转让需要更长的时间和更大的成本,因为其中涉及诸如东道国的工作方式、对人际关系的态度及工作环境等若干因素。二是体系外效应,又包括直接转让和学习效应(通过参加外资银行的培训和技术交流以及外资银行直接的知识转让等)、溢出效应和外部效应(通过人员流动等)、示范效应(外资银行为我国银行提供了一个参照系,起到变革的催化剂作用)和激励效应(如外资银行的存在增加了竞争程度,促使当地银行采取更有效的组织结构等)。

外资银行对我国组织效应的大小主要取决于我国的商业文化、外资银行的进入方式、所有权、雇员来源、外资银行规模等。

(三) 人力资源

人力资源在经济体中的作用非常巨大,二战后的日本能有今天的经济奇迹,最重要的因素就是教育。外资银行对我国人力资源发展的促进表现为:一是直接促进,外资银行对其从我国招聘的职员提供正式和非正式的培训机会,以增加职员的技能和有关知识。金融业属于服务行业,其中涉及的大多是软技术,如营销、管理、服务等,因而相比物质生产行业,人力资源更具有重要性。服务业的特点是无形性和顾客中心性,因此,服务业无法像普通技术和设备一样进行跨国界的转移,因而外资银行通常是在我国再生产有关软技术。故对外资银行而言,培训本系统人员(特别是管理人员)尤为重要。二是间接促进,如对非本银行的人员提供教育投资和职业培训等,主要是对有可能成为其潜在职员的员工或在校学生及与之有业务联系的企业提供赞助和培训。外资银行的培训有两种形式,即正式培训和非正式培训。正式培训包括内部课程(如银行举办的各种业务培训班)和外部课程(如选派人员参加院校的短期教育等)两种。外资银行正式培训的目的是提供经理们管理银行所必需的技术技能和广泛的知识。过去外资银行的培训以业务工作为重点,现在则越来越立足于现代管理技术,如目标确定、任务界定、建立工作队伍等方面。外资银行的另一个培训重点是在高级经理的职责方面,强调高级经理们必须清楚银行的长期目标,能从全球市场的角度出发,能够适应(和管理)大规模的战略变化,以及能够确立并维持公众的信心等。非正式培训也叫"在职培训",通常是外资银行培训在我国职员中的最主要形式。非正式培训是由外资银行自己提供的,基本形式由业务实践、组织内工作调动等。

外资银行对我国人力资源影响程度的大小,主要取决于外资银行在我国的投资规模、母行的价值观和文化及对我国市场的看法、进入方式、我国现存的金融从业人员的素质等几个方面。一般地,投资越大,外资银行需要招聘的员工就越多,接受培训的人员也就越多。就母行的价值观、文化及对我国市场的看法而言,如果母行比较强调集体精神或强调建立一个国际性的员工队伍,而不仅仅是短期的收益,那么对我国人力资源发展的作用就会大一些;如果外资银行对我国市场前景持乐观态度,外资银行的投入也可能会多一些。就外资银行进入方式来看,采取代表处形式的,所需员工和员工培训就可能较少;采取分行形式的,所需员工及相应的培训则可能较多;采取子银行或合资、合作形式的,则可能会更多。此外,我国现存的金融从业人员的素质也影响到外资银行的招聘和培训。

三、外资入股中国商业银行效应及挑战

改革开放以来,国内商业银行的改革从来就没有停止过,但国有银行体系的脆弱性一直难以改观。只是从 2003 年底以来对国有银行注资、财务重组、引进海外的战略投资者,经过股份制改造及上市后,才让人们看到曙光。我们可以看到,这不仅是改变目前中国银行业的公司治理结构、机制、内部审计、信贷文化及风险评估技术与观念,更是从根本上改变目前国内银行业基本格局,开始形成有效的金融市场竞争。因为,外国战略投资者的引进,不仅能够优化国内银行业机构的股权结构,改变国家股一股独大的僵化局面,还可以期待带来先进的管理经验、技术和产品,增强金融机构的市场竞争力。同时,引入国际知名的股东,还能提升国内银行业在国际上的市场形象,增加国内银行海外上市与融资的能力,提升国有银行本身的价值。交行与建行的成功上市就是有力的证明。

加入 WTO 之后尤其是银行股份制改革以来,我国商业银行改革与发展成就是非常显著的。一个突出标志是,在面对各方压力的情况下,国内商业银行自我约束、自我发展和市场化的经营能力有了较大提高。但是,由于历史、体制和

现实的局限性,国内商业银行在治理结构、经营模式、管理素质等方面还存在着许多缺陷,由此带来并沉积了不少矛盾和问题。一是我国商业银行仍然是粗放式的经营模式,过分依赖存贷差。尽管我国商业银行在国际上的排名逐年上升,在国际银行体系中的地位越来越高,但是随着金融改革的推进,这样的经营模式越来越不可持续,银行必须寻求利润增长的新途径。二是我国商业银行金融服务的广度和深度都不够,占据实体经济主体、提供最多就业岗位的微小企业贷款仍然很困难,银行的社会经济效益仍有待提升。三是随着存款保险制度的逐步推出,我国商业银行再也没有最后保底人,所以这对商业银行的风险控制提出了更高的要求,生存压力比以往任何时候都要大。

第三节 资本账户开放对银行效率影响的实证研究

一、DEA 方法概述

DEA 方法是目前国际上测量银行效率最主要的方法之一。该方法首先测算出部门或机构的最佳效率,将该效率作为一个生产前沿面,然后评估考察样本与该生产前沿的偏离程度,得出样本的效率。根据是否需要估计前沿生产函数中的参数,前沿分析方法又分为参数估计法和非参数估计法。参数估计法需要建立生产函数来确定生产可能曲线,并对其中的参数进行估计,其中最广为使用的是随机前沿方法 SFA。非参数估计法无须规定函数的具体形式和参数,最常用的非参数估计法是数据包络分析法 DEA。

DEA 是著名运筹学家查尼斯(A. Charnes)和库珀等学者在"相对效率评价"概念基础上发展起来的一种新的系统分析方法。自 1978 年第一个 DEA 模型——CCR 模型建立以来,有关的理论研究不断深入,应用领域日益广泛,成为一种重要而有效的分析工具。DEA 是在线性规划基础上建立的效率测度方法,它的基本思路是把每一个被评价部门或机构作为一个决策单元 DMU,在样本数据构成的被评价 DMU 群体中,找出有效生产前沿面,进而根据各 DMU 与生产前沿面的距离,评价各决策单元的效率。DEA 方法测算的是一种相对效率。DEA 方法可用于评价具有多投入、多产出的决策单位的效率,它不需要指定具体的生产函数,因此其可以用于评价具有较复杂生产关系的决策单位的效率。DEA 法所测量的效率不受投入和产出指标的单位选择的影响,因此在实证分析时可以减轻工作量。DEA 模型中投入和产出的权重由线性规划根据样本数据得出,不需要人为设定,增强了实证结果的客观性。

DEA模型可以分为投入主导型和产出主导型,这两种模型的区别在于计算效率值的时候模型是以投入为控制变量还是以产出为控制变量。商业银行的经营特点是根据市场趋势来决定投入多少成本,特别是在固定资产和人力资源方面有很大的可控性;效率理论研究的目的大多是为了控制企业的成本,能为企业对投入的数量上给出直接的建议。在考虑了上述两个因素,并结合大多数学者的研究经验后,本研究认为选择投入主导型的DEA模型来分析商业银行的效率更加适合。

CRS模型在规模效率不变的假设条件下,得出各个DMU单元的技术效率值;VRS模型在规模效率变化的假设下,得出各个DMU单元的技术效率、纯技术效率、规模效率值。虽然,这两个模型都可以得出投入和产出的松弛变量,但经过对试算得出的结果进行比较后发现,CRS模型得出的松弛变量的数量很少,远低于技术效率值表现出无效率的DMU单元的数量,VRS模型得出的松弛变量数量与其效率值反映的数据较为相符。而且生产单位大多数处于规模效率变化阶段,VRS模型更符合实际情况。因此本研究选择了使用VRS模拟进行效率值的测算。

在对样本效率进行纵向比较的时候,单纯用VRS得出的效率指标只能在同样的技术水平上对生产单位的效率进行比较,而Malmquist TFP指数能够提供更详细的分析指标,它把技术进步这个因素也考虑进来,更具实践性。

二、银行投入、产出指标的界定

采用DEA方法确定银行的投入和产出指标,有生产法和中介法。生产法强调银行的生产性及盈利性,把成本相关因素作为投入,如固定资产、人力成本、存款等指标,把营业利润、贷款额等作为产出。中介法把银行视为提供金融产品和服务的中介机构,通过把存款和其他形式的负债转化成各类贷款和资产获取利润,此方法通常以各类资金成本作为投入,而以贷款、盈余和投资额等作为产出。

本研究用生产法选取投入和产出指标。本研究参考国内外学者对投入、产出指标的选择情况,同时结合现阶段我国商业银行的实际状况进行选择。考虑到我国的商业银行仍然处于粗放经营阶段,主要靠"跑马圈地"、设置网点等形式扩大经营规模,同时我国银行业技术创新不充分,业务处理主要靠人工完成,这些庞大的固定资产投入和人力成本都是银行经营的主要投入。显然,固定资产和人力成本应该作为投入指标。此外,我国商业银行依赖大量吸收存款进行放贷以赚取利息差,利息差仍然是银行利润的主要部分,而获取存款必须付出利息,因此存款也应作为投入指标。

在产出指标方面,由于贷款可以看作是商业银行对社会提供的产品,因此把贷款作为产出指标。银行在提供产品的同时最终的目的还是获取利润,使得股东利润最大化,故本研究选取税前利润作为产出指标。

本研究选取了具有代表性的全国性商业银行作为研究对象,包括五大国有行和七家全国性股份制商业银行:中国工商银行、中国农业银行、中国银行、中国建设银行、交通银行、浦发银行、华夏银行、招商银行、兴业银行、中信银行、光大银行、民生银行。样本银行的效率水平基本可以代表我国商业银行的整体效率水平,因此本研究以这 12 家银行作为生产决策单元进行研究。在时间维度上,本研究选取我国银行股份制改革取得重要进展的 2005 年为起点,截止到能够获取最新数据的 2012 年。

本研究数据来源为《中国金融年鉴》及各银行官网年报的资产负债表和利润表。

三、我国商业银行效率的测度结果及分析

本研究用 DEAP2.1 软件,用 VRS 模型对商业银行各年度银行效率情况进行横向分析和比较。对我国商业银行的技术效率、纯技术效率、规模效率进行比较分析,特别是把银行按国有银行和股份制商业银行分类比较。其中效率值取值 0—1,小于 1 代表无效率,等于 1 代表有效率。

从表 6-1 可知,各个年份技术有效和规模有效银行数量都小于纯技术有效银行数量,银行的规模无效拖累了整体效率,与此同时,银行的纯技术效率提高了整体效率。造成这种情况有多方面的原因,一是自从加入 WTO,我国银行业加速对外开放,逐渐取消了外资银行经营的地域、业务限制,使得外资银行迅猛发展。面对来自外资银行的竞争压力,我国商业银行不得不扩大经营规模,试图稳固并提升市场份额。此外,除了金融危机外,我国一直处于经济高速增长的状态,银行有信心通过扩大规模来获取更多利润。然而,我国银行业粗放式经营模式仍未发生根本性改变,导致规模扩大反而成为银行效率偏低的主要原因。二是随着银行信息化发展,我国银行业更加重视信息技术的使用,各种电子化平台和产品提升了银行效率。另外,几乎在各个年份,少数几个银行处于规模效率递增阶段,这些银行可以通过扩大规模提高估摸效率,进而提高总效率;一部分银行处于规模效率递减阶段,这些银行由于规模过大处于规模收益递减的边际上,可通过精简人员,优化配置来提高效率。

表6-1 各年份有效率的商业银行数量统计

年份	技术有效个数(个)	纯技术有效个数(个)	规模有效个数(个)	规模效率递增个数(个)	规模效率递减个数(个)	规模效率不变个数(个)
2005	8	10	8	2	2	8
2006	6	10	6	1	5	6
2007	5	10	5	1	6	5
2008	3	8	3	2	7	3
2009	6	10	6	1	5	6
2010	5	9	5	2	5	5
2011	6	11	6	2	4	6
2012	6	10	6	2	4	6

从图6-1可以明显看出,国有银行技术效率总是低于股份制银行技术效率,但是国有银行和股份制银行的效率变化趋势和银行整体趋势是一致的,另外,国有银行和股份制银行均在2008—2009年间技术效率降低到了最低点。

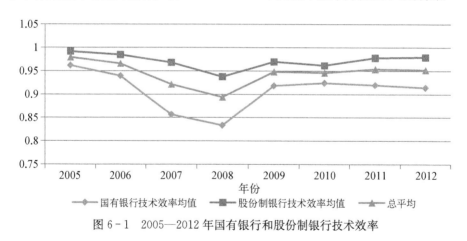

图6-1 2005—2012年国有银行和股份制银行技术效率

实际上,自2003年以来,我国开始对国有银行实行股份制改革,不良资产得到处置,引进战略投资者并且在内地或香港上市,资本金得到充实。改革使得国有银行管理水平得到提升,业务结构得到优化,创新意识加强,风险管控更加科学,盈利能力大大提升,技术效率得到提高,因此在2005年以后国有银行效率达到了一个比较高的水平。对于股份制银行而言,2005年左右我国银行业全面对外开放,外资全面进入中国,银行面对的竞争日益激烈,从而促使其不断向外资银行看齐,吸收先进管理经验,网罗高素质人才,改善经营效率。

表 6-2　2005—2012 年国有银行和股份制银行技术效率

年份	国有银行技术效率均值	股份制银行技术效率均值	总平均
2005	0.961 4	0.991 571 429	0.979
2006	0.939 2	0.984 142 857	0.965 417
2007	0.856 4	0.967 714 286	0.921 333
2008	0.833 2	0.937 285 714	0.893 917
2009	0.918	0.969 428 571	0.948
2010	0.924	0.961 714 286	0.946
2011	0.919 6	0.977 714 286	0.953 5
2012	0.913 8	0.979 285 714	0.952

尽管国有银行和股份制银行的效率都处于不断改善的水平，但是国有银行效率值一直低于股份制银行，其主要原因可能在于中国银行业的历史背景和政策因素，主要表现在：中国银行规模的扩张态势受央行制定的相关信贷政策和利率影响，使得国有银行的发展模式一直是重规模，轻效益，而银行扩张规模也不代表能带来更高的效率或者利润；国有银行效率低下的原因还在于其承担着诸多国家责任，导致诸多贷款流向信用未必优良的企业或者部门；由于中国商业银行倾向于给国有大型企业放贷，如若因国有企业偿还出现问题，那么会造成不良贷款的大量积聚。

在 2008—2009 年，国有银行和股份制银行均经历了效率的最低点，主要是金融危机引起的。首先，最直接的影响是外资银行业绩的下滑或倒闭导致我国商业银行海外投资损失。近年来，以国有银行为首的商业银行以参股、并购或设立境外分支机构的形式进行海外投资，此次金融危机导致我国商业银行损失惨重。其次，实体经济下滑导致银行不良贷款增加。我国一直以来是出口导向型国家，而 2008 年金融危机使得国外需求减少，国内外贸企业订单急剧下滑，并通过产业链传递到其他实体企业，整个中国的实体经济处于下滑甚至破产边缘，企业的还本付息能力下降，使得银行的坏账率提升。再次，金融危机致使利率连续下调，商业银行净利差收窄。金融危机下，全球进入降息通道，2008 年 10 月和 11 月两次降息。此外，大环境不景气时，企业贷款的意愿也不强烈。2008 年我国商业银行存贷差降到最低点，利息和贷款规模的双重下降必然导致银行利息收入的减少。最后，资本市场波动对商业银行中间业务收入造成了冲击。2005 年之后，银行股份制改革和资本市场的不断完善带来了国内商业银行中间业务的迅猛发展,如基金代销、资产托管、理财等业务,然而2008年金融危机带来的资本市场的剧烈波动,导致基金发行和理财销售受阻,商业银行中间业务受到很大影响,中间业务收入增长很少甚至是负增长,严重影响了银行的盈利水平。

表6-3 2005—2012年国有银行与股份制银行纯技术效率

年份	国有银行纯技术效率均值	股份制银行纯技术效率均值	总平均
2005	0.987 6	0.997 285 714	0.993 25
2006	0.995 8	0.998 571 429	0.997 416 667
2007	0.972 4	0.992 571 429	0.984 166 667
2008	0.969 8	0.979 571 429	0.975 5
2009	0.960 4	0.998 714 286	0.982 75
2010	0.961	0.999 571 429	0.983 5
2011	0.965 4	1	0.985 583 333
2012	0.964 8	1	0.985 333 333

纯技术效率是从管理和生产角度衡量产出无效率程度的指标,将规模效率排除在外不予考虑。从图6-2可以看出,考察期内,我国商业银行整体纯技术效率除2008年受环境因素影响出现小幅回落外,一直处于改善的良性趋势中。这说明了我国银行业越来越重视信息技术的使用,创新能力强,迅速灵活采用新的技术,同时内部治理更加规范,从而提升了银行效率。此外,国有商业银行和股份制商业银行的纯技术效率在2009年之前一直存在较大差距,而自从2009年以后两者的效率水平逐步接近。这种情况从侧面反映了国有银行面临来自各方面的竞争和股东对盈利的潜在压力,一直在努力改善内部治理,引进先进技术,提高了效率。

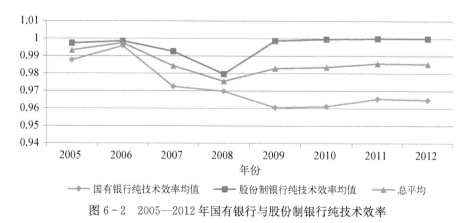

图6-2 2005—2012年国有银行与股份制银行纯技术效率

表 6-4 2005—2012 年国有银行与股份制银行规模效率

年份	国有银行规模效率均值	股份制银行规模效率均值	总平均
2005	0.973 2	0.994 142 857	0.985 417
2006	0.943 2	0.985 571 429	0.967 917
2007	0.879 2	0.975 142 857	0.935 167
2008	0.854 6	0.956 714 286	0.914 167
2009	0.951 8	0.970 571 429	0.962 75
2010	0.958 8	0.962 142 857	0.960 75
2011	0.951 2	0.977 714 286	0.966 667
2012	0.946	0.979 285 714	0.965 417

规模效率的趋势对银行规模扩张具有指导意义。从图 6-3 可以看出我国银行业的规模效率在 2008 年以前基本处于上升的状态，造成这种情况有多方面的原因。一是自从加入 WTO，我国银行业对外开放的脚步加快了，对外资银行经营的地域、业务范围逐渐放宽，使得外资银行迅猛发展。二是面对来自外资银行的激烈竞争，我国商业银行不得不扩大经营规模，试图稳固并提升市场份额。此外，金融危机之前，我国一直处于经济高速增长的状态，银行通过扩大规模获取了更多利润。然而，在 2008 年以后，国有银行规模效率逐步降低，这表明国有银行的经营规模已经超出了最佳经营规模，已经出现了机构臃肿、人员庞杂的情况。与此同时，股份制银行规模虽然在逐步扩大，但是仍然处于规模经济阶段，其可以通过增加更多分支机构和网点来进行规模扩张，从而提高盈利水平。

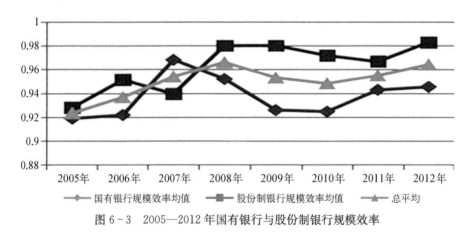

图 6-3 2005—2012 年国有银行与股份制银行规模效率

由测量结果可见纯技术效率是造成国有银行和股份制银行技术效率的差别主要原因。因此规模效率与纯技术效率的关系一定要处理好,这样才能稳步提高商业银行的效率。

四、效率变化的 Malmquist 分析

Malmquist 指数最初由马奎斯特(Malmquist)于1953年提出,凯夫斯、克里斯滕森和戴瓦特(Caves、Christensen & Diewert)于1982年开始将这一指数应用于生产效率变化的测算。直到1994年,法尔(Rolf Färe)等人将这一理论的一种非参数线性规划法与数据包络分析法(DEA)理论相结合,这才使得 Malmquist 指数被广泛应用。Malmquist 指数,测算的是从 t 到 $t+1$ 期投入产出关系的变化,这种变化分别来自技术进步和技术效率的变化。技术进步的变化就是生产前沿面的移动。

VRS 模型只考虑到同时间段内的银行技术效率,前提是所有银行处于同样的技术水平上,主要是银行效率横向的比较。用 Malmquist 指数可以从纵向对各银行效率进行比较。本研究用 DEAP2.1 软件测算了我国12家主要商业银行 2005—2012 年的 Malmquist 指数及其分解值技术进步和技术效率进步情况。表 6-5 分别给出了每年所有银行平均 Malmquist 指数及分解值和各个银行这些年间的平均 Malmquist 指数及分解值。其中 effch 代表技术效率变动,techch 代表技术变动,pech 代表纯技术效率变动,sech 代表规模效率变动,tfpch 代表全要素生产率变动。Tfpch = effch * techch = pech * sech * techch。

表 6-5 2005—2012 年我国商业银行 Malmquist 指数变动

year	effch	techch	pech	sech	tfpch
2005—2006	0.986	1.066	1.004	0.982	1.051
2006—2007	0.951	1.16	0.984	0.966	1.103
2007—2008	0.967	1.089	0.988	0.979	1.054
2008—2009	1.064	0.913	1.006	1.057	0.971
2009—2010	0.999	1.047	1.001	0.997	1.046
2010—2011	1.009	1.013	1.006	1.002	1.022
2011—2012	0.999	1.04	0.999	1	1.039
mean	0.996	1.045	0.998	0.997	1.04

根据表6-5,从技术效率的变化情况看,测算期间的值一直在1附近波动,比较平均,没有太大起伏。从技术进步情况来看,除了2008—2009年外,其他时间技术进步变动值都大于1,可见我国商业银行一直比较重视提升技术,2008—2009年可能由于受到金融危机影响,银行暂时忽略了新技术的运用。从纯技术效率变化情况看,总体上测算期内变化不大,基本处于1附近,这说明我国商业银行的资源配置能力方面提升不大。从规模效率变化来看,大多数时候规模效率变化值小于1,而且整个测算期间均值也小于1,可见我国商业银行一味的规模扩张并没有取得相应的效果,反而已经处于规模效率下降的阶段。这也提醒我们商业银行的扩张要循序渐进,与银行自身发展水平相适应,不能一味摊大饼。

第四节 资本账户开放对我国商业银行效率影响的实证研究

在研究资本账户开放对我国银行业影响的过程中,除要进行理论研究外,还要进行实证研究,以便对理论加以论证。通过理论分析可以看出,资本账户开放对我国银行业效率既有正面影响,也有负面影响。为了得到更为确切的结论,有必要通过数据模型对这一问题进行实证检验,由此将会发现资本账户开放对我国银行业的效率到底产生了怎样的影响。

一、样本和变量选取

在已经测算出我国资本账户开放度和12家商业银行效率的基础上,使用统计软件EViews,采用面板数据模型进行回归分析,从定量角度研究资本账户开放对我国商业银行效率的影响,使研究结论更具客观性和说服力。本节使用的数据主要由《中国金融年鉴》国内各商业银行的年报等资料汇总计算得出。

根据我国商业银行的特点,参考国内外相关课题的实证研究结果,最能代表我国商业银行经营效率的指标是技术效率,将其作为被解释变量。除资本账户开放指标外,宏观因素、行业因素和银行层面因素也是对银行效率影响较大的因素,将这些因素作为控制变量引入实证研究中,各变量的详细情况为:

因变量采用本章第三节中通过DEA模型测算出的12家样本银行2005—2012年的技术效率值。

这里用存量法测算出2005—2012年资本账户开放度,将其作为回归分析的解释变量。

前面考察了商业银行效率的影响因素,因此将从宏观层面、行业层面和银行层面分别引入相应的控制变量。

宏观层面的控制变量:在考察国内经济发展水平对商业银行效率的影响时,引入人均国内生产总值反映宏观经济运行情况。

行业层面的控制变量:本研究以四大国有银行的资产份额占比来度量国内银行业的市场集中度,以 CR4 表示。

表6-6 变 量 定 义 表

变量类型	变量		说 明
被解释变量	TE		银行技术效率值
解释变量	FS		资本账户开放度
控制变量	宏观层面	$GDP\ per\ capita$	人均国内生产总值
	行业层面	CR4	四大国有银行资产总额占比
	银行层面	A	银行总资产
		PA	税前利润率
		FLXSR	非利息收入占比
		EQ	所有者权益占银行总资产比重
		CDB	存贷比

银行层面的控制变量:综合考虑银行效率的决定因素和相关数据取得的难度,参考国内外相关学者的研究方法,本研究选取下面几个类型的指标:

一是银行规模。存款额、贷款额和总资产一般用来作为衡量银行规模的指标,但是由于已经采用了存款额和贷款额来作为测量银行效率的投入和产出指标,因此选择资产总额来表示各银行经营规模上的区别,以 A 表示。

二是盈利性指标。作为银行经营管理水平的直观反映,利润最大化一直都是商业银行的最重要的目标,随着银行业的不断发展,非利息收入在银行收入中占比逐渐增加,是银行盈利能力的重要影响因素,因此选择非利息收入占比和税前利润率来衡量银行的盈利能力,分别以 $FLXSR$ 和 PA 表示。

三是稳定性指标。风险总是与收益共存,尤其银行业是高负债的部门,如何控制风险必须引起重视。银行的稳定性越好,风险承受能力越强,则效率越高。通常情况下银行资本金占比越大,银行风险防御能力越强,则银行稳定性越高,因此选择所有者权益占资产总额的比重来表示银行的稳定性,以 EQ 表示。

四是资产流动性指标。流动性强弱是银行资产的一项重要属性,体现了银行的资产配置水平。通常情况下用存贷比来衡量流动性的好坏,存贷比越高,银行资金利用率越高,收益也越高,则银行效率越高,本研究用 CDB 表示存贷比。

二、模型构建

为了考察银行间的差异,本研究选取固定效应模型。进行研究时采用广义最小二乘法进行估计,为了减少截面单元数据带来的异方差,设定权重为跨部门权重。本研究使用 EViews 对模型进行检验,回归模型为:

$$TE_{it} = \alpha_i + \beta FS_t + \chi X_t + \delta CR_{4t} + \phi B_{it} + \varepsilon_{it}$$

(其中 $i=1, 2, \cdots, 12; t=1, 2, \cdots, 8$)

其中,FS_t 为 t 时期资本账户开放度;X_t 为 t 时期银行 i 的宏观层面的控制变量;CR_{4t} 表示 t 时期行业层面的控制变量,即四大国有商业银行资产占银行业总资产的比例,代表该时期银行业的市场集中度;B_{it} 为 t 时期银行 i 的银行层面的控制变量;$\beta, \chi, \delta, \phi$ 是相应变量的回归系数;α_i 是可变截距项;ε_{it} 是随机误差项。

通过格兰杰检验来验证两个变量之间是否存在因果关系,且因果关系是单向的还是双向的,结果如图 6-4 所示。该结果显示了两个假设成立的概率:① TE 不是 CAPSTOCK 的原因,其为真的概率为 0.261 0;② CAPSTOCK 不是 TE 的原因,其为真的概率为 0.038 3。在置信度为 95% 的水平下,第一个假设成立,也就是说 TE 不是 CAPSTOCK 的原因,而第二个假设不成立,CAPSTOCK 是 TE 的原因。

Pairwise Granger Causality Tests
Date: 12/15/13   Time: 15:04
Sample: 2005 2012
Lags: 1

Null Hypothesis:	Obs	F-Statistic	Prob.
TE does not Granger Cause CAPSTOCK	5	2.406 61	0.261 0
CAPSTOCK does not Granger Cause TE		3.542 33	0.038 3

图 6-4 资本账户开放和银行效率的格兰杰检验

从上面的实证分析可以发现,在格兰杰意义上我国的资本账户开放确实是促进我国商业银行效率提升的原因。这也从另一个角度说明了我国目前的经济体制环境,已经逐渐达到了资本账户开放的门槛条件,资本账户开放对银行业带来了积极的影响。

三、实证结果分析

利用 EViews 软件和收集到的面板数据,在回归过程中剔除不显著变量和共线性变量,得到结果见图 6-5。

总体上来说回归结果比较理想:和调整后的值都很高,方程的拟合优度很好;F 值较显著;Dw 的值为 2.04,通过检验,变量之间不存在序列自相关;解释变量的回归系数 t 通过了显著性水平为 10% 的 t 检验,通过实证结果我们得出的结论有下列几点:

Dependent Variable: TE
Method: Pooled EGLS(Cross-sectionweights)
Date: 02/18/14   Time: 19:14
Sample: 2005 - 2012
Included observations: 8
Cross-Sections mcluded: 12
Total pool(balanced) observations: 96
Linear estimation after one-step weighting matrix

Variable	Coefficient	Std. Error	t-Statistic	Prob.
C	-3.388 559	1.841 138	-1.840 470	0.071 8
FS2	28.580 49	4.813 562	5.937 493	0.000 0
GDP	2.65E-06	8.42E-07	4.130 590	0.000 1
CR4	5.884 878	3.186 982	1.846 536	0.070 9
A	-5.04E-06	8.29E-07	-6.075 285	0.000 0
PA	8.171 613	4.281 666	1.908 512	0.062 2
CDB	0.184 738	0.108 074	1.709 368	0.093 7
FLXSR	23.410 50	3.872 788	6.044 869	0.000 0
Fixed Effects (Cross)				
ICBC-C	0.185 845			
ABC-C	-0.031 188			
BOC-C	0.090 051			
CCB-C	0.150 727			
BC-C	-0.052 368			
CITIC-C	-0.018 815			
EBC-C	-0.097 244			
HXB-C	-0.114 510			
CMBC-C	0.017 411			

续 图

Variable	Coefficient	Std. Error	t-Statistic	Prob.
CGB - C	-0.171 818			
SDBC - C	-0.011 516			
CMB - C	-0.064 681			
FIB - C	0.034 544			
SPDB - C	0.083 562			
Effects Specitication				
Cross-section fixed (dummy variables)				
Weighted Statistics				
R-squared	0.989 796	Mean dependent var		1.011 652
Adjusted R-squared	0.985 631	S.D. dependent var		0.513 647
S.E. of regression	0.061 571	Sum squared resid		0.185 759
F-statistic	237.652 0	Durbin-Watson stat		2.041 387
Prob(F-statistic)	0.000 000			
Unweighted Statistics				
R-squared	0.865 574	Mean dependent var		0.782 143
Sum squared resid	0.237 063	Durbin-Watson stat		1.947 191

图 6-5 面板数据回归结果

回归中资本账户开放度(FS)的系数显著为正,表明资本账户开放对我国银行业产生的积极影响较大。我国银行业为应对各方压力时,国有银行采取了一系列应对措施,改革力度也相当大。在政府主导下,国有银行的呆账坏账得到处置,同时进行股份制改革,引进战略投资者,进行组织结构的调整,改进管理方式,不断进行产品的创新,提高服务水平。股份制银行受到的影响相较而言更大,股份制银行在面临外部压力时,由于其银行机制相对而言比较灵活,可以及时采取应对措施,进行改革或创新,降低运营成本,提升盈利水平,提高经营效率。

银行效率与宏观、行业层面变量的关系:效率与国内生产总值正相关,证实了金融发展和经济增长之间存在因果关系。银行效率与行业集中度 CR4 正相关,表明我国银行业现在的市场集中度是合适的,整个行业处于规模经济阶段。

银行效率与银行层面变量的关系：银行规模与银行效率负相关，这一结果与前面规模效率的实证结果一致。从这个角度来看，股份制银行多数处于不变或递增的状态，国有银行一般处于递减的状态，造成这种情况的最重要原因是不同体制下银行资产管理水平的不同。税前利润率与银行效率正相关，税前利润率是反应银行经营水平的重要指标，体现了银行的总体盈利情况。这个指标值越大，表明银行盈利能力越强。所有者权益占总资产的比重与银行效率的关系并不显著，所有者权益占总资产的比重是衡量银行稳定性的重要指标，银行稳定性越强其效率也越高。而本文的实证研究中该指标与银行效率之间关系并不显著，这可能与我国的国情有关，我国银行以国家信用为保障，相当于存在隐性的存款保险制度，银行稳定性不会出现大的问题，因此其与银行效率的相关性就不会太强。存贷比与银行效率正相关，存贷比越高，银行盈利能力就强，银行的效率必然更高。非利息收入比重与银行效率正相关，我国商业银行的非利息收入长期以来比重较小，业务类型也不够丰富，主要原因在于我国银行业可以较轻松地获取巨额的利息差收入，因此一直以来对中间业务的重视程度不够，动力不足。然而随着金融市场的进一步开放及逐步开始进行的利率市场化改革，我国银行业不得不开始着力扩大中间业务的规模。由于中间业务可以充分利用现有网络和人员，具有低投入、高附加值的特点，可以增强银行的盈利能力。

第五节 资本账户开放下的银行业改革

一、进一步深化产权制度改革，完善公司治理

尽管自股份制改革以来，我国银行业做出了很多努力，也收获了不错的经营业绩。但是与西方发达国家相比，我国的商业银行仍然有很长的路要走，政府的行政干预程度仍然较大，有必要进一步推动产权的明晰化，进而推动我国商业银行的公司治理结构得以完善。

我国商业银行在公司治理方面还存在很多问题：内部约束和激励机制不健全；股东大会作为股份制银行的最高权力部门，形式大于内容，实际上并没有发挥非常好的作用；银行权力比较集中，缺乏有效制衡，银行资产安全性低，收益得不到保障。应从以下几个层面着手来改善公司治理结构：首先是优化股权结构，引进战略投资者，上市，降低股权的集中度。为了增强中小股东的话语权，只有尽量增加中小股东参加股东大会的机会，增强对投资者的保护才能保证股东

大会运行机制的可持续发展。引进国外战略投资者，可以带来先进的管理经验，提高公司治理水平。其次是建立高层和董事长运行机制。国内外的经验表明，商业银行的经营能力很大程度上依赖于银行高层及董事长的运行机制。独立且运营良好的董事会是商业银行业绩提升的关键因素。董事会和银行高层是委托代理的关系，为了使银行高层的行为更加符合银行的利益就必须采取有效的约束和激励机制。

二、强化风险防御机制

资本账户开放给我国商业银行带来更多机遇，同时也让我国银行业更多地暴露在了风险中，因此进一步强化银行的风险防御能力显得更加重要。根据我国目前的各项经济指标，商业银行面临着不少潜在风险：外部环境风云变幻，银行的风险来源更加复杂；国内经济下行趋势明显，企业经营更加困难，信用风险加剧，不良贷款产生的可能性更大；利率和汇率市场波动较大，银行各类金融资产业务的操作风险变大。这些都对银行的风险管理能力提出了更高的要求。

国内商业银行应学习国际上先进同行的经验，实行全面风险管理。在积极提高风险识别能力的基础上探索拨备提取制度，强化资本在管理中的重要性，增强其对风险的约束，逐步提高银行的风险管理水平。除此之外，还应该密切关注行业风险并加以管理。以钢贸业为代表的钢铁行业出现的产能过剩使商业银行的贷款呆账坏账风险增加，如果银行能对行业风险有所关注，则能减少对相关行业的贷款，规避贷款风险。商业银行只有增强对宏观经济和政策的敏感性，把握行业经营脉搏，才能对行业风险有所把握并采取正确的应对措施。

三、制定合理的经营战略

在利率市场化进一步深入的情况下，我国商业银行不但面临来自外资银行的竞争，现在更多地面临互联网金融时代互联网企业的竞争。我国商业银行要继续保持自己的竞争力，不能只关注规模的扩张，而更应该挖掘自己的特色业务并做大做强。对国有大型商业银行而言，其资产规模已经非常大，大部分已经处于规模不经济的阶段，这个时候就不能盲目进行规模的扩张，银行在制定经营战略时应侧重于大中型企业，并且投入更多的力量进行产品创新、多元化经营，更多地利用先进的信息技术尤其是互联网的力量去经营。对中小银行而言，由于本身融资能力有限，更加适合给中小企业服务，在解决中小企业融资难的问题的同时规避了与大型银行的正面竞争。

四、加强银行外部环境的建设

我国有必要进一步加强央行的监管、行业协会的监督及银行内部的控制。将监管重点由原来的市场准入转移到对业务风险的监督上来。加强和国际同行的交流与沟通,学习其先进的经验,避免金融风险的产生和传播。此外,我们还需要完善各项政策和法规,为我国银行业创立一个良好的经营环境。

第七章 中国资本账户开放与银行系统稳定

第一节 资本账户开放对银行体系稳定性影响的表现

一、中国银行体系现状

改革开放 40 多年来,我国银行体系经历了经济、金融体制的全面调整,取得了辉煌的成就。首先,我国银行体系整体竞争力显著提升。截至 2016 年 4 月末,银行业金融机构资产总额为 204.258 1 万亿元,同比增长 15.9%,增速上升 4 个百分点;总负债为 188.130 2 万亿元,同比增长 15.4%,增速上升 4.1 个百分点[①]。2017 年英国《银行家》杂志全球前 1 000 家银行排名中,来自中国的银行从 1989 年的只有 8 家上榜增加至 126 家[②]。其次,银行体系的治理状况和风险管理得到了明显的改善。价值意识、资本约束意识、风险管理意识和品牌意识深入人心,经济资本、经济增加值和经风险调整后的资本回报等先进管理方法得到重视和应用。银行业公司治理基本框架已建立并不断完善,风险管理组织体系的独立性和专业性持续增强,业务操作流程不断优化。[③] 最后,我国银行体系的监管框架逐步成熟。近年来,银监会建立了包括资本充足率、拨备覆盖率、杠杆率、大额风险集中度比例控制、流动性比率等在内的全面风险监管指标体系,探索实施宏观审慎监管,提出了逆周期资本监管和动态拨备的监管框架,强化银行

---

① 数据来源:中华人民共和国财政部,http://www.mof.gov.cn/zhengwuxinxi/caijingshidian/jjrb/201605/t20160531_2059796.htm.
② 数据来源:百度百科,https://baike.baidu.com/item/%E5%85%A8%E7%90%831000%E5%AE%B6%E5%A4%A7%E9%93%B6%E8%A1%8C%E6%8E%92%E8%A1%8C%E6%A6%9C/19898059?fr=aladdin#reference-[6]-20615714-wrap.
③ 王庆华.中国银行业的现状、挑战及未来展望[EB/OL](2012-12-13).http://blog.eastmoney.com/jimmyhere/blog_130528682.html.

信贷市场和资本市场的防火墙,加强股东监管、关联关系控制和利益冲突监管,提出了房贷比率控制等一系列简单、透明、有效的监管政策。① 虽然我国银行体系的调整与改革取得了显著的成绩,但其在资产质量、经营管理和风险控制等诸多方面还存在问题。单就银行体系而言,我国银行体系已经发生了明显的改变。

(一) 我国银行体系发展取得的成绩

1. 我国银行体系股份制改革及海外上市

进入 21 世纪以来,伴随着我国经济实力的增长,国内企业融资需求也变得极为迫切,海外上市掀起一个又一个的高潮。2005 年 6 月,中国交通银行在香港成功上市,筹资 146.6 亿港元,成功拉开了我国商业银行海外上市的序幕。同年 10 月,中国建设银行在香港公开招股并成功挂牌交易。随后几年,中国银行、中国工商银行业顺利实现在港上市。我国商业银行的海外上市意味着我国资本账户开放程度进一步提高,银行体系的海外融资渠道正在拓宽。

2015 年以来,中国银行业不断完善海外机构布局,广泛开展国际金融同业合作交流,构建全球化服务网络。截至 2017 年末,中国银行在中国香港、中国澳门和中国台湾地区及其他国家机构共 545 家,横跨全球六大洲 53 个国家和地区。中国工商银行在 45 个国家和地区,设立了 419 家机构。其境外服务网络布局全球六大洲以及世界各大金融中心。截止 2015 年,中国建设银行国际化服务网络已经涵盖了 25 个国家和地区。中国交通银行总共有境外分(子)行 14 家,代表处 1 家以及 56 个境外经营网点(不含代表处)。中国农业银行已经有 17 家境外机构。海外机构布局 14 个国家和地区,覆盖亚洲、欧元区、北美和大洋洲②。

2. 外资银行入驻我国银行体系

2006 年,我国实施《中华人民共和国外资银行管理条例》取消了外资银行经营人民币业务的地域和客户限制,兑现了加入 WTO 时的承诺,实行在审慎的监管框架下对外资银行实行国民待遇。

根据亿欧智库数据显示,截至 2019 年底,中国共有 41 家外商独资银行、118 家母行直属分行、345 家外商独资银行直属分行、187 家代表处、993 家经营机构。这里,经营机构包括银行总行、分行、支行,不包括外资银行代表处。从地区分布来看,共计有 50 个国家或地区的外资银行,在中国 16 个城市开始业务开拓。这其中,日本银行有 42 家,中国台湾 14 家、美国 14 家(包括一家中美合资

---

① 王庆华.中国银行业的现状、挑战及未来展望[EB/OL](2012-12-13).http://blog.eastmoney.com/jimmyhere/blog_130528682.html.
② 数据来源于五大银行的年度报告。

银行)、中国香港 12 家、韩国 10 家和德国 10 家。

根据银保监会发布的最新数据,截至 2019 年 10 月末,在华外资银行资产总额为 3.37 万亿元。亿欧智库对外商独资银行经营数据进行整理后得到,截至 2020 年 5 月底,41 家外商独资银行中有 39 家银行公布了其资产及负债情况,资产总计 2.79 万亿元,负债总计 2.45 万亿元。这些数据表明,外资银行资产集中度高,资产规模水平差距较大。根据银保监会对商业银行资本充足率不低于 11.50%(2018 年)的要求,外资银行资本充足率在 2018 年和 2019 年均维持在 18.40%,资本充足率稳定。根据银保监会统计数据,截至 2019 年末,外资银行不良贷款余额为 94 亿元,不良贷款率 0.67%。相比中国银行业几类商业银行,对不良贷款控制最佳(大型商业银行 0.94%、股份制行业银行 0.86%、城市商业银行 0.70%、民营银行 1.00%、农村商业银行 3.90%)[1]。

(二)我国银行体系存在的问题

1. 我国银行体系自身实力欠佳

我国银行体系主要包括央行、监管机构、自律组织和银行业金融机构四大部分,其中银行业金融机构包括政策性银行、大型商业银行、中小商业银行、农村金融机构、邮政储蓄银行以及外资银行非银行金融机构。[2] 截至 2017 年底,我国银行业金融机构包括 2 家政策性银行及国家开发银行、5 家大型商业银行、12 家股份制商业银行,还有众多城市商业银行和信用合作社,以及进入中国境内的外资银行和金融机构。[3] 近年来,我国银行业积极调整经营战略、转变盈利模式、拓展业务领域,在保持传统优势业务的同时实现中间业务的均衡发展、提高核心竞争力,但也存在下列自身实力问题。

(1) 资产质量下行,不良贷款余额呈上升趋势。我国银行体系的主要部分是国有商业银行体系,由历史原因产生的不良资产包袱是沉重的。我国政府在政策层面上给予了扶持,并在 1999 年成立了信达、华融、长城和东方四家资产管理公司分别收购、经营、处置来自四大国有商业银行及国家开发银行数亿不良资产。2004 年,我国政府又成立了汇达资产管理公司第二次专门对银行体系的不良资产进行大规模的剥离,但改革收效甚微。

截至 2017 年底,银行业金融机构不良贷款余额 2.4 万亿元,较年初增加

---

[1] 数据来源于亿欧智库《外资银行在华发展研究报告》(2020 版)。
[2] 中国银行业从业人员资格认证办公室:银行业从业人员资格考试教材(公共基础)[M].北京:中国金融出版社,2010.
[3] 数据来源于《中国银行业监督管理委员会 2017 年报》。

1957亿元,同比增长8.9%;不良贷款率1.85%,较年初下降0.06个百分点。其中,商业银行不良贷款余额1.7万亿元,较年初增加1934亿元,同比增长12.8%;不良贷款率1.74%,与年初持平。

就目前情况来看,我国不良贷款余额呈上升趋势可能由以下两方面原因造成。一方面,近两年来,我国的宏观经济增速有所回落,工业企业利润随之下滑,这种情况将削弱企业的还本付息能力;另一方面,我国房地产相关行业和外向型中小企业的贷款质量存在较大的下行压力。但我国银行体系资产质量下降,不良贷款余额上升更多源于商业银行自身的经营管理不善、银行体系内部监督控制不力以及外部信用制度缺失、经济体制转轨等。

(2)核心业务单一,经营范围较狭窄[①]。20世纪90年代以来,我国银行业,主要是商业银行体系积极拓展业务规模、扩充目标客户,在业务数量上呈几何级数增长,银行业发展迅猛。但是,与外国的金融机构相比,我国各大银行推出的业务品种单一、范围较窄,总体上无法满足高端客户高效、快捷、多样化的需求。这使得我国银行体系在国际金融竞争中处于不利地位。

近年来,虽然我国各大商业银行积极引进国外先进经验,进行业务创新,例如挖掘个人银行业务市场、发展电子银行业务力、大力推行结构化理财产品、积极发展综合财富管理业务等。但是由于人才和技术匮乏等原因,我国短期内难以在深层次的金融衍生产品开发方面取得显著成效。

(3)产权性质趋同,市场竞争效率低下。由图7-1可看出,我国大型商业

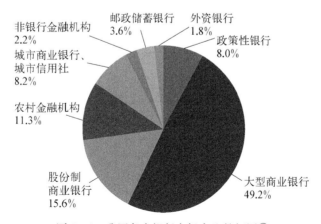

图7-1 我国各大银行市场占比份额图[②]

[①] 张燕.我国商业银行体系的现状及变革途径[J].新金融,2007(2):28-32.
[②] 图表来源:中国人民银行网站。

银行规模巨大、市场份额稳定,在市场竞争中占有垄断地位。这种情况客观上决定了我国银行体系产权性质的趋同性,即国有化程度较高。而一个成熟的市场竞争必然是在不同产权主体之间展开,只有打破垄断格局,才能提高银行业的效率效能。

2. 我国银行体系内部经营管理体制有待改进

(1) 决策效率低下,资源配置无序。长期以来,我国商业银行体系以层级授权的方式作为信息传递和经营管理的纽带,以分支行作为资源配置的中心来开展各项业务。然而,由于层级设置复杂和信息传递时滞,使得经营管理成本大大增加,总行对可使用资源的掌握、调配能力严重不足,在市场竞争中决策滞后、反应迟钝,造成我国银行体系决策效率低下且资源配置无序。

(2) 内部控制存在缺陷。内部控制是银行体系为实现经营目标通过制定和实施一系列制度、程序和方法,对风险进行事前防范、事中控制、事后监督和纠正的动态过程与机制,具有连续性、完整性与目的性的特征。我国银行体系的内控缺陷主要表现在以下两方面。一方面,部门职责不清晰、内控整体功能未得到充分发挥。许多商业银行基层管理部门职责的界定是粗线条的,未细化到岗位责任制和操作规程,权责不清;同时,职能部门的管理职责不到位,部门之间缺乏协调合作,没有各司其职,使得监控目标虚化或出现空白点,由此使经营产生风险隐患。[①] 另一方面,管理空泛,内控流于形式。业务部门重制度建设,轻贯彻检查,有些基层行自身管理素质不高或是业务检查部门没有严格履行职责,少数员工法律意识淡漠,违规违纪案件时有发生,造成了内部控制度的失效。

(3) 管理机制未能与外部经济环境有效融合。近年来,城市商业银行在全面化解历史风险的基础上,逐步树立科学的发展理念,不断提升经营管理水平,积极转变业务发展方式,大力推进产品和科技创新,取得显著的发展成效。同时,也在维护区域金融稳定、推动市场竞争、促进金融服务水平提高、缓解小微企业融资难等方面发挥了积极作用。[②] 然而,我国银行体系缺乏一套行之有效的预警、调节机制,这种情况导致我国银行体系的防范风险能力有限,银行内部的管理机制也无法达到与外部经济环境有机融合的状态。从内部体制分析,一方面,我国银行体系风险管理以及定价管理体系的缺失,使得银行管理控制能力以及定价能力严重不足;另一方面,由于目前我国商业银行所使用的管理会计系统与业务统计管理模块数据是割裂运行的,无法与风险管理要求相匹配,很难对客

[①] 杨金章.论商业银行的内部控制[J].现代商业,2010(3):16-17.
[②] 中国银行业监督管理委员会 2011 年报。

户、产品、部门、区域做到精准核算。①

（三）我国金融市场对银行体系约束监管机制不完善

我国银行监管主要由央行协调负责，政府对银行体系的内控以及市场约束机制的作用的重视相对不够。从银行体系内控管理方面来讲，尽管现在已颁布商业银行内部控制评价试行办法，但在完善与改进银行治理结构以及信息与交流上采取的措施力度不够。从加强市场约束作用方面来讲，我国金融市场约束作用不强主要体现在银行体系对外信息披露透明度不高，存款者很难及时发现银行经营中存在的问题，很难通过要求提高利率或转移存款来制约和惩罚银行。此外，我国央行对新设银行等金融机构或者原有银行增开分支机构管制较严，对退出机制管理重视不够。再者，我国央行对商业银行的风险监管主要看银行是否违反相关的法律法规，而不是看其实际经营风险和财务状况。

二、资本账户开放对我国银行体系稳定性的直接影响

（一）资本账户开放引起银行信贷过度扩张

由于我国资本市场并不发达，银行体系是金融中介机构的主导部分。在我国，银行资产大约占了全部金融资产的60%以上。当我国放松资本账户管制后，大规模的外资流入我国资本市场。在银行主导型的金融结构下，无论这些外国资本最初采取商业银行贷款，还是证券投资或者直接投资，其中大部分都会以直接或者间接的方式进入银行体系，并相应的增加银行的可贷资金。② 在银行体系流动性过多的情况下，如果商业银行投资于股市，则由国际资本流动所促成的泡沫经济的破灭，将直接导致银行的资产损失。即使银行不投资于股市，在国际资本大量流入时，银行资金来源增加，信贷规模不断扩张，银行通常会贷款给利润较低的企业或信用等级较差的借款人，这样就会带来新的信用风险，造成信贷质量的下降。与此同时，贷款的迅速扩张通常集中在少数行业，如房地产融资、消费者信用或相关的团体贷款等，一旦这些行业发生周期性逆转，不良贷款就会大量产生；如果国际资本突然从银行系统大量撤走，央行只能靠有限的外汇储备救助商业银行，单个银行会因流动性不足而出现问题，连锁反应下，整个银

---

① 张燕.我国商业银行体系的现状及变革途径[J].新金融,2007(2):28-32.
② 张礼卿.资本账户开放与金融不稳定:基于发展中国家(地区)相关经验的研究[M].北京大学出版社,2004:129-132.

行体系都有可能受到冲击。① 资本账户开放进程中,银行体系将面临更多的信用风险、流动性风险。

(二)资本账户开放导致银行资产负债结构变化、促使不良债权形成

一般来说,在一国实施资本账户开放的条件下,国际资本一般通过向国内银行举债的形式流入一国资本市场,表现为该国银行体系净国外资产、外汇储备、外币存贷款等增加等。而一国外币存款、外币贷款和净国外资产的增加都会导致该国银行体系资产负债规模和结构的变动。

我国银行体系资产负债情况由于资本账户开放带来的国际资本流入产生了怎样的变化呢?下图是我国2003—2011年净国外资产、外币存款和外币贷款量占国内生产总值的比重变化情况。最近几年,我国净国外资产的绝对规模和相对规模都呈上升趋势;外币存款虽然呈现绝对规模的扩大,但其占GDP比重逐年下降;外币贷款在绝对规模扩大的同时其占GDP的比重平稳变化。

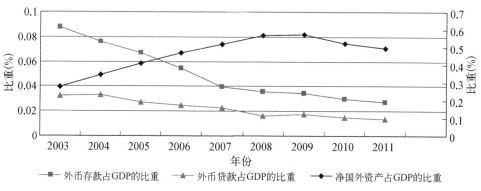

图7-2 2003—2011年净国外资产、外币存款、外币贷款占GDP的比重变化情况②

接下来看一下我国银行体系外债的结构情况,2001—2011年这十年间,我国中长期外债及短期外债都呈现上升趋势。外债结构由中长期外债为主想短期外债占主导情形转变。

由于资本账户开放,大量的国际资本流入我国资本市场,使得我国银行体系出现外币资产和外币负债结构不搭配的状况。主要表现为我国外币存款占GDP比重下降快于外币贷款,银行体系外币资产向贷款集中。一旦行业发生逆

---

① 王万芳:《国际资本流动与银行体系的稳定性》[D].西南财经大学,2006.
② 数据来源:2011年国际金融统计年鉴。

转或者非正常情况,不良资产就会随之产生。虽然外债结构的变化在一定程度上起到了优化的作用,但我国资本账户开放进程中的银行体系外币不良资产的问题值得引起关注。

表 7-1　2001—2011 年我国中长期与短期外债的结构与增长①

项目		年份	2001	2002	2003	2004	2005	2006	2007	2008	2009	2010	2011
外债余额(10亿美元)			203.3	202.63	219.36	262.99	296.55	338.59	389.22	390.16	428.65	548.94	695.00
中长期外债	余额(10亿美元)		119.53	115.55	116.59	124.29	124.9	139.36	153.53	163.88	169.39	173.24	194.10
	比上年增长(%)		—	-3.3	0.9	6.6	0.5	11.6	10.2	6.7	3.4	2.3	12.0
	占总余额的比例(%)		58.9	57	53.2	47.3	42.1	41.2	39.4	42	39.5	31.6	27.9
短期外债	余额(10亿美元)		83.77	87.08	102.77	138.71	171.64	199.23	235.68	226.28	259.26	375.7	500.90
	比上年增长(%)		—	4	18	35	23.7	16.1	18.3	-4.2	14.6	44.9	33.3
	占总余额的比例(%)		41.2	43	46.8	52.7	57.9	58.8	60.6	58	60.5	68.4	72.1
	与外汇储备的比例(%)		39.5	30.4	25.5	22.7	21	18.7	15.4	11.6	10.8	13.2	15.7

(三)资本账户开放助长银行体系的道德风险

一般来说,资金的趋利性决定了在资本账户开放进程中要想保持国内经济的均衡就一定要使得国内的真实利率等于国际利率,否则会产生资本过度流动、银行体系资产负债表资金规模迅速扩张、流动性过剩。此时,若存在信息不对称和道德风险,银行就会盲目的扩大信贷规模,使得其贷款扩展到偿还能力不高、信用等级一般的债务人或者进行一些高风险高收益的金融交易活动。一旦形势

---

① 图表来源:2011 年国家外汇管理局年报。

发生逆转,银行体系往往会因为流动性不足而陷入困境,从而不得不求助于央行为其提供资产支持。

在实施资本账户开放的进程中,我国政府担保及央行最后贷款人角色更加助长了银行体系的道德风险。另一方面,发达国家的存款保险制度也进一步助长了我国资本账户开放进程中银行体系的道德风险。所谓的存款保险制度指由符合条件的各类存款性金融机构集中起来建立一个保险机构,各存款机构作为投保人按一定存款比例向其缴纳保险费,建立存款保险准备金,当成员机构发生经营危机或面临破产倒闭时,存款保险机构向其提供财务救助或直接向存款人支付部分或全部存款,从而保护存款人利益,维护银行信用,稳定金融秩序的一种制度。①

在存款担保制度的条件下,存款的供给是完全独立于风险水平的,也就是说,即使银行用存款去进行风险水平比较高的贷款,存款利率也不会因此而提高,从而存款利率对风险的敏感性就变得低,资本也会从发达国家流向发展中国家。② 这种情况将导致我国银行体系的过度信贷,助长其道德风险。2012 年 7 月 16 日,人民银行在其发布的《2012 年金融稳定报告》中称,我国推出存款保险制度的时机已经基本成熟。我国正在逐步完善资本账户开放进程中的各项政策,降低银行体系的道德风险。

(四)资本账户开放引入竞争机制、强化银行体系经营风险

在外资银行入驻及国有银行海外上市的大背景下,中资银行和外资银行之间的竞争更加激烈了,主要表现为业务竞争、客户竞争和人才的竞争。虽然银行业内部的竞争有促进效率的提高、服务的优化、管理的有序化从而实现高速的发展的作用,但外资银行入驻我国金融体系及银行业内部竞争的加剧也为我国银行体系乃至整个金融体系带来了新的风险。

首先,外资银行的金融创新能力是国内银行望尘莫及的,外资银行会结合国内客户需求开展金融创新活动,为客户提供满足其多样化需求的产品。新的金融创新产品的产生将会导致新的金融风险的出现。

其次,外资银行的优质化服务、创新化产品更能够吸引高端客户,这种情况将导致国内银行优质客户的大量流失,进而使得中资银行面对更高风险劣质客户,增加银行体系的经营风险。

再次,在外资银行入驻我国选择参股对象时倾向于选择在某方面占有垄断

---

① 定义来源:百度百科 http://baike.baidu.com/view/18954.htm.
② 陶然.金融稳定目标下的资本账户开放研究[M].中国财政经济出版社,2009:160 - 161.

地位的中资银行,外资银行本身就具有特别的竞争优势,再加上国内参股资源,很容易造成某方面市场垄断从而扭曲市场。

最后,各大国有银行的海外上市,将使其面对更多信用、流动性、利率与汇率风险。银行的跨国经营还将使其面对更多不能预知的风险,如"金融感染""多米诺骨牌效应"等。

(五)资本账户开放加速银行全球化经营、增加银行体系监管的复杂性

在我国资本账户开放的进程中,银行体系面对可贷资金的极速增加,无论是银行体系自身还是监管当局都面临着更多的、更艰难的决策和管理任务。伴随资本的大量流入和可贷资金的迅猛增加,我国银行体系在短时间内面临着迅速增大的信贷业务量。然而,国内银行体系的管理制度对此显得极其不适应,大部分银行都在不同程度上存在信贷决策程序和信审政策混乱、风险评估和控制能力薄弱等问题。虽然国家已经出台了很多政策来规范商业银行的内控管理及信贷审批制度等,但我国商业银行在诸多方面仍有缺陷。我国资本账户开放进程中出现的个人信贷规模的迅猛增长问题,也使得国有银行的监管面临更为严峻的挑战。由于我国监管体系薄弱、存在缺陷,很多银行放松风险约束、涉足高风险的行业,如房地产行业和股市等。由于银行资本的大量流入,这些行业的资产价格迅速膨胀,这种情况进一步促使利用这些资产的抵押贷款规模激增,泡沫加速扩大,当金融泡沫破裂时,相应的不良贷款大量产生,银行危机在所难免。因此,同资本管制时期相比,资本账户开放将导致我国银行体系面临更多风险和更加复杂的内控及监管问题。

三、资本账户开放对我国银行体系稳定性的间接影响

资本管制是防御国际货币和资本投机的"防火墙"。当一国开放资本账户,拆除了这堵防火墙后,该国经济和银行体系都将暴露于动荡的国际经济环境中,面临更多的不确定性因素。资本账户开放对我国银行体系稳定性的间接影响主要是通过加速国际资本流动、强化了一些宏观经济变量(如利率、汇率等)的变动以及影响央行和商业银行的政策效应来显现。

(一)资本账户开放加剧国际资本流动

一国实施资本账户开放,将会面临以下情形:国际资本大量流入,国内总需求增加,经常性账户赤字并导致银行体系信用扩张。然而,当国际资本流入的盈

利性得不到满足就会发生逆转,私人和政府部门的储蓄将会被冲销。当一国经济处于下降通道底部时候,资本的大量流动将会削弱银行以及其他金融机构的金融头寸。资本账户开放将会给银行体系带来经营性风险。

(二)资本账户开放强化汇率与利率的变动

在不同的汇率制度下,资本账户开放对银行体系稳定性影响不同。现今,我国实施的是有管理的浮动汇率制度,因此本研究仅对浮动汇率制度下,资本账户开放对银行体系稳定性的影响机制做简要分析。在浮动汇率制度下,一国实行资本账户开放,汇率波动是一个极其不稳定的因素。当一国出现汇率的过度波动,银行体系乃至整个经济体系的稳定性将受到威胁。浮动汇率制度下资本账户开放对银行体系稳定性的影响主要通过以下两方面展开。一方面,资本账户开放使得资本大量流入,这种情况使得本币面临升值的压力。倘若不采取合理措施来抵消不良影响,本币升值必将会恶化本国的贸易条件,使得进口增加、出口减少,导致经常账户的恶化。这种情况会对经济增长产生不利影响,也会引起市场信心的逆转,随之出现大规模的资本外逃,而这两者都不利于银行体系的稳定性。另一方面,在浮动汇率制度下,资本账户开放将会给银行体系带来更多的外汇业务,同时也使其面临更多的汇率风险。如本币升值,银行将承受其外币资产贬值带来的损失;本币贬值,银行将为其外币负债支付更多的利息与本金。商业银行如何管理外汇风险以及央行如何监测银行体系的外汇风险都是资本账户开放以后必须面临的挑战。

(三)资本账户开放影响央行和商业银行的政策效应

当一国逐步放松资本账户后,一般情况下,国际资本便会寻机对该国货币进行货币投机。当投机者实施投机交易时,银行体系会因为其提供信贷资金而承担额外的信贷风险。短期国际资本要袭击一国货币,通常会采取两种办法,一种是从该国的银行体系获得一项贷款,然后使用此笔贷款购买外币并且持有至贷款到期日,若贷款到期时该国汇率贬值,则投机者可以因价差而获利;另一种办法是向该国银行卖出该国货币的远期合同,以期在该货币实际贬值以后,从现汇市场上买进该货币来交割远期合同,赚取差价。无论投机者采用的是上述哪种办法,其交易对象往往是国内银行,因此,银行体系要承担投机者不能履行合同的风险。当投机资本的规模足够大时,银行体系为此引入的信贷风险也会相当可观,会对银行体系的稳定造成严重威胁。

为了对付国际游资对本国货币的投机,一国的货币当局在必要的时候还会提高国内的利率水平,一方面可以吸引资本的流入,另一方面也提高了投机者的远期头寸融资成本。然而,短期利率的意外上升,会冲销银行体系的盈利能力甚至可能会危及整个银行体系的稳定。与此同时,资本账户开放以后,从事跨境资本交易的银行等金融机构将会增加,由于市场失灵或政府政策等因素,银行等金融机构将会面临更大的风险。资本账户开放诱使银行体系快速扩张风险交易,主要包括高风险信贷活动、高波动性融资交易、金融衍生工具及其他复杂金融交易。银行体系能否合理应对上述交易风险很大程度上取决于其是否具备应对整体金融风险的能力。

第二节 资本账户开放对银行体系稳定性影响的实证分析

一、中国资本账户开放度

(一)资本账户开放总体情况测算

对于中国资本账户开放的总体情况,本研究选用上述 Feldstein 和 Horitoka 的储蓄-投资相关性模型对 1990—2011 年中国资本账户开放的总体情况进行测算。样本期间内,我国最终消费率(消费率)、资本形成率(投资率)、储蓄率数据如表 7-2 所示:

表 7-2 1990—2011 年我国投资-储蓄率数据[①]

年份	消费率(%)	投资率(%)	储蓄率(%)
1990	62.5	34.9	37.5
1991	62.4	34.8	37.6
1992	62.4	36.6	37.6
1993	59.3	42.6	40.7
1994	58.2	40.5	41.8
1995	58.1	40.3	41.9
1996	59.2	38.8	40.8
1997	59.0	36.7	41.0

① 资料来源:2011 年中国统计年鉴。

续 表

年份	消费率(%)	投资率(%)	储蓄率(%)
1998	59.6	36.2	40.4
1999	61.1	36.2	38.9
2000	62.3	35.3	37.7
2001	61.4	36.5	38.6
2002	59.6	37.8	40.4
2003	56.9	40.9	43.1
2004	54.4	43.0	45.6
2005	52.9	41.6	47.1
2006	50.7	41.8	49.3
2007	49.5	41.7	50.5
2008	48.4	43.9	51.6
2009	48.2	47.5	51.8
2010	47.4	48.6	52.6
2011	48.0	46.7	52.0

选取投资率为因变量 Y，储蓄率为自变量 X，运用最小二乘法建立一元回归模型 $Y_i = \beta_0 + \beta_1 X_i$，运用 EViews5.0 进行数据处理，结果如表 7-3 所示：

表 7-3 投资-储蓄率回归分析结果表

Variable	Coefficient	Std. Error	t-Statistic	Prob.
C	10.088 89	3.193 775	3.158 922	0.004 9
X	0.689 561	0.072 767	9.476 298	0.000 0
R-squared	0.817 851	Mean dependent var		40.131 82
Adjusted R-squared	0.808 744	S.D. dependent var		4.143 427
S.E. of regression	1.812 040	Akaike info criterion		4.113 291
Sum squared resid	65.669 76	Schwarz criterion		4.212 477
Log likelihood	−43.246 20	F-statistic		89.800 23
Durbin-Watson stat	0.916 381	Prob(F-statistic)		0.000 000

通过 EViews 软件用最小二乘法拟合得到的方程是

$$Y = 10.0889 + 0.6896X$$
$$(3.16) \quad (9.48)$$

由于 t 检验统计量值为 9.48，大于 5% 显著性水平下 t 统计量的临界值，这说明储蓄率对投资率有显著性的影响。同时，方程拟合优度值为 0.8178，说明该方程能够较好地反映储蓄率和投资率之间的拟合程度，二者相关关系较高。

综上所述，1990—2011 年，我国储蓄率和投资率之间存在密切关系。这说明我国资本账户受到较强管制，资本流动存在阻碍，资本账户开放度较低。

(二) 实际资本账户开放度测算

对于 1990—2011 年间我国实际资本账户开放度的测算，本研究选中克雷 (Krray) 的总量规模法，即用资本流入和流出总量占 GDP 的比重来测算样本期间我国实际资本账户开放度。根据《2011 年中国统计年鉴》搜集了 GDP 的历年数据，同时，又在《2011 年中国外汇管理年报》获取了样本期间我国资本流入和流出量以及人民币对美元年均汇率的数据。在归纳整理的基础之上编制如表 7-4 所示，测算实际资本账户开放度。

表 7-4　1990—2011 年我国资本流动总量与 GDP 变化情况①

年份	资本流入量（百万美元）	资本流出量（百万美元）	资本流动总量（百万美元）	GDP（亿元）	人民币对美元汇率年均值（元人民币/100 美元）	GDP（百万美元）	资本账户开放度（%）
1990	20 377	23 151	43 528	18 667.82	478.32	390 278.94	11.15
1991	20 323	15 742	36 065	21 781.50	532.33	409 172.87	8.81
1992	30 223	30 474	60 697	26 923.48	551.46	488 221.75	12.43
1993	50 828	27 354	78 182	35 333.92	576.20	613 223.27	12.75
1994	61 793	29 149	90 942	48 197.86	861.87	559 224.20	16.26
1995	67 712	29 037	96 749	60 793.73	835.10	727 981.43	13.29
1996	70 977	31 010	101 987	71 176.59	831.42	856 084.67	11.91
1997	92 637	71 622	164 259	78 973.03	828.98	952 653.08	17.24

① 数据来源：《2011 年中国统计年鉴》和 2011 年中国外汇管理年报。

续 表

年份	资本流入量（百万美元）	资本流出量（百万美元）	资本流动总量（百万美元）	GDP（亿元）	人民币对美元汇率年均值（元人民币/100美元）	GDP（百万美元）	资本账户开放度（%）
1998	89 327	95 648	184 975	84 402.28	827.91	1 019 462.02	18.14
1999	91 754	86 574	178 328	89 677.05	827.83	1 083 278.63	16.46
2000	91 986	90 064	182 050	99 214.55	827.84	1 198 475.00	15.19
2001	99 531	64 756	164 287	109 655.17	827.70	1 324 817.82	12.40
2002	128 321	96 030	224 351	120 332.69	827.70	1 453 820.10	15.43
2003	219 631	166 905	386 536	135 822.76	827.70	1 640 966.00	23.56
2004	343 350	232 690	576 040	159 878.34	827.68	1 931 644.33	29.82
2005	457 038	355 992	813 030	184 937.37	819.17	2 257 618.92	36.01
2006	699 264	646 614	1 345 878	216 314.43	797.18	2 713 495.40	49.60
2007	943 599	848 451	1 792 050	265 810.31	760.40	3 495 664.20	51.26
2008	797 233	750 911	1 548 144	314 045.43	694.51	4 521 827.29	34.24
2009	782 461	601 611	1 384 072	340 902.81	683.10	4 990 525.73	27.73
2010	1 166 652	879 787	2 046 439	401 202.03	676.95	5 926 612.43	34.53
2011	1 398 241	1 177 185	2 575 426	471 564.00	645.88	7 301 108.57	35.27

用样本期间我国资本流动总量占GDP的比重测算出我国实际资本账户开放度,如表7-4最后一列数据所示,我国资本账户开放度从整体上还比较低,但基本上处于逐步开放阶段。

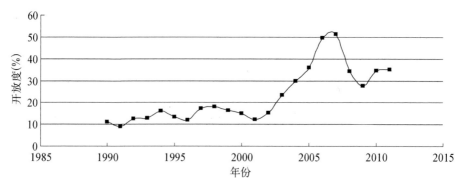

图7-3 1990—2011年我国实际资本账户开放度变化情况

根据图7-3,本研究将样本期间分为五个阶段来分别分析我国资本账户开放情况。

1990—1996年,在这一时期,我国人民币经常项目还未实行完全可兑换,资本账户管制也非常严格。这一时期,我国基本上还是一个比较封闭的经济体,资本账户开放程度较低。其中1993—1994年,邓小平南方谈话后直接投资流入的迅速增加使得我国实际资本账户开放度有所提升。

1997—1998年,人民币经常项目实现完全可兑换,这为资本项目下的交易混入经常账户交易实现跨境流动创造了便利条件。同时,亚洲金融危机的发生也使得资本跨境流动大幅度增加。这些因素都推动我国实际资本账户开放程度的进一步提升。

1999—2001年,亚洲金融危机后,我国资本账户管制有所加强,在一定程度上缓解了实际资本账户开放度的提升。但1999年后,由于美国经济过热,美联储六次加息使得中美利差加大,资本流入有所增加,推动了我国实际资本账户开放度的提升。

2002—2007年,一方面,我国人民币升值压力逐渐形成,与此同时,美国经济低迷,美联储连续降息使得中美利差逐渐由负转正。在人民币升值预期和利差的双重诱因下,国际资本又开始大量流入我国。另一方面,为了顺应加入WTO,我国逐渐放松了对一些资本项目的管制,这为资本流动性的进一步提高提供了便利条件。因此,我国对外直接投资、证券投资均有较大幅度增长,相应的,我国的实际资本账户开放度不断提升,并处于一个比较高的水平。

2008—2011年,我国实际资本账户开放程度有所降低,但仍处于逐步开放阶段。这主要由于2005年7月人民币汇率制度改革后,人民币升值已经由预期变为现实,并且自2006年后两年时间里人民币大幅度升值,这使得我国资本流动性有所降低,实际资本账户开放度有所降低。然而,在人民币汇率升值预期始终存在和我国资本、债券市场不断开放的情况下,跨国资本流动的事实在近期内不会有所改变,我国实际资本账户开放度正逐步提高。

二、银行体系稳定性的度量

(一)银行体系稳定性指标

目前,针对度量银行体系稳定性的指标,国内外学术界一直未形成确切统一的标准。国际货币基金组织和世界银行联合启动了一个"金融部门评估计划",主要用来判别金融体系的脆弱性,包括宏观审慎指标如经济增长、通货膨胀、利率等,综合微观审慎指标如资本充足性、盈利性指标、资产质量指标。[①] 众多学者也就具体指标的选择问题进行了深入的研究。有些学者认为银行体系的不稳定与宏观经济波动密切相连,导致宏观经济波动的因素指标也能度量银行体系的稳定性,如经济增长率、通货膨胀率、利率、汇率、外汇储备以及一国的货币供应量等。还有学者则偏向使用微观金融变量来测度银行体系的稳定性,这些变量主要包括银行资本充足率、不良资产率、信贷增长率以及资产收益率等。比较有代表性的研究成果如下:卡普里奥和克林格比尔(Caprio & Klingebiel,1996)采用不良资产率作为衡量银行体系稳定性的重要指标,同时提出银行体系不良资产率超过10%是发生银行危机的一个重要标准。冈萨雷斯(González-Hermosll)等(1997)也以不良资产率作为银行体系脆弱性的替代变量,发现墨西哥银行的不良资产率在其金融风暴前具有清楚的指示性作用。加文和豪斯曼(Gavin & Hausmann)把信贷增长率作为金融危机的重要指标,他们认为信贷高增长是银行体系不稳定性加剧的主要原因,因为大规模的资本流入将会导致银行体系贷款剧增,由于业绩压力银行往往无法谨慎选择客户造成贷款质量下降,这种情况在一定程度上增加了银行系统的脆弱性。台湾学者沈中华在考察资本流入对银行脆弱性的影响时也是采用银行体系信贷增长率作为其脆弱性的替代变量。

很多国家的央行则运用资产收益率、资本收益率、资产组合集中度等监控银行体系的稳定性,如美联储将有形资产占资产的比率、净收入占资产的比率、证券投资占资产的比率等指标作为监控银行体系稳定性的重要指标。[②] 然而,在实证研究中上述指标由于统计口径差异以及数据完整性问题比较难以获取,导致了对银行体系稳定性的测度比较困难。

(二)银行体系稳定性测度方法

学术界对于银行体系稳定性的测度方法有很多,有代表性的主要有三种:自下而上法、总量分析法和宏观经济分析法。自上而下法指先估计一国内各家银行破产的概率,再以各家银行的资产作为权重,在上述银行破产概率的基础上加权平均计算整个银行体系资不抵债的概率。当一国银行体系中大部分银行资

[①] 伍志文.金融脆弱性:理论及基于中国的经验分析(1991—2000)[J].经济评论,2003(2):96-100,128.

[②] 陶然.金融稳定目标下的资本账户开放研究[M].中国财政经济出版社,2009.

不抵债或者某一时期银行体系资不抵债的概率大幅增加时,该银行体系的稳定就面临危险了。总量分析法指将运用于单一银行的模型推广至整个银行体系,考虑使用银行业总体的数据来估计系统资不抵债的概率,以此来评估银行体系的稳定性。宏观经济分析法指运用宏观经济状况指标和金融稳定性指标来测度银行体系的稳定性,这种方法主要基于银行体系稳定性在很大程度上取决于其运行环境。

上述方法各有其优势,也各有不足。自上而下法没有考虑银行之间的相互作用程度,也没有从体制上考虑银行体系在市场上可能会起到的不同作用。同时,用来估计模型的各家银行数据也不是随时能得到的。总量分析法从银行体系全局来考察,研究数据易于从央行或其他官方的统计部门获取,这在一定程度上弥补了自上而下法的不足,但这种集合的考察方式可能会掩盖问题的实质。宏观经济分析法虽然考虑了宏观经济大环境对银行体系稳定性的影响,却没有考虑银行体系自身的脆弱性问题。

(三) 我国银行体系稳定性的测度

根据以上测度银行体系稳定性的方法,国内学者邹薇采用宏观经济分析与总量分析相结合的方法,提出了一个用于度量银行体系稳定性的 BSSI(Banking Sector Stability Index)指数,以此来反映银行体系过度承担风险的情况和显示在某一特定时间点上银行体系的稳定情况。BSSI 指数的构建选用了三个主要的银行危机先行指标:银行存款(Bank Deposits,DEP)、银行对非政府部门的贷款(Bank Credits to Non-government Sectors,CNGS)和银行的外币负债(Foreign Liabilities of Banks,FL)。它们分别是银行部门流动性风险、信贷风险和汇率风险变动的代表性或者说间接性指标。这三个指标的波动可以代表任何一个国家银行部门不稳定程度的变化。① 由这三个指标得出 BSSI 指数来度量银行体系对危机的脆弱程度。

$$BSSI_t = \frac{\left(\frac{CNGS_t - u_{cngs}}{\delta_{cngs}}\right) + \left(\frac{FL_t - u_{fl}}{\delta_{fl}}\right) + \left(\frac{DEP_t - u_{dep}}{\delta_{dep}}\right)}{3}$$

其中: $CNGS_t = \dfrac{RCNGS_t - RCNGS_{t-1}}{RCNGS_{t-1}}$

$FL_t = \dfrac{RFL_t - RFL_{t-1}}{RFL_{t-1}}$

---

① 邹薇.基于 BSSI 指数的中国银行体系稳定性研究[J].经济理论与经济管理,2007(2):47-53.

$$DEP_t = \frac{RDEP_t - RDEP_{t-1}}{RDEP_{t-1}}$$

式中，BSSI 指数被定义为 CNGS、FL 和 DEP 的标准差的平均值；u 和 δ 分别代表这三个变量的算术平均和标准差；RCNGS 代表银行体系对非政府部门贷款；RFL 代表银行体系外币负债；RDEP 代表银行体系总存款；CNGS、FL 和 DEP 是上述三个变量对应的年度变化。对 CNGS、FL 和 DEP 进行标准化处理是为了使它们在同样的概率分布下具有较好的可比性，而且可以使其中任何一个指标的变化都不会主导 BSSI 指数。BSSI 指数可以用来反映国内银行部门稳定状况的变动。从上式可以看出，BSSI 指数在整个样本期间的均值为 0，只要 BSSI 指数的值不显著地偏离 0，历史经验表明短期内银行部门一般不会出现严重问题。若 BSSI 指数的值显著变大，这说明银行存在过度承担风险。当 BSSI 指数的值小于 0，如果 BSSI 指数的值处于 -0.5 至 0 之间即 $-0.5 <$ $BSSI < 0$ 时，该银行体系处于中度不稳定时期；如果 BSSI 指数的值小于等于 -0.5 即 $BSSI \leq -0.5$ 时，该国银行部门则处于严重不稳定时期。相应的只有当其 BSSI 指数的值再达到样本期间的平均值时，才能说该银行体系已经完全从危机中复原了。①

本研究在借鉴邹薇（2007）关于银行体系稳定性测度方法的基础之上，引入银行业金融机构税后净利润或银行体系储备资产作为度量银行体系经营风险的间接指标。鉴于数据的完整连续及可获得性，本研究构建新的银行体系稳定性指标——BSSI 指数，它选用了银行对非政府部门的贷款（CNGS）、银行存款（DEP）、银行部门净国外资产（Net Foreign Assets of Banks，NFAB）和银行体系储备资产（本研究原选用银行业金融机构税后净利润作为其经营风险的度量指标，但因该指标数据不充分，故以银行体系储备资产指标替代）（Banking Institutions Reserves，BIR）四个银行危机先行指标，用以度量银行体系流动性风险、信贷风险、汇率风险和经营风险。具体公式如下：

$$BSSI_t = \frac{\left(\frac{DEP_t - u_{dep}}{\delta_{dep}}\right) + \left(\frac{CNGS_t - u_{cngs}}{\delta_{cngs}}\right) + \left(\frac{NFAB_t - u_{nfab}}{\delta_{nfab}}\right) + \left(\frac{BIR_t - u_{bir}}{\delta_{bir}}\right)}{4}$$

其中：$DEP_t = \dfrac{RDEP_t - RDEP_{t-1}}{RDEP_{t-1}}$，流动性风险变动测度指标

---

① 邹薇.基于 BSSI 指数的中国银行体系稳定性研究[J].经济理论与经济管理,2007(2)：47-53.

$$CNGS_t = \frac{RCNGS_t - RCNGS_{t-1}}{RCNGS_{t-1}}, 信贷风险变动测度指标$$

$$NFAB_t = \frac{NFAB_t - NFAB_{t-1}}{NFAB_{t-1}}, 汇率风险变动测度指标$$

$$BIR_t = \frac{BIR_t - BIR_{t-1}}{BIR_{t-1}}, 经营风险变动测度指标$$

本研究搜集了1990—2011年样本期间我国银行体系各项存款总量、对非政府部门贷款、净国外资产和银行业金融机构储备资产的年度数据,并对DEP、CNGS、NFAB、BIR进行了计算。基于上述BSSI指数计算公式,得到样本期间我国银行体系稳定性测度结构如表7-5:

表7-5 1990—2011年银行体系风险指数年度数据①

年份	对非政府部门贷款（十亿元）	净国外资产（十亿元）	各项存款总量（亿元）	储备资产（十亿元）	BSSI指数	测评结果
1990	1 626.85	103.79	11 644.83	263.81		
1991	1 944.47	145.58	23 230.33	359.32	1.33	严重不稳定
1992	2 348.87	168.52	29 327.80	367.80	−0.32	稳定
1993	3 456.83	222.29	38 782.60	594.32	1.50	严重不稳定
1994	4 177.11	506.45	40 502.50	768.59	0.87	中度不稳定
1995	5 165.19	638.50	53 882.10	1 006.41	0.35	稳定
1996	6 424.13	920.29	68 595.60	1 387.00	0.57	中度不稳定
1997	7 710.50	1 366.07	82 390.30	1 645.68	0.13	稳定
1998	8 961.99	1 504.20	95 697.90	1 511.15	−0.78	严重不稳定
1999	9 996.81	1 702.82	108 778.90	1 610.78	−0.71	严重不稳定
2000	11 143.40	2 012.43	123 804.40	1 619.32	−0.75	严重不稳定
2001	12 199.90	2 642.48	143 617.20	1 817.14	−0.49	中度不稳定
2002	14 301.64	3 174.63	170 917.40	2 041.32	−0.33	稳定
2003	17 270.02	3 770.38	208 055.60	2 428.93	−0.12	稳定
2004	19 200.09	5 531.95	241 424.30	3 739.81	0.30	稳定

① 数据来源：银行体系对非政府部门贷款、银行体系净国外资产、银行业金融机构储备资产年度数据来源于IFS的《2011年国际金融统计年鉴》；银行业金融机构存款总量来源于《2011年中国统计年鉴》。

续　表

年份	对非政府部门贷款（十亿元）	净国外资产（十亿元）	各项存款总量（亿元）	储备资产（十亿元）	BSSI 指数	测评结果
2005	20 950.29	7 566.93	287 169.50	4 028.35	−0.47	中度不稳定
2006	23 953.55	10 083.67	335 459.80	5 023.09	−0.14	稳定
2007	28 572.39	13 772.36	389 371.00	7 050.35	0.24	稳定
2008	32 564.09	17 894.57	466 203.00	9 391.53	−0.03	稳定
2009	43 358.40	19 561.15	597 741.00	10 457.55	0.13	稳定
2010	49 087.45	20 953.17	718 238.00	11 314.40	−0.62	严重不稳定
2011	55 925.80	23 346.77	771 559.59	12 735.75	−0.66	严重不稳定

本研究就 DEP、CNGS、NFAB、BIR、BSSI 变动情况绘制图 7-4，以更清晰地反映样本期间我国银行体系稳定性的测度结果。

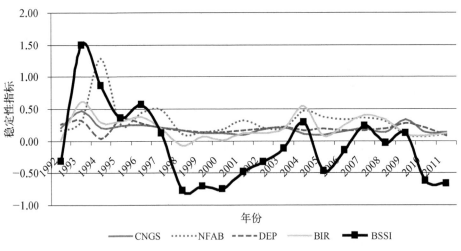

图 7-4　1990—2011 年银行体系稳定性变化情况图

从表 7-5 和图 7-4 的测度结果来看，1990—2011 年我国银行体系的稳定性出现了不同程度的波动。依据 BSSI 指数来看，1991 年、1993 年、1998—2000 年、2010—2011 年我国银行体系呈现严重不稳定性；1994 年、1996 年、2001 年、2005 年我国银行体系呈现中度不稳定性，其余年份为稳定年份。总体来看，我国银行体系逐步趋于稳定。下面就银行体系处于严重不稳定的年份进行分析：

1990—1996 年，我国银行体系稳定性出现较大波动与此间我国银行体系净国外资产出现异常波动直接相关。1993年,我国取消了外汇留成和上缴,实行了银行结售汇制度;取消外汇调剂市场,建立了银行间外汇交易市场;实行汇率并轨,采用单一汇率制,这在一定程度上加大了银行体系面临的外汇风险,出现了这一时期银行体系严重不稳定的状况。1996年,我国取消了若干对经常项目中的非贸易非经营性交易的汇兑限制,同时宣布将消除经常项目下的少量汇兑限制,以实现人民币经常项目可兑换,这在一定程度上引起资本流动量增加,信贷高增长,我国银行体系所面临的信贷风险增加,导致银行体系严重不稳定状况的出现。尤其是在1993—1995年,我国经济出现过热现象,1993年我国信贷增长率达到43.2%,固定资产投资增长率也达到61.8%,而通货膨胀率则从1993年的14.7%增长到1995年的17.1%。从宏观经济分析法的角度,这些宏观经济波动情况是1993年和1995年我国银行体系呈现严重不稳定性的原因。

1998—2001年,我国银行体系BSSI指数小于0.5,银行回避风险,银行体系呈严重不稳定性。在1998年亚洲金融危机全面大爆发的背景下,我国君安证券、中创信托、海南发展银行和广东国投四个金融机构均破产。我国经济出现有效需要严重不足的情况,通货紧缩事态严重。这一期间,国家实施积极财政政策,如增发国债、增加财政赤字、加大投资力度、积极扩大消费和促进出口等。1998—2001年,我国通货膨胀指数分别为-0.8、-1.4、0.4和0.7,这表明我国经济处于通货紧缩阶段,但在国家积极财政政策实施下经济情况有所改善。虽然我国银行体系处于严重不稳定阶段,但BSSI指数也相对有所回升,这表明我国银行体系又逐步开始承担风险,至2001年,我国银行体系稳定性指标BSSI指数已经升至-0.49,银行体系稳定性加强。

2005年,我国又出现了经济过热的现象,央行要求全国各大银行对发展过快、过热的行业采取信贷紧缩政策,迫使银行贷款增长速度下降,使得其资金沉淀。同年7月,我国实行汇率制度改革,人民币升值由预期变为现实,这在一定程度上加大了银行体系的汇率风险和流动性风险。因此,我国银行体系在2005年呈现中度不稳定。

2010—2011年,我国金融机构负债增加较多,中国人民银行2011年年报显示我国金融机构(含央行、存款货币机构、保险公司、证券投资基金及其他金融机构)新增金融负债22.84万亿元,比上年新增3.32万亿元;从结构上看,存款货币机构新增贷款9.21万亿元,占存款货币机构新增金融资产总额的57.0%;新增债券资产1.46万亿元,占比为9.0%,比上年下降8.8个百分点;新增准备金存款3.26万亿元,占比为20.2%,比上年上升12.1个百分点;新增未贴现银行承兑汇票2.33万亿元,占比为14.4%,比上年上升11.1个百分点。我国银行体系信贷风险和流动性风险增加,恰如上图 DEP 和 CNGS 曲线出现波动,这在一定程度上造成了我国银行体系不稳定。

三、资本账户开放对银行体系稳定性影响的实证分析

本研究以我国 1990—2011 年的时间序列数据作为样本,同时选取资本账户开放度(KO)作为中国资本账户开放情况的度量指标,其结果可以从本章前面的内容中得到。我们还选取度量银行体系稳定性的四个银行危机先行指标——银行体系对非政府部门的贷款(CNGS)、净国外资产(NFAB)、各项存款总量(DEP)和储备资产量(BIR)作为度量银行体系信贷风险、汇率风险、流动性风险和经营风险变动的指标,间接地反映银行体系稳定性的变化。为了消除样本时间序列中的异方差情况,对上述五个指标取自然对数,作为模型中的变量,即 $\ln KO$、$\ln CNGS$、$\ln NFAB$、$\ln DEP$、$\ln BIR$。

(一)样本序列平稳定检验

对于时间序列来说,如果一个时间序列的均值和协方差独立于时间,那么这个序列是平稳序列,否则就非平稳序列。若序列是平稳的,记为 $I(0)$,若序列的 d 阶差分序列是平稳序列,称为 d 阶单整,记作 $I(d)$。在通常情况下,我们所研究的经济变量时间序列都不是平稳的,存在或多或少的序列相关,如果不考虑序列的平稳性就直接进行回归分析,则有可能会产生"伪回归"现象。所以在分析资本账户开放对银行体系稳定性影响之前,必须首先对样本时间序列进行平稳性检验。[①] 本研究采用 ADF 检验法进行样本时间序列平稳性检验。

ADF 检验法是 Dickey 和 Fuller 在 DF 检验法基础上扩展得出的,其主要模型有:

模型一:$\Delta X_t = \delta X_{t-1} + \sum_{i=1}^{m} \beta_i \Delta X_{t-i} + \varepsilon_t$

模型二:$\Delta X_t = \alpha + \delta X_{t-1} + \sum_{i=1}^{m} \beta_i \Delta X_{t-i} + \varepsilon_t$

模型三:$\Delta X_t = \alpha + \beta t + \delta X_{t-1} + \sum_{i=1}^{m} \beta_i \Delta X_{t-i} + \varepsilon_t$

ADF 检验中,零假设为 $\delta = 0$,即存在一个单位根,时间序列不平稳,备择假设是 $\delta \neq 0$,即原时间序列是平稳序列。上述三个模型只要有一个模型的检验结果拒绝了零假设,就认为时间序列是平稳的。当三个模型的检验结果都不拒

---

① 李子奈,潘文卿.计量经济学[M].高等教育出版社,2010:268-271.

绝零假设时,则认为时间序列不平稳。

在进行样本时间序列 ADF 检验之前,我们先来观察一下 $\ln KO$、$\ln CNGS$、$\ln NFAB$、$\ln DEP$、$\ln BIR$ 五个变量变化的时序图。

根据图 7-5,可以初步断定,样本时间序列不平稳,并且存在趋势项。

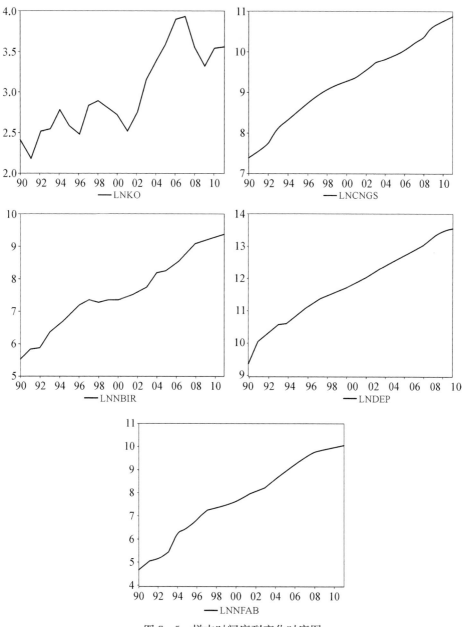

图 7-5 样本时间序列变化时序图

采用 ADF 检验法,通过 EViews5.0 软件对五个时间序列变量进行单位根检验。由图 7-5 可初步判断样本序列存在趋势项,故选用带趋势项和漂移项的模型来分析样本序列。最佳滞后阶数按照 SCI 准则确定,即 SCI 的值越小,那么滞后阶数越佳。检验结果见表 7-6:

表 7-6 样本时间序列的 ADF 检验结果表

变量	水平序列(level)					一阶差分序列(1-st)				
	检验形式	ADF 检验 t 统计量值	显著性水平	临界值	是否平稳	检验形式	ADF 检验 t 统计量值	显著性水平	临界值	是否平稳
Ln(cngs)	(C,T,0)	-2.151 6	10%	-3.260 2	否	(C,T,0)	-3.853 7	5%	-3.659 1	是
Ln(nfab)	(C,T,0)	-1.369	10%	-3.260 2	否	(C,T,0)	-4.079 2	5%	-3.659 1	是
Ln(dep)	(C,T,1)	-3.167 7	10%	-3.260 2	否	(C,T,1)	-3.921 5	5%	-3.659 1	是
Ln(bir)	(C,T,0)	-1.870 2	10%	-3.260 2	否	(C,T,0)	-7.814 7	1%	-4.500 0	是
Ln(ko)	(C,T,0)	-2.134 5	10%	-3.260 2	否	(C,T,0)	-3.883 8	5%	-3.659 1	是

通过 ADF 检验结果可以知道,时间序列 ln KO、ln CNGS、ln NFAB、ln DEP、ln BIR 均为非平稳时间序列,然其一阶差分序列为平稳序列,故 ln KO、ln CNGS、ln NFAB、ln DEP、ln BIR 是非平稳的一阶单整序列,即 $I(1)$ 序列。

(二) 样本时间序列协整分析

至今为止,计量经济学广泛采用的变量协整关系的检验方法主要有两种:一种是基于回归系数的 Johansen 协整关系检验,多用于多变量协整检验;另一种是 EG 检验法,此方法是由恩格尔和格兰杰(Engle & Granger)基于回归方程残差项的平稳性检验提出的,多用于双变量协整关系检验。

本研究涉及五个单整时间序列,因此选用 Johansen 检验法进行协整关系检验。Johansen 协整检验[1]是基于 VAR 模型的一种检验方法,也可直接用于多变量间的协整检验。Johansen 协整似然比检验原假设为 H_0:有 0 个协整关系,备择

---

[1] 李子奈,潘文卿.计量经济学[M].高等教育出版社,2010:268-271.

假设为 H_1：有 M 个协整关系,检验统计量是 $LR_M = -n \sum_{i=m-1}^{N} \log(1-\lambda_i)$,其中 M 为协整变量的个数,λ_i 是按大小排列的第 i 个特征值,n 为样本容量。Johansen 协整检验不是一次能够完成的独立检验,而是一种针对不同取值的连续检验过程。EViews 从检验不存在协整关系的零假设开始,其后是最多一个协整关系,直到最多 $N-1$ 个协整关系,共需进行 N 次检验。最终检验出变量之间全部的协整关系。[①]

通过 EViews5.0 软件,对样本时间序列进行协整关系检验,结果如表 7-7 所示：

表 7-7 协整关系检验结果表

Eigenvalue	Likelihood Ratio	5 Percent Critical Value	1 Percent Critical Value	Hypothesized No. of CE(s)
0.896 967	107.420 3	68.52	76.07	None**
0.809 729	61.966 19	47.21	54.46	At most 1**
0.511 453	28.780 10	29.68	35.65	At most 2
0.377 626	14.453 71	15.41	20.04	At most 3
0.220 008	4.969 420	3.76	6.65	At most 4*

*(**) denotes rejection of the hypothesis at 5%(1%) significance level
L.R. test indicates 2 cointegrating equation(s) at 5% significance level

表 7-7 共有五列,第一列是特征值 λ_i,第二列是似然比检验值,以后两列分别是 5% 与 1% 置信水平上的临界值,最后一列是对原假设检验结果。依次列出了 3 个检验的原假设结果,并对能拒绝原假设的检验用"*"表示,"*"表示置信水平为 95%,"* *"为 99%。表中第一行似然比检验值 107.42 大于 1% 置信水平上的临界值 76.07,即在 99% 置信水平上拒绝了不存在协整关系的原假设,即三变量存在协整方程。第二行似然比检验值 61.97 大于 1% 置信水平上的临界值 54.46,即在 99% 置信水平上拒绝了最多存在一个协整关系的原假设。

由表 7-7 下方结论可知样本时间序列在 5% 的显著性水平上存在 2 个协整关系。由于计量经济学上一般比较关心的是被似然比确定的第一个协整关系,故本研究将其单独列出来。同时 EViews5.0 软件还给出了 $\ln KO$ 与 $\ln CNGS$,$\ln KO$ 与 $\ln NFAB$,$\ln KO$ 与 $\ln DEP$,$\ln KO$ 与 $\ln BIR$ 两两之间的协整关系,结果如表 7-8 所示：

[①] 李子奈,潘文卿.计量经济学[M].高等教育出版社,2010：268-271.

表 7-8 变量之间两两协整关系表

Normalized Cointegrating Coefficients: 4 Cointegrating Equation(s)

LNNFAB	LNBIR	LNCNGS	LNDEP	LNKO	C
1.000 000	0.000 000	0.000 000	0.000 000	−0.944 928 (1.503 33)	−4.900 476
0.000 000	1.000 000	0.000 000	0.000 000	0.241 446 (2.175 42)	−8.376 271
0.000 000	0.000 000	1.000 000	0.000 000	0.348 659 (1.889 59)	−10.369 88
0.000 000	0.000 000	0.000 000	1.000 000	0.528 925 (2.457 03)	−13.397 63
Log likelihood	163.021 5				

从表 7-8 中的结果可以看出资本账户开放度变量 $\ln KO$ 与其他四个变量之间存在长期协整关系。资本账户开放度 $\ln KO$ 变动 1%，将会导致银行体系净国外资产 $\ln NFAB$ 同向变动 4.90%，银行体系储备资产 $\ln BIR$ 同向变动 8.37%，银行体系对非政府部门的贷款 $\ln CNGS$ 同向变动 10.37%，银行体系各项存款总量 $\ln DEP$ 同向变动 13.40%。因此，我国资本账户开放情况在一定程度上对银行体系的汇率风险、经营风险、信贷风险和流动性风险产生了影响。

（三）样本时间序列脉冲响应

脉冲响应描述的是一个内生变量对残差冲击的反应。具体而言，它描述的是在随机误差项上施加一个标准差大小的冲击（来自系统内部或外部）后对内生变量的当期值和未来值所产生的动态影响。脉冲响应描述了系统内变量间的这种相互冲击与响应的轨迹，显示了任一扰动如何通过模型，冲击其他所有变量的链式反应的全过程。

通过 EViews5.0 软件，对样本时间序列 $\ln KO$ 与 $\ln CNGS$，$\ln KO$ 与 $\ln NFAB$，$\ln KO$ 与 $\ln DEP$，$\ln KO$ 与 $\ln BIR$ 两两之间进行脉冲响应，结果如图 7-6 所示：

图 7-6 给出了十期以内 $\ln CNGS$、$\ln NFAB$、$\ln DEP$、$\ln BIR$ 对 $\ln KO$ 的脉冲反映情况。由图 7-6 可知，资本账户开放度 $\ln KO$ 对银行体系净国外资产 $\ln NFAB$ 和银行部门储备资产 $\ln BIR$ 的冲击在第二期都达到最大值，第四期以后趋于稳定。资本账户开放度 $\ln KO$ 对银行体系各项存款总量 $\ln DEP$ 和银行

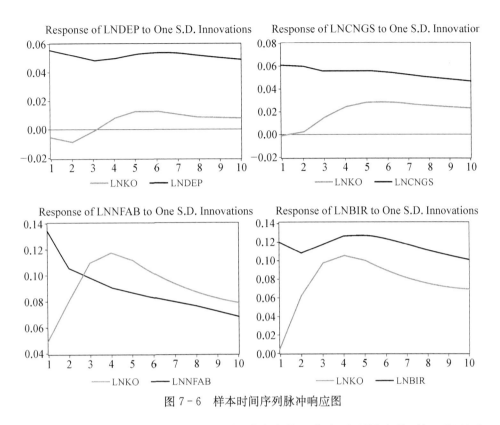

图7-6 样本时间序列脉冲响应图

体系对非政府部门的贷款 $\ln CNGS$ 的冲击在第三期都达到最大值,第五期以后趋于稳定。由图7-6还可以得出,资本账户开放度 $\ln KO$ 对银行部门储备资产 $\ln BIR$ 的冲击最大,对银行体系净国外资产 $\ln NFAB$ 的冲击其次,对银行体系各项存款总量 $\ln DEP$ 的冲击适中,对银行体系对非政府部门的贷款 $\ln CNGS$ 的冲击很小。这种情况说明我国资本账户开放带来的银行体系经营风险最大、汇率风险和流动性风险其次、信贷风险最小。

（四）实证分析小结

通过对我国1990—2011年资本账户开放对银行体系稳定性影响的实证分析,发现资本账户开放为中国经济发展带来了更多的资本,这些大量的流入、流出的国际资本大多数以银行体系为中介来完成其在中国市场上直接或间接的流入、流出。资本账户开放一方面给我国银行业的发展创造了机遇,另一方面也通过影响我国银行体系的经营风险、汇率风险、流动性风险和信贷风险给我国银行体系的发展带来了更大的挑战。

（1）伴随我国资本账户开放程度的不断深化,外资银行进入我国,使得我国银行体系面临更大的竞争与挑战,经营风险上升。

随着外资银行入驻国内金融市场以及非银行金融机构的蓬勃发展,我国银行体系在国内金融市场上的垄断地位逐渐被瓦解,业务与市场份额也逐渐被抢占。2013年3月14日,我国证监会发布《非银行金融机构开展证券投资基金托管业务暂行规定》,该规定指出打破银行托管垄断地位,放宽基金托管业务准入条件。此外,外资银行进入国内金融市场不仅引入了竞争因素,也将国际金融市场的动荡带入了我国,我国银行体系的监管难度增加。上述情况都增加了我国银行业的经营风险,给我国银行体系稳定带来了冲击。

随着我国资本账户开放进程的加快,我国银行体系的发展越来越受到世界经济发展变化的影响,其中汇率波动是十分重要的因素。资本账户开放所引致的汇率波动加大了我国银行体系的不稳定性。

2005年之前,我国实行的基本是固定汇率制度。2005年7月21日以后,我国开始实行以市场供求为基础、参考"一篮子货币"进行调节、有管理的浮动汇率制度。在浮动汇率制度之下,央行很难保持货币政策的独立性,国内的利率水平将随着汇率的波动发生较大的波动,这对银行体系的稳定性十分不利。首先,资本账户开放使得我国银行体系所需处理的外汇业务量增多,银行体系所面临的外汇风险加大。其次,资本账户开放所带来的大量资本流入使得人民币面临巨大的升值压力。人民币升值,我国出口将受到抑制、进口增加,使得经常账户收支恶化,出口及外贸企业盈利能力、偿债能力受到影响,进一步影响我国银行体系的稳定性。最后,人民币汇率弹性加大为国际游资出入我国资本市场创造了有利的条件,而国际游资的投机行为对我国银行体系的稳定非常不利。

(2) 随着资本账户开放进程的推进,我国对非政府部门贷款增加,银行体系资产负债规模急剧上升,信贷及流动性风险增加。一方面,近年来,银行体系资产负债规模增大,银行将大部分资金过度集中的投资于风险较高的行业,如房地产业。从1998年至今,我国银行业房地产贷款余额一路飙升。2012年末,我国房地产贷款余额高达12.11万亿元,同比增长12.8%。在银行体系资产负债规模激增而投资过于集中的情况下,一旦经济形势发生逆转,这些高风险高盈利的行业受到波及,银行体系就会出现大量的不良贷款,信贷风险及流动性风险激增。另一方面,银行体系因资产负债规模扩大、可贷资金增加,将贷款借给了信用等级较差的企业,使得银行体系信贷质量总体下降,面临的信贷风险及流动性风险也会随之增加。

总之,我国资本账户开放对银行体系的稳定有一定的冲击性,主要表现在增加其经营风险、汇率风险、流动性风险及信贷风险四个方面。

第三节　抵御银行系统稳定性的政策措施

一、资本账户开放的近期策略

从前面关于资本账户开放对我国银行体系稳定性影响的实证分析部分中，可以知道资本账户开放对我国银行体系稳定性影响的实证分析结果与理论分析是一致的，即资本账户开放会加强我国银行体系的不稳定性。一旦我国完全放开资本账户，国际资本流入量剧增，投机资本出入频繁，资本流动必然会增加我国银行体系的不稳定性，我国银行业将面临很大的风险。然而，资本账户开放是外汇体制改革的主要内容，有利于我国更好地吸收和利用国外资源，引进先进技术以及管理经验，对促进经济金融的发展起到了重要作用。随着我国经济地位的提高以及改革开放的不断深入，我国资本账户正在逐步开放。我们应当未雨绸缪尽早做好准备，降低资本账户开放对我国银行体系的冲击。

（一）资本账户开放的策略选择

从国内外资本账户开放的经验和教训中，我们知道我国资本账户的开放应该循序渐进地进行，不能够在内部经济金融条件尚未成熟的情况下采用激进的方式开放资本账户。而放松资本账户下的各个子项目的管制也不是贸然进行的，管理当局必须充分权衡每一项资本管制的措施解除时可能产生的收益和成本，只有在其产生的收益大于其产生的成本或者潜在成本时，该子项目管制措施的解除才有意义并且切实可行。管制当局应该根据特定时期的宏观经济情况及改革的需要，在衡量成本收益的情况下，循序渐进地确定所需放松或解除管制的子项。

首先，管制当局在确定所需放松或解除管制的子项之前，应该确保与该子项目相关的基础设置以及市场的完善。资本账户开放是总体经济改革的一个有机组成部分，必须与其他领域的改革进程相协调。①

其次，推动外国直接投资流入的自由化进程，做到"先长后短"。外国直接投资的引入有利于国内企业改革；金融部门外国直接投资的引入还有利于金融机构的升级重组，从而有利于整个市场竞争和抗风险能力的提升，为资本账户完全开放创造合适的外部环境。

---

① 张礼卿.资本账户开放与金融不稳定：基于发展中国家（地区）相关经验的研究[M].北京大学出版社,2004：129-132.

最后,积极调整资本管制的方式,以降低资本管制的成本同时提高资本管制的效率。对于经常性项目和资本项目采取相应的管制方式,对于不同数额的资本项目管制采用限额管理制度,提高资本管制效率。

（二）加强对资本流动的监管

我国在逐步实施资本账户开放的同时需密切监控跨境资本流动,防范和化解热钱流动的冲击及其对银行体系稳定性的影响。

首先,加强跨境资本流动的合规性监管。有关部门应结合检查中发现的监管漏洞,及时加强政策协调,积极研究并加以完善。与此同时,相关部门还应该合力监管,提高监管力度并确保跨境资本流动监管的有效性。

其次,加强跨境资金流动性监测。相关部门需建立针对短期资本投机性冲击的预警系统,防御短期国际资本的投机性冲击并降低短期资本的流动性风险。与此同时,有关部门也应该保持对违规资金流入的高压打击态势,对热钱可能违规流入的重点主体、渠道开展必要的专项检查。

最后,综合运用资本管制和宏观审慎等调控政策。有关部门需通过法律、经济和必要的行政手段,来提高套利资金流入的成本。政府需在有效防范风险的前提下,循序渐进地拓宽对外贸易和投资渠道,分步骤地放宽对跨境资本流动和交易活动的限制。

二、我国资本账户开放进程中银行体系改革的策略选择

（一）完善银行体系改革,克服银行体系不稳定性

在金融市场中,银行体系究其根本来讲本身就具有不稳定性,在我国资本账户开放的进程中,这种不稳定性随着各类风险的增加而增加。因此,我国应加快银行体系改革以克服银行体系的不稳定性。本研究从构建中国银行体系安全网络以及提高资本市场的深度和广度两个方面来展开论述。

1. 构建中国银行体系安全网络

首先,我国银行体系应构建银行危机的预警体系。此项措施需要依据我国国情并在充分考虑国际警戒线的情况下制定。与此同时,银行体系应该选择具有代表性、有效性以及可预测性的指标作为预警指标,如信贷增长率、通货膨胀率、不良资产率、银行资本充足率等。

其次,进一步完善我国的最后贷款人制度。我国应该以法律的形式严格最后贷款的标准和操作规程;适度提高最后贷款利率、缩短贷款期限;严格明确贷

款标准,保证贷款安全;增加最后贷款的形式,拓宽贷款资金的来源渠道;明确职权,给予央行充分的独立性。

再次,建立存款保险制度。我国应制订《存款保险法》,明确规定存款保险机构及其职责权限、保险范围、存款保险限额、保险基金来源等要素,为居民存款提供法律保障,降低银行体系道德风险情况。

最后,我国政府应推进国际政策协调和监管合作,控制金融投机和短期资本无秩序的流动,为资本账户逐步开放创造一个良好外部环境。

2. 提高我国资本市场的深度和广度

资本账户开放不可避免地会带来国际资本的流入,此时,资本市场的有效运作可以降低间接融资比例从而分散风险,以防止由于间接融资比例过高形成的银行业风险积累,维持我国银行业的稳定。因而,我国应积极推进资本市场改革。

首先,完善多层次资本市场体系,丰富资本市场产品,鼓励市场创新。在规范发展主板市场的同时,分步推进创业板市场建设。同时,还要积极推动债券发行、交易、监管制度和法规体系的进一步完善,扩大公司债券市场规模,把拓展债券市场作为扩大直接融资的重要途径。要在完善法律法规、切实防范风险的基础上,完善期货市场,研究推出期权、期指等金融衍生产品。

其次,培育股市有效需求、增加资金来源,尤其是机构的资金来源。规范引导社保基金、企业年金、保险资金、境外资金有序进入资本市场,发展以基金管理公司、保险公司和合格境外机构投资者为主导的机构投资者队伍,使机构投资者在推动市场改革发展和创新中发挥更为重要的作用。

最后,提高资本市场透明度。市场信息的透明度是资本市场赖以生存和发展的基石。一个没有透明度的资本市场,难以实现市场资源的有效配置,促进资本的积累,更有可能打击投资者对市场的信心,导致信用缺失,影响金融稳定。

(二)加强对银行体系的审慎性监管

由于绝大多数跨境资本流动是通过银行这种中介机构办理的,因此,加强对银行系统的审慎性监管十分重要。倘若没有科学高效的监管体系,使得大量国际资本流入银行体系,就会造成银行体系流动性过剩的风险;倘若没有科学高效的监管体系,银行体系没有经过认真的信用审核就进行贷款,或者进行高风险的过度投资,使得信贷风险集中于某一领域,造成银行体系面临极大的流动性风险和信用风险。因此,我国应完善银行监管体系,以减少资本账户开放进程中易出现的资本过度流入引起信贷激增的情形以及银行体系由此承担的过度风险。

1. 建立科学的内控及信审制度,防范信贷风险

资本账户开放给我国银行体系带来的主要风险是流入国内的大量资本得不到有效的使用和配置。同时银行体系内控制度不够科学、对贷款管理不严格。因此,我国银行体系需要建立科学高效的内控制度及信贷审批制度,做到贷前细致尽责地调查、贷中审贷分离、贷后科学管理,积极防范过度信贷风险。

首先,我国银行体系需要建立创新激励且科学有效的信贷审批及内控制度。无论是央行还是商业银行体系都需要对规章制度及操作程序做出严格的规定、审批分离、各个职能部门之间监督制约。

其次,我国银行部门需要建立完备的风险控制体系,同时需要对目标客户信用等级以及信贷资本金进行风险评级。将贷款事后分类评级改贷前风险评价,通过定性及定量分析来降低信用风险。

最后,加强员工素质和能力的培训并要求其做到贷前细致尽责地调查和贷后科学地管理,建立亲访、面签及多级审批制度。

2. 运用头寸管理方式控制银行体系资本流动情况,防范流动性风险及汇率风险

我国银行体系应该运用头寸管理方式,加强银行体系净资产、净负债头寸控制以监测和控制资本流动性风险。同时,我国银行体系还应严格控制整个银行体系的外汇敞口头寸,从总体上把握银行体系所面临的风险。我国银行业监管部门应该测算商业银行的外汇敞口头寸,同时对其进行限制,规定其占有银行资本金的比率,并对总头寸、净头寸及各种币种的头寸做出规定,以控制外汇风险。[1]

3. 加大银行体系信息披露的透明度及水平

由于银行体系的运行存在一定的风险性和外部性,提高其运行的透明度并加强信息披露是我国银行体系亟待解决的重要问题。[2] 近年来,在国际金融危机的影响下,我国银行体系面临的金融风险在一定程度上有所增加,这对提高我国银行体系信息披露的透明度及水平提出更高要求。现阶段,虽然我国银行体系进行了不同程度的信息披露,但仍然存在诸多问题,如信息披露制度建设滞后、披露信息不充分不真实、信息披露存在时滞等。因此,我国银行体系应该遵循市场约束,进一步加强信息的公开披露程度。

具体的解决办法如下:首先,遵循强制披露为主、自愿披露为辅。其次,规范信息披露制度、加强信息披露监管。在法律规范形式统一的过程中,银监会可

---

[1] 李晓峰,王慧卿,胡景芸.资本账户开放过程中的银行稳定性问题研究[J].投资研究,2005(3).
[2] 巴曙松,王超,张旭.中国上市银行信息披露评估指数体系研究[J].当代经济,2006(4):46-51.

牵头成立立法协调小组,以法律规范的形式统一制度标准,立法标准出台前,需征集业内人士的意见。新的监管要求先在上市银行和股份制银行中试行,待机制完善后再普遍实施,使标准统一化、成熟化。① 再次,正确处理银行体系信息的透明度与保密性之间的关系。我国需完善立法,对此类信息做明确的界定,同时,相关监管部门应对不适合公布的信息予以说明并注重其保密性。最后,我国银行体系应该加强会计报表附注的披露。我国商业银行信息披露包括会计信息和会计报表附注信息披露,会计信息披露较完备,报表附注披露则相对较少,应给予重点加强。② 总之,我国银行体系应积极加强信息披露,将核心披露与补充披露相结合,使我国的信息披露方式与新巴塞尔协议规定的信息披露要求相一致。

4. 加强在华外资银行的监管

针对外资银行纷纷入驻我国金融市场的情形,我国银行监管机构应强化对外资银行信息披露制度的管理,逐步推进信息披露的规范化;监管人员应加强对银行财务状况、重大业务活动和产品的风险度、风险管理状况等方面信息披露,提高外资银行上报监管机构财务数据和资料的准确性。③ 一方面,建立科学严谨的外资银行监控指标体系,防范国际资本的大量流入流出,包括资本充足率、不良贷款率、信贷增长率等。另一方面,针对外资银行提供的各种各样的衍生产品服务,我国监管机构需密切协调与配合来加强对金融创新和衍生产品的监管。

---

① 马威,靳荆.论我国商业银行信息披露体系的完善[J].经济纵横,2012(9):103-105.
② 马威,靳荆.论我国商业银行信息披露体系的完善[J].经济纵横,2012(9):103-105.
③ 郑泽华:"加强和完善在华外资银行监管"[J].金融理论与实践,2005(3):26-28.

第八章　中国资本账户开放与货币政策

第一节　货币政策及货币政策工具

一、货币政策

货币政策指一国政府或货币当局采取一定的措施,比如控制货币供给、干预利率、调节汇率等,以达到抑制通胀、实现完全就业、经济增长以及平衡国际收支等宏观经济目标。[①] 货币政策理论经过一个多世纪的创新发展演变,已经成为世界各国调控宏观经济的不可忽视的重要管理手段,如何选择和使用货币政策,会影响到整个货币政策的传导机制、货币政策的有效性以及政策目标的实现。货币政策的最终目标主要有以下四个方面。

(1) 经济增长。经济增长是发展的目标以及维持社会稳定的重要保障,货币政策的实行就是要促进经济的不断增长,这样居民才能安居乐业。但是实现经济增长并不容易,是一个复杂的工程,货币政策是这个复杂工程的工具之一。

(2) 物价稳定。维持社会商品价格和货币价值的稳定关系到国计民生,是关切百姓切身利益的大事。通货膨胀导致货币购买力下降,扰乱了经济金融秩序,影响国民生活水平。通货紧缩会降低经济增长预期,损害经济发展。因此避免通货膨胀和通货紧缩的出现自然是货币政策最重要的目标之一。

(3) 充分就业。充分就业是指任何愿意工作并有劳动能力的就业人员都可以找到合适的工作。失业率过高既浪费人力资源,也难以达到充分产出,甚至造成社会动荡。就业关系劳动者的尊严,是关系民生的大事,所以把失业率力争降到自然水平是很多国家最重要的宏观经济目标。

(4) 国际收支平衡。国际收支是否平衡可以反映这个国家的经济对外往来

[①] 李巍,张志强.中国资本账户开放的最优时点[J].国际经济评论,2010(4):76-87.

情况,也可以反映该国经济的稳定程度,如果一个国家的国际收支不平衡,不论是出现国际收支顺差还是逆差,都会对国内经济产生一定冲击,而持续性的国际收支失衡会影响该国的经济增长情况、物价水平、失业率甚至会带来经济动荡,因此运用货币政策去熨平这种经济失衡就很重要。

二、主要货币政策工具

货币政策包括扩张性货币政策和紧缩性货币政策,其作用是通过货币政策工具控制商业银行的存款准备金,影响利率以及国民收入,从而最终达到以上四个目标。货币政策工具主要有调整再贴现率、公开市场业务、变动法定准备金率。

(1) 再贴现率是指商业银行向央行借款时的资金成本或者利率。央行通过提高或者降低再贴现率减少或者增加对商业银行的货币供给量从而控制社会的流动性。改变再贴现率比较被动,政策效果取决于商业银行是否配合。

(2) 公开市场业务。公开市场业务是指央行买进或卖出金融市场上的政府债券来调节货币供应量。当经济萎靡不振需要扩张性的货币政策刺激经济时,央行通过买进政府债券以增加市场流动性;当经济过热需要紧缩性的货币政策遏制通货膨胀以防止经济过热时,央行通过卖出政府债券以回收流动性。由于公开市场业务具有主动灵活的优点,因此它是央行最常使用的政策工具。

(3) 法定准备金率。法定准备金率是商业银行按照央行规定应付提款需要而存放在央行中的存款所占总储蓄的比例。提高法定准备金率,商业银行的可放贷资金缩减,货币乘数也会减小,这会引起银行信用的多倍紧缩;反之,降低法定准备率,银行可放贷资金增多,货币乘数扩大,这会引起商业银行信用的多倍扩张。调整法定准备金率是央行调控金融市场的一种强有力、见效快的措施。

其他货币工具包括选择性信贷控制、道义劝告等。

三、资本账户开放与货币政策关系概述

多利(Dooley,2000)认为虽然资本管制可以在一定程度上限制投资者突然抽回资金的行为,但是该政策也会对外国资本的流入产生阻碍作用,阻碍一国利用外来资金发展自身经济,同时资本管制会使本国汇率陷于被动的不利局面。菲利普斯(Phillips,2001)认为不同的货币政策传导渠道决定着不同的分配制度,资本账户开放后的国际资本进出必然会影响到本国货币政策的传导途径,这是因为一个国家的资本账户开放后,尤其对于实行固定汇率制度的国家或地区,之前的货币政策传导的渠道会部分失效,因为央行对经济变量的控制能力在减

弱。米什金(2002)从信息不对称的角度出发,探讨了资本流动与货币危机的关系,认为如果政府对银行等金融机构的监管错失和效果不到位,势必会造成借贷高潮以及资本过度流入,而这恰恰是危机酝酿的前兆。泰勒(2003)运用时间序列的研究方法研究资本账户开放的风险问题,得出如下结论:亚洲货币危机中资产价格膨胀是由强大的外来资金流入造成的,而且在道德风险的作用下,这种价格膨胀得到了放大和加强。麦金农(2003)认为,资本账户缺乏管制是亚洲金融危机的风险来源。在金融自由化以及稳定汇率的预期下,大量套利资本流向亚洲金融市场,造成市场风险、流动性风险和信用风险的人为扩大。格雷利(2007)认为国际资本追逐境内境外利率差而赚取利益是资本的天性。但若为了防止资本外逃而采取资本管制,会对国与国之间正常的借贷活动产生负面影响,也许会得不偿失。

从各国资本账户开放的历史经验来看,伴随着资本账户开放而产生的大规模境外资本的流入,在促进各国经济金融发展的同时,也会给这些经济体带来越来越大的不确定性。1997年的亚洲金融危机,1998年的巴西和俄罗斯金融动荡,2001年的阿根廷金融危机,以及发生在新兴市场经济体中的不止一次的小规模的金融危机,甚至2007年产生于美国的次贷危机爆发也是由资本账户开放的传导效应造成的[①]。这些现象越来越向人们传导一种信息:资本账户开放的风险不可轻视,一个国家的经济金融安全会因为资本账户的深层次开放而面临各种各样的挑战,甚至连斯蒂格利茨(Stiglitz)也说,"2008年席卷全球的金融危机与资本账户自由化是脱不开联系的"。站在风险防范的角度上,应该认真审视资本账户自由化的利弊,权衡实施效果与影响,坚持从本国的国情制度出发,正确指导实践做到趋利避害。

近年来,中国经济高速发展,国内生产总值已跃居世界第二,中国在世界经济和金融体系中,地位举足轻重,扮演的角色也越来越重要。与此同时,以美国为首的西方发达国家要求中国承担越来越多的责任,对中国施加种种压力逼迫人民币升值、放开市场利率、允许资本自由流动、允许更多经济领域的对外开放等。归根到底就是要求中国开放金融领域,开放资本账户。但是资本账户开放事关金融稳定和宏观经济安全,事关中国经济能否保持现有增速继续发展。因此,中国的理论界和实务界也对资本账户开放投入了更多关注。

高海红(1999)研究了资本账户开放与金融危机的联系,指出在缺乏相应前提准备条件下,激进式地开放资本账户,是导致金融危机的直接原因。姜波克

---

① 张礼卿.资本账户开放与金融不稳定:基于发展中国家(地区)的相关经验研究[M].北京大学出版社,2004.

(2001)认为,如果资本账户结构中短期资本占比较大,当经济预期发生变化而引起短期资本大量流出时,国际收支会失衡而且很难维持平衡,在固定汇率制度下,这种不平衡会直接导致货币危机。邱崇明(2003)认为,中国经济在加入世界贸易组织后货币政策环境发生变化,货币政策的外在约束增强,货币政策的传导机制更加复杂。朱晓云(2005)认为,资本账户开放会对我国金融稳定带来强烈负面影响,这些不利影响主要体现在:一是现阶段人民币升值预期强烈,大量热钱持续流入,这会影响我国的资产负债表,造成宏观经济变动,甚至引发货币投机危机。二是大量的热钱流入会因为银行体系的道德风险的存在而产生过度借贷和投机。三是外资银行和境内中资银行相互竞争带来的风险,在中国目前尚待完善的金融体系下,中资银行能否竞争得过外资银行是个令人担忧的问题。鄂志寰(2007)指出,资本账户开放在使得金融发展水平提高、金融市场规模扩大以及市场效率提高的同时,也加剧了金融体系的波动性甚至是动荡,因此金融体系显得更加脆弱。李剑峰、蓝发钦(2007)对发展中国家资本账户开放与货币危机二者的影响关系做了实证分析,认为发展中国家的资本账户开放确实会有引发货币危机的可能性,但是这种可能取决于一国的经济基础条件。良好的经济基础可以有效降低这种可能性,反之,则会提高资本账户开放所引起的货币危机的发生概率。

作为一个发展中国家,截至2013年底,我国在资本账户方面还存在着一定的管制。但是面对着近些年来国际经济金融形势快速发展、科技信息的不断进步以及我国经济自身亟待调整升级的需要,我国面临进一步推进资本账户开放的现实问题。这一点自党的十八大以来,也成为全党全国各族人民的共识。

纵观我国经济学界的研究成果,我国经济学家对于资本账户开放将给我国国内经济金融带来的影响众说纷纭。截至目前,学界一致认为中国的资本账户开放进程取得了值得肯定的成绩。当前中国有着宏观经济稳定、汇率平稳、外汇储备充足以及经常性收支比较平衡等良好条件,境内经济和金融市场规模和深度不断拓展,境内金融机构的风险管理能力较20世纪末也大大改善,从这些情况来看,资本账户开放风险基本可控,稳步开放资本项目的条件基本成熟。

中国在国际上经济地位快速提高,要求中国改善货币政策,改革金融制度,开放金融领域,实现资本项目下自由兑换以服务国际国内贸易往来的呼声越来越高;同时由于加入WTO对中国改革开放自然也对资本账户开放形成倒逼效应,中国也只有不断开放资本账户以适应全球金融一体化的大趋势。

事实上，中国的资本账户开放正在积极有序地推进。从最初的设立 FDI 制度允许外国直接投资，设立 QFII 制度允许合格境外机构投资者，到最近继续扩大 FDI、QFII 额度，以及央行积极与英国、韩国、新加坡等近 20 个国家央行签订货币互换协议、央行扩大人民币对美元浮动范围等，中国资本账户开放程度日益加深。

第二节　资本账户开放对货币政策的影响

货币政策是一种重要的宏观经济政策，而资本账户开放会对一国的货币政策产生较大的影响。这集中表现在以下四个方面：央行对基础货币的调节能力即货币供应量、利率政策、汇率政策以及货币政策传导机制。

一、资本账户开放对货币供应量的影响

在中国的资本账户受到央行管制的情况下，中国的货币供应量基本上完全受央行控制，央行根据经济增长的需要和预测的 GDP 目标，通过控制 M2 的增长率控制流动性，货币供应量可以看作一个外生变量。通过增加持有资产，比如通过降低再贴现率或扩大再贷款信用规模或在公开市场上购入政府债券，货币供应量会随之扩张，反之，货币供应量会收缩。但是随着资本账户的逐步开放，国际资本可能出现大规模地流入或流出，央行会面临着本币升值或贬值的压力。中国目前实行的是有管理的浮动汇率制，其实质是钉住美元的固定汇率制，为了防止剧烈汇率波动，央行不得不动用人民币冲销新增外汇，在增加外汇储备的同时，货币供应量也随之增加。所以，资本账户开放后，外来资本的流动会对货币供应量的变化产生影响，货币供应量不完全由央行决定，将在很大程度上受国际市场的影响。当前中国经济系统 M2 已达 100 多万亿元人民币，远远超过实体经济需要，但是在美联储量化宽松货币政策下，热钱持续流入，央行向社会注入的 M2 无奈继续高速增长。

二、资本账户开放对利率政策的影响

资本账户开放后，国际资本可以自由进出，一国的利率将取决于世界平均利率水平。如果国内利率与国际利率存在差异，便会引发国际资本套利投机的行为，资本会向利率高的地方流动，国内国际利率差就会缩小，使得国内利率恢复到世界利率水平。我国目前实行的是有管理的浮动汇率制，其实质相当于固定

汇率制,在资本账户开放条件下,央行调整国内利率水平后,本外币因为存在实际收益率差异会导致货币替代的产生。① 放开资本自由流动后,本外币资金的逐利性必然使得境内境外资金实际利率慢慢相互靠拢,直至达到均衡也就是本外币实际收益率相等时为止,这就会直接影响货币当局当初制定的利率政策的有效性,具体表现在:

(1) 当经济衰退需要刺激时,政府采取放松银根、压低利率的政策,此时因外国利率比本币高,将导致资本大量流出,资本账户亏损,如果出现短期内经常账户的盈余(即使有的话)无法弥补资本账户的亏损的情况,国际收支出现逆差失去平衡,本币就会承受贬值压力。一国货币当局为了维护原有固定汇率水平不变,不得不拿出外汇储备,吸收被抛售的本国货币,原本扩张性的货币政策就会向紧缩性货币政策扭转,紧缩的货币政策会导致利率上升与投资减少,原本压低利率的扩张性货币政策失效。

(2) 当国内经济过热总需求过度需要降温时,一国运用紧缩的货币政策,如加息、提高利率、提高存准率等,以期防止经济过热。此时在资本账户开放条件下,本币加息会吸引大量套利资金流入,国际收支又会出现失衡产生顺差,本币面临升值压力,而本币升值显然打击国内出口,尤其是中国这样依赖出口的经济体,货币当局为维护固定汇率水平,不得不增加本币投放以冲销多余外币资金,这又会导致紧缩性货币政策向扩张性转变,货币政策又会发生失效。因此,在央行目前采取的有管理的浮动汇率制下,逐步开放资本账户会使利率等货币中间变量受到外围资本市场的影响,利率政策的独立性、有效性必然会受到冲击。2008年金融危机发生至今,美联储一直维持相当于零的超低息利率政策,接着日本等国相继效仿,大量热钱涌入包括中国在内的新兴经济体,导致中国资产价格泡沫越来越大,对本已迫切需要去杠杆调结构的中国经济带来很大压力。

三、资本账户开放对汇率政策的影响

优化资源配置是各国开放资本账户的主要目的。但是,近年来发生在新兴经济体的金融危机以及最近发源于美国的金融危机使得经济学者的关注点开始由资本账户开放的收益向风险转变,就连国际货币基金组织对资本账户开放的态度也由一味提倡开放转向有保留的倡导。危机告诫我们,若要保持国际收支平衡,汇率形成机制与资本账户管制程度必须紧密协调配合。回顾全球汇率体

---

① 货币替代是指一国居民因对本币的币值稳定失去信心,或本币资产收益率相对较低时发生的大规模货币兑换,从而外币在价值贮藏、交易媒介和计价标准等货币职能方面全部或部分地替代本币。

系的演变过程,随着资本流动性增强,汇率弹性显著变大。① 在如今金融全球化的大背景下,资本账户开放经济体中的汇率已经不是由真实经济中对商品劳务需求所派生的外汇需求而决定,而是主要取决于一些具有强大资本操作能力的国际金融巨头,比如基金、对冲基金等,这些金融巨头往往在全球范围内布置资产组合以追求更高的收益率,由它们派生的对外汇的需求已经超过实体经济真实的外汇需要,而且相比真实商品劳务需要,资本运作操作周期短交易更频繁。马克思说,资本是贪婪的,哪里有收益它们就流向哪里。各国央行、大的商业银行、大财团还有以对冲基金为代表的较高水平金融机构组织是世界外汇市场中的重要参与者。其中对冲基金具备发动货币攻击的条件和动机,为了追求高额收益,它们往往对一些金融风险防备不足的经济体发动冲击,甚至不顾这种冲击对这些经济体甚至是世界经济产生的负面影响。1997 年发生在东南亚地区的金融危机中,索罗斯控制的财富基金敏锐地捕捉到亚洲经济金融的薄弱环节,先后对泰国、印度尼西亚、菲律宾、缅甸、香港等国或地区的货币发动攻击,对东南亚经济造成重大创伤,自己却获得盆满钵满。有资料显示,索罗斯已通过香港购买中国 A 股股票,这点不得不引起我们的警惕。如今,国际对冲基金不仅从规模上还是从操作水平上都较十几年前提升了一个层次,甚至已经成为国际外汇市场中重要的影响力存在。在这种环境中,外汇市场的波动更加具有不稳定性和不可预测性。

在资本管制情况下,当遇到真实冲击时,相比浮动汇率制度,固定汇率制度的产出波动更小,这是因为固定汇率制在遇到冲击后,央行会对利率和货币供应量做出调整,这种调整中和了部分波动。例如,在人民币升值预期下,国际热钱近几年不断流入中国,造成中国资本产品价格虚高,此时,央行果断做出人民币贬值的动作,并进行一系列正回购,遏制了经济泡沫继续扩大的趋势。② 相反,在资本项目开放的情况下,当遇到真实冲击后,相比固定汇率制度,浮动汇率制度的产出波动更小,这是因为遇到冲击后,汇率会做出调整,在一定程度上抑制产出的波动。从以上分析可以得出,汇率制度形成机制和资本管制程度,是资本账户开放过程中的两个重要政策安排。一方面,资本账户管制应与固定汇率制度搭配,而资本账户开放应该选择浮动汇率制度与之搭配。另一方面,在固定汇率制度下,缩小实际汇率和目标汇率之差是央行干预汇率的目的,这两者之差与

---

① 国际清算银行,国家外汇管理局.国际视角的中国资本账户开放[M].北京:经济管理出版社,2003.

② 2014 年前三个月,人民币对美元汇率累积贬值近 3%,同时央行正回购收回流动性累积近 1 万亿。

干预数量的乘积可以衡量一国央行干预汇率的成本,而且随着境内外经济往来的密切发展以及信息技术互联网技术的不断进步,这种成本不仅高,而且从技术上来看被动干预也越来越难。

四、资本账户开放对货币政策传导机制的影响

资本账户的开放对一国货币政策传导机制的影响主要表现在以下三个方面:

一是原先传导机制的有效性将减弱。资本管制情况下,利率、信贷与资产价格是货币政策的主要传导机制。在资本账户开放后,货币政策的利率传导机制将失效。这是因为资本账户开放后,国际资本可以自由移动,一国的利率将取决于世界利率水平。由于资本账户开放也会改变一国的信用约束,货币政策通过信贷渠道发挥的作用也大打折扣。此外,资本账户开放后,国际资本的自由流动会使国内股票市场与房地产市场的价格出现一定的波动,货币政策的资产价格传导机制也会受到一定的影响,从而影响到货币政策的有效性。

二是货币政策的汇率传导机制将增强。在资本账户开放后,汇率将成为货币政策传导的重要渠道。根据"克鲁格曼三角"原理,在资本账户开放资本自由流动的条件下,若采用固定汇率制,就不得不放弃货币政策的独立性。而作为一个独立主权国家,放弃货币政策独立性在政治上经济上都是不切实际的。这就要求资本账户开放国转向采取浮动汇率制度。而在浮动汇率制度下,国内国际资本的流动还有进出口贸易服务活动对经济的作用将体现在汇率水平上,继而汇率水平成为决策层制定货币政策的参考标的,因而货币政策的汇率传导机制将得到增强。

三是货币政策的传导机制将会变得越来越复杂。首先,传导环节增多,国内外的经济政策、金融信息会对资金的流动方向和规模起指引作用,从而对资本市场、商品市场、产业组织等产生影响,并通过企业净值、逆向选择、道德风险等影响到商业银行的存贷款活动,从而对货币政策的效果产生直接影响。其次,各经济变量在传导链中的相互影响关系变得更加复杂,由于对货币政策的反应,在方向和强度上的不确定性加大,由此改变了市场预期的形成,从而也使得管理层预测市场对货币政策的反应变得更加困难。另外,由于证券市场的迅速发展,传统货币政策传导机制的模式、功能以及效用发生了很大改变,传统货币政策传导机制的中间目标与经济活动之间的关系也发生改变。因此,货币政策的传导机制变得更为复杂和不可测。

资本账户开放对于发展中国家货币政策的影响不可忽视,资本账户开放

后,不管是资本的大量流入还是大规模的撤资,都会对一国经济产生不利影响。而且货币政策具有时滞性,各国之间在经济政策方面也存在激烈竞争,这些都加剧了宏观经济管理的难度,也增大了经济政策失误的代价。由此,发展中国家在资本账户开放过程中,必须创新政策和制度,加强对资本国际流动的管理水平,只有这样才能经受住资本账户开放的风险和考验,真正从经济金融全球化中获益。

第三节 资本账户开放下中国货币政策有效性实证分析

一、中国资本账户开放度的测算

1998 年,克雷构建了一个用一国实际资本流入量和流出量的总和与国内生产总值的比值的方法来测算一国资本账户开放度,这种方法能够较好地测算一国的实际资本账户开放程度。

这里运用克雷的总量规模法来测算中国的资本账户开放度,即用资本流入、流出总量之和与国内生产总值的比值来测算样本期间我国实际资本账户开放度。根据《2012 年中国统计年鉴》,选取了 2000—2012 年中国国内生产总值的数值,又根据《2012 年中国外汇管理年报》选取了 2000—2012 年我国资本流入量、流出量以及人民币兑美元年均汇率的数据。根据公式:OPEN=资本流动总量/国内生产总值,整理数据并测算结果如下:

表8-1 运用克雷总量规模法计算的资本账户开放度

年份	资本流动总量（百万美元）	GDP（亿元）	人民币兑美元汇率（人民币/美元）	GDP（百万美元）	资本账户开放度(%)
2000	182 050	99 214.55	8.278 4	1 198 475.00	15.19
2001	164 287	109 655.17	8.277 0	1 324 817.82	12.40
2002	224 351	120 332.69	8.277 0	1 453 820.10	15.43
2003	386 536	135 822.76	8.277 0	1 640 966.00	23.56
2004	576 040	159 878.34	8.276 8	1 931 644.33	29.82
2005	813 030	184 937.37	8.191 7	2 257 618.92	36.01
2006	1 345 878	216 314.43	7.971 8	2 713 495.40	49.60
2007	1 792 050	265 810.31	7.604 0	3 495 664.20	51.26

续　表

年份	资本流动总量（百万美元）	GDP（亿元）	人民币兑美元汇率（人民币/美元）	GDP（百万美元）	资本账户开放度（%）
2008	1 548 144	314 045.43	6.945 1	4 521 827.29	34.24
2009	1 384 072	340 902.81	6.831 0	4 990 525.73	27.73
2010	2 046 439	401 202.03	6.769 5	5 926 612.43	34.53
2011	2 575 426	471 564.00	6.458 8	7 301 108.57	35.27
2012	2 773 400	519 322.00	6.299 6	8 243 729.76	33.59

表8-1中最后一栏数值即表示中国资本账户开放度,结果显示,我国资本账户开放度经历了由小变大—变小—又变大的过程。

二、货币政策有效性的度量

货币政策的目标有促进经济增长(GDP)、保持物价稳定(CPI)、保持充分就业(E)、保持国际收支平衡(H)等。衡量货币政策的有效性可以用着几个维度来代表。本研究用前三个维度分别来代表货币政策的有效性。其中,国内生产总值(GDP)增长代表货币政策有效,居民消费价格指数(CPI)波动范围越小代表货币政策越有效,失业率水平(E)越低代表货币政策有效。

三、实证分析

模型:本研究采用最小二乘法回归分析资本账户开放度与代表货币政策有效性的三个维度之间的关系。建立线性回归模型$Y=C+aX$(X分别表示G、I、E),其中Y代表资本账户开放度,G代表国内生产总值,I代表居民消费价格指数,E代表失业率。

数据来源:根据中国统计年鉴、查询国家统计局分别找到国内生产总值(GDP)和居民消费价格指数(CPI)的数据,而失业率(E)则是采用了和讯财经网站上综合了城镇登记失业率与农村失业率的综合失业率。具体数据如表8-2所示:

表8-2　2000—2012年国内生产总值、居民消费价格指数和失业率

年份	GDP(亿元)	CPI(%)	E(%)
2000	99 214.55	0.4	3.9
2001	109 655.17	0.7	3.6

续　表

年份	GDP(亿元)	CPI(%)	E(%)
2002	120 332.69	−0.8	4.0
2003	135 822.76	1.2	4.3
2004	159 878.34	3.9	5.2
2005	184 937.37	1.8	5.4
2006	216 314.43	1.5	6.1
2007	265 810.31	4.8	6.3
2008	314 045.43	5.9	4.8
2009	340 902.81	−0.7	4.6
2010	401 202.03	3.3	4.9
2011	471 564.00	5.4	5.1
2012	519 322.00	2.6	4.7

数据来源：中国统计年鉴、国家统计局网站、和讯财经网

考虑到维持物价稳定是货币政策的重要目标之一，这里选取国家统计局公布的 CPI 值与 2%（取 2% 是因为 2% 的通货膨胀率在政府允许范围内）的差值的绝对值代表物价的稳定程度。把资本账户开放的测度值以及 CPI 与 2% 的差值绝对值放在一张表上，如表 8-3 所示：

表 8-3　资本账户开放度与 CPI 指数关系表

年份	资本账户开放度(%)	GDP(亿元)	$I=(\lvert CPI-2\%\rvert)(\%)$	E(%)
2000	15.19	99 214.55	1.6	3.9
2001	12.40	109 655.17	1.3	3.6
2002	15.43	120 332.69	2.8	4.0
2003	23.56	135 822.76	0.8	4.3
2004	29.82	159 878.34	1.9	5.2
2005	36.01	184 937.37	0.2	5.4
2006	49.60	216 314.43	0.5	6.1
2007	51.26	265 810.31	2.8	6.3

续　表

年份	资本账户开放度(%)	GDP(亿元)	$I=(|CPI-2\%|)(\%)$	$E(\%)$
2008	34.24	314 045.43	3.9	4.8
2009	27.73	340 902.81	2.7	4.6
2010	34.53	401 202.03	1.3	4.9
2011	35.27	471 564.00	3.4	5.1
2012	33.59	519 322.00	0.4	4.7

数据平稳性检验,在 EViews 软件中用 ADF 平稳性检验法检验数据平稳性,发现 Y、G、I、E 四个时间序列在 level 水平下不平稳,但在一阶差分水平下是平稳的。结果如下:

GDP 数据 ADF 检验结果:

Null Hypothesis: D(G1) has a unit root
Exogenous: Constant
Lag Length: 2 (Automatic based on SIC, MAXLAG=2)

		t-Statistic	Prob.*
Augmented Dickey-Fuller test statistic		−28.826 66	0.034 6
Test critical values:	1% level	−4.420 595	
	5% level	−3.259 808	
	10% level	−2.771 129	

*MacKinnon (1996) one-sided p-values.
Warning: Probabilities and critical values calculated for 20 observations and may not be accurate for a sample size of 12

Augmented Dickey-Fuller Test Equation
Dependent Variable: D(G1, 2)
Method: Least Squares
Date: 03/26/14   Time: 21:28
Sample(adjusted): 2001 2012
Included observations: 12 after adjustments

	Coefficient	Std. Error	t-Statistic	Prob.
D(G1(−1))	−1.120 891	0.061 362	−18.266 65	0.047 3
C	0.169 198	0.090 062	1.878 687	0.119 1

	Coefficient	Std. Error	t-Statistic	Prob.
R-squared	0.730 191	Mean dependent var		−0.023 736
Adjusted R-squared	0.568 305	S.D. dependent var		0.054 825
S.E. of regression	0.036 022	Akaike info criterion		−1.508 286
Sum squared resid	0.006 488	Schwarz criterion		−1.420 631
Log likelihood	1.978 729	Hannan-Quinn criter.		−1.697 446
F-statistic	4.510 533	Durbin-Watson stat		1.301 629
Prob(F-statistic)	0.069 170			

CPI 数据 ADF 检验结果：

Null Hypothesis: I1 has a unit root
Exogenous: Constant
Lag Length: 0 (Automatic based on SIC, MAXLAG=2)

		t-Statistic	Prob.*
Augmented Dickey-Fuller test statistic		−21.606 932	0.044 9
Test critical values:	1% level	−4.121 990	
	5% level	−3.144 920	
	10% level	−2.713 751	

*MacKinnon (1996) one-sided p-values.
Warning: Probabilities and critical values calculated for 20 observations and may not be accurate for a sample size of 12

Augmented Dickey-Fuller Test Equation
Dependent Variable: D(I1)
Method: Least Squares
Date: 03/26/14   Time: 21:37
Sample (adjusted): 2001 2012
Included observations: 12 after adjustments

	Coefficient	Std. Error	t-Statistic	Prob.
I1(−1)	−0.265 606	0.165 288	−16.069 32	0.039 1
C	0.316 604	0.168 232	1.881 946	0.089 2
R-squared	0.205 228	Mean dependent var		0.060 327
Adjusted R-squared	0.125 751	S.D. dependent var		0.198 390
S.E. of regression	0.185 498	Akaike info criterion		−0.380 538
Sum squared resid	0.344 094	Schwarz criterion		−0.299 720
Log likelihood	4.283 226	Hannan-Quinn criter.		−0.410 459
F-statistic	2.582 230	Durbin-Watson stat		1.542 020
Prob(F-statistic)	0.139 149			

失业率数据 ADF 检验结果：

Null Hypothesis: E1 has a unit root
Exogenous: Constant
Lag Length: 0 (Automatic based on SIC, MAXLAG=2)

		t-Statistic	Prob.*
Augmented Dickey-Fuller test statistic		−25.962 01	0.042 3
Test critical values:	1% level	−4.200 056	
	5% level	−3.175 352	
	10% level	−2.728 985	

*MacKinnon (1996) one-sided p-values.
Warning: Probabilities and critical values calculated for 20 observations and may not be accurate for a sample size of 12

Augmented Dickey-Fuller Test Equation
Dependent Variable: D(E1)
Method: Least Squares
Date: 03/26/14   Time: 21:47
Sample (adjusted): 2001 2012
Included observations: 12 after adjustments

	Coefficient	Std. Error	t-Statistic	Prob.
E1(−1)	−0.857 573	0.330 319	−25.962 01	0.028 9
C	0.020 766	0.039 529	0.525 324	0.612 1
R-squared	0.428 218	Mean dependent var	−0.000 149	
Adjusted R-squared	0.364 686	S.D. dependent var	0.161 030	
S.E. of regression	0.128 351	Akaike info criterion	−1.105 123	
Sum squared resid	0.148 267	Schwarz criterion	−1.032 779	
Log likelihood	8.078 178	Hannan-Quinn criter.	−1.150 726	
F-statistic	6.740 258	Durbin-Watson stat	1.677 695	
Prob(F-statistic)	0.028 918			

用 EViews 软件分别回归 Y 与 G、I、E 的线性关系，结果如下：

Dependent Variable: Y
Method: Least Squares
Date: 03/26/14   Time: 21:49
Sample (adjusted): 2001 2012
Included observations: 11 after adjustments

	Coefficient	Std. Error	t-Statistic	Prob.
C	85.157 573	0.330 319	−2.596 201	0.028 9
G1	0.040 766	0.039 529	0.525 324	0.047 9

续 表

	Coefficient	Std. Error	t-Statistic	Prob.
R-squared	0.428 218	Mean dependent var		−0.000 149
Adjusted R-squared	0.364 686	S.D. dependent var		0.161 030
S.E. of regression	0.128 351	Akaike info criterion		−1.105 123
Sum squared resid	0.148 267	Schwarz criterion		−1.032 779
Log likelihood	8.078 178	Hannan-Quinn criter.		−1.150 726
F-statistic	6.740 258	Durbin-Watson stat		1.677 695
Prob(F-statistic)	0.028 918			

Dependent Variable: Y
Method: Least Squares
Date: 03/26/14   Time: 21:52
Sample (adjusted): 2001 2012
Included observations: 12 after adjustments

	Coefficient	Std. Error	t-Statistic	Prob.
C	3.212 537	3.673 312	8.745 615	0.000 0
I1	−0.028 815	1.843 161	−0.154 724	0.048 1
R-squared	0.002 388	Mean dependent var		2.264 913
Adjusted R-squared	−0.097 373	S.D. dependent var		1.157 257
S.E. of regression	12.127 75	Akaike info criterion		7.979 882
Sum squared resid	14.708 24	Schwarz criterion		8.060 699
Log likelihood	−4.587 929	Hannan-Quinn criter.		7.949 960
F-statistic	0.023 940	Durbin-Watson stat		0.520 145
Prob(F-statistic)	0.880 117			

Dependent Variable: Y
Method: Least Squares
Date: 03/26/14   Time: 21:54
Sample (adjusted): 2001 2012
Included observations: 12 after adjustments

	Coefficient	Std. Error	t-Statistic	Prob.
C	3.181 275	3.520 701	9.035 913	0.000 0
E1	0.021 475	3.009 775	0.300 404	0.037 7
R-squared	0.008 944	Mean dependent var		3.195 333
Adjusted R-squared	−0.090 162	S.D. dependent var		1.157 719
S.E. of regression	12.087 84	Akaike info criterion		7.973 289
Sum squared resid	14.611 59	Schwarz criterion		8.054 107
Log likelihood	−2.583 973	Hannan-Quinn criter.		7.943 367
F-statistic	0.090 242	Durbin-Watson stat		0.438 361
Prob(F-statistic)	0.770 022			

从上面的实证结果可以看出,资本账户开放度与国内生产总值之间存在正相关,与物价的稳定程度成负相关关系,但效果不显著,与失业率存在正相关关系。因此,资本账户开放对经济增长有促进作用,对维持物价稳定也有一定的影响力,但是这种影响力在下降,对降低失业率保持充分就业的作用不是很明显。由此,资本账户开放下,货币政策的经济增长作用一定程度上有效,这也间接反映了资本账户开放条件下,伴随着越来越多中国企业"走出去"战略,中国经济对全球资源配置的效率在提高;货币政策在稳定物价方面的影响力下降,这可以用伴随着资本账户开放,物价越来越受到国际游资的炒作的影响来解释,2010和2011年"蒜你狠""姜你军"等网络热词从侧面反映了这一点;货币政策在降低失业率维持充分就业方面的效用不明显,甚至还提高了失业率,这可以用近十来年国内高校毕业生数量集中爆发、回国海归数量连年增长使就业市场竞争更加激烈来解释。

第四节　中国资本账户开放进程中的货币政策建议

改革开放尤其是加入 WTO 以来,中国一直朝着资本账户开放的方向努力着,也取得了不小的成绩,经过多年的改革开放和经济建设,中国已经具备了使资本账户稳步开放的一些成熟条件,积累了如何面对资本账户开放的基本应对能力:国民生产总值稳定增长,宏观经济形势良好,国际收支、财务状况稳定,外汇储备充足、汇率制度改革稳步进行。但是,随着经济金融全球化的进一步发展以及移动互联网时代的到来,中国的资本账户开放水平显然还不适应这个大趋势。为了进一步实现资本账户开放,预防货币政策危机的出现,更能积极完善资本账户开放下的中国货币政策,结合前文的实证分析成果以及上海自贸区的货币政策实践,本研究认为今后应当着重做到以下几点:

一、增强我国货币政策的有效性

(一)提高银行等金融机构对价格信号的灵敏度

微观经济主体是否追求利润的最大化,关系到货币政策的传导机制和效果,银行等金融机构作为中国金融市场主体更是如此。当前,我国银行等金融机构还存在比较严重的官僚主义倾向,部分领导管理人员的经营目标不是追求利率最大化而是谋求个人职位的升高,这损害了金融机构对货币价格信号反应的灵敏度。因此,要建立现代化的企业治理制度和保障股东利率的制度,提高价格型货币政策工具的传导效果。

(二)健全货币市场,提高货币市场与其他金融子市场的关联性

当前中国货币市场发展迅速,但还存在交易主体固定、交易品种有限、创新力度不强等弊端,这也不利于金融市场对货币政策的传导效果。因此,要放宽货币市场交易门槛、鼓励市场创新、增加交易主体以及创新交易品种等(包括建立全国统一国债市场、发展票据市场等),还要加强货币市场与资本、外汇、信贷以及其他金融子市场的关联性,加强金融市场对货币政策的传导作用。

(三)加快金融系统改革,提高货币政策的有效性

要加快金融系统改革,破除金融系统垄断,鼓励中小银行、民营银行的发展,提高银行开拓市场的能力,鼓励各类金融机构进入经济落后地区,解决地区金融资源不足、金融体系缺位的问题。调整金融机构的资产机构,培育真正市场化的金融机构和金融市场,培育以货币渠道为主导地位的货币传导机制,提高经济活动的利率弹性,提高货币政策的有效性。

二、完善我国市场化利率决定机制

在资本账户开放的条件下,推行利率市场化是我国金融制度改革的重要部分,这不仅是我国金融市场的客观要求,也是对商业银行提高利率管理水平的要求,恰与此时,我国资本市场利率存在一定的欠缺,有待进一步完善,尤其是国内利率与国际市场利率脱轨。因此,鉴于能避免资本账户开放以后国际资本的大量进出对国内金融体系的冲击,必须完善市场化的利率形成机制。

(一)完善金融市场

要逐步建立起健全合理的融资工具体系,发展多层次金融市场,提高金融市场参与主体的竞争意识,发挥市场的决定性作用,以市场供求关系决定、以央行再贴现利率为基本、以货币市场利率(这里指银行间拆借利率)为参照的利率体系。

(二)增强商业银行的风险管理和应对能力

推行商业银行经营制度改革,提高商业银行多方面的经营管理能力(如比例

管理和风险管理),培育真正面对市场的金融参与主体,规范利率风险的机制系统。

(三)逐步完善中国人民银行的利率调控和货币金融的监管职能

加强中国人民银行的独立性和权威性,逐步完善利率调控体系,做好金融市场的领导和监管工作,同时,积极引导国内商业银行按照风险收益对称原则逐步建立利率定价机制,建立利率定价模型,推进商业银行利率定价水平全面提高。

(四)加强金融监管工作

利率市场化给金融系统和经济社会带来的不确定性增加,银行面临的经营风险和违约风险也会加剧,我国目前利率市场化以及启动,但是央行宏观调控不完善、金融系统不健全、市场参与主体不规范等问题还比较突出。为了防范利率市场化过程中的风险,应尽早建立起与国际接轨的市场金融监管规范,建立面对市场、既符合我国实际又与国际惯例相吻合的金融监管法律法规,提高我国的监管水平。

三、建立更有效的人民币汇率形成制度

(一)改革现有汇率制度,实行汇率目标制

目前我国实行的汇率制度是有管理的浮动汇率制,央行对于汇率的浮动范围实行干预,但这并不利于央行运用货币政策调控宏观经济的目标,而且伴随着金融系统的复杂深入发展,这种调控效果在减弱,成本反而越来越高。结合前文的分析,本研究建议改革完善现有的浮动汇率制,实行汇率目标制,这不但可以减少人民币汇率单方面的频繁调控,被动调控,降低干预成本和损失,还可以创新我国的汇率政策、货币政策制定理念,增强政策独立性、有效性。

(二)增强外汇市场,完善人民币汇率形成机制

完善汇率形成机制需要对我国的外汇管理体制进行改革,当前我国实行企业对外贸易强制结售汇制度,这不仅成本高,而且给企业的经营管理带来不便和风险。应积极逐步实行人民币经常项目的意愿结汇制度和完善外汇市场,逐步增加外汇市场的交易主体和丰富外汇交易工具。此外,改革现有汇率形成机制,因为央行货币政策的变动性、政策性,目前的人民币汇率形成机制中并未有效参考"一篮子货币"条件作用,应着重解决"一篮子货币"的币种以及权重问题,完善

人民币参考"一篮子货币"的汇率形成机制,完善反映多边汇率的形成制度。

(三)建立外汇平准基金制度,完善汇率的调控机制

货币市场中,汇率调控机制非常重要,建立外汇平准基金是国际上经实践检验的汇率调控成功经验,对汇率维持稳定能起到有效的保障作用,需要政府将一定数量的本、外币资金存入外汇平准基金账户当中,并由央行作为代理人对其进行管理,当外汇市场发生剧烈波动时,以便可以运用外汇平准基金,应对非正常因素对汇率的冲击。外汇平准基金入市,可以避免央行被动发行高能货币的局面,对货币政策和汇率政策的独立性、积极性和连续性起到有效的保障作用。

四、健全资本账户开放的风险防范机制

我国的资本账户开放正在逐步进行当中,但是直至 2013 年,中国资本账户开放的风险还显然存在,为了保证资本账户开放的最终成功,建立健全安全有效的风险防范机制非常必要。风险防范机制的建立主要包括建立金融救助制度、构建金融不稳定性的预警体系、完善金融市场、必要时对国际流动资本进行控制等。

(一)建立金融救助制度

金融是一国经济的中枢,金融的安全稳定运行与否直接关系到一国经济的稳健运行和社会的安定,影响本国经济发展水平以及居民生活秩序。资本账户开放后,金融体系面临更多的外部冲击和风险,不确定性加剧。不可预计的突发状况往往会使我们猝不及防。因而,我国应及时建立完善的金融救助制度,以提高金融体系的抗风险能力,一旦出现紧急情况,立即启动金融救助方案,化解和保障资本账户开放过程中的各种风险。例如,完善存款保险制度、建立金融救助法等急需尽快落实。

(二)建立金融不稳定的预警体系

事先建立金融预警体系,能够及时发现和识别金融风险,将不稳定因素扼杀在萌芽状态,这是保障金融体系稳定的最有效和成本最低的方法,也是国际上的成功经验。我国应借鉴并加以运用,建立专门的金融预警制度。这方面可以借鉴华尔街的操作手法,引进和培养专业的金融人才负责金融预警业务,建立预警指标、方法、操作细则,为金融体系稳定提供制度保障。

(三)建立和完善信用评级制度

信用评级制度,作为现代金融监管机制中的重要工具,可以促进金融机构提高信息质量和信息透明度,注重信誉意识和信誉建设,减少逆向选择和道德风险,提升自我监管水平,也是为监管部门正确评估金融机构的风险水平提供参考,提高监管层的监管效率。当前,我国已经开始着手建立信用评级评价制度,应结合我国实际,积极借鉴国际著名信用评级机构的先进操作经验,大力开发和完善适合我国国情的信用评级制度,为提升监管水平及监管有效性、科学性提供保证。

第九章　中国资本账户开放与人民币国际化

第一节　人民币国际化和资本账户开放

一、人民币国际化

（一）人民币国际化的含义

对于货币国际化,学术界还没有一个统一的概念来界定。布林德(Blinder,1995)认为国际货币除了具备货币的基本职能外应具有四个特征：一是应构成央行官方储备的份额。二是应广泛用于外国的通用货币。三是应被用来衡量不成比例的国际贸易份额。四是应处于国际金融市场货币的主导地位。钦恩和弗兰克尔(Chinn & Frankel,2005)从政府部门和私人部门角度对国际货币所具备的功能进行总结,在价值贮藏功能上,国际货币在政府部门作为国际外汇储备,在私人部门作为替代货币;在交换媒介功能上,国际货币在政府部门作为干预外汇的载体,在私人部门作为贸易和金融交易的结算货币;在价值尺度功能上,国际货币在政府部门作为固定的锚货币,在私人部门作为贸易和金融交易的计价货币。

姜波克和张青龙(2005)认为国际货币是货币的职能由国内拓展到国外,国际货币若只是支付手段和价值尺度或只是贮藏手段,该货币只实现了部分国际化。只有当国际货币同时具备支付手段、价值尺度和贮藏手段职能时才实现了完全国际化。李稻葵和刘霖林(2008)将人民币国际化概括为三个方面：第一,人民币现金在国际范围内达到一定的流通程度;第二,以人民币计价的金融投资产品成为境外机构的主要投资工具;第三,以人民币结算的贸易交易在国际上达到一定的比重。此外,我国的学者在人民币国际化的界定中还包含了对"化"的解释,人民币国际化研究课题组(2006)将人民币国际化定义为人民币跨越国界,在境外流通,成为国际上普遍认可的计价、结算及储备货币的过程。韩文秀(2011)将这个过程总结为货币职能由国内向国外的延伸,货币由国内公共产品向国际公共产品的演进,国家经济软实力逐步提升的体现以及全球货币格局变迁的过程。

总的来说,人民币国际化就是人民币逐渐在世界范围内实现计价、结算及储备货币的基本职能并被广泛使用的过程。这个过程主要包括三个阶段,分别为对外贸易计价结算阶段、金融投资阶段和储备货币阶段。需要指出的是,本研究中所使用的人民币国际化并不意味着人民币已完全实现货币国际化,而是包含了人民币逐渐实现国际化的过程,研究在这个过程中人民币国际化与资本账户开放的协调发展。

(二)人民币国际化程度的测算

对于人民币国际化程度的测算,学者们主要采用两种方式。一种是根据国际货币的功能选取合适的指标来衡量人民币国际化程度。李稻葵和刘霖林(2008)通过人民币在外汇储备中的占比、人民币在全球贸易结算中的占比和人民币在国际债券市场的占比来预测人民币在国际货币中的比重。魏昊等(2010)选取货币在全球的外汇储备占比、外汇交易占比、贸易结算占比、特别提款权占比、国际债券占比等五个指标来测度货币的国际化程度。张光平(2011)提出相对货币国际化程度的测度方法,通过 2007 年和 2010 年 30 个主要货币国家全球外汇交易占比与 GDP 占比的比值测算不同年份、不同国家间的相对国际化程度。李建军等(2013)也是从人民币对外贸易结算、金融投资和储备货币三个角度测算了人民币国际化的程度。除了使用人民币在全球贸易结算中的占比、在外汇市场的交易占比和在全球外汇储备中的占比,李建军等学者使用人民币在全球贸易结算中的占比与我国对外贸易总额在全球贸易中的占比以及人民币在外汇市场的交易占比与 GDP 在全球占比更深层次地衡量了人民币国际化的程度。

另一种是通过众多指标构建人民币国际化指数来衡量人民币的国际化程度,人民币国际化研究课题组(2006)通过货币的流通数量、流通范围,在国际贸易中的支付量,在国际贷款市场、债券市场、直接投资中的计价量和在国外官方外汇储备中的数量等变量加权计算得到人民币国际化指数。中国人民大学国际货币研究所(2012)按照国际货币计价、结算及储备货币的三个功能,选择多个指标编制了人民币国际化的三级指标体系,更好地测算了人民币的实际国际化程度。中国人民银行上海总部跨境人民币业务部课题组(2016)编制了多层次的人民币国际化指数体系,通过人民币国际化的发展指数、动态指数和信心指数全方位地衡量人民币国际化程度。彭红枫和谭小玉(2017)通过主成分分析法构建了人民币国际化的综合指数(TCII),并分解成人民币国际化的绝对指数(ACII)和相对指数(RCII),绝对指数主要侧重于人民币国际化的"量",由经济实力、贸易规模和币值稳定性等基本面因素决定;相对指数侧重于人民币国际化的"质",主要由资本账户开放度、金融市场发展程度、政治稳定性和军事实力等结构性因素决定。由于彭红枫和谭小玉构建的人民币国际化的综合指数和相对指数能够更好地反映人民币国际化的动态发展,本研究在后续的分析中将选用这两个指数进行后续分析。

(三) 人民币国际化的条件

与资本账户开放相同的是,人民币国际化的推进也需要一定的条件。钦恩和弗兰克尔(2005)认为一国提高本国货币的国际地位需满足以下条件:较大的贸易和产出规模,发达且开放的金融市场,货币价值保持稳定以及网络外部性带来的惯性。萨博拉曼尼亚(Subramanian,2008)分析发现经济规模(包括国内生产总值、贸易规模和外部财务状况)是提高人民币国际地位的关键基础。此外,人民币可兑换和开放的金融体系也是人民币国际化的条件。伊东和河合(Ito & Kawai,2016)通过回归分析发现在全球经济中贸易份额上升,人均收入水平上升可以推进人民币国际化。此外,虽然金融市场发展本身可能不会提高人民币的国际地位,但其金融市场发展与更大的市场开放度相结合将带来人民币国际地位的提升。

姜波克和张青龙(2005)提出实现货币国际化必须满足四个条件:第一,具有较强的军事和政治实力,为货币国际化提供安全稳定的环境;第二,具备较强的经济实力,在全球产出、贸易和金融领域占有较大份额,保证该国货币能在全球较大范围内流通;第三,保持币值稳定,包括对内物价稳定和对外汇率稳定;第四,拥有较为成熟的金融市场。王元龙(2009)认为我国的宏观经济环境中不成熟的金融市场体系、国际收支不平衡、经济发展处于转型期等状况以及未实现完全开放的资本账户阻碍了人民币国际化的发展,提高人民币在境外的流通规模和流通速度是人民币国际化的前提条件。刘曙光(2009)提出人民币国际化的内部条件可分为基本经济条件(强大的经济实力、不断提高的贸易规模、高外汇储备、高国际头寸和稳定物价)、制度政策条件(人民币计价结算制度、资本账户开放、发达的金融市场、汇率市场化)以及政治军事条件。魏昊等(2010)提出社会惯例的建立、产出、贸易和投资的规模、发达的金融市场、稳定的财政货币政策和网络外部性带来的扩散效应是货币国际化的决定因素。戴利(Daili)等(2015)根据以往文献总结出货币国际化的经济决定因素和制度决定因素,提出经济决定因素分别是境外投资者持有货币的信心、发达开放的金融市场以及货币发行国在全球的交易规模,并突出制度决定因素的直接和间接作用。总的来说,人民币国际化的条件主要包括强大的经济实力、开放发达的金融市场、币值对内对外稳定以及稳定的政治军事环境。

二、人民币国际化的现状分析

(一)我国人民币国际化的历程

货币国际化的推进一般会经历三个阶段,分别是对外贸易计价结算阶段、金融投资阶段和储备货币阶段,我国的人民币国际化进程也是按照这三个阶段展开的。

1. 对外贸易计价结算阶段

随着经济发展水平的逐步提升,我国的对外贸易规模也逐步扩大,在与其他各国的进出口交易中开始更多地使用人民币进行结算。为了推进人民币的贸易结算功能,我国从20世纪90年代开始,逐渐与越南、蒙古、俄罗斯等周边国家签署双边本币结算协议。到目前为止,我国已与周边的9个国家签订了该协议。1996年,我国作为IMF协定第八条款的成员国,取消了经常项目下的兑换限制,为人民币的贸易结算功能提供了基础条件。2003年,外汇管理局正式提出境内机构在对外贸易交易中可以采用人民币作为计价单位。2004年,香港正式启动人民币业务,经国家批准成为境外人民币清算结算基地,为人民币在香港的流通提供了条件。2009年,人民币国际化踏入新的征程,人民币跨境结算试点在广东四市、上海和香港正式启动,随后,试点范围扩大到全国20个省市区。由此,试点内从事对外贸易的企业可以通过人民币进行结算,外汇交易风险大幅降低。

2. 金融投资阶段

加入WTO之后,我国加快了资本账户开放步伐,人民币开始在金融交易结算中施展拳脚。我国先后于2002年、2006年启动合格境外机构投资者(QFII)制度和合格境内机构投资者(QDII)制度,放宽了跨境资本交易的限制。2007年,首只人民币债券在香港发行,推进了人民币在金融交易方面的国际化进程。2011年,人民币合格境外投资者(RQFII)制度正式启动,为资本账户下的人民币跨境流动提供了有利的条件,同时也为离岸人民币市场的发展提供了新动力。2013年,央行提出合格境内个人投资者制度(QDII2)的试点设想,并在随后的时间里加强部署,为个人投资者提供了投资渠道。

3. 储备货币阶段

2000年,我国与东盟10国、日本和韩国在泰国清迈构建了"10+3"的货币互换机制,达成了《清迈协议》,并于2012年将互换总额扩大到2 400亿美元。该协议将在一国出现外汇资金短缺时,由其他国家给予短期流动性援助,既为双边贸易发展提供便利,又能有效避免金融危机的发生。2008年金融危机爆发后,我国为了保证国际贸易的正常发展,逐渐与多国签订双边货币互换协定。自2009年以来,截至2017年7月底我国已与36个国家或地区签署了双边货币互换协定,互换总额已超过3.3万亿元人民币。① 2016年,人民币加入特别提款权SDR货币篮子,正式具备储备功能,国际化进入了新阶段。

(二)人民币国际化的现状

1. 人民币在对外贸易领域的国际化现状

2010年以来,随着人民币跨境试点的逐步开放和人民币业务的拓展,我国经常项目人民币收付金额稳步提升,由2010年的3 501亿元上升到2015年的72 344亿元。同时,经常项目中人民币收付部分的金额在经常项目发生总额中的占比也稳步提高,由2010年的1.5%的占比上升到2015年的23.5%,人民币在对外贸易领域得到广泛使用。但是,由于国际需求不足,金融危机以来各国贸易壁垒增强,我国对外贸易的下行压力较大,对外贸易的结构性改革也暂缓了经常项目的增长。

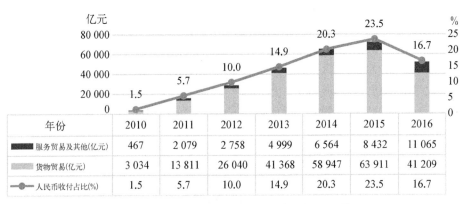

图9-1 我国经常项目人民币收付金额占比②

---

① 资料来源:http://www.pbc.gov.cn/chubanwu/114566/115296/3282629/3339385/index.html。
② 经常项目人民币收付金额占比=经常项目人民币收付金额/经常项目收付总额,其中经常项目人民币收付金额数据出自《2017年人民币国际化报告》,中国人民银行;经常项目收付总额数据出自国家外汇管理局网站的中国国际收支平衡表(BPM6),http://www.safe.gov.cn/wps/portal/sy/tjsj_szphb。

2016年,我国经常项目人民币收付金额同比2015年下降27.7%,其中,货物贸易收付金额同比下降35.5%,服务贸易及其他经常项目收付金额同比增长31.2%。同时,人民币收付金额在经常项目中的占比也由2015年的23.5%下滑到16.7%。

2. 人民币在投资领域的国际化现状

2010年以来,我国结合国内需求,在"引进来"的基础上提出"走出去",对外直接投资在我国得到了空前的发展。2013年我国根据国情创造性地提出了"一带一路"倡议,为人民币国际化提供了新机遇。对外直接投资中使用人民币进行收付的金额从2013年开始大幅增长,同比增长率在2015年更是高达228%。随后,我国于2016年出台了一系列政策,加强对"走出去"企业的合规性审核,降低对外投资的风险。2016年,我国对外直接投资的人民币收付金额为1.06万亿元,同比增长44.2%,增速与2015年相比大幅下降。在外商直接投资方面,人民币收付金额自2010年以来稳步上升,但是由于国际形势不确定因素增多,许多国家加强对外投资的审核力度,外商直接投资人民币收付金额同比下降11.9%。总的来看,我国直接投资的人民币收付占比于2013—2015年加速上涨,虽然2016年的增速下滑,但人民币收付占比已高达95.5%,说明人民币在直接投资项目下已基本实现国际化。

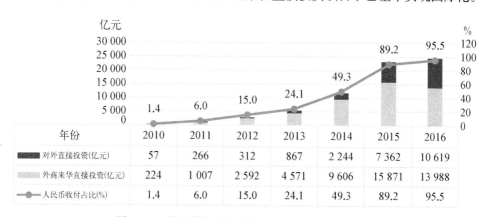

图9-2 我国跨境直接投资人民币收付金额占比①

除了直接投资项目,人民币在证券投资项目也逐步实现国际化。上文已提到我国为了推进人民币国际化采取了多项措施放松证券投资项目的管制,如RQFII制度。根据该项制度,合格的境外机构投资者可以使用在香港募集的人民币在境内证券市场上进行投资。根据中国人民银行的统计数据,截至2016年6月底,包

---

① 跨境直接投资人民币收付金额占比=跨境直接投资人民币收付金额/跨境直接投资收付总额,其中跨境直接投资人民币收付金额数据出自《2017年人民币国际化报告》,中国人民银行;跨境直接投资收付总额数据出自国家外汇管理局网站的中国国际收支平衡表(BPM6),http://www.safe.gov.cn/wps/portal/sy/tjsj_szphb。

括中国香港、美国、英国、德国、法国在内的17个国家和地区获得了14 600亿元的投资额度。截至2017年7月底,香港的投资额度由原来的2 700亿元提高到5 000亿元,爱尔兰首次通过审批,并获得了500亿元的投资额度。①

3. 人民币在国际官方储备中的国际化现状

2016年,人民币正式加入SDR,IMF开始单独统计各国持有的人民币规模,表明人民币在全球作为储备货币的地位已成功提升。2016年底,人民币储备规模为845.1亿美元,占世界外汇储备总量的1.1%。随着人民币的货币储备地位被认可,截至2016年底,已有超过60个国家和地区将人民币纳入外汇储备。②

总的来看,作为世界第二大经济体,外汇储备第一大国,人民币的国际地位与日俱增。根据图9-3中的人民币国际化指数可以看到,2007年开始人民币国际化的绝对指数都为正数且大幅上升,由2007年的4.99上升到2014年的13.09;相对指数都为负数且大幅下降,由2007年的-4.95下降到2014年的-10.95。但综合来看,人民币的国际地位从2011年开始稳步攀升,由2011年的0.39上升到2014年的2.14,涨幅约448.7%。绝对指数和相对指数的背离说明近几年来,人民币的国际化程度虽然有所提升,但这部分的提升大多体现在基本经济面的"量"上,资本账户开放、金融市场发展等体现"质"的结构性因素还需进一步提升以推进人民币国际化。

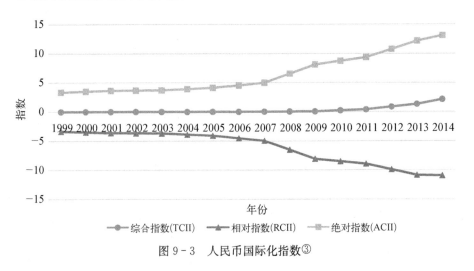

图9-3 人民币国际化指数③

---

① 数据来源：http://www.pbc.gov.cn/huobizhengceersi/214481/214511/214541/index.html。
② 数据来源：《人民币国际化报告》,中国人民银行,2017年。
③ 数据来源：彭红枫,谭小玉.人民币国际化研究：程度测算与影响因素分析[J].经济研究,2017(2)：125-139。

三、资本账户开放与人民币国际化

自人民币国际化目标提出以来,众多学者将其与资本账户开放结合起来,讨论两者的关系问题。多数学者认为资本账户开放是人民币国际化的前提条件,黄梅波和熊爱宗(2009)认为资本账户管制是未能实现人民币国际化的重要原因,应稳步开放资本账户。张礼卿(2009)认为货币可兑换程度的高低决定了人民币国际化的进程,当人民币国际化发展到更高层次,对资本账户下的交易提出需求时,资本账户的管制就会让境外投资者错失持有人民币资产的机会,从而阻碍了人民币国际化的进一步发展。吴念鲁等(2009)认为在货币实现可兑换前实现的本币国际化并不是真正意义上的货币国际化,只是说明本币具有了货币国际化的功能。弗兰克尔(2011)认为人民币国际地位的提升需要加大金融市场的深度,这需要政府当局开放资本账户,减少对国内信贷和汇率的管制。斯里瓦斯塔瓦(Srivastava,2012)认为人民币的国际地位是否能提高,很大程度上取决于货币当局的态度,是否能一直采用积极的政策推动经济增长,是否能快速实现人民币可兑换。张国兵和安烨(2013)从三个角度说明了资本账户管制阻碍了人民币国际化的进程,并从人民币的结算、投资、储备职能角度提出了进一步开放资本账户的建议。基图(Chitu)等(2014)认为进一步推进汇率改革、建立流动性充足的金融市场和资本账户开放对人民币国际地位的提升至关重要。

少数学者认为人民币国际化是资本账户开放的前提条件,陈炳才(1999)认为,对于我国来说,在人民币实现国际化或区域化之前,只能开放长期资本账户。只有当人民币国际化基本实现时,才能开放货币市场和短期资本市场,否则将面临巨大的风险。王元龙(2008)认为人民币国际化可优先发展,不必要等资本账户开放之后再进行推进,其发展可为资本账户开放创造更好的发展条件。

还有部分学者认为两者是相互影响,不分先后的关系。赵海宽(2003)认为货币国际化发展与货币可兑换虽然紧密联系,但两者又不能画等号,如阿根廷已实现资本项下的货币可兑换,但阿根廷比索并不是世界货币。同时,未实现可自由兑换的货币也可以推进货币国际化的发展。何慧刚(2007)从货币可兑换与货币国际化的异同点角度指出,两者之间是相互影响的关系,前者是后者的必要条件,但不是充分条件。邵路遥和刘尧成(2016)认为两者是相互促进的关系,一方面,资本账户的管制制约了人民币国际化的进一步推进,应进一步开放资本账户,另一方面,人民币国际化在一定程度上避免了资本自由流动的风险,也促进了资本账户的开放。

众多学者对两者关系的态度各有不同,但可以肯定的是:资本账户开放和人民币国际化的发展是相互影响,紧密联系的。以上学者着重讨论了两者的关系问题,但需要注意的是国家推进两者的发展都是为了促进经济增长的稳步发展,本研究将以促进经济增长稳步发展为落脚点,通过研究资本账户各子项目与人民币国际化的关系,研究如何进一步推进资本账户开放的问题。

第二节 资本账户开放与人民币国际化的实证分析

从我国的发展现状来看,我国从20世纪80年代开始放宽对资本账户的管制,90年代开始推进人民币国际化目标,到目前为止,两者仍在发展中,还没有正式实现。人民币国际化和资本账户开放不是割裂开的两个个体,而是同步推进,协调发展,两者在有机的、动态的系统内相互影响着。对此,本节通过分析各资本项目子账户对人民币国际化的影响展开实证研究,并结合前文对我国的发展现状进行深入分析,研究如何进一步推进资本账户开放。

一、实证模型的设定

本研究将通过实证模型分析资本账户开放对人民币国际化的影响,研究如何稳步开放资本账户,实现两者的协调发展。同时,为了细化研究结果,本研究根据国际收支平衡表将资本账户拆分为数据可得的资本账户、直接投资账户、直接投资以外的证券投资账户和其他投资账户。对此,本研究提出模型1和模型2:

$$TCII_t = \alpha_t + \beta_t^1 CAPITAL_t + \beta_t^2 FDIIN_t + \beta_t^3 FDIOUT_t \\ + \beta_t^4 BOND_t + \beta_t^5 OTHERS_t + \mu_t \tag{9.1}$$

$$RCII_t = \alpha_t + \beta_t^1 CAPITAL_t + \beta_t^2 FDIIN_t + \beta_t^3 FDIOUT_t \\ + \beta_t^4 BOND_t + \beta_t^5 OTHERS_t + \mu_t \tag{9.2}$$

在以上两个模型中,t表示样本区间,本研究样本区间为1999年第一季度至2014年第四季度。μ表示为随机扰动项。其中,被解释变量分别为$TCII$和$RCII$[1],分别表示人民币国际化的综合指数和相对指数。解释变量为各资本子账户的开放程度,为了使结果更加准确,本研究在实证分析中使用Kraay流量法

---

[1] 彭红枫,谭小玉.人民币国际化研究:程度测算与影响因素分析[J].经济研究,2017(2):125-139.

衡量开放程度,用各个资本子账户的跨境流动规模与当年 GDP 的比重来表示各资本子账户的开放程度,比值越大,表示资本子账户开放程度越高,数据来源于 IMF 数据库。其中,CAPITAL 表示净资本账户与 GDP 的比值,对应资本账户的开放程度;FDIIN 表示直接投资净流入与 GDP 的比值,FDIOUT 表示直接投资净流出与 GDP 的比值,两者对应直接投资账户的开放程度;BOND 表示直接投资之外的证券投资净流入与 GDP 的比值,对应证券投资的开放程度;OTHERS 表示其他投资净流入与 GDP 的比值,对应其他投资的开放程度。

二、模型的检验和实证分析

本研究所使用的模型是时间序列模型,一般情况下,大多的时间序列是非平稳的,这不满足经典回归分析的一个重要假设:数据是平稳的。对此,本研究首先使用 EViews8.0 对模型 1 和模型 2 进行单位根检验,避免出现两个毫无因果关系的变量间表现出高度相关性的实证结果。本研究采用 ADF 法进行单位根检验,检验结果如表 9-1 所示。检验结果显示各被解释变量和解释变量的原序列和一阶差分序列的 t 检验统计值都大于 1%、5% 和 10% 显著水平下的临界值,所以不能拒绝原假设,各序列存在单位根,都是非平稳序列。而各被解释变量和解释变量二阶差分序列的 t 检验统计值都通过了 1% 显著水平的检验,表明各二阶差分序列在 99% 的置信水平下拒绝原假设,不存在单位根。而各被解释变量和解释变量的非平稳序列经过二阶差分平稳,是二阶单整序列,即 $TCII \sim I(2)$、$RCII \sim I(2)$、$CAPITAL \sim I(2)$、$FDIIN \sim I(2)$、$FDIOUT \sim I(2)$、$BOND \sim I(2)$、$OTHERS$。

表 9-1 ADF 单位根检验结果

变量	t 检验统计值	1%显著性水平	5%显著性水平	10%显著性水平	结论
TCII	3.239 261	−4.124 265	−3.489 228	−3.173 114	非平稳
RCII	−2.263 127	−4.113 017	−3.483 970	−3.170 071	非平稳
CAPITAL	−1.878 276	−4.124 265	−3.489 228	−3.173 114	非平稳
FDIIN	−1.678 601	−4.137 279	−3.495 295	−3.176 618	非平稳
FDIOUT	−2.823 675	−4.137 279	−3.495 295	−3.176 618	非平稳
BOND	−2.144 887	−4.137 279	−3.495 295	−3.176 618	非平稳
OTHERS	−2.529 452	−4.124 265	−3.489 228	−3.173 114	非平稳
iTCII	3.110 952	−4.127 338	−3.490 662	−3.173 943	非平稳

续 表

变量	t 检验统计值	1%显著性水平	5%显著性水平	10%显著性水平	结 论
iRCII	−2.087 895	−4.113 017	−3.483 970	−3.170 071	非平稳
iCAPITAL	−3.113 461	−4.124 265	−3.489 228	−3.173 114	非平稳
iFDIIN	−2.625 437	−4.137 279	−3.495 295	−3.176 618	非平稳
iFDIOUT	−1.765 308	−4.137 279	−3.495 295	−3.176 618	非平稳
iBOND	−2.569 219	−4.137 279	−3.495 295	−3.176 618	非平稳
iOTHERS	−2.990 260	−4.137 279	−3.495 295	−3.176 618	非平稳
iiTCII	−7.031 828	−4.124 265	−3.489 228	−3.173 114	平稳*
iiRCII	−9.569 902	−4.115 684	−3.485 218	−3.170 793	平稳*
iiCAPITAL	−6.036 106	−4.124 265	−3.489 228	−3.173 114	平稳*
iiFDIIN	−5.638 339	−4.137 279	−3.495 295	−3.176 618	平稳*
iiFDIOUT	−5.804 557	−4.137 279	−3.495 295	−3.176 618	平稳*
iiBOND	−5.115 770	−4.137 279	−3.495 295	−3.176 618	平稳*
iiOTHERS	−5.025 952	−4.137 279	−3.495 295	−3.176 618	平稳*

注：变量列中 i 表示变量的一阶差分，ii 表示变量的二阶差分，平稳*表示变量的时间序列在 1%的水平上平稳

由于二阶差分序列建模不具有直接的经济意义，本研究使用 Engle-Granger 两步法建立误差修正模型。第一步，本研究对模型 1 和模型 2 中的变量进行协整检验。由上文可知，模型 1 和模型 2 中的变量具有一致的单整阶数，满足协整检验的条件。通过对两个模型的残差进行平稳性检验，可得表 9-2。结果显示，模型 1 回归残差的 t 检验统计值为 −5.230 611，小于 1%、5% 和 10% 显著水平下的临界值，该序列不存在单位根，是平稳序列，也就是说模型 1 的各变量间存在协整关系。同样，模型 2 回归残差的 t 检验统计值为 −9.443 349，小于 1%、5% 和 10% 显著水平下的临界值，模型 2 也通过了协整检验，各变量之间存在长期的均衡关系。

表 9-2 模型 1 和模型 2 回归残差的 ADF 单位根检验结果

模 型	t 检验统计值	1%显著性水平	5%显著性水平	10%显著性水平	结论
模型 1	−5.230 611	−2.605 442	−1.946 549	−1.613 181	平稳*
模型 2	−9.443 349	−2.603 423	−1.946 253	−1.613 346	平稳*

注：平稳*表示变量的时间序列在 1%的水平上平稳

由于模型 1 和模型 2 都通过了协整检验,可进行第二步:将协整回归的残差加入模型 1 和模型 2 中建立误差修正模型,两个模型的修正回归结果如表 9-3。

表 9-3 模型 1 和模型 2 的修正回归结果

解释变量	模型 1	模型 2
CAPITAL	1.277 987*** (3.006 049)	6.303 565*** (3.074 293)
FDIIN	0.301 914*** (6.232 641)	1.844 718*** (7.668 817)
FDIOUT	0.422 264*** (4.424 233)	2.902 732*** (6.179 816)
BOND	0.230 442*** (4.632 021)	−0.040 492 (−0.169 809)
OTHERS	−0.161 735*** (−7.378 402)	−0.549 855*** (−5.113 297)
ECM	−0.030 008 (−0.413 882)	−0.030 464 (−0.579 384)
Adjusted R-squared	0.999 608	0.999 534
F-statistic	18 473.38	15 566.96
Prob(F-statistic)	0.000 000	0.000 000
Durbin-Watson stat	1.978 138	2.331 546

注:括号内数字为 t 统计量;***、** 和 * 分别表示在 1%、5% 和 10% 的水平上显著

从解释变量来看,CAPITAL、FDIIN、FDIOUT 在模型 1 和模型 2 中都通过了 1% 的显著水平,回归系数都为正数,因此放松对资本账户、外商直接投资账户和直接对外投资账户的管制对人民币国际化有促进作用。BOND 在模型 1 中通过了 1% 的显著水平,回归系数为正数,但在模型 2 中,该变量没有通过 10% 的显著水平,说明证券投资账户的开放对人民币国际化的总水平有显著的促进作用,但对人民币国际化的相对水平没有显著的作用。OTHERS 在模型 1 和模型 2 中通过了 1% 的显著水平,回归系数都为负数,因此其他投资账户在一定程度上阻碍了人民币国际化的推进。总的来看,模型 2 中系数的绝对值都比模型 1 大,说明资本账户的开放对人民币国际化相对水平的促进作用较强。

从模型的拟合效果来看,模型 1 和模型 2 调整后的 R 方分别为 0.999 608 和 0.999 534,F 值分别为 18 473.38 和 15 566.96,P 值都为 0,说明两个模型的整体

拟合效果很好,都通过了 1% 的显著水平。两个模型的 D.W. 值分别为 1.978 138 和 2.331 546,说明两个模型基本上不存在自相关。所以,模型 1 和模型 2 的拟合结果较好,各资本项目子账户对人民币国际化有较显著的影响。

三、实证结果对我国的启示

根据以上实证结果,并结合我国的现状,可以更深入地分析资本账户开放与人民币国际化之间的关系,为实现两者的协调发展,稳定经济增长提供思路。

第一,资本账户开放有利于推进人民币国际化。资本账户开放意味着政府对资本项下的跨境交易不加以限制,资本可以在世界范围内自由流动。当投资者在跨境交易中使用人民币进行结算或者计价时,人民币在世界范围内的地位便会提高,境外居民也会增加对人民币的储备,因此,资本账户开放对人民币国际化有一定的促进作用。

从实证结果来看,资本账户开放整体上对人民币国际化有较强的促进作用。人民币国际化的成功推进需要开拓人民币的流出和回流渠道。一方面,我国通过放松对相关资本子账户的管制,来促进人民币向境外流出,提高境外机构对人民币的使用。例如,允许国内金融机构在离岸市场发行人民币计价的债券,逐步放松对境外机构在离岸市场发行人民币债券的管制。另一方面,通过实行 RQFII 制度,启动沪港通、沪深通试点等方式,为境外持有人民币的投资机构提供投资渠道,有利于人民币的回流。这些资本账户的开放可以降低人民币的持币风险,扩大人民币的流动范围,提高境外居民对人民币的持有量,促使人民币国际化的发展。从上文图 9-2 的数据来看,我国在直接投资项目的人民币收付占比随着资本账户的开放逐年上升。"走出去"战略的有效推进加速了我国对外直接投资的发展,为人民国际化的发展带来了新的推动力。

值得注意的是,尽管资本账户开放在一定程度上可以促进货币国际化的发展,但是资本账户开放并不意味着人民币国际化一定能成功。因为资本账户开放是从流动性供给方的角度来推进的,当一国决定开放资本账户,国家即可向世界范围提供本币流动性。但是货币国际化是从货币需求方来推动的,资本账户开放虽然向境外提供本币流动性,但只有当境外投资者对该国本币的需求增加,货币国际化的目标才能达成。

第二,人民币国际化对资本账户开放提出更高要求。2008 年金融危机爆发后,美国、欧元区、日本等发达国家或地区的经济发展受到严重打击,而我国因危机期间的资本账户管制保持了稳定的经济增长速度。2010 年我国正式超越日本成为世界第二大经济体,并一直保持庞大的经济体量。在此背景下,为了使我国在全球经济中扮演更重要的角色,我国通过推进人民币国际化提高人民币的国际地位,使其与我国在全球的经济地位相匹配。

人民币国际化战略的提出对我国的资本账户开放提出更高的要求。一方面,随着人民币在跨境贸易中结算比例的提高,经常项目下的人民币结算可以带来人民币的少量流动,但这部分人民币仅在对外贸易交易中使用,所带来的人民币流动性较小。另一方面,人民币的跨境贸易结算使大量人民币在海外沉淀,如果人民币的境外持有者不能通过资本项目下的交易进行投资,人民币将难以保持在海外市场的活跃,人民币国际化进程将受到影响。只有放松对资本账户的管制,境内和境外投资者才能使用人民币进行投资,扩大世界范围内的人民币流动性,为人民币的进一步国际化提供了可能。

从我国的现状来看,随着跨境贸易人民币结算试点的试行,经常项目中由人民币结算的部分逐年提升,最高达到23.5%,仍有进一步提升的空间;直接投资项目中由人民币结算的部分于2016年达到95.5%,已没有进一步发展的空间。这说明资本账户的管制已制约了人民币国际化的发展,直接投资项目的人民币结算几近饱和,若要进一步提高人民币的国际地位,其他资本项目的开放将不可避免。从实证结果来看,除了需要加强直接投资项目的开放,我国应加强对证券投资项目的开放。但是证券投资项目的开放对人民币国际化总水平有显著的促进作用,而对人民币国际化相对水平的提升没有显著的作用,这是因为我国如今的金融市场还不够成熟,境外投资者不能通过人民币投资获得稳定的财富收益,从而制约了证券投资账户开放对人民币国际化的促进作用。因此,人民币国际化不仅需要资本账户开放从"量"上继续推进,更对资本账户开放的"质"提出了更高的要求。

第三,以人民币国际化为目的的资本账户盲目开放将带来一定风险。从实证结果上来看,其他投资账户的开放对人民币国际化有一定的负效应,这是因为其他投资项目大多以短期为主,且流动性高,难以监管,容易成为国外资金流动的进出口。如图9-1所示,我国其他账户跨境资本的大幅流动是资本账户开放程度发生波动主要原因。虽然人民币国际化的进一步推进对资本账户开放提出了要求,但是人民币国际化的成功和资本账户的稳定开放都是建立在一定条件之上的,在条件不足的情况下贸然推进将会带来不可预料的风险。当一国不具备抵御风险的能力,资本的自由流动使一国国内的经济金融很容易受到国际经济冲击的影响,短期热钱和国际游资的肆意流动会使国内经济剧烈震荡,严重威胁国家经济金融安全,我国在进一步开放资本账户时应注意开放的速度,重视加速开放给国家经济带来的风险。

从国内外学者公认的资本账户开放条件来看,2017 年,我国宏观经济稳定(经济增速为 6.9%,①财政收支差额/GDP 为 3.7%,②通货膨胀率为 7.5%),金融体系稳健(其中银行业金融机构的不良贷款率为 1.91%,拨备覆盖率为 176.4%,资本充足率为 13.28%,③远高于巴塞尔协议Ⅲ的标准),金融监管有效性不断提升,外汇储备保持世界第一。粗略来看,我国的宏观经济条件可以支撑资本账户的进一步开放,但进一步来看,我国如今面临的国内外形势不容乐观。从国际来看,全球经济依然没有从 2008 年金融危机中脱离出来,我国依靠进出口和对外投资推动经济增长的动力不足。同时,美联储的持续加息和中美贸易战的拉开会给我国经济的稳定发展带来威胁。从国内来看,我国处于经济转型时期,经济增速下滑,结构升级所带来的新动力还未实现,长期的宽松财政货币政策带来房地产库存积压、债务攀升等问题。

此外,由于我国在岸市场的利率和汇率还没有真正意义上实现自由化,而离岸市场的利率和汇率主要由人民币的供需决定,两岸人民币市场的利率和汇率差带来大量的跨境套利套汇行为。一方面,大量以套利套汇为目的的人民币资本流动使得人民币国际化进程出现泡沫,2015 年人民币升值预期的下降直接带来了人民币国际化进程的暂缓,另一方面,在利率和汇率市场化改革成熟之前,通过加速资本账户开放进程来提高人民币国际化地位,将为跨境资本流动提供套利套汇空间,不利于国家经济的稳定。由于人民币的贬值预期和美联储的持续加息,我国资本账户已连续两年出现逆差,资本外逃压力加大。同时,由于国际资本流动的监管效率低下,国际收支平衡表中的误差与遗漏项目可能包含了部分违法资本流动数据,资本流出将被低估。我国需要重视未来的资本流出风险,一旦出现大规模资本流出,在当前背景下将会带来人民币贬值预期—资本流出加剧—国内利率上升—房地产泡沫破裂、债务违约的系统性风险。

总之,从"对外开放"的基本国策来说,我国未来一定会实现资本账户完全开放,深入全球经济。但是对于当前的中国来说,对外资本账户开放可以促进人民币国际化,但是不能为了推进人民币国际化而盲目地放松对资本账户的管制,应考虑到如今资本流出的风险。从原因上来看,我国如今出现资本流出现象是因为人民币在岸市场和离岸市场的利率汇率存在差额,国际资本流动的监管漏洞为非法资本流出提供了途径。因此,我国在今后的资本账户开放进程中应推进国内利率汇率深化改革,大力发展离岸市场,提高国际资本流动监管的效率,促

---

① 数据来源:http://www.stats.gov.cn/tjsj/sjjd/201801/t20180119_1575457.html。
② 数据来源:http://gks.mof.gov.cn/zhengfuxinxi/tongjishuju/201801/t20180125_2800116.html。
③ 数据来源:http://www.pbc.gov.cn/jinrongwendingju/146766/146772/146776/index.html。

进两者的协调发展,实现两者发展由量变到质变的飞跃。

第三节 发达国家货币国际化的经验借鉴

本研究通过对我国的样本数据进行实证分析,结果证明只有人民币国际化和资本账户开放在一定的条件下协调推进才能促进一国经济的稳步增长,我国应该继续放开对直接投资的限制,同时保持对证券投资和其他投资的审慎开放。为了进行更加深入的分析,在此选择与我国如今的发展状况较为相似的日本和德国进行经验分析,并通过对比分析总结出对我国的启示。

一、日本的历史经验

如今我国的经济现状与日本20世纪80年代的情况较为相似,经济实力位于世界前列,对外贸易积累了大量的盈余,国内金融市场还不完善。在此基础之上,国内的资本账户在小范围内开放,货币国际化目标也在逐步推进,因此日本的历史经验对我国具有重要意义。总的来说,日本的开放进程可以分为三个阶段:20世纪60—70年代的基本开放阶段、80年代的加速开放阶段、90年代的完全开放阶段。

二战失败后,随着国内经济的逐渐复苏,日本开始推进经常项目自由化,并于1964年正式成为IMF协定第八条款成员国。由于国内资金短缺,日本于1964年允许境外投资机构通过专有账户进行证券投资,并于1967年放松对直接投资项目的管制。资本账户的开放带来大量短期资本的流入,日本在1968年通过限制兑换日元的数量对资本流入加以限制。1971年,美国新经济政策实行之后,日本为了避免对美国出口的产业遭受打击,鼓励在对外贸易中多使用日元计价。随后布雷顿森林体系崩溃,美元大幅贬值,海外国家抛售美元,对日元的需求大幅增加,日元国际化进程加快。1972年,日本开始实行汇率改革,取消钉住美元的固定汇率实行浮动汇率,带来日元的持续升值。对此,日本一方面放松国内直接投资流出,另一方面对资本流入规模加以限制,日元的升值压力得到了缓解。1973年,随着日本国内经济增速下滑,政府对资本账户的管制措施发生改变,由限制资本流入转为限制流出。在频繁的资本管制变动之后,资本账户下的直接投资于1975年完全开放。1977年开始,日本开始实现利率市场化,直至1994年完全取消对利率市场的管制。

20世纪80年代前,日本资本账户只是进行小范围的开放,开放重点在于实体的直接投资项目,而对于对外日元贷款、外汇期货交易、境外对内投资房地产等方面的管制没有放松。此后,日本开始大范围放松对资本账户的管制。1980年,日本开始实行新的外汇法,居民在获得批准的金融机构可以自由买卖外汇资产。20世纪70年代末期,日本成为世界第三经济大国,对美国保持贸易顺差,美国为了保持对外收支平衡,强烈要求日本加速开放资本市场,实现金融自由化,并于1984年与日本合作成立"日元-美元委员会"。委员会建立之后,日本逐渐放松对境内资本流出的管制,允许国内金融机构在海外市场进行投资。1984年,日本放松了对武士债券发行和远期外汇交易的管制。1985年2月,日元实现与美元的自由兑换,促使外汇交易量大幅攀升,此举对日元的国际化进程有重大影响。同年9月,日本与美英德法签订《广场协议》,协助美国改善贸易赤字问题。从此,日元大幅升值,失去了原有的对外贸易竞争力,日本经济进入了低迷时期,日元国际化进程也受到很大影响。1986年,日本建立离岸市场,为资本账户开放提供了有利的条件。

20世纪90年代,世界各国提倡金融自由化,日本也连续出台了多项措施推进资本账户开放进程,并于1998年提出金融自由化改革方案,取消对国内金融市场的各项管制,真正意义上实现了资本账户完全开放。1999年欧元正式启动,打破了美元的垄断地位,日本抓住机会改变过度依赖美元的现状,并开始将日元国际化的重心转移到亚洲地区。但是投资者对日本"失去的十年"后的经济复苏丧失了信心,日元的国际地位难以得到提升,日元在全球外汇储备中的比重日益下降。

二、德国的历史经验

与日本相类似的德国也在二战失败后迅速发展国内经济,并推进资本账户自由化。但是,与日本相比,德国的资本账户的自由化进程更加稳定。德国的开放进程也可以分为三个阶段:20世纪50年代的基本开放阶段、60—70年代的加速开放阶段、80年代的完全开放阶段。

1948年,德国实行币制改革,正式发行新货币马克。20世纪50年代,联邦德国经济快速发展,对外贸易持续顺差,已基本满足资本账户开放的条件。1952年,联邦德国放松境内投资者对外直接投资项目的管制,开启了资本自由化的第一步。随后,联邦德国于1954年放松了对外汇的管制,于1956年放松对境内居民投资境外证券市场的管制,于1957年放松对资本流出的管制。1958年,联邦德国实现经常项目可兑换。1959年,联邦德国又放松了对资本流入的管制,此时的联邦德国资本市场已基本开放。

20世纪60年代,由于联邦德国经济的迅速发展,海外投资者对马克的需求增加,大量境外资金流入联邦德国。由于当时的联邦德国仍然实行固定汇率制度,大量资本流入使得联邦德国政府不得不通过收购市场上多余的外汇来保持固定汇率,从而给联邦德国带来了严重的通货膨胀压力。联邦德国政府在此期间试图通过调节贴现利率来解决通胀问题,但是资本流动和国内的固定汇率使得货币政策不能得到有效的运用,造成了经济的大幅波动。对此,联邦德国于1962开始推进利率市场化,直到1967年,联邦德国央行同意全面放松对利率的管制,完全实现利率市场化。同时,联邦德国开始加强对资本流入的限制,如限制对境外投资者利息收入的支付,限制外币债券在联邦德国的发行。1971年之前,由于资本流入压力的减缓,联邦德国曾放松以上对资本流入的限制。但是1971年,美国爆发了第三次美元危机,国际市场上的投资者抛售大量美元转而抢购黄金和币值更加稳定的联邦德国马克。这段时间,马克的国际地位显著提高,其全球外汇储备于1973年超过英镑,成为第二大储备货币。同时,这又造成了大量资本流入联邦德国市场,联邦德国再次恢复之前的管制措施,并限制境外投资者在国内证券市场的投资。随着布雷顿森林体系崩溃,联邦德国开始实行浮动汇率制度,资本流入带来的通货膨胀压力有所缓解。

实行浮动汇率制后,联邦德国资本账户开放的脚步加快,逐步放松对境外投资者发行马克债券的管制和对马克债券发行时间和规模的限制,联邦德国基本完成了资本账户开放。1985年,联邦德国参与签署了"广场协议",马克再一次升值,联邦德国再次面临资本流入压力。然而,从20世纪80年代开始,联邦德国的金融市场开始蓬勃发展,政府鼓励银行向海外发展,允许银行参与证券市场交易,金融体系逐渐完善。所以,当联邦德国再次面对资本流入压力,日渐成熟的金融市场和已实现的浮动汇率制度让联邦德国没有再一次加强对资本流入的管制,联邦德国真正意义上实现了资本账户开放。同时,随着金融市场的成熟发展,联邦德国马克的国际化地位也逐渐提高。

三、日本和德国的历史经验对我国的启示

第一,资本账户开放和货币国际化都是建立在一定的经济基础之上的,我国应该通过发展实体经济提高人民币的国际地位,而不是通过资本账户开放的金融手段。从两国的发展历程来看,德国利用本国高端工业产品的议价优势,通过在对外贸易中扩大马克的结算比例实现马克国际化,并根据国内的经济状况稳步推进资本账户开放;而日本则是通过放松对资本账户的管制来提高日元的国际地位。但是,日本自加速资本账户自由化以来,将大量日元投入到金融市场和

房地产市场,并没有通过直接投资提高本国的实体经济。而且日本一直通过进出口拉动经济增长,资本账户自由化推进日元国际化的路线并没有显著提高日元在贸易领域中的结算比例,当泡沫破裂,国家经济和日元地位都受到了严重的打击。与之相比,在德国加入欧元区之前,马克已占据第二大货币的位置,并且德国的经济也得到了稳定的发展。对此,我国可以学习马克国际化的路径,通过提高人民币在贸易结算中的比例实现人民币国际化。这样既避免了开放资本账户所带来的潜在风险,又不耽误我国的人民币国际化进程。2016 年,我国人民币在对外贸易结算中的占比仅为 16.7%,还有很大的上升空间。我国应该吸取日本的教训,大力发展实体经济,通过直接投资提升我国优势产业在全球产业链中的优势地位,从而提升人民币的贸易结算比例,推动人民币国际化的进程。

第二,为实现资本账户的安全开放,应稳步推进汇率市场化进程。首先,在固定汇率制度下,德国一直通过外汇储备来维持汇率稳定,而由此引起的通货膨胀问题一直难以解决,直到实行浮动汇率制度,通货膨胀问题才得到有效的缓解。因此,国家在开放的经济条件下应该实行浮动汇率制度,以此保证货币政策的有效性。其次,面对货币值的升值趋势,汇率自由化应稳步推进。从经验来看,日本通过资本账户管制抑制了日元的升值趋势,当汇率实现自由化,大量资本涌入日本的房地产和股票市场,为日本经济堆积了大量泡沫。德国则是顺应马克的升值趋势,渐进地进行汇率调整,保持了稳定的经济增长。最后,浮动汇率制度带来的汇率波动会给对外贸易带来汇率风险,不利于一国对外贸易的发展。同时,汇率的波动为国际投机者提供了条件,给国内外金融市场带来冲击。因此,我国在推进资本账户开放时应根据我国的现实情况有序地推进汇率市场自由化。

第三,汇率市场化需要利率市场化的配合。从日本和德国汇率市场化的进程来看,两国在布雷顿森林体系崩溃后都实现了浮动汇率制度。但是两国推进利率市场化的进程大不一样,德国从 1962 年到 1967 年,用了 5 年的时间实现了利率管制向利率自由化的转变;而日本从 1977 年开始,经历了 17 年时间才实现了利率自由化。在这 17 年中,日本经历了加速推进资本账户的阶段。然而 1985 年日本签订"广场协议"后,没有实现完全自由化的利率制度不能有效地缓解资本流入带来的流动性和通货膨胀上升的压力,日本国内的企业可以通过向境外经济体进行贷款,绕开政府对信贷总量的限制。这使得日本 20 世纪 80 年代量化宽松货币政策失效,反而造成经济泡沫破裂,致使国家步入"失去的十年"。反观德国,德国在 1985 年也签订了《广场协议》,之后同样面临了马克升值和资本流入的压力,但此时的德国已经实现了利率自由化。当马克汇率上升时,国内进口增加,出口减少,经济增速放缓,利率自动下浮,有效减缓资本流入压力。如今,我国也处于加速开放资本账户的阶段,利率市场化还没有完全实现。为了保持资本账户开放的稳步推进,我国一方面应保持汇率稳定,另一方面应根据我国现状积极推进利率市场化。

第四,在实现资本账户开放和货币国际化的进程中要保持经济上的独立自主。通过对比日本和德国的历史经验,我们发现美国在日本的经济发展中占据了极其重要的地位。在美国的扶持下,日本确实在二战失败后很快实现了经济的复苏,但是在随后的资本账户开放中,美国对其开放进程的干预较为严重。当美国出现国际收支不平衡的状况时,日本签署"广场协议"让国内经济泡沫迅速扩大。随后,在日本资本市场加速开放的过程中,大量美国机构投资者在日本资本市场上进行投资,通过金融手段大肆掠夺日本的财富,日本欠发达的金融市场很快被美国所掌控。与日本相比,同样在美国压力下签订了"广场协议"的德国仍然保持着较为独立的经济主权,没有像日本一样积极地干涉汇率,而是独立自主地发展国内金融市场,提高国内经济抵御风险的能力。同时,发达的制造业和欧元区一体化进程的推进也使德国免于遭受美国的干预,保持了经济的独立自主。对此,我国应吸取两国的经验教训,独立自主地建设中国特色社会主义经济,保障国家经济安全。

第四节 政策建议

在人民币国际化进程下,我国应如何开放资本账户呢?对于如何进一步开放资本账户的研究需要考虑两个关键点:第一,不能为了提高人民币的国际地位而过于盲目地推进资本账户的自由化进程;第二,不能对资本自由流动采取过于保守的态度而错失人民币国际化的机遇期。上文已分析出我国仍存在两岸利率汇率市场化不足,国际资本流动监管效率低下的问题;实证分析和国际经验也表明有选择地开放子账户,发展实体经济,利率汇率自由化,独立自主地开放对我国今后的资本账户开放进程具有重要意义。本节结合上述分析结果,从以上两个关键点出发,首先提出了开放的基本原则,并在此基础上提出稳步推进我国资本账户开放的政策建议。

一、稳步开放的基本原则

首先,我国在对外开放中应继续坚持"独立自主、自力更生"的基本方针,走中国特色社会主义道路,不走日本依附于美国的老路。

其次，我国的资本账户开放程度应与国家的基本经济状况相适应。资本账户开放并不是完全开放，现如今，资本账户自由化程度很高的发达国家依然保持着部分项目的管制。根据 IMF 的年报，2016 年，美国在除去机构和个人投资者规定的 11 大项资本账户中仍保持着对资本和货币市场、直接投资和不动产交易的部分管制，德国更是保持了对多达 7 大项资本账户的部分管制。因此，我国在推进资本账户开放时，不能急于求成，应在满足资本账户开放条件的基础之上，根据我国现状对各资本项目进行稳步推进。

最后，资本账户开放应与国内金融改革相协调。从风险角度来看，资本账户自由化会带来国际热钱的流入和流出，给国家对外收支平衡和国内经济金融稳定带来风险，同时还会降低货币政策的有效性。但是，从前文日本和德国的历史经验来看，在资本账户逐渐开放的过程中，利率和汇率的良好联动会有效调整国际资本流动，防止资本大幅流入和流出对经济增长的冲击，同时还能保持币值稳定，为货币国际化提供稳定的发展环境。

二、资本账户的有序开放

一国的资本账户开放程度和各资本账户的开放次序应与国家的经济状况相符，为了防止开放资本市场所带来的风险，我国应遵循"先流入后流出、先长期后短期、先直接后间接、先机构后个人"①的开放原则，并根据国家经济情况有选择地开放资本账户。根据实证分析结果，我国可以在以下方面进行有选择地开放。

在直接投资领域，我国一方面应注重"引进来"引资结构的优化，实现由粗放的数量增长向有目的的质量提升转变，将引资重点放在发达国家先进的前沿技术和管理经验上。另一方面，应逐步推进国内企业"走出去"，配合"一带一路"倡议推进直接投资区域性部署并实现全球产业链布局，提高我国在全球的经济地位。

在证券投资领域，我国可以先放松对长期证券投资的管制，再逐步放松对短期证券投资的管制。提高我国金融机构抵御短期资本流动的风险和驾驭金融衍生品的能力，为货币市场工具等短期资本账户的开放做好准备。同时拓宽在岸市场和离岸市场的居民投资渠道，实现两岸的联动。需要注意的是，如今我国经济正处于转型阶段，自 2014 年美国退出量化宽松货币政策以来，我国证券投资账户的投资流向发生了逆转，2016 年我国证券投资净流出 621 亿美元，对此，我国应加强对资本流动方向的监控，避免短期资本的大幅流出给经济增长带来负面冲击。

---

① 盛松成.我国加快资本账户开放的条件基本成熟[J].中国金融,2012(5)：14-17.

在其他投资领域，进一步扩大境内外企业在"两个市场"的贸易融资和信贷范围，充分利用"两个资源"推进国内外企业的业务往来。同时，通过对贸易信贷进行全方位全过程的跟踪和监督，强化对外债规模和虚假资金流动的监管。

在1997年爆发的亚洲金融危机和2008年以美国为起点的全球金融危机中，我国幸免于难的主要原因在于当时的中国刚开放资本市场，仍保持着对资本账户的管制力度。如今，随着资本账户开放程度的加深，我国的金融市场与国际金融市场的联系更加紧密，国际形势的些许变化就会带来大规模的国际热钱和非法资本流动。在此情形下，国内金融市场的安全和稳定很容易受到外来冲击的威胁，金融监管体系的完善迫在眉睫。

对此，我国首先应完善已有的外汇管理法律法规，为资本项目的管理提供法律依据，加大执法力度，提高违法成本，从源头上减少法律盲区，降低非法资本流动概率。其次，应加强对资本流动的宏观审慎监管，丰富管理工具，通过完善资本流动风险预警体系、指标监控体系和危机响应机制，从时间和空间两个维度，防范资本流动带来的系统风险的积累和跨区域的风险扩散，弥补资本管制的不足。此外，还应保持宏观审慎监管政策与包括微观监管在内的其他宏观政策相协调，提高政策效率。最后，应加强对资本流动的微观监管，完善微观监管工具，充分发挥银行在外汇管理中的枢纽作用，通过加强对银行外汇业务的监管实现对虚假欺骗性交易的监管。同时，监控市场上是否有非理性的投资情绪，防范由此引发的大规模资本流动。

三、配套政策的有效实施

历史经验证明汇率和利率市场化是资本账户开放的关键，利率和汇率的联动可以有效地调整资本流动对国内经济的冲击。我国1994年开始推进汇率市场化，1996年开始放松利率管制，现阶段已实现有管理的浮动汇率制度。随着2015年存款利率浮动上限的取消，利率市场化也基本实现。利率市场化和汇率市场化已取得阶段性的成果，但我国如今的经济发展也对两者提出了更高的要求，党的十九大提出要深化利率和汇率市场化改革。

对于已基本实现的利率市场化来说，我国下一阶段应加快建设适应市场需求的利率形成和调控机制，充分发挥利率和汇率的联动机制。第一，优化基准利率体系，引导金融机构分别使用上海银行间同业拆放利率（Shibor）和国债收益率曲线作为短端和中长端的基准利率进行定价，以反映市场上资产的真实价格，充分发挥基准利率体系在货币政策中的宏观调控作用。第二，加强国内金融市场的建设，完善利率的传导机制。由于我国金融市场规模有限，结构单一，人民银行传递货币政策信号的能力有限。为了更好地推进利率市场化,应加强金融市场创新,丰富产品品类,降低货币市场的准入条件,建立多层次的资本市场。第三,完善金融机构的激励约束机制和内部治理机制,加强对非理性定价的监督,防范经营风险。

在稳步推进汇率市场化方面,为了充分发挥汇率对资本账户开放的调节作用,我国应进一步完善人民币汇率市场化形成机制。第一,不断完善人民币汇率中间价格形成机制,使其更加公开、公正、有效地反映汇率在市场上的真实情况,稳定市场预期。第二,促进外汇交易市场的成熟发展。如今,我国的外汇市场的交易主体主要是银行,且外汇交易规模较小,人民币汇率无法体现外汇市场上人民币产品的真实价格。对此,我国可以放开对外汇交易的管制,允许符合条件的境内非银机构、境外金融机构进入银行间外汇市场,提高人民币汇率的市场价格发现功能。此外,可以通过提高外汇交易产品的多样性推进外汇交易主体的多元化。第三,增强人民币汇率的弹性。2016年我国加入SDR,资本大量流入对我国汇率形成冲击,为缓解资本流动压力,我国应吸取日本的教训,提高汇率的弹性,避免资本流动压力堆积给后续的汇率市场化改革带来冲击。

2008年金融危机爆发后,国际资本市场进入变革时期,此时我国已具备强大的经济体量和充足的外汇储备,基本符合货币国际化的条件,2009年,为了抓住人民币国际化的机遇期,我国开始了人民币离岸市场的战略布局。尽管从我国的发展现状来看,资本账户还没实现自由化,汇率市场化还没有完全实现,但历史经验表明资本账户开放并不是货币国际化的必要条件。为了避免以货币国际化为目的资本账户盲目开放,避免我国错失人民币国际化的历史机遇期,我国应加强对人民币离岸市场的建立。此外,为了减轻我国的资本流出压力,在深化国内市场的利率、汇率市场化改革的同时,我国在完善人民币离岸市场时还要加强离岸市场与在岸市场的配合。对此,我国首先应为离岸市场提供流动性支持。只有当人民币离岸市场保持充足的流动性,人民币业务才能得到发展,当离岸市场流动性不足时,内地市场可以通过适度放松对境内资金向境外流动的管制力度,促进人民币在离岸市场的独立循环。其次,通过扩大离岸市场的人民币资金池,逐步放松对利率汇率的管制,稳步实现利率汇率自由化,保持与国内市场的步调一致,缩小两岸利率汇率差距。最后,促进人民币离岸市场之间的合作,使人民币可以在离岸市场间自由流动,从而降低人民币的交易成本,扩大人民币在境外的持有量。

四、综合实力的稳步提升

各国历史经验显示,强大的经济实力是一国实现资本账户有序开放和货币国际化的根本保障。如今,错综复杂的国内外环境使我国的发展面临更大的挑战,从国际来看,全球经济正处于危机后的深度调整中,经济增长乏力,贸易壁垒增强,金融市场动荡不安;从国内来看,我国已进入经济新常态,处于经济转型的"阵痛期",不平衡、不协调、不可持续问题有待解决。

  在此背景下,我国首先应抓住现阶段全球产业链重构的历史机遇,加快产业结构升级。以此淘汰附加值低的产业,发展附加值高的产业,提高我国在全球产业链中的地位,推动人民币在对外贸易结算中的国际化进程。充分发挥科技创新的引领作用,优化传统制造业,提升我国制造业品牌的国际美誉度。把握未来产业趋势,支持新能源产业、人工智能产业等前沿领域的发展,抢占未来经济发展的制高点。积极推进生产性和生活性服务产业的发展,同时实现金融、物流、市场服务等服务业与制造业的有效联动。其次,应扩大内需,减轻我国比较优势降低、人民币升值、贸易战等因素对进出口竞争力的影响,保持经济的可持续发展。在扩大消费需求方面,应注重产品创新,充分挖掘市场潜力,培育新的消费增长点;稳定物价水平,提高居民可支配收入,发展消费信贷,保障居民消费的资金来源。最后,应在扩大投资需求方面,降低民间投资的准入条件,调整税收政策,发展普惠金融,激发中小企业的投资活力。同时,与产业结构升级相结合,加大对创新领域的投资力度,提高投资效率。

第十章　中国资本账户开放对宏观经济的影响

第一节　中国资本账户开放下的宏观经济

资本账户开放的结果是资本的自由流动,即资本可以自由的流入或者流出一个国家。不管是资本的流入还是资本的流出,都会对一个国家的宏观经济造成一定的影响。其中,资本账户开放的最直接结果是资本流入量的加大。发达国家在20世纪相继实现了资本账户的开放,国内的金融市场竞争比较激烈,资本回报率降低。所以,资本富裕的国家希望将过剩的资本投放到回报率更高的经济体。相对而言,未开放资本账户的国家的资本比较少,它们恰恰希望引入国外的资金来发展本国的经济。为了吸引外资,一些国家往往会采取各种优惠政策,而这正好符合了发达国家的资本需求。资本的大量流入将会对宏观经济产生重大影响。同时也应该看到,资本账户开放的另一种结果可能是导致资本的流出,尤其是资本的大量流出将会给宏观经济带来严重的消极影响。

对于中国的资本账户开放来说,主要的影响是大量的资本流入。虽然中国的资本账户开放起步比较晚,但是随着近年来我国资本管制程度的不断降低,国外资本流入的速度在不断增加,一方面促进了我国的经济发展,另一方面也导致我国国际收支不平衡、人民币汇率升值等情况。我们在享受资本流入带来的正面作用时,也应该注意到它所带来的消极影响。同时,我们也需要防患于未然,时刻警惕一旦发生资本外逃而可能引发的经济危机。本章将具体分析中国资本账户开放对宏观经济的正面影响和负面影响。

一、资本账户开放对宏观经济的正面影响

(一)促进我国进出口贸易增长

1996年,我国实现了经常项目下人民币的可兑换,其结果直接表现于国际收支各个项目。其中最明显的是,它对我国进出口贸易起到了积极的促进作用。第一,加快了资金周转,提高企业效益;第二,自由兑换作用于汇率使得进口成本增加,出口产品相对而言具有竞争力,有利于出口的增加;第三,有利于企业成本核算,减少汇兑风险,增加企业出口积极性;第四,有利于我国国内市场与国际市场接轨,促使企业提高生产率来增加产品的国际竞争力,促使国内资源更加合理的配置。下图为我国1994—2014年进出口总额情况。

从图10-1中可以清楚地看到,我国自2001年加入WTO之后,进出口贸易总额除了在2009年受到金融危机的影响而有所下降外,其余年份均显著增长。2001—2014年年均增长率达到17.8%,并且在2013年中国的进出口总额超过美国成为世界第一。

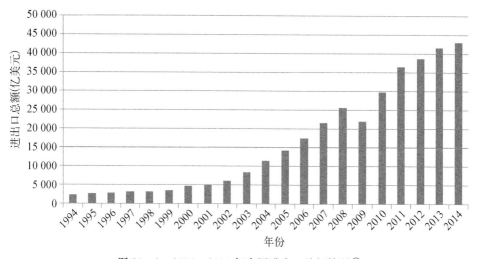

图10-1　1994—2014年中国进出口总额情况①

(二)促进我国利率市场化

当前,我国金融体制改革的核心在于利率市场化、汇率市场化、人民币国际化以及资本账户开放。没有合理的利率和汇率机制,人民币国际化过程中可能会导致投机风险,导致资本账户开放不成功。在全球经济一体化的大背景下,建立和完善我国的利率和汇率体制是促进人民币国际化和资本账户开放的重要环节。从整体上来看,我国资本账户开放的推进,反过来又会不断逼迫利率和汇率的改革,促进利率和汇率市场化的进展。

---

① 数据来源:《2015中国统计年鉴》。

1993年11月,《国务院关于金融体制改革的决定》发布,该决定首先提出利率市场化改革的设想。

2003年10月,十六届三中全会发布《关于完善社会主义市场经济体制若干问题的决定》,该决定进一步提出"稳步推进利率市场化,建立健全由市场供求决定的利率形成机制,中央银行通过运用货币政策工具引导市场利率",并确定了利率市场化的总体思路为:先放开货币市场利率和债券市场利率,再逐步推进存、贷款利率市场化;存、贷款利率按照"先外币、后本币;先贷款、后存款;先大额、长期,后小额、短期"的步骤进行。①

自1996年利率市场化改革以来,我国取得了一个又一个的阶段性改革突破。详见表10-1。

表10-1 我国利率市场化进程

时间	政策
1996年6月	建立全国统一的银行间同业拆借市场,并形成利率Chibor
1997年6月	放开银行间债券回购利率
1998年9月	放开金融债发行利率
1998—1999年	改革贴现利率生成机制
1999年10月	国债发行利率市场化
2000年9月	放开外币贷款利率
2002年3月	统一中、外金融机构外币利率管理政策
2004年	扩大金融机构贷款利率浮动区间
2006年	确立存款利率"下限放开,上限管理"以及贷款利率"上限放开、下限管理"的体制
2006年2月	推出利率衍生品
2007年	上海银行间同业拆借利率Shibor开始运行,并确立Shibor为货币市场基准利率
2012年6月	存款利率浮动上限调整为基准利率的1.1倍,贷款利率浮动下限为基准利率的0.8倍
2013年7月	全面放开金融机构贷款利率
2014年3月	放开小额外币存款利率
2015年	多次下调存贷款利率,扩大金融机构存款利率浮动区间,并在10月取消了存款利率上限

数据来源:中国人民银行官网http://www.pbc.gov.cn/和中国经济网http://www.ce.cn/

---

① 周小川.人民币资本项目可兑换的前景和路径[J].金融研究,2012(1):6-10.

从表 10-1 可以得知我国利率市场化的进展：已经实现银行间同业拆借利率市场化；全面放开了存贷款利率上下限制；放开了债券市场和货币市场利率；改革了贴现利率生成机制；对一些商业票据、外币存贷款利率的管制也在慢慢放松。

从总体上来说，中国的利率市场化改革到目前为止已经取得了一定的成就。虽然改革在一定程度上削弱了我国对利率的行政管制，但仍然没有完成，接下来的任务依然严峻。一是市场分割问题。银行间市场、交易所市场和企业债之间的分割状态仍然存在，中国的制度让它们互不关联，但它们之间是互相影响的。市场利率是有很多，应该让整个体系去发挥其本身的作用，让资金能够在不同市场之间自由流动，以此来打破封锁。二是利率应该由市场的供求决定，而不是被行政化。要做到这一点，不能管制供求关系，要改变央行的操作机制。

（三）促进我国汇率市场化

在资本账户开放的过程中，汇率市场化是改革的重要组成部分。资本自由化对改革汇率体制有着重要的推动作用。

我国从 1994 年 1 月 1 日起取消了双重汇率制度，将人民币官方汇率和外汇汇率并轨，开始实施以市场供求为基础的、单一的、有管理的浮动汇率制度，市场的供求关系成为决定汇率的重要依据；同时建立全国统一的外汇交易市场；并规定当时人民币汇率为 8.70 元人民币/美元。但实际上我国当时实行的汇率制度是单一的钉住美元的固定汇率制度，央行采用行政手段和市场手段调控外汇，维持我国汇率的基本稳定。我国近 20 年来的汇率变动详见图 10-2。

2005 年 7 月 21 日，我国的汇率改革目标为：建立健全以市场供求为基础的、有管理的浮动汇率制度，保持人民币汇率在合理、均衡水平上的基本稳定。其中，改革的内容主要包括以下三个方面：一是调整了汇率调控方式。人民币不再只是钉住单一的美元，而是参考"一篮子货币"进行调节。二是确定了中间价和日浮动区间。央行公布美元交易中间价，美元交易价的波动幅度为 0.3%，非美元交易价的波动幅度为 3%。三是调整了汇率均衡水平。当日人民币对美元升值 2%，调整价格定为 8.11 元人民币/美元。[1]

2005 年 7 月之后，我国人民币开始升值（见图 10-2）。在 2008 年受金融

---

[1] 中国人民银行.人民币汇率形成机制改革问答（一）[J].中国金融,2005(12)：69-70.

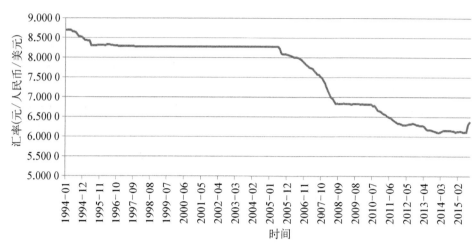

图 10-2　1994 年 1 月至 2015 年 9 月期间我国汇率的变动情况①

危机的影响又重新采取钉住美元的制度,一直到 2010 年才又重新回到有管理的浮动汇率制度。

从长期来看,中国人民银行和外汇管理局的这些改革措施在扩大了人民币的浮动范围、提高了人民币的可兑换程度、进一步完善了我国的外汇体制的同时,也带来了一定的汇率风险。

根据"不可能三角",一个国家不能同时实现资本自由流动、独立的货币政策以及汇率稳定。一国如果想要确保资本的自由流动和独立的货币政策,那么将必须舍弃汇率稳定的目标。我国自开始实行开放资本账户的改革以来,一直承受着人民币升值的压力。资本项目开放后的大量资本流入将会造成本币汇率升值的局面。自 2005 年中国改革人民币汇率制度后,人民币币值迅速上升,汇率在 2008 年跌破 7 元人民币/美元。人民币币值的上升和汇率弹性的提高对我国的出口造成了一定的冲击,也导致我国商业银行面临较大的汇率风险。与此同时,随着我国资本账户的开放,国际游资进入我国的总量将会加大,监管难度也在上升。游资的高流动性将会增加人民币汇率的易变性,提高人民币汇率变动的不确定性,增加了潜在的风险。

(四)促进我国经济增长

从理论上来说,开放资本账户可以使得资本自由在国际间流动,从而起到了资源优化的作用,进而提高一国的生产力,并最终促进该国的经济发展。根据麦

---

① 数据来源:wind 数据库。

克杜格尔模型,资本账户的开放使得资源富裕国和资源稀缺国的总体收益都提高了。

中国资本账户开放对经济的影响主要体现在两点:

第一,资本账户开放对我国吸引外国投资具有重大作用。我国利用外资的形式主要是外商直接投资 FDI。吸引外资,可以带动国内投资的增长,最终将促进经济发展。另外,外商直接投资的进入不仅带来了国际先进的技术和管理经验,有效地缓解了我国资金不足的问题,填补了我国高端产业的空白,还提高了我国企业的国际竞争力,对促进国内产业结构调整有着重要的作用。外商直接投资所引进的技术对我国进出口有着十分明显的促进作用,特别是资本密集型和技术密集型产品的出口。外商投资企业的进出口额从1991年的120亿美元增加到2012年的18 940亿美元,占全国进出口总额的比例从1991年的16%增加到2012年的49%。另外,外商投资企业的进出口额不仅总量大,还包含大量高新技术产品,这直接改善了我国进出口产品的结构。

第二,逼迫国内金融改革从而促进经济增长。在资本处于管制时,中国国内的金融领域长期处于垄断地位,缺乏同行业的竞争导致效率低下、服务意识差、市场发育不完善等问题。随着资本账户开放的深入,这些问题在逐步地改善。其中,外资银行的进入为我国金融部门带来了严峻的挑战。同业竞争使得我国银行部门不断改善服务质量、降低成本、提高效率、优化资源、增强综合竞争力。与此同时,利率和汇率市场化改革以及股票、证券和债券等市场的多层次协调发展,都有力地促进了我国经济的增长。

二、资本账户开放对宏观经济的负面影响

(一)导致我国国际收支不平衡

国际收支平衡是一国实现宏观经济稳定的前提条件之一。它一直是我国的宏观经济目标之一。

虽然资本账户开放有利于我国对外贸易增长,但与此同时资本账户开放导致资本的大量流入,导致了我国国际收支不平衡的状况。从1994年起,我国开始出现资本账户顺差和经常项目顺差的"双顺差"局面,而且这两种顺差都日益严重。这种状况使得我国的国际收支不平衡状况越来越突出。具体情况如图10-3所示。

从图10-3中可以看到,经常账户差额在1994年时为77亿美元,2008年其峰值为4 206亿美元,由于受当年的次贷危机影响,之后我国的经常账户差额才

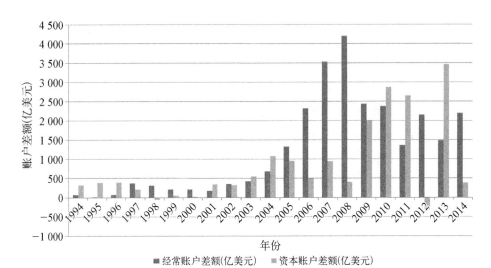

图10-3 1994—2014中国经常账户和资本账户差额情况①

有所下降,但也基本保持在2 000亿美元以上。资本账户差额变动比较大,但基本上处于上升趋势,在1994年为326亿美元,2013年其峰值为3 461亿美元。

从长期来看,大量资本流入将导致人民币升值,人民币的升值将提高我国出口产品的价格,降低进口产品的价格,从而降低我国出口产品的国际竞争力,最终导致我国净出口的减少,甚至出现国际贸易逆差。而国际收支不平衡不仅会引起汇率、利率的波动,还会影响我国国内经济、人民收入和通货膨胀率,最终影响到我国的金融稳定。

(二)对银行体系造成冲击

随着资本账户开放的进展,资本的自由流动对一国的金融稳定必将造成重大冲击,而银行作为国家金融体系的核心不可避免地受到了严重的影响。中国资本账户开放对银行体系的影响主要包含以下几个方面:

一是助长了银行体系的道德风险。增长的原因有两方面:一方面是政府对银行的担保和中国人民银行的最后贷款人角色;另一方面是发达国家的存款保险制度。即使没有发展中国家政府的担保,只要有存款保险制度,道德风险也会产生。资本的趋利性使得在资本账户的开放中,如果一国利率不同于国际利率,可能会引起资本的过度流动。若此时存在信息不对称情况,银行有可能盲目扩张信贷规模,和偿还能力不高的债务人进行资金交易。当形势发生逆转时,银行

---

① 数据来源:《1982~2014中国国际收支平衡表》。

往往会因为流动性不足而不得不求助央行以得到资产支持。

二是导致银行资产负债结构发生变化。一般来说,国际资本是通过向银行举债的形式进入一国资本市场,会增加一国的外币存款、外币贷款和净国外资产。汇率、利率的波动会引起不确定的风险。如果一国的短期外债过多,信贷投向过于集中,经济发生逆转的话,不良贷款就会大量产生,银行体系的风险随之上升。这也是泰国发生金融危机的重要原因。中国的短期外债占总余额的比重从2001年的41.2%增加到2014年的76.3%。① 比重的不断上升值得我们的关注。

三是抢占国内市场,形成"金融感染"。随着外资银行入驻国内市场和国有银行在海外上市,一方面竞争的增加促使国内银行改变经营理念和管理方式,促使其提高效率、优化服务,另一方面外资银行有可能会抢占国内的市场和业务,容易在某方面造成垄断。更严重的是,它有可能将国际金融风险传到国内市场,形成"金融感染"。

四是增加银行体系的监管难度。在资本账户开放中,银行自身和监管当局都会面临新的、艰难的管理任务。外资银行有可能会进行对本国经济造成重大不良影响的金融创新活动,而这些活动是我国前所未见的,缺乏管理的。在监管的技术上提出了更高的要求,在实践的经验上也面临重大的挑战。

(三) 提高国内通货膨胀压力

资本账户开放的本质其实就是允许不同货币的自由进出和兑换,而这可能将会对一国的货币供给以及汇率产生影响,并进一步的可能对通货膨胀产生影响。在固定汇率制下,如果一国实行资本账户开放,若此时有大量资本流入国内,那么本币必将面临巨大的升值压力。货币当局为了维持本国货币汇率的稳定,将投放本币,购进外汇,以此来增加本币供应量,因而造成国内通胀压力。②

1994年,我国的国际收支出现"双顺差"局面,外汇储备大幅增加,导致基础货币的大幅增长。当年我国的通货膨胀率达到了24.1%。外汇储备的持续增长影响了我国货币供应量的增加。图10-4显示的是我国1994—2014年M1、M2的增速情况。从宏观经济的影响来看,货币量的增加将表现为资产价格和一般商品价格的上涨。

---

① 数据来源:《2014国家外汇管理局年报》。
② 伍戈,孙树强.资本账户开放对国内通货膨胀的影响:一个综述[J].金融市场研究,2014(10):19。

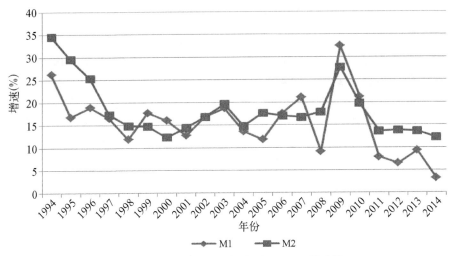

图 10-4　1994—2014 年我国 M1、M2 增速①

刘宁(2009)采用了我国 1990—2008 年的月度数据,通过建立通货膨胀、中美利率差异以及资本账户开放虚拟变量三者之间的计量回归模型后,发现国际资本流入越多,国内通货膨胀程度越高。王德发、王秋红(2011)用格兰杰因果检验证明了短期大量资本流入是人民币升值以及通货膨胀程度上升的原因。

(四)资本外逃可能引发的经济危机

中国资本账户开放现阶段存在的主要压力是来自资本的大量流入,但这并不是说明我国不存在资本流出的现象。实际上,资本流出的问题一直都是我国外汇管理的难点和重点,尤其是大量的资本流出会对宏观经济带来严重的消极影响。随着我国资本账户的逐步开放,逃避资本管制的成本随之下降,流出渠道也在逐渐增加,资本外逃更加容易了。

我们应该从两个方面来把握资本外逃问题:第一,资本外逃是指未经批准的、违法违规的资本外流,是超出政府实际控制范围的资本流出;第二,资本流出不等于资本外逃,不能把所有的资本流出都看成是资本外逃。如果是经过批准的对外直接投资、外债还本付息、购买外国证券和贸易信贷等这些项目,就属于经过批准的合法的资本流出。②

判断是否存在资本外逃的测量方法有很多,本研究采用 IMF 的测量方法。IMF 对于一国是否存在资本外逃给出的警戒线是 5%,即如果一国的国际收支

---

① 数据来源:中华人民共和国国家统计局网站 http://www.stats.gov.cn/。
② 任惠.中国资本外逃的规模测算和对策分析[J].经济研究,2001(11):69-70.

平衡表中的净误差与遗漏占当年进出口贸易总额的比重超过5%,将会认为该国存在资本外逃的可能。表10-2显示了我国1994—2014年各年度净误差与遗漏、进出口贸易以及两者的比例。

表10-2 1994—2014年我国净误差与遗漏、进出口贸易以及两者的比例

年份	净误差与遗漏(A)(亿美元)	进出口贸易(B)(亿美元)	A/B(%)
1994	−97.8	2 366.2	−4.13
1995	−178.3	2 808.6	−6.35
1996	−155.5	2 898.8	−5.36
1997	−222.5	3 251.6	−6.84
1998	−187.2	3 239.5	−5.78
1999	−177.9	3 606.3	−4.93
2000	−118.9	4 742.9	−2.51
2001	−48.6	5 097.6	−0.95
2002	77.9	6 207.7	1.26
2003	82.2	8 509.9	0.97
2004	129.7	11 545.5	1.12
2005	229.2	14 219.1	1.61
2006	36.3	17 604.4	0.21
2007	132.9	21 765.7	0.61
2008	188.4	25 632.6	0.74
2009	−413.8	22 075.4	−1.87
2010	−529.4	29 740	−1.78
2011	−137.7	36 418.6	−0.38
2012	−870.7	38 471.2	−2.26
2013	−629.2	41 589.9	−1.51
2014	−1 401.4	43 015.3	−3.26

数据来源:《2015中国统计年鉴》及《1982—2014中国国际收支平衡表》

从表10-2中可以直观看出,我国在1995—1998年超过了警戒线,因而这几个年份可能存在着严重的资本外逃。自2000年以后该数值逐渐减少并保持着较低的水平。但最近几年该数值有上升的趋势,尤其是2014年突然上升到

—3.26%,这值得我们警惕。

资本外逃给我国的宏观经济带来的负面影响主要表现在以下几个方面:

第一,使得我国损失了一部分税收。资本外逃的其中一个目的就是逃避本国的资本监管、减少投资赋税。

第二,短期内大量资本流出将导致我国外汇储备大量减少,使得我国偿债能力受损,降低我国的国际信用等级,进而影响到我国获得境外融资的能力,影响到我国企业"走出去"战略。① 许多企业可能面临破产的境地,造成银行不良资产的增加。

第三,导致宏观经济萧条,阻碍经济增长。资本外逃将导致国内储蓄降低,国内投资不足,产出严重受损,经济增长放缓甚至停滞。

第四,影响人民币汇率的稳定性,甚至造成人民币汇率的持续下降。外币供给的减少和需求的增加将使得我国很难保持人民币汇率的稳定,削弱我国对人民币的控制力。持续的资本外逃可能会造成本币严重贬值,增加不确定性。②

第五,资本外逃最严重的危害是国际游资对我国经济造成巨大冲击,甚至引发金融危机。由于放松资本管制而带来的巨额游资会随着世界经济形势和一国宏观经济情况的改变而改变。一旦发生逆转,将导致大量资本迅速抽逃。当发生大规模资本流出时,一国将面临严峻的投资和消费环境,导致总需求的不足和宏观经济收缩,最终将造成严重的经济动荡。③ 典型的例子有20世纪80年代的拉美债务危机以及1997年东南亚国家遭受的货币冲击,都最终导致了金融危机的爆发。

总之,资本外逃会引起种种不良后果。因此对于如何防止资本外逃是中国资本账户开放过程中的一大问题和挑战,应密切关注。

三、小结

前面我们分析了中国资本账户开放对宏观经济的正面促进和负面影响。从分析的结果可以看到,我国对资本管制的力度已经有所下降,然而整体监管还是比较严格,资本账户开放程度仍然比较低。其中,已经基本放开对直接投资的限制,但对证券投资依然很严格,并采用QFII和QDII两种制度进行管制。而且,我国的个人和非金融机构是不能自由地进行资产交易的。

接着本研究利用所收集到的数据和资料,从正、负两个方面出发,详细地分

---

① 赵智.金融开放下的中国金融安全[D].四川大学,2006:166.
② 王小芳.我国资本账户自由化进程中的经济效应研究[D].南京师范大学,2007:47.
③ 邓娴子.内外压力下的人民币资本账户开放[D].外交学院,2008:32.

析了中国资本账户开放对宏观经济的影响。一方面,资本账户开放有利于促进我国进出口贸易的增长、利率和汇率市场化、经济增长等正面影响;另一方面,资本账户开放也会造成我国国际收支不平衡、对银行体系造成冲击、提高我国通胀压力等负面影响。并且,我们同时得注意资本流出,乃至资本外逃而导致经济危机发生的可能性。

第二节　中国资本账户开放对宏观经济影响的实证分析

一、中国资本账户开放度指标的测量

(一)基于 IMF 指标的测量

首先,我们根据 AREAER 整理出中国资本交易子项目的管制情况,见表 10-3。根据 1996 年之后 IMF 的计算方法,如果一国的金融信贷不存在管制,且 13 个资本交易子项目中受管制的子项数目不超过 5 个,就可以认为该国基本实现了资本账户开放。从表 10-3 中可以看出,中国的金融信贷子项目历年都受到严格的管制,并且每年所有的管制项目都超过了 5 个,除了在 2013 年将商业信贷子项目解除管制外,其余子项目都没有开放。因此根据 IMF 指标测算的中国资本账户是封闭的。

表 10-3　中国资本交易子项目管制情况

资本账户＼年份	2001	2005	2010	2012	2013	2014
Capital market securities(资本市场证券)	●	●	●	●	●	●
Money market instruments(货币市场证券)	●	●	●	●	●	●
Collective investment securities(集体投资证券)	●	●	●	●	●	●
Derivatives and other instruments(其他衍生工具)	●	●	●	●	●	●
Commercial credits(商业信贷)	●	●	●	●		
Financial credits(金融信贷)	●	●	●	●	●	●

续表

资本账户 \ 年份	2001	2005	2010	2012	2013	2014
Guarantees, sureties, and financial backup facilities（担保、保证和备用融资工具）	●	●	●	●	●	●
Direct investment（直接投资）	●	●	●	●	●	●
Liquidation of direct investment（直接投资清算）	●	●	●	●	●	●
Real estate transactions（不动产）	●	●	●	●	●	●
Persoanl capital transactions（个人资本交易）	●	●	●	●	●	●
Commercial banks and other credit institutions（商业银行和其他信贷机构）	●	●	●	●	●	●
Institutional investors（机构投资者）	●	●	●	●	●	●

资料来源：*Annual Report on Exchange Arrangements and Exchange Restrictions* 2001、2005、2010、2012—2014 年版本，IMF 出版，其中"●"表示该项存在管制

本研究还整理了 2014 年金砖四国与美国、日本、英国等典型国家的资本交易子项目管制情况，将中国与之进行了横向对比，见表 10-4。从表 10-4 中可以得出，在金砖四国中，中国、印度和巴西的管制力度都比较大，尤其是印度，其所有的子项目全部处于管制状态。俄罗斯和美国、英国类似，对其中的部分子项目进行了管制。最突出的是日本，其仅仅对资本市场证券和直接投资进行一定的管制，其余子项目均处于开放状态。根据 IMF 的测量方法，中国、印度、巴西、美国和英国均属于资本账户封闭的国家，只有俄罗斯和日本的资本账户是开放的。

表 10-4　2014 年金砖四国与美日英等国家资本交易子项目管制情况

资本账户	中国	印度	巴西	俄罗斯	美国	日本	英国
Capital market securities（资本市场证券）	●	●	●	●	●	●	●
Money market instruments（货币市场证券）	●	●	●				●
Collective investment securities（集体投资证券）	●	●	●				●
Derivatives and other instruments（其他衍生工具）	●	●	●		●		

续 表

资本账户	中国	印度	巴西	俄罗斯	美国	日本	英国
Commercial credits(商业信贷)		●					
Financial credits(金融信贷)	●	●	●				
Guarantees, sureties, and financial backup facilities(担保、保证和备用融资工具)	●	●			●		
Direct investment(直接投资)	●	●	●	●	●	●	●
Liquidation of direct investment(直接投资清算)	●	●					
Real estate transactions(不动产)	●	●			●		
Personal capital transaction(个人资本交易)	●	●					
Commercial banks and other credit institutions(商业银行和其他信贷机构)	●	●	●				●
Institutional investors(机构投资者)	●	●	●		●		●

资料来源：*Annual Report on Exchange Arrangements and Exchange Restrictions* 2014，其中"●"表示该项存在管制

从上述的分析中也可以看出，IMF 的"二元"测量法存在一定的弊端。简单的"1"或者"0"只能显示出该项目是否存在管制，却无法衡量出项目所受到的管制力度。同时，也无法显示出一国在某一子项目上受到管制的变化情况。中国就是一个典型的例子。中国的所有子项目一直维持着严格的管制状态。然而随着时间的推移，其各个子项目的管制力度和特点都在不断地发生着变化，如果仅看 IMF 的统计表，只能得知中国的资本账户没有发生明显的变化，一直处于封闭的状态，却无法了解其资本账户的其他变化情况。

（二）基于投资-储蓄相关性指标的测量

本节选择上述的 Feldstein 和 Horika 的研究发现来对中国的资本账户开放度进行测量。数据来源于《2015 年中国统计年鉴》，选择 1978—2014 年的消费率、投资率和储蓄率为样本数据，其中储蓄率是根据公式"储蓄率＝1－消费率"所得。

选择储蓄率为自变量 $SAVE$，投资率为因变量 $INVEST$，建立一元回归方程 $INVEST = a \cdot SAVE + C$，通过 EViews 软件运用最小二乘法处理数据，结果如表 10-5 所示。

表 10-5 投资率-储蓄率回归结果

Variable	coefficient	Std.Error	t-Statistic	Prob.
SAVE	0.689 679	0.059 686	11.555 20	0.000 0
C	10.677 23	2.461 231	4.338 168	0.000 1
R-squared	0.792 313	Akaike info criterion		4.338 744
Adjusted R-squared	0.786 379	Schwarz criterion		4.425 821

由表 10-5 可知方程为：

$$INVEST=10.677\ 23+0.689\ 679SAVE$$
$$(4.338\ 168)\quad(11.555\ 20) \quad\quad (10.1)$$

因为 $SAVE$ 的 t 统计量为 11.555 20，明显大于 5% 显著性水平的临界值，这说明投资率和储蓄率两者之间存在高度的正相关关系。R 值为 0.792 313 表明方程的拟合程度较高。根据 Feldstein 和 Horika 研究结果可知，在 1978—2014 年期间，我国的资本流动受到一定程度的阻碍，资本管制力度较高，资本账户开放度较低。

（三）基于资本存量指标的测量

本节将采用资本存量指标来测量中国的资本账户开放度。之所以不采用资本流量指标，是因为资本流量容易受货币政策、财政政策以及全球经济等情况的影响。相比于流量指标，资本存量可以更好地长期跟踪分析一国国际资本流动的情况。

我们从《1982—2014 中国国际收支平衡表》搜集了我国经常账户差额、金融账户差额、储备资产以及净误差与遗漏的历年数据，以此测算出资本存量。从《2015 中国统计年鉴》搜集了我国国内生产总值的历年数据。整理结果如表 10-6 所示。

表 10-6 1982—2014 年中国资本存量与 GDP 年度数据

年份	经常账户差额（百万美元）	金融账户差额（百万美元）	储备资产（百万美元）	净误差与遗漏（百万美元）	资本存量（百万美元）	GDP（百万美元）	资本账户开放度（%）
1982	5 674	−1 736	−4 217	279	5 674	281 797	2.02
1983	4 240	−1 372	−2 695	−173	9 914	302 455	3.28

续 表

年份	经常账户差额(百万美元)	金融账户差额(百万美元)	储备资产(百万美元)	净误差与遗漏(百万美元)	资本存量(百万美元)	GDP(百万美元)	资本账户开放度(%)
1984	2 030	−3 752	531	1 191	11 944	310 541	3.86
1985	−11 417	8 485	5 422	−2 490	527	307 836	0.17
1986	−7 035	6 540	1 727	−1 232	−6 508	298 563	−2.19
1987	300	2 731	−1 660	−1 371	−6 208	325 144	−1.92
1988	−3 803	5 269	−455	−1 011	−10 011	405 715	−2.48
1989	−4 318	6 428	−2 202	92	−14 329	453 914	−3.17
1990	11 997	−2 774	−6 089	−3 134	−2 332	392 505	−0.60
1991	13 271	4 581	−11 091	−6 761	10 939	411 314	2.67
1992	6 401	−251	2 102	−8 252	17 340	490 848	3.55
1993	−11 904	23 474	−1 767	−9 803	5 436	616 527	0.89
1994	7 658	32 644	−30 527	−9 775	13 094	562 261	2.34
1995	1 618	38 675	−22 463	−17 830	14 712	732 006	2.02
1996	7 242	39 967	−31 662	−15 547	21 954	860 844	2.56
1997	36 963	21 036	−35 724	−22 254	58 917	958 159	6.18
1998	31 471	−6 275	−6 426	−18 724	90 388	1 025 277	8.87
1999	21 114	5 205	−8 505	−17 788	111 502	1 089 447	10.29
2000	20 519	1 958	−10 548	−11 893	132 021	1 205 261	11.02
2001	17 405	34 829	−47 325	−4 856	149 426	1 332 251	11.28
2002	35 422	32 340	−75 507	7 794	184 848	1 461 906	12.71
2003	43 052	54 921	−106 148	8 224	227 900	1 649 929	13.89
2004	68 941	108 222	−190 060	12 967	296 841	1 941 746	15.37
2005	132 378	91 247	−250 649	22 921	429 219	2 269 319	19.01
2006	231 843	45 285	−284 776	3 628	661 062	2 730 332	24.36
2007	353 183	91 132	−460 704	13 290	1 014 745	3 524 716	29.01
2008	420 569	37 075	−479 539	18 844	1 434 814	4 560 794	31.73
2009	243 257	194 531	−400 344	−41 383	1 678 071	5 059 716	33.63

续 表

年份	经常账户差额(百万美元)	金融账户差额(百万美元)	储备资产(百万美元)	净误差与遗漏(百万美元)	资本存量(百万美元)	GDP(百万美元)	资本账户开放度(%)
2010	237 810	282 234	−471 739	−52 936	1 915 881	6 040 372	32.30
2011	136 097	260 024	−387 801	−13 766	2 051 978	7 495 564	28.01
2012	215 392	−36 038	−96 552	−87 074	2 267 370	8 461 354	27.55
2013	148 204	343 048	−431 379	−62 925	2 415 574	9 494 588	26.30
2014	219 678	38 272	−117 780	−140 137	2 635 252	10 355 843	25.45

数据来源：《1982—2014 中国国际收支平衡表》《2014 国家外汇管理局年报》《2015 中国统计年鉴》。其中，GDP 已经经过汇率换算

我们将得出的资本账户开放度绘制成折线图，如图 10-5 所示。

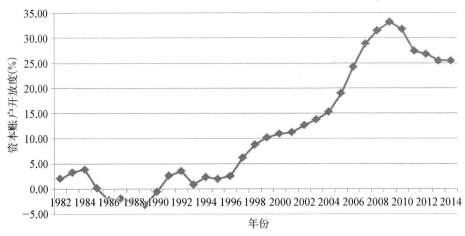

图 10-5　1982—2014 年中国资本账户开放度

从图 10-5 中可以直观地看出，我国的资本账户开放度一开始是很低的，之后处于波动上升阶段，呈现出越来越开放的状态。根据图中所得到的结果，本研究将上述我国的资本账户开放样本期间分为以下三个阶段：

（1）1982—1996 年。在这一阶段，我国的经常项目和资本项目都是封闭的，二者都受到了高强度的管制。此时的中国拉开了改革开放的序幕，处于刚起步的探索时期。在这一阶段，中国基本是一个封闭的经济体，资本账户开放度比较低，基本在 0% 上下浮动。直到 1996 年我国实现了经常项目下的可兑换，资本账户开放度才开始逐渐上升。

(2) 1997—2008 年。1996 年我国完成了经常项目下的自由兑换,这为资本的跨境流动提供了有利的条件。中国自 2001 年加入 WTO 以后,开始放松了对资本账户的管制力度,提高了资本的可流动性。与此同时,人民币正处于升值压力阶段,而美国的经济下滑使得美联储不得不连续降息,这就使得中美之间形成了明显的"利差"。在人民币升值预期和利差的双重有利条件下,跨境资本大量流入中国。这一阶段,我国的资本流量逐渐增加,资本存量也在累积上升,资本账户开放度稳步提高。

(3) 2009 年至今。2007 年发生的美国次贷危机给世界各国的经济带来了致命的打击,发达国家实行的量化宽松货币政策的溢出效应对中国的资本流动产生了巨大影响。中国政府重新加强了对资本的管制力度。之后的一段时间,中国的资本账户改革有所放缓。最近几年我国又开始探索应该如何开放资本账户,其中最重大的突破在于 2013 年 9 月 29 日中国(上海)自由贸易实验区的成立。可以说中国资本账户开放的道路依旧是任重而道远。

二、中国宏观经济指标的测量

一般而言,衡量宏观经济的指标主要有国民生产总值、通货膨胀与紧缩、金融、投资、财政指标等。本研究选取经济增长、通货膨胀、外汇、利率四个经济变量来衡量我国宏观经济与金融的发展情况。

我们采用 GDP 增长率(GDP)来代表经济增长;CPI 变化率(CPI)来表示通货膨胀;汇率远期合约的价格差异(ER)来表示外汇;将 Shibor 与 Libor 的隔夜利率差异(IR)来表示利率。

ER 的公式为:$ER=(F_t-NDF_t)/S_t$。F_t 表示在岸市场远期汇率,NDF_t 表示离岸无本金交割远期汇率(NDF),S_t 表示在岸市场即期汇率。如果价格差异为正,表示人民币在岸价格低于离岸价格。

IR 的公式为:$IR=Shi-Li$。Shi 表示上海银行间同业拆放利率的隔夜利率,Li 表示伦敦银行间同业拆借利率的隔夜利率。

由于我国公布的 GDP 只有年度和季度数据,CPI 只有年度和月度数据,而 Shibor 利率是从 2007 年才开始在每个工作日发布。为了增加样本个数,我们将实证中的所有数据全部处理成季度数据。处理的方法是:NDF_t 采用人民币 3 月期 NDF 汇率,并将一季度内的所有数据取算数平均来表示;同样的,远期汇率、即期汇率和隔夜利率也是将一季度内的所有数据取算数平均来表示;将 CPI 每三个月的数据取算数平均来表示。

本研究收集了 2007—2014 年中国的季度数据。处理结果如表 10-7 所示。

表 10－7　2007—2014 年中国宏观经济指标季度数据　　　单位：%

时间	GDP	CPI	ER	IR
2007Q1	13.0	2.7	0.667 3	−3.567 5
2007Q2	13.4	3.6	0.521 4	−3.225 2
2007Q3	13.4	6.1	0.409 5	−3.020 5
2007Q4	13.0	6.6	0.726 3	−2.503 5
2008Q1	10.6	8.0	1.453 1	−1.332 2
2008Q2	10.1	7.8	2.605 3	0.158 8
2008Q3	9.0	5.3	2.621 2	0.147 9
2008Q4	6.8	2.5	0.594 2	0.867 1
2009Q1	6.1	−0.6	−0.472 2	0.568 1
2009Q2	7.9	−1.5	0.347 7	0.582 9
2009Q3	8.9	−1.3	0.305 3	0.975 5
2009Q4	10.7	0.7	0.265 6	1.020 4
2010Q1	11.9	2.2	0.612 1	1.145 2
2010Q2	10.3	2.9	0.420 6	1.457 0
2010Q3	9.6	3.5	0.257 4	1.443 3
2010Q4	9.8	4.7	0.630 7	1.856 8
2011Q1	9.7	5.1	0.501 7	2.580 2
2011Q2	9.5	5.7	0.331 8	3.133 0
2011Q3	9.1	6.3	0.340 3	3.511 3
2011Q4	8.9	4.6	−0.468 3	3.164 5
2012Q1	8.1	3.8	0.155 4	3.186 9
2012Q2	7.6	2.9	−0.282 6	2.509 2
2012Q3	7.4	1.9	0.214 7	2.632 5
2012Q4	7.9	2.1	0.807 5	2.338 0
2013Q1	7.7	2.4	0.303 6	2.207 6
2013Q2	7.5	2.4	1.197 2	3.785 6
2013Q3	7.8	2.8	1.113 2	3.139 1
2013Q4	7.7	2.9	1.440 2	3.619 5

续 表

时 间	GDP	CPI	ER	IR
2014Q1	7.4	2.3	−0.004 9	2.779 9
2014Q2	7.5	2.2	−0.211 9	2.436 3
2014Q3	7.3	2.0	0.332 1	2.887 4
2014Q4	7.3	1.5	0.323 7	2.606 9

数据来源：《2015 中国统计年鉴》、中华人民共和国国家统计局 http://www.stats.gov.cn/、wind 数据库

三、实证分析

本研究以中国 2007—2014 年的季度数据作为样本数据，选取 GDP 增长率（GDP）、CPI 变化率（CPI）、汇率远期合约的价格差异（ER）、Shibor 与 Libor 的隔夜利率差异（IR）四个指标作为衡量中国经济增长、通货膨胀、外汇、利率的整体情况，其结果见本节第二部分。选取资本账户开放度（CA）作为中国资本账户开放情况指标。由于本节第一部分是采用年度数据，因此我们首先整理得出我国资本账户开放度的季度数据，见表 10 - 8，再用以上五个变量建立 VAR 模型。

表 10 - 8　2007—2014 年中国资本存量与 GDP 季度数据

时 间	经常账户差额（百万美元）	金融账户差额（百万美元）	储备资产（百万美元）	净误差与遗漏（百万美元）	资本存量（百万美元）	GDP（百万美元）	资本账户开放度（%）①
2007Q1	66 624	49 321	−143 910	27 113	727 687	730 391	99.63
2007Q2	86 551	57 334	−128 164	−16 334	814 238	842 218	96.68
2007Q3	98 479	11 939	−98 699	−12 456	912 716	909 850	100.32
2007Q4	101 529	−27 461	−89 931	14 967	1 014 246	1 048 277	96.75
2008Q1	82 204	65 536	−180 823	32 272	1 096 450	954 314	114.89
2008Q2	95 473	14 875	−112 733	1 533	1 191 923	1 107 776	107.60
2008Q3	109 806	4 126	−102 203	−12 434	1 301 729	1 165 610	111.68

①　由于取的是季度数据，而存量整体变化不大，因此相对于前面所用的年度数据而言，这里的资本账户开放度大约扩大了 4 倍。

续　表

时　间	经常账户差额(百万美元)	金融账户差额(百万美元)	储备资产(百万美元)	净误差与遗漏(百万美元)	资本存量(百万美元)	GDP(百万美元)	资本账户开放度(%)①
2008Q4	133 085	−47 462	−83 780	−2 527	1 434 814	1 262 387	113.66
2009Q1	67 332	18 267	−65 657	−20 546	1 502 146	1 072 025	140.12
2009Q2	39 692	86 978	−103 951	−23 463	1 541 838	1 224 285	125.94
2009Q3	45 350	26 652	−104 752	31 632	1 587 188	1 301 758	121.93
2009Q4	90 883	62 634	−125 984	−29 005	1 678 071	1 461 831	114.79
2010Q1	24 995	71 226	−95 978	−1 395	1 703 066	1 269 746	134.13
2010Q2	43 764	50 036	−82 056	−13 134	1 746 830	1 451 773	120.32
2010Q3	82 632	30 099	−108 000	−5 614	1 829 462	1 549 940	118.03
2010Q4	86 419	130 873	−185 706	−32 793	1 915 881	1 774 853	107.95
2011Q1	1 502	108 774	−141 191	29 450	1 917 383	1 571 338	122.02
2011Q2	43 728	112 778	−142 528	−15 396	1 961 111	1 821 997	107.64
2011Q3	42 433	68 957	−91 661	−21 049	2 003 544	1 952 029	102.64
2011Q4	48 434	−30 485	−12 422	−6 771	2 051 978	2 159 033	95.04
2012Q1	28 568	43 360	−74 645	1 227	2 080 546	1 841 192	113.00
2012Q2	59 005	−24 572	11 756	−47 082	2 139 551	2 073 388	103.19
2012Q3	76 195	−58 722	441	−18 730	2 215 746	2 158 396	102.66
2012Q4	51 624	3 896	−34 103	−22 489	2 267 370	2 388 711	94.92
2013Q1	40 979	99 728	−156 970	14 693	2 308 348	2 039 730	113.17
2013Q2	42 671	28 836	−46 584	−25 775	2 351 020	2 286 497	102.82
2013Q3	32 587	74 327	−97 049	−10 360	2 383 607	2 422 304	98.40
2013Q4	31 967	140 158	−130 777	−41 482	2 415 573	2 680 064	90.13
2014Q1	7 039	93 815	−125 477	24 465	2 422 612	2 267 838	106.82
2014Q2	73 441	−15 605	−22 415	−34 819	2 496 054	2 520 233	99.04
2014Q3	72 176	−9 140	66	−63 211	2 568 230	2 655 079	96.73
2014Q4	67 021	−30 798	30 046	−66 572	2 635 251	2 912 365	90.48

数据来源：《1982—2014 中国国际收支平衡表》《2014 国家外汇管理局年报》《2015 中国统计年鉴》、中华人民共和国国家统计局网站 http://www.stats.gov.cn/。其中，GDP 已经经过汇率换算

(一) 单位根检验

由于我们所研究的时间序列数据大多数都是非平稳的,数据之间或多或少存在一些序列相关,如果不考虑数据的平稳性就直接进行回归,其结果可能是伪回归。所以,本研究在进行实证分析前,首先必须对各个变量进行平稳性检验。本研究采用 ADF 检验法对上述数据进行单位根检验。其结果如表 10-9 所示。

表 10-9 ADF 检验结果

变 量	检验类型(C, T, L)	ADF 值	5%显著性水平下临界值	是否平稳
CA	(C, T, 0)	−3.227 714	−3.562 882	否
ΔCA	(C, T, 0)	−8.982 417	−3.568 379	是
GDP	(C, T, 0)	−1.919 051	−3.562 882	否
ΔGDP	(C, T, 0)	−3.616 956	−3.568 379	是
CPI	(C, T, 0)	−1.635 628	−3.562 882	否
ΔCPI	(C, T, 0)	−7.451 22	−3.568 379	是
ER	(C, T, 0)	−2.983 868	−3.562 882	否
ΔER	(C, T, 0)	−5.089 925	−3.568 379	是
IR	(C, T, 0)	−1.625 115	−3.562 882	否
ΔIR	(C, T, 0)	−6.203 857	−3.568 379	是

由表 10-9 可知,变量 CA、GDP、CPI、ER 和 IR 的 ADF 值的绝对值都小于 5% 水平下的临界值,所以它们都不能拒绝数据是非平稳的原假设,即它们都是非平稳的时间序列。然后我们对各个序列进行一阶差分,一阶差分后的序列的 ADF 值的绝对值都大于 5% 水平下的临界值,所以它们都拒绝了原假设,即一阶差分都是平稳序列。所以各个变量都是一阶单整 I(1) 序列,而同阶单整的时间序列可能有协整关系,接下来本研究将对数据进行协整检验。

(二) 协整检验分析

本研究采用约翰森(Johansen, 1995)提出的关于系数矩阵Ⅱ的协整关系似然比(LR)检验方法进行协整分析。该检验方法主要包括迹检验法和最大特征值检验法。

迹检验法的假设分别为:

H_0:至多有 r 个协整关系

H_1：有 m 个协整关系

检验统计量为：

$$LR_{tr}(r \mid m) = -T \sum_{i=r+1}^{m} \log(1-\lambda_i) \quad (10.2)$$

式中，λ_i 表示大小排第 i 的特征值；T 表示观测期总数。

该检验法不是一个独立的检验，而是对不同 r 值的一系列检验过程。EViews 软件从检验不存在任何协整关系的零假设开始，接下来是检验最多一个协整关系，一直检验到最多 $m-1$ 个协整关系，因此总共需要进行 m 次检验。

而最大特征值检验法的假设分别为：

H_{0r}：有 r 个0协整关系

H_{1r}：至少有 $r+1$ 个协整关系

检验统计量为：

$$LR_{\max}(r \mid r+1) = LR_{tr}(r \mid m - LR(r+1) \mid m),$$
$$r = 0, 1, \cdots, m-1 \quad (10.3)$$

该检验方法是从下往上进行的，首先检验 H_{00}，若接受 H_{00}，则表明该模型不存在协整关系，若拒绝 H_{00}，则往上继续检验 H_{01}，一直到接受 H_{0r}，这表明共存在 r 个协整关系。要注意的是，两种检验结果可能不一样。[①]

接下来本研究通过 EViews 软件对数据进行 Johansen 检验，结果如下表所示。

表10-10 Johansen 检验结果

Trace				
Hypothesized No.of CE(s)	Eigenvalue	Trace Statistic	0.05 Critical Value	Prob.
None*	0.860 793	136.051 9	88.803 80	0.000 0
At most1*	0.674 057	76.898 25	63.876 10	0.002 8
At most2*	0.537 812	43.267 29	42.915 25	0.046 1
At most3	0.308 966	20.113 80	25.872 11	0.220 2
At most4	0.259 843	9.026 802	12.517 98	0.178 7

① 易丹辉.数据分析与 EViews 应用[M].中国人民大学出版社，2012：236.

续 表

Maximum Eigenvalue				
Hypothesized No.of CE(s)	Eigenvalue	Max-Eigen Statistic	0.05 Critical Value	Prob.
None*	0.860 793	59.153 70	38.331 01	0.000 1
At most1*	0.674 057	33.630 96	32.118 32	0.032 4
At most2	0.537 812	23.153 49	25.823 21	0.108 3
At most3	0.308 966	11.086 99	19.387 04	0.504 4
At most4	0.259 843	9.026 802	12.517 98	0.178 7

根据表 10-10 所示，第一列是假设协整关系个数，一共列出了五个原假设，对能够拒绝原假设的检验用符号"*"进行标记，表示置信水平为 95%；第二列是矩阵 Π 的特征值；第三列是迹检验统计量或者最大特征值；第四列是在 5% 显著性水平下的临界值；第五列是根据临界值所得到的 p 值。

从表 10-10 中可以看出，在迹检验法中拒绝了前三个原假设，表示在 5% 显著性水平下一共存在三个协整关系；而在最大特征值检验法中，一共拒绝了前两个原假设，表示在 5% 显著性水平下一共存在两个协整关系。

由于计量经济学一般比较关系的是第一个协整关系。因此本研究将其单独列了出来，其结果如表 10-11 所示。

表 10-11 第一个协整关系结果

Normalized cointegrating coefficients (standard error in parentheses)				
CA	CPI	ER	GDP	IR
1.000 000	−4.634 037 (2.494 93)	12.537 02 (5.794 49)	−52.458 94 (4.852 34)	1.749 541 (3.766 58)

从表 10-11 可以得知，资本账户开放度 CA 与其他四个变量之间存在长期的稳定关系。其协整向量的标准化系数为 $\alpha = (1, -4.634\ 037, 12.537\ 02, -52.458\ 94, 1.749\ 541)$。

其对应的协整关系为：

$$CA = 4.634\ 037 CPI - 12.537\ 02 ER + 52.458\ 94 GDP - 1.749\ 541 IR$$
$$\quad\ (2.494\ 93) \quad\quad (5.794\ 49) \quad\quad (4.852\ 34) \quad\quad (3.766\ 58)$$

(10.4)

从关系式(10.4)中，可以得出以下几个结论：

(1) 资本账户开放度 CA 对 CPI 的弹性为 4.63%,表明通货膨胀增加一个单位,资本账户开放度将上升 4.63%。或者准确地讲,应该是资本账户开放度增加一个单位将会促使通货膨胀率同向增加 21.6%。也就是说,资本账户越开放,物价的变化幅度越大,资本账户开放度的增加将会扩大物价水平的波动幅度。

(2) 资本账户开放度 CA 对 ER 的弹性为 -12.54%,表明汇差增加一个单位,资本账户开放度将下降 12.54%。或者准确地讲,应该是资本账户开放度提高一个单位将会促使汇率差下降 7.97%。也就是说,资本账户越开放,汇率差越小,在岸市场远期汇率越接近离岸无本金交割远期汇率(NDF)。

(3) 资本账户开放度 CA 对 GDP 的弹性为 52.46%,表明经济增长率每增加一个单位,资本账户开放度将上升 52.46%。或者准确地讲,应该是资本账户开放度增加一个单位将会促使经济增长率同向变化 1.91%。也就是说,资本账户越开放,经济增长的变化幅度越大,资本账户开放度的增加将会加剧产出的变动幅度。

(4) 资本账户开放度 CA 对 IR 的弹性为 -1.75%,表明利率差增加一个单位,资本账户开放度将下降 1.75%。或者准确地讲,应该是资本账户开放度增加一个单位将会促使利率差减少 57.14%。也就是说,资本账户越开放,利率差越小,Shibor 利率越接近 Libor 利率。

在确定了变量之间的协整关系后,我们利用 AR 根的图表来验证协整关系的正确性和 VAR 模型的稳定性。如果所有的 AR 特征方程的特征根的倒数的绝对值都小于 1,即全部位于单位圆内,则表明模型是稳定的。否则表示模型不稳定,而这将会使得脉冲响应函数的标准误差不是有效的。

AR 单位根的结果如图 10-6 所示。

从图 10-6 的结果可以直观地看出,所有的单位根的倒数的绝对值都小于 1,即都位于单位圆内。因此,本研究所建立的 VAR 模型是稳定的。

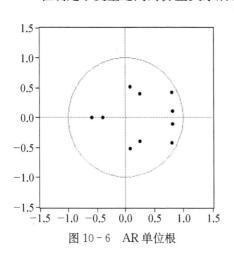

图 10-6 AR 单位根

(三)脉冲响应结果

脉冲响应函数(Impulse Response Function)可以刻画出每个内生变量的变

动或者冲击对它自己及所有的其他内生变量产生的影响反应。具体来说,我们可以在随机误差项上施加一个标准差大小的冲击,之后这个冲击会对系统变量的当期值和未来值的大小和趋势产生影响。第 i 个内生变量的一个冲击不仅仅会直接影响第 i 个变量,而且还会通过模型传递给其他内生变量。① 接下来我们将通过 EViews 软件,让资本账户开放度 CA 与其余四个变量两两之间分别进行脉冲响应,其结果如图 10-7 所示。

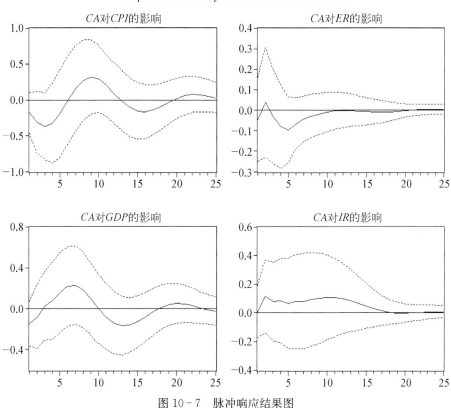

图 10-7 脉冲响应结果图

图 10-7 显示了资本账户开放度 CA 分别对通货膨胀 CPI、汇差 ER、经济增长 GDP 和利差 IR 四个宏观经济变量的影响。由脉冲响应图的结果中可以看出:第一,在以上四个变量中,经济增长对资本账户开放度的冲击最为敏感,接下来依次是利率差、汇率差和通货膨胀;第二,资本账户开放度对通货膨胀的冲击在未来第 9 期达到了最大值,第 20 期以后趋于稳定;第三,资本账

---

① 易丹辉.数据分析与 EViews 应用[M].中国人民大学出版社,2012:219-224.

户开放度对汇率差的冲击在未来第 5 期达到了最大值,第 11 期以后趋于稳定;第四,资本账户开放度对经济增长的冲击在未来第 7 期达到了最大值,第 17 期以后趋于稳定;第五,资本账户开放度对利率差的冲击在未来第 2 期达到了最大值,第 17 期以后趋于稳定。这表明我国资本账户开放对经济增长的影响是最显著的。

(四) 方差分解

接下来我们对模型进行方差分解来研究模型的整体动态特征。方差分解可以把系统中内生变量的变动按照其成因分解为方程中不同信息的贡献比例,即内生变量对标准差的贡献率。CA 的方差分解结果如表 10-12 所示:

表 10-12 方差分解——各因子所占百分比

时期	S.E.	CA(%)	CPI(%)	ER(%)	GDP(%)	IR(%)
1	10.113 32	100.000 0	0.000 000	0.000 000	0.000 000	0.000 000
2	10.919 16	92.470 21	3.302 669	2.549 136	0.654 952	1.023 034
3	11.939 96	91.982 66	2.798 484	3.269 915	1.045 982	0.902 958
4	12.418 09	90.352 13	2.887 417	4.933 051	0.988 843	0.838 557
5	12.831 85	88.840 22	2.822 988	6.047 738	0.964 688	1.324 365
6	13.000 15	87.822 31	2.865 936	6.632 489	0.966 647	1.712 614
7	13.105 53	86.799 76	3.059 959	6.861 635	0.973 523	2.305 122
8	13.161 88	86.075 21	3.258 598	6.932 352	1.017 265	2.716 572
9	13.209 54	85.473 71	3.407 237	6.898 579	1.119 927	3.100 55
10	13.258 94	84.955 56	3.587 927	6.850 906	1.251 318	3.354 292
11	13.316 39	84.409 03	3.802 981	6.832 25	1.422 007	3.533 732
12	13.374 27	83.882 44	4.051 646	6.843 774	1.585 127	3.637 013
13	13.425 44	83.408 06	4.308 584	6.864 132	1.717 19	3.702 03
14	13.465 16	83.028 92	4.555 697	6.872 55	1.800 219	3.742 619
15	13.493 09	82.751 72	4.767 702	6.865 66	1.841 92	3.772 996
16	13.511 25	82.566 68	4.928 622	6.851 621	1.855 959	3.797 12
17	13.522 52	82.450 94	5.033 822	6.840 204	1.857 567	3.817 468
18	13.529 4	82.382 84	5.092 122	6.835 161	1.856 059	3.833 82

续 表

时期	S.E.	CA(%)	CPI(%)	ER(%)	GDP(%)	IR(%)
19	13.533 61	82.346 22	5.118 422	6.834 317	1.854 939	3.846 104
20	13.536 27	82.330 14	5.127 388	6.833 942	1.854 33	3.854 199
21	13.538 14	82.326 01	5.129 084	6.832 474	1.853 818	3.858 61
22	13.539 73	82.326 52	5.128 559	6.831 063	1.853 632	3.860 222
23	13.541 27	82.326 38	5.127 572	6.831 596	1.854 288	3.860 166
24	13.542 71	82.323 39	5.126 638	6.834 649	1.855 864	3.859 457
25	13.543 91	82.318 25	5.126 092	6.839 063	1.857 813	3.858 779

表 10-12 一共包含了七列。第一列是预测期,第二列是变量 CA 各期预测值的标准差,后五列分别是 CA、CPI、ER、GDP 以及 IR 对 CA 各期预测标准差的贡献度百分比,每行的贡献度百分比之和都为 100%。

我们以 $t=5$ 为例可以看到,在第 5 期中,AC 的预测标准差为 12.831 85。其中,88.840 22% 由 AC 本身的残差冲击所致。其余 CPI、ER、GDP、IR 的贡献率分别为 2.822 988%、6.047 738%、0.964 688%、1.324 365%。从第 20 期开始,方差分解的结果趋于稳定。从长期来看,资本账户开放度对其本身的影响最大。其次是汇率差,其影响度为 6.84% 左右。

四、小结

本章先是界定了资本账户开放度的含义,并介绍了一些资本账户开放度的测量方法,之后使用 IMF 指标、投资-储蓄相关性指标和资本存量指标三种方法分别对我国资本账户开放度 CA 进行了测量。结果表明,我国的资本账户开放度低于其他发达国家,但基本处于波动上升趋势,呈现出越来越开放的状态。

之后测量了 2007—2014 年中国的经济增长 GDP、通货膨胀 CPI、汇率差 ER、利率差 IR 四个变量的季度数据。然后利用所测量的结果作为样本数据进行单位根检验、协整分析、脉冲响应和方差分解等计量分析,证实了资本账户开放对我国宏观经济造成一定的影响。主要有:

第一,资本账户开放能够促进我国的经济增长,同时也扩大了产出幅度。这主要是因为我国一直以来都通过吸引外资来带动本国经济的发展。资本账户的开放带来了资本的大量流入,外商直接投资大幅增长,对我国的高新技术产业和进出口都有很大的促进作用。

第二,资本账户开放加剧了我国的通货膨胀,影响了物价水平。资本账户的开放一方面导致了我国货币供给的增加,产生了货币扩张效应,另一方面也引导了投资,造成了扩张性的财政政策效应。这两方面共同推动了我国物价水平的上升。

第三,资本账户开放能够使我国的利率差和汇率差都缩小,即会使得我国的Shibor利率接近于国际利率Libor,在岸和离岸市场的汇率差减小。另外,资本的流入另一方面会加大人民币升值的压力,导致人民币汇率的易变性和不确定性,在一定程度上增加了潜在的风险。

第三节 政 策 建 议

一、中国资本账户开放的步伐

国内学者对我国如何开放资本账户有着巨大的争议,这在前文梳理文献时已经提及。有些学者主张我国应该加快资本账户开放的步伐,并预计在2020年前后实现中国资本账户的全面开放。他们认为,首先,2007年美国次贷危机的发生降低了一些发达国家公司的估值水平,这为中国鼓励本国企业对外投资提供了一个时间点;其次,中国资本账户开放将有助于人民币离岸市场的发展,并推动中国国内的结构调整;再者,我国对资本管制的有效性正在降低;最后,中国稳定、庞大的金融系统和外汇储备能有效地抵御资本账户开放过程中可能出现的风险。[①]

然而,笔者并不同意以上观点。本研究借鉴了国内一些学者的想法,并结合前文的分析结果,认为我国目前不应当加快资本账户开放。主要理由如下:

第一,金融危机发生后,新的国际趋势是加强对资本流动的管制,并非加速开放资本账户。比如巴西和韩国等已经开放了资本账户的国家就重新实施资本流动的管制政策,以此来应对跨境资本流动的波动性。一向崇尚资本自由流动的IMF也改变了原本的论调,其表示资本流动的管理可以和经济政策、审慎监管二者一起成为抵御资本流动波动性的工具之一。而中国和其他国家是一样的。我们应该注意其他国家在开放资本账户方面的经验教训。

第二,虽然我国对资本管制的有效性正在降低,但是整体上还是有效果的。从前面的分析中可以看出,我国资本账户开放的整体开放程度还是比较低的,虽

---

① 中国人民银行调查统计司课题组.我国加快资本账户开放的条件基本成熟[J].中国金融,2012(5):14-16.

然相比于之前的严格管制而言已经有了很大的放松,但这还远远不够。况且只要政府有意愿,我国可以随时提高对资本管制的力度。再者,离岸和在岸人民币市场之间明显存在的汇率差就是中国政府对资本账户的管制仍然有效的证据。表10-7显示了人民币在岸市场远期汇率和离岸无本金交割(NDF)远期汇率这二者之间的差异为-0.5%—2.5%。

第三,加快开放资本账户存在巨大的尾部风险,这是中国宏观经济难以承受的。资本管制一直以来抑制着中国资金的流动。中国人民承担着实际利率为负的隐形税赋。如果迅速放开资本账户,有可能使他们将大量资产投资到境外。大规模的资本流出将导致人民币的迅速贬值。

第四,资本账户开放能否推动国内的结构改革其实是存在着巨大的不确定性。接下来的改革面对着巨大的挑战,主要是由于受到既得利益集团的反对。有三项至关重要的结构性改革摆在我们面前:一是改变居民、企业和政府之间的收入分配;二是要打破原有国企对某些部门的垄断;三是国内要素价格的自由化。我们已经从前面分析得知资本账户开放的确能够推动利率和汇率市场化,但其能否推动以上三项的结构性改革,我们对此表示质疑。中国金融四十人论坛的研究表明[1]:对外开放不仅提高了国内标准,促进了各个领域的改革与国际接轨,而且参与到国际竞争和国际规则制定也倒逼着本国的体制改革。但是,我们需要注意的是,"以开放促改革"有着十分丰富的内涵,资本账户开放只是其中的一项,我们不能指望仅仅依靠资本账户开放这一项就能够解决国内的一切结构问题。[2] 进一步来说,我们应该明白,一旦中国由于加速开放资本账户而导致金融危机的到来,那么国内的结构性改革可能会发生逆转。

第五,目前并不是中国加快开放资本账户的时机。从本国角度看,长期高投资和需求不足的局面将会导致产能持续过剩,这将提高银行的不良贷款率和降低国内金融体系的信心。[3] 另外,实证分析也证明了资本账户开放会提高通货膨胀的压力,也影响了本国的经济产出。从国际角度看,美联储已经完全退出量化宽松货币政策并且在近期采取了加息政策,这将会增加美元的吸引力。如果此时中国实现资本账户自由化,很有可能的结果是大规模的资本外逃。资本外逃的风险在前文已经详细分析。

---

[1] 陈元,钱颖一.资本账户开放[M].社会科学文献出版社,2014:200-201.
[2] 黄海洲,周诚君.中国对外开放在新形势下的战略布局[J].国际经济评论,2013(7):29-30.
[3] 凯文·加拉格,何塞·安东尼奥·奥坎波,张明,余永定.中国资本账户开放:一种平衡的方法[M].中国金融出版社,2015:87-92.

二、对中国资本账户开放的政策建议

经过前面的分析,笔者认为,在当前世界经济充满不确定性,发达经济体所采取的量化宽松货币政策具有重大影响的条件下,中国的资本账户开放应该是谨慎为上,继续采取以可控、渐进的方式推进资本账户开放。具体的政策建议如下:

(一) 推进利率、汇率市场化改革

利率、汇率市场化是资本账户开放的重要前提条件,二者的改革应该是快于或者是先于资本账户开放。这是因为,在资本管制仍然有效的条件下,中国目前已经存在着大量的套利行为。如果二者依然处于较多管制时全面开放资本账户,是缺乏价格和资金的调节机制的,这很可能引起境外投机者频繁的投机活动,导致规模更加巨大的资金套利行为。

资本账户开放应该是有着完善的国内金融市场支撑着。但从前面的分析得知,目前我国的金融市场仍然不够完善,银行体系仍然存在着一定的问题,这需要进一步的金融改革。

接下来政府可以同时推进以下两种改革来进一步促进利率市场化:一是建立存款保险制度,允许国内银行和金融机构破产清算;二是建立审慎监管制度,注意资产价格泡沫。

对于汇率改革,在保持人民币汇率基本稳定的前提下,可以逐步扩大人民币汇率的波动弹性。中国人民银行应该减少对人民币对美元中间价的干预,让其逐步由市场的供求关系决定。当然,在利率和汇率都还未市场化的条件下,适当保持一定程度的资本管制还是十分有必要的。政府应当根据国内和国际环境的具体情况,合理地、渐进地调节下一步改革力度。

(二) 完善我国银行体系,加强对银行的审慎监管

跨境资本流动和货币兑换基本是通过银行展开的,银行在资本账户开放过程中起着桥梁的作用。借鉴以往其他国家和地区资本账户开放的失败教训,以及前面第六章和第七章的分析结果,我们应该深刻地认识到,如果一国的银行体系改革和有效监管制度尚未完善之前就开放银行信贷,则很有可能会引起金融动荡。当前我国商业银行的盈利主要来源于存贷差,太快开放资本账户很可能会导致信贷的盲目扩张。因此,我们应该十分注重我国银行体系的改革。具体可以从以下几个方面进行:

第一,努力降低国内银行的不良贷款率,同时建立银行危机预警体系,选择资本充足率、不良贷款率、信贷增长率等具有代表性的指标作为预警指标,及早发现银行的潜在风险。

第二,建立科学有效的风险控制体系和信贷审批制度,加强对信用风险的监管力度,以此防范信贷风险。

第三,提高银行信息披露的透明度,解决当前存在的披露不充分和时滞等问题。放松对资本管制的同时,应加强对数据的监测。信息不对称容易引起银行体系的道德风险,进而造成银行体系的脆弱性,因此,十分有必要完善银行体系的信息披露制度。①

第四,加强境内外资银行的监管,防范国际资本突然性的大量流入或流出。同时,加强对金融创新及衍生品的监管力度,防止其引起金融危机的发生。

(三)进一步开放直接投资,并尝试着逐步开放证券投资

目前我国的直接投资已经相当开放,但是在管理外商投资行业和资本金结汇方面仍然比较严格,而个人对外直接投资依然受到严格的监管。对于境内和境外的证券投资主要是依靠 QFII 和 QDII。我们可以试着针对性的开放直接投资和证券投资。比如可以在上海自贸区实验的基础上,有选择性地在旅游和文化等行业中进一步开放外商投资,以此来促进国内相关行业的发展。在证券投资方面,可以考虑在合适的条件下,适时地推出类似于合格境内个人投资者制度,允许部分有条件的个人直接到境外投资证券市场。但需要实行备案制度,一开始就需要对其进行严格的监控。②

(四)建立跨境资本流动管理体系

我们应当建立与当前中国市场经济发展相适应的跨境资本流动管理体系,让其在资本账户开放的改革进程中起到基础保证作用,保持宏观经济的稳定局面,防范经济的大起大落,促进经济稳步向前发展。具体建议是:

第一,用基于防范系统性风险的宏观管理工具来替代以往的市场准入与数量控制等传统手段。

第二,逐步减少使用行政手段,而是要更多地运用利率、汇率和税率等价格工具来调节国际资本流动。

---

① 马威,靳荆.论我国商业银行信息披露体系的完善[J].经济纵横,2012(9):104-105.
② 陈元,钱颖一.资本账户开放[M].社会科学文献出版社,2014:232-233.

第三,逐渐从肯定式立法转变为否定式立法,坚持有效的、适度的监管,而不是面面俱到。①

第四,在建立和加强对国际资本流动监管的基础上,通过不断巩固政策性储备,进一步完善我国应对大量资本流入或流出的紧急情况。一旦国内或国际市场环境发生重大改变,就应该及时调整管制力度和制度,等到适当的时候再取消临时性措施。

---

① 管涛.坚持改革与开放双轮驱动:稳步开放中国资本账户[J].国际金融,2013(10):5.

参 考 文 献

1. 奥博斯特弗尔德,罗格夫.国际宏观经济学基础[M].中国金融出版社,2010.
2. 巴克.发达国家资本账户自由化的经验[M].中国金融出版社,2006.
3. 巴曙松.中国货币政策有效性的经济学分析[M].经济科学出版社,2000.
4. 巴曙松,王超,张旭.中国上市银行信息披露评估指数体系研究[J].当代财经,2006(4).
5. 蔡晓慧.融资约束的度量及其检验——基于债务融资溢价视角[J].浙江社会科学, 2013(6).
6. 曹熠,陶士贵.美国退出量化宽松货币政策对我国货币政策的影响[J].对外经贸,2015(6).
7. 曾红艳,黄璐.美元本位下的思考——量化宽松政策对中国经济溢出效应实证分析[J].生产力研究,2013(11).
8. 曾敏丽,卢骏.中国资本账户开放的经济增长效应分析[J].经济研究导刊,2013(4).
9. 陈炳才.中国金融服务业开放的条件、次序、重点与时机[J].金融研究,1999(5).
10. 陈丰.日本资本账户自由化进程及对中国的启示[J].日本研究,2012(2).
11. 陈刚,翁卫国.外资银行降低信贷融资成本的实证研究——基于中国工业企业的数据[J].产业经济研究,2013(6).
12. 陈磊,候鹏.量化宽松、流动性溢出与新兴市场通货膨胀[J].财经科学,2011(11).
13. 陈学彬,李忠.货币国际化的全球经验与启示[J].财贸经济,2012(2).
14. 陈雨露,周晴.资本项目开放度和实际利差分析[J].金融研究,2004(7).
15. 陈雨露,罗煜.金融开放与经济增长:一个述评[J].管理世界,2007(4).
16. 陈雨露,侯杰.新开放经济宏观经济学:研究文献综述[J].南开经济研究,2006(2).
17. 陈元,钱颖一.资本账户开放战略、时机与路线图[M].社会科学文献出版社,2014.
18. 戴金平,张华宁.危机后发达国家的非传统货币政策研究[J].上海立信会计学院学报, 2010(4).
19. 戴金平.美国量化宽松货币政策的退出与当前国际金融形势[J].中国高校社会科学, 2014(6).
20. 邓翔,谭璐."金融不稳定假说"的逻辑线索及现实意义[J].西南大学学报(社会科学版), 2010(4).
21. 丁剑平.人民币汇率与制度问题的实证研究[M].上海财经大学出版社,2003.
22. 董寿昆.资本项目人民币自由兑换战略研究[J].财经理论与实践,1999(1).

23. 董寿昆.货币自由兑换理论与实践[M].北京：中国金融出版社,1997.
24. 杜德明.美国量化宽松货币政策的传导机制研究[D].南开大学,2013.
25. 鄂志寰.资本流动与金融稳定相关关系研究[J].金融研究,2000(7).
26. 范小云,曹元涛.中国金融改革中的金融安全与风险控制[M].中国金融出版社,2008.
27. 方显仓,孙琦.资本账户开放与我国银行体系风险[J].世界经济研究,2014(3).
28. 弗里德曼,哈恩.货币经济学手册：第 2 卷[M].经济科学出版社,2002.
29. 付琳.美日两国应对国际金融危机的量化宽松货币政策比较[J].新疆财经,2012(2).
30. 傅元海,唐未兵,王展祥.FDI 溢出机制、技术进步路径与经济增长绩效[J].经济研究,2010(6).
31. 甘道夫.国际金融与开放经济的宏观经济学[M].上海财经大学出版社,2006.
32. 高海红,余永定.人民币国际化的含义与条件[J].国际经济评论,2010(1).
33. 高海红.资本项目自由化：模式、条件和泰国经验[J].世界经济,1999(11).
34. 高扬志,冉茂盛.民营企业腐败对研发投入的影响研究——基于中小板上市公司的经验证据[J].中国管理科学,2017,25(3).
35. 顾海兵,夏梦.基于国家经济安全的资本账户开放程度实证分析[J].学习与探索,2013(6).
36. 管涛.坚持改革与开放双轮驱动 稳步开放中国资本账户[J].国际金融,2013(10).
37. 管涛.中国资本项目管理现状及人民币资本项目可兑换前景展望[J].世界经济,2002(3).
38. 管涛.资本项目可兑换的定义[J].经济社会体制比较,2001(1).
39. 郭桂霞,彭艳.我国资本账户开放的门槛效应研究[J].金融研究,2016(3).
40. 郭强.中国资本账户开放排序的国际借鉴[J].世界经济研究,2005(3)：80-85.
41. 郭强.美联储前瞻指引：理论基础、发展脉络与潜在风险[J].漫步华尔街,2015(08).
42. 郭树清.中国资本市场开放和人民币资本项目可兑换[J].金融监管研究,2012(6).
43. 郭煜,李京航.资本账户开放与通货膨胀——基于跨国面板数据的实证分析[J].宏观经济研究,2015(7).
44. 国际货币基金组织.国际收支和国际投资头寸手册(第六版)[M].2009.
45. 国际货币基金组织.世界经济展望[M].1998.
46. 国际清算银行,国家外汇管理局.国际视角的中国资本账户开放[M].经济管理出版社,2003.
47. 国家外汇管理局.中国资本账户管理的限制现状和展望[M].中国金融出版社,2003.
48. 韩文秀.人民币迈向国际货币[M].经济科学出版社,2011.
49. 何德旭,姚战琪,余升国.资本流动性：基于中国及其他亚洲新兴国家的比较分析[J].经济研究,2006(2).
50. 何慧刚.我国现行汇率制度的货币政策效应[J].山西财经大学学报,2004(5).
51. 何慧刚.资本账户开放、汇率制度与人民币国际化[J].社会科学辑刊,2007(3).
52. 何正全.美国量化宽松货币政策对中国通货膨胀的影响分析[J].财经科学,2012(10).
53. 胡晓炼.人民币资本项目可兑换问题研究[J].中国外汇管理,2002(4).
54. 胡援成.中国资本账户的开放[M].江西人民出版社,2002.

55. 黄海洲,周诚君.中国对外开放在新形势下的战略布局[J].国际经济评论,2013(7).

56. 黄梅波,熊爱宗.论人民币国际化的空间和机遇[J].上海财经大学学报,2009(2).

57. 黄益平.债务风险、量化宽松与中国通胀前景[J].国际金融评论,2011(1).

58. 纪敏,陈玉财.大宗商品价格波动对我国通货膨胀的影响[J]中国金融,2011(18).

59. 姜波克,张青龙.国际货币的两难及人民币国际化的思考[J].学习与探索,2005(4).

60. 姜波克,朱云高.资本账户开放研究：一种基于内外均衡的分析框架[J].国际金融研究,2004(4).

61. 姜波克,邹益民.人民币资本账户可兑换研究[J].上海金融,2002(10).

62. 姜波克,等.人民币自由兑换与资本管制[M].复旦大学出版社,1999.

63. 蒋先明.欧央行量化宽松的原因和效果[J].清华金融评论,2015(5).

64. 焦成焕,何枭吟.资本账户开放下的金融风险分析[J].经济与管理,2009(12).

65. 焦成焕.金融开放次序与金融安全[J].经济导刊,2010(1).

66. 焦成焕.热钱涌入的金融风险分析[J].统计与决策,2009(14).

67. 焦成焕.中国资本账户开放的金融风险分析[M].吉林大学出版社,2012.

68. 焦成焕.资本账户开放与经济增长关系综述[J].财经科学,2009(2).

69. 金洪飞,李子奈.资本流动与货币危机[J].金融研究,2001(12).

70. 金荦.中国资本管制强度研究[J].金融研究,2004(12).

71. 金荦,李子奈.中国资本管制有效性分析[J].世界经济,2005(8).

72. 卡尔-约翰·林捷瑞恩,吉连·加西亚,马修·萨尔.银行稳健经营与宏观经济政策[M].中国金融出版社,1997.

73. 约翰·凯恩斯.就业、利息和货币通论[M].商务印书馆,2009.

74. 凯文·加拉格,何塞·安东尼奥·奥坎波,张明,余永定.中国资本账户开放：一种平衡的方法[M].中国金融出版社,2015.

75. 蓝发钦.中国资本项目开放的测度[J].华东师范大学学报(哲学社会科学版),2005(2).

76. 蓝虹,穆争社.量化宽松货币政策的全景式回顾、评价与思考[J].上海金融,2015(7).

77. 雷达,赵勇.中国资本账户开放程度的测算[J].经济理论与经济管理,2008(5).

78. 雷达,赵勇.门槛效应、资本账户开放与经济增长[J].中国人民大学学报,2007(6).

79. 雷文妮,金莹.资本账户开放与经济增长——基于跨国面板数据的研究[J].国际金融研究,2017(1).

80. 李稻葵,刘霖林.人民币国际化：计量研究及政策分析[J].金融研究,2008(11).

81. 李建军,甄峰,崔西强.人民币国际化发展现状、程度测度及展望评估[J].国际金融研究,2013(10).

82. 李建伟,杨琳.美国量化宽松货币政策的实施背景、影响与中国对策[J].改革,2011(1).

83. 李剑锋、蓝发钦.发展中国家的资本账户开放与货币危机实证研究[J].财经问题研究,2007(7).

84. 李剑锋.发展中国家的资本账户开放：货币危机视角下的次序选择[D].华东师范大学,2008.

85. 李捷瑜,王美今.FDI、技术进步与就业:国际经验的启示[J].中山大学学报(社会科学版),2009,49(5).
86. 李金生.对人民币资本项目下自由兑换的思考[J].广州金融,1997(8).
87. 李科,徐龙炳.融资约束、债务能力与公司业绩[J].经济研究,2011(5).
88. 李山,李稻葵,朱天.中国应否允许国际资本自由流动?[J].国际经济评论,2001(7).
89. 李巍,张志超.不同类型资本账户开放的效应:实际汇率和经济增长波动[J].世界经济,2008(10).
90. 李巍,张志强.中国资本账户开放的最优时点[J].国际经济评论,2010(4).
91. 李巍.资本账户开放、金融发展和经济金融不稳定的国际经验分析[J].世界经济,2008(3).
92. 李晓峰、王慧卿、胡景芸.资本账户开放过程中的银行稳定性问题研究[J].投资研究,2005(3).
93. 李增来,梁东黎.美国货币政策对中国经济动态冲击效应研究——SVAR模型的一个应用[J].经济与管理研究,2011(3).
94. 李子奈,潘文卿.计量经济学[M].高等教育出版社,2010.
95. 李自磊.美国量化宽松政策的理论基础、影响及其应对策略研究[D].南开大学,2014.
96. 连玉君,苏治,丁志国.现金-现金流敏感性能检验融资约束假说吗?[J].统计研究,2008,25(10).
97. 刘光灿,孙鲁军,管涛.中国外汇体制与人民币自由兑换[M].北京:中国财政经济出版社,1997.
98. 刘光灿.中国资本项目对外开放研究[M].中国金融出版社,2004.
99. 刘科林,邵斌.人民币资本账户的开放度及其政策取向[J].海南金融,2009(3).
100. 刘克窗,翟晨曦.调整五大战略,应对美量化宽松政策[J].管理世界,2011(4).
101. 刘宁.资本账户开放对通货膨胀的影响——基于1990—2008中国数据的实证分析[J].上海金融,2009(6).
102. 刘胜会.金融危机中美联储的货币政策工具创新及启示[J].国际金融研究,2009(8).
103. 刘曙光.人民币国际化条件分析[J].国际经济合作,2009(4).
104. 刘锡良,罗得志.金融制度变迁与金融稳定[J].财贸经济,2000(3).
105. 刘晓兰,赖明勇.美国量化宽松货币政策对中国溢出效应研究——基于贸易渠道分析[J].财经理论与实践,2014(5).
106. 娄伶俐,钱铭.资本账户开放测度方法:比较与综合[J].国际金融研究,2011(8).
107. 陆妍,方草.美国量化宽松货币政策调整对中国短期资本流动的影响研究[J].宏观经济研究,2015(2).
108. 马淑琴,王江杭.融资约束与异质性企业出口前沿研究述评[J].国际贸易问题,2014(11).
109. 马威,靳荆.论我国商业银行信息披露体系的完善[J].经济纵横,2012(9).
110. 马宇.量化宽松货币政策的理论基础、政策效果与潜在风险[J].武汉大学学报(哲学社会科学版),2011(3).
111. 麦国平.德国马克五十年与欧元的诞生[J].国际金融研究,1998(9).

112. N.格里高利·曼昆.宏观经济学:第六版[M].中国人民大学出版社,2009.
113. 穆争杜.量化宽松货币政策的实施及其效果分析[J].中南财经政法大学学报,2010(4).
114. 宁特林,王思琦.中国资本账户开放的现状和所面临的问题简析[J].新远见,2010(3).
115. 潘成夫,刘刚.量化宽松、资本流动与国际间货币政策协调[J].改革,2012(4).
116. 潘成夫.量化宽松货币政策的理论、实践与影响[J].国际金融研究,2009(8).
117. 潘锡泉,郭福春.升值背景下人民币汇率、FDI与经济增长动态时变效应研究[J].世界经济研究,2012(6).
118. 彭刚,廖泽芳.美元本位制下的全球经济失衡与调整——对当前全球金融危机的思考[J].中国人民大学学报,2010(5):52-61.
119. 彭红枫,陈文博,谭小玉.人民币国际化研究述评[J].国际金融研究,2015(10).
120. 彭红枫,谭小玉.人民币国际化研究:程度测算与影响因素分析[J].经济研究,2017(2).
121. 普拉萨德,罗高夫,魏尚进,等.金融全球化对发展中国家的影响:实证研究结果[M].中国金融出版社,2006.
122. 齐晓楠,成思危,汪寿阳,等.美联储量化宽松政策对中国经济和人民币汇率的影响[J].管理评论,2013(25).
123. 曲斌.美国量化宽松货币政策对我国出口及通货膨胀的影响分析[J].河北金融,2014(2).
124. 人民币国际化研究课题组.人民币国际化的时机、途径及其策略[J].中国金融,2006(5).
125. 任惠.中国资本外逃的规模测算和对策分析[J].经济研究,2001(11).
126. 任康钰,曾辉.欧元区量化宽松货币政策的演进及探讨[J].南方金融,2015(7).
127. 邵路遥,刘尧成.中国资本账户开放与人民币国际化的关系研究——基于国际经验比较的影响因素分析[J].上海经济研究,2016(3).
128. 沈中华,陆符玲.银行危机与货币危机真是共生的吗?[J].金融研究,2000.
129. 盛松成,刘西.金融改革协调推进论[M].中信出版社,2015.
130. 施永.资本项目流入经济增长效应研究[J].统计与决策,2011(20).
131. 世界银行本书编写组.全球经济展望与发展中国家[M].中国财政经济出版社,1999.
132. 宋馨,郭昊.欧央行新一轮量化宽松货币政策前景如何[N].中国财经报,2015(6):8-9.
133. 孙立坚,刘志刚,王兆旭.资本账户开放的动态经济效应[J].世界经济文汇,2002(4).
134. 孙灵燕,李荣林.融资约束限制中国企业出口参与吗?[J].经济学(季刊),2012,11(1).
135. 孙仁兰,闫华清.资本项目开放对中国宏观经济影响的实证分析[J].征信,2012(6).
136. 谭淞,安鹏.美联储货币政策规则变化及QE退出后政策走向[J].债券,2014(11).
137. 谭小芬,熊爱宗,陈思翀.美国量化宽松的退出机制、溢出效应与中国的对策[J].国际经济评论,2013(5).
138. 谭小芬.美联储量化宽松货币政策的退出及其对中国的影响[J].国际金融研究,2010(2).
139. 汤柳、王旭祥.欧版量化宽松货币政策能否拯救欧洲?[J].银行家,2012(6).
140. 唐建新,陈冬.金融发展与融资约束——来自中小企业板的证据[J].财贸经济,2009(5).
141. 唐朱昌.俄罗斯经济转轨透视[M].上海社会科学院出版社,2001.
142. 陶然.金融稳定目标下的资本账户开放研究[M].中国财政经济出版社,2009.

143. 陶然.资本账户开放与宏观经济稳定[J].江西财经大学学报,2009(6).
144. 田宝良.国际资本流动:分析、比较与监管[M].中国金融出版社,2004.
145. 田素华.国际资本流动与货币政策效应[M].复旦大学出版社,2008.
146. 涂菲.美国量化宽松政策的原因及其影响[J].当代经济管理,2011(3).
147. 卡尔·E.沃什.货币理论与政策[M].上海财经大学出版社,2004.
148. 王春丽.市场起决定作用下的利率调控模式:国际比较与借鉴[J].亚太经济,2015(2).
149. 王德发,王秋红.人民币升值压力、短期国际资本流入及通货膨胀[J].上海经济研究,2011(6).
150. 王国刚.资本账户开放与中国金融改革[M].社会科学文献出版社,2003.
151. 王家强,廖淑萍.美欧日货币政策分化将加剧[J].中国外汇,2015(1).
152. 王力,徐枫.货币政策前瞻性指引的有效性[J].南方金融,2016(5).
153. 王梦奎.中国中长期发展的重要问题(2006—2020)[M].中国发展出版社,2005.
154. 王申,陶士贵,童中文.美国退出量化宽松政策会加剧我国通货紧缩吗?——基于SVAR模型的实证研究[J].管理现代化,2015(6).
155. 王婷亚.资本账户开放与货币危机的关系研究[D].山东大学,2012.
156. 王晓春.中国资本账户开放度研究[J].上海经济研究,2001(4).
157. 王晓雷,刘昊虹.量化宽松货币政策下美国的消费投资与全球流动性泛滥[J].财经科学,2011(2).
158. 王勋.短期国际资本流动与中国金融抑制政策[J].国际经济评论,2013(4).
159. 王彦超.融资约束、现金持有与过度投资[J].金融研究,2009(7).
160. 王元龙.关于人民币国际化的若干问题研究[J].财贸经济,2009(7).
161. 王元龙.人民币资本项目可兑换与国际化的战略及进程[J].中国金融,2008(10).
162. 王长江.金融稳定研究:内涵及一个框架[J].上海金融,2006(11).
163. 王志强,熊海芳.美国量化宽松货币政策效果及其对中国的影响[J].社会科学辑刊,2011(6).
164. 魏锋,刘星.融资约束、不确定性对公司投资行为的影响[J].经济科学,2004,26(2).
165. 魏昊,戴金平,靳晓婷.货币国际化测度、决定因素与人民币国际化对策[J].贵州社会科学,2010(9).
166. 魏克赛尔.利息与价格[M].商务印书馆,1959.
167. 吴宏,刘威.美国货币政策的国际传递效应及其影响的实证研究[J].数量经济技术经济研究,2009(9).
168. 吴念鲁,杨海平,陈颖.论人民币可兑换与国际化[J].国际金融研究,2009(17).
169. 吴霞,连军,夏鑫.货币政策宽松、银行关联与信贷资源配置[J].财会月刊,2015(8).
170. 吴晓灵.欧美量化宽松政策与中国化解之道[J].广东金融学院学报,2011(1).
171. 吴信如.资本账户自由化增长效应研究[M].中国金融出版社,2006.
172. 伍戈,孙树强.资本账户开放对国内通货膨胀的影响:一个综述[J].金融市场研究,2014(10).

173. 伍志文.金融脆弱性：理论及基于中国的经验分析(1991—2000)[J].经济评论,2003(2).
174. 冼国明,崔喜君.外商直接投资、国内不完全金融市场与民营企业的融资约束——基于企业面板数据的经验分析[J].世界经济研究,2010(4).
175. 向松祚.汇率政策国之大事[J].环球财经,2010(4).
176. 谢多.东亚货币危机的形成与汇率政策的选择[J].国际经济评论,1998(2).
177. 熊爱宗.美国量化宽松政策对东亚资本流动的影响[J].亚太经济,2013(2).
178. 徐义国.金融自由化(路径及其效应)[M].中国经济出版社,2008.
179. 许祥云,郭朋.日美"量化宽松"政策操作方式比较[J].经济学家,2009(9).
180. 许长新,张桂霞.国际资本流动对我国银行体系稳定性影响的实证研究[J].亚太经济,2007(1).
181. 杨金梅.日美两国量化宽松货币政策的比较[J].金融理论与实践,2011(3).
182. 杨金章.论商业银行的内部控制[J].现代商业,2010(3).
183. 杨晶晶,周定根.量化宽松货币政策的效果如何？——基于日本的经验[J].金融经济学研究,2013(28).
184. 杨荣海,李亚波.资本账户开放对人民币国际化"货币锚"地位的影响分析[J].经济研究,2017(1).
185. 杨荣海.当前货币国际化进程中的资本账户开放路径效应分析[J].国际金融研究,2014(4).
186. 杨兴全,申艳艳,尹兴强.外资银行进入与公司投资效率：缓解融资约束抑或抑制代理冲突？[J].财经研究,2017,43(2).
187. 杨雪峰.金融危机期间美联储流动性供给及效应研究[J].世界经济研究,2011(8).
188. 杨长江,姜波克.国际金融学[M].高等教育出版社,2008.
189. 姚耀军,吴文倩,王玲丽.外资银行是缓解中国企业融资约束的"白衣骑士"吗？——基于企业异质性视角的经验研究[J].财经研究,2015,41(10).
190. 叶伟春.资本账户开放的经济效应研究[M].上海财经大学出版社,2009.
191. 叶欣,冯宗宪.外资银行进入对本国银行体系稳定性的影响[J].世界经济,2004(1).
192. 易丹辉.数据分析与EViews应用[M].中国人民大学出版社,2014.
193. 易纲,汤弦.汇率制度角点解假设的一个理论基础[J].金融研究,2001(8).
194. 易宪容.美联储量化宽松货币政策退出的经济分析[J].国际金融研究,2014(1).
195. 易宪容.如何稳步实现资本项目可兑换[J].中国经贸导刊,2004(13).
196. 易宪容.资本账户开放理论的演进与发展[J].国际金融研究,2002(3).
197. 尹继志.人民币国际化进程中的资本账户开放[J].金融发展研究,2013(3).
198. 游宇,黄宗晔.资本管制对融资结构和经济增长的影响[J].金融研究,2016(10).
199. 余波.从国际比较分析看我国资本项目的开放[J].上海金融,1998(2).
200. 余珊萍,郑征.美国量化宽松货币政策对我国经济的溢出效应研究[J].东南大学学报(哲学社会科学版),2013(5).
201. 余维彬.金融全球化的新近总结对中国资本项目管理改革的启示[J].国际经济评论,

2007(6).
202. 张光华.论有序的资本项目可兑换[M].广东经济出版社,2004.
203. 张光华.资本项目可兑换的顺序分析[J].南方金融,2000(10).
204. 张光平.货币国际化程度度量的简单方法和人民币国际化水平的提升[J].金融评论,2011(3).
205. 张国兵,安烨.人民币国际化进程中的资本账户开放分析[J].当代经济研究,2013(3).
206. 张金清,赵伟,刘庆富."资本账户开放"与"金融开放"内在关系的剖析[J].复旦学报(社会科学版),2008(5).
207. 张礼卿.资本账户开放的政策性框架:前提条件、速度和顺序[J].国际金融研究,1999(11).
208. 张礼卿.发展中国家的资本账户开放:理论、政策与经验[M].北京:经济科学出版社,2000.
209. 张礼卿.量化宽松Ⅱ冲击和中国的政策选择[J].国际经济评论,2011(1).
210. 张礼卿.应该如何看待人民币的国际化进程[J].中央财经大学学报,2009(10).
211. 张礼卿.资本账户开放与金融不稳定:基于发展中国家(地区)的相关经验研究[M].北京大学出版社,2004.
212. 张莉萍,王丽芳.影响我国商业银行稳定性的因素分析[J].商业文化(学术版),2010(12).
213. 张明.新一轮量化宽松政策的冲击与应对[J].中国金融,2012(19).
214. 张明.中国资本账户开放:行为逻辑与情景分析[J].世界经济与政治,2016(4).
215. 张三峰,张伟.融资约束、金融发展与企业雇佣——来自中国企业调查数据的经验证据[J].金融研究,2016(10).
216. 张晓朴.中国国际资本流动管理现状及前景展望[J].世界经济,2003(4).
217. 张燕.我国商业银行体系的现状及变革途径[J].新金融,2007(2).
218. 张长全.中国金融开放与发展中的安全预警问题研究[M].经济科学出版社,2008.
219. 张志超.开放中国的资本账户:排序理论的发展及对中国的启示[J].国际经济评论,2003(1).
220. 张支南,葛阳琴.日美量化宽松货币政策的操作方式研究[J].现代日本经济,2013(1).
221. 赵海宽.人民币可能发展成为世界货币之一[J].经济研究,2003(3).
222. 赵庆明.人民币资本项目可兑换应稳步推进[J].中国外汇管理,2005(12).
223. 赵欣如,易春艳.日本量化宽松货币政策的实施与影响——以日本2011年至今的三次量化宽松为研究对象[J].经济研究,2013(6).
224. 赵玉娟.服务业FDI、技术进步效应和经济增长[J].经济问题,2011(3).
225. 郑江淮,何旭强,王华.上市公司投资的融资约束:从股权结构角度的实证分析[J].金融研究,2001(11).
226. 郑联盛.欧元区量化宽松政策:根源、机制、影响与问题[EB/OL].http://iwep.cssn.cn/webpic/web/iwep/upload/2015/01/d20150129155820730.pdf.
227. 郑泽华.加强和完善在华外资银行监管[J].金融理论与实践,2005(3).

228. 郑征,刘晓星.美国量化宽松政策国际传导机制及其冲击效应——基于金砖四国的数据分析[J].科技与经济,2013(4).
229. 中国科学院"国际资本流动与金融稳定研究"课题组,杨海珍.从欧元量化宽松政策看全球资本流动态势[J].中国银行业,2015(4).
230. 中国企业家调查系统.资本市场与中国企业家成长:现状与未来、问题与建议——2011中国企业经营者成长与发展专题调查报告[J].经济界,2011(3).
231. 中国人民银行.人民币汇率形成机制改革问答(一)[J].中国金融,2005(12).
232. 中国人民银行上海总部国际部课题组,冯润祥.人民币加入SDR背景下的中国资本账户开放评估——事实度量与中日比较[J].上海金融,2016(6).
233. 中国人民银行上海总部跨境人民币业务部课题组,施䴙娅.人民币国际化指数研究[J].上海金融,2015(8).
234. 中国人民银行调查统计司课题组,盛松成.我国加快资本账户开放的条件基本成熟[J].中国金融,2012(5).
235. 中国社科院经济研究所"经济增长前沿课题组".国际资本流动、经济扭曲与宏观稳定——当前经济增长态势分析[J].经济研究,2005(4).
236. 中国银行业从业人员资格认证办公室.中国银行业从业人员资格考试教材:公共基础[M].中国金融出版社,2010.
237. 周小川.人民币资本项目可兑换的前景和路径[J].金融研究,2012(1).
238. 周小川.经济改革中的争议性问题[M].中国对外经济贸易出版社,1990.
239. 周永峰.发达国家量化宽松货币政策对我国外贸和跨境资金流动影响的定量研究[J].区域金融研究,2013(9).
240. 朱轶,熊思敏.财政分权、FDI引资竞争与私人投资挤出——基于中国省际面板数据的经验研究[J].财贸研究,2009,20(4).
241. 祝宝良.当前通胀形势对经济的影响[J].中国金融,2011(11).
242. 庄晓玖.推进资本账户开放的基本条件和途径[J].上海金融,2007(7).
243. 邹平.金融计量学[M].上海财经大学出版社,2005.
244. 邹薇.基于BSSI指数的中国银行体系稳定性研究[J].经济理论与经济管理,2007(2).
245. Abiad, A., N. Oomes. & K. Ueda. "The Quality Effect: Does Financial Liberalization Improve the Allocation of Capital?" *IMF Working Paper*, 2004.
246. Aggarwal, R. and Zong, S. "Internal Cash Flows and Investment Decisions: Empirical Evidence from the G4 Countries," Financial Management Association, Annual Meetings, Denver, CO., 2003.
247. Aghion Philippe, Howitt Peter, and Mayer-Foulkes David. "The Effect of Financial Development on Convergence: Theory and Evidence," *Quarterly Journal of Economics*, 2005, 120(1).
248. Ahmed, Shaghil and Andrei Zlate. "Capital Flows to Emerging Market Economies: A Brave New World?" International Finance Discussion Papers 1081, Washington, DC:

Board of Governors of the Federal Reserve System, 2013.

249. Aitken, B. and Harrison, A. "Are Three Spillovers from Foreign Direct Investment?" Evidence from Panel Data for Venezuela, Mimeo, Boston: MIT, 2014.

250. Aizenman, Joshua, Mahir Binici and Michael M. Hutchison. "The Transmission of Federal Reserve Tapering News to Emerging Financial Markets," NBER Working Paper, 1991.

251. Almeida H, Campello M, Weisbach M S. "The Cash Flow Sensitivity of Cash," *Journal of Finance*, 2004, 59(4).

252. "Annual Report on Exchange Arrangements and Exchange Restrictions 2012," International Monetary Fund, 2008–2016.

253. Arvind Krishnamurthy, Annette Vissing-Jorgensen. "Measuring the Effect of the Zero Lower Bound on Medium and Longer-Term Interest Rates," FRB San Francisco Working Paper, 2012(2).

254. Ataullah, A. & T. Cockerill. & H. Le. "Financial Liberalization and Bank Efficiency: A Comparative Analysis of India and Pakistan," *Applied Economics*, 2004.

255. Bailliu J N. "Private Capital Flows, Financial Development, and Economic Growth in Developing Countries," Staff Working Papers, 2000.

256. Barajas, A. & R. Steiner. & N. Salazar. "The Impact of Liberalization and Foreign Investment in Colombia's Financial Sector," *Journal of Development Economics*, 2000.

257. Bauer, Michael D. and Christopher J. Neely, 2013. "International Channels of Fed's Unconventional Monetary Policy," Federal Reserve Bank of San Francisco Working Paper Series, 2012.

258. Baumeister, Christiane and Luca Benati. "Unconventional Monetary Policy and the Great Recession: Estimating the Impact of a Compression in the Yield Spread at the Zero Lower Bound." European Central Bank Working Paper Series, 2012.

259. Bech, Morten L., Leonardo Gambacorta and Enisse Kharroubi. "Monetary Policy in a Downturn: Are Financial Crises Special?" BIS Working Paper, 2012.

260. Berkman, S. Pelin, "Bank of Japan's Quantitative and Credit Easing: Are They Now More Effective?" IMF Working Paper, WP 12/2.

261. Bekaert & Geer. "Market Integration and Investment Barriers in Emerging Equity Markets," *World Bank Economics Reviews*, 1995, 9.

262. Bekaert, G., Harvey, C. R. and Lundblad, C. "Does Financial Liberalization Spur Growth?" NBER Working Paper, 2001.

263. Bencivenga, V. R.; Smith, B. D. and Starr, R. M. "Equity Markets, Transactions Costs and Capital Accumulation: An Illustration," *World Bank Economic Review*, 1996.

264. Bernanke B, Gertler M. "Financial Fragility and Economic Performance," *Quarterly Journal of Economics*, 1990, 105(1).

265. Bernanke. "Money, Gold and the Great Depression," At the H. Parker Willis Lecture in Economic Policy, Washington and Lee University, Lexington, Virginia, 2004.
266. Bernanke, B. "The Crisis and the Policy Response," London, 13 January 2009.
267. Bernanke, B. 0. "The Economic Outlook and Monetary Policy," Jackson Hole, Wyoming, 2010.
268. Bhattarai, Saroj, Arpita Chatterjee and Woong Yong Park. "Effects of US Quantitative Easing on Emerging Market Economies," Working Paper, 2015.
269. Bhattarai, Saroj, G. B. Eggertsson and B. Gafarov. "Time Consistency and the Duration of Government Debt: A Signalling Theory of Quantitative Easing," Working Paper presented at the Swiss National Bank (SNB) and the European Central Bank (ECB), 2014.
270. Bianchi, J. "Over-borrowing and Systemic Externalities in the Business Cycle," *American Economic Review*, 2011, 101(7).
271. Bianchi, Javier and Enrique G. Mendoza, 2012. "Overborrowing, Financial Crises and Macro Prudential Policy," Draft, 2012.
272. Blinder, A. S. "The Role of the Dollar as an International Currency," Federal Reserve Bank of Dallas, 1995.
273. Blomstrom, M. "Foreign Investment and Productive Efficiency: The Case of Mexico." *Journal of Industrial Economics*, 1986, 15.
274. Bluford H. Putnam. "Essential Concepts Necessary to Consider When Evaluating the Efficacy of Quantitative Easing," *Review of Financial Economics*, 2013(1).
275. Bodie, Zvi, Alex Kane and Alan J. Marcus. *Investments*. 7th Edition. McGraw-Hill Irwin, the McGraw-Hill Companies, Inc., 1221 Avenue of the Americas, New York, NY 10020, 2008.
276. Bowman, David, Fag Cai, Sally Davies, and Steven Kamin. "Quantitative Easing and Bank Lending: Evidence from Japan," International Finance Discussion Papers No. 1018, Board of Governors of the Federal Reserve System, 2011.
277. Bowman, David, Juan M. Londono and Horacio Saprize. "U. S. Unconventional Monetary Policy and Transmission to Emerging Market Economies," International Finance Discussion Papers No. 1109, Board of Governors of the Federal Reserve System, 2014.
278. Bruno, Valentina and Hyun Song Shin. "Capital Flows and the Risk-Taking Channel of Monetary Policy," *Journal of Monetary Economics*, 2014.
279. Campbell, Jeffrey R., Charles L. Evans, Jonas D. M. Fisher, and Alejandro Justiniano. "Macroeconomic Effects of FOMC Forward Guidance," unpublished, Federal Reserve Bank of Chicago, 2012.
280. Carmignani F. "Does Capital Account Liberalization Promote Economic Growth?

Evidence from System Estimation," *Economics Bulletin*, 2008, 6(49).

281. Carpenter R E, Guariglia A. "Cash Flow, Investment, and Investment Opportunities: New Tests Using UK Panel Data," *Journal of Banking & Finance*, 2008, 32(9).

282. Chen, Han, Vasco Cúrdia and Andrea Ferrero. "The Macroeconomic Effects of Large-Scale Asset Purchase Programmes," *Economic Journal*, Royal Economic Society, 2012, 122(564).

283. Chen, Qianying, Andrew Filardo, Dong He and Feng Zhu. "Financial Crisis, Unconventional Monetary Policy and International Spillovers," Hong Kong Institute for Monetary Research (HKIMR), Working Paper, 2014.

284. Chick V. "Some reflections on Financial Fragility in Banking and Finance," *Journal of Political Economy*, 1997(6).

285. Chinn, M., Frankel, J. "Will the Euro Eventually Surpass the Dollar as Leading International Reserve Currency?" NBER Working Paper No. 11510, 2005.

286. Chinn, M. D., Ito, H. "A New Measure of Financial Openness," *Journal of Comparative Policy Analysis*, 2008, 10 (3).

287. Chiţu, L., Eichengreen, B., Mehl, A. "When Did the Dollar Overtake Sterling as the Leading International Currency? Evidence from the Bond Markets," *Journal of Development Economics*, 2014, 111(6).

288. Cho, Dongchul and Changyong Rhee. "Effects of Quantitative Easing on Asia: Capital Flows and Financial Markets," Asian Development Bank (ADB) Working Paper Series, 2013.

289. Choong C K, Baharumshah A Z, Yusop Z, et al. "Private Capital Flows, Stock Market and Economic Growth in Developed and Developing Countries: A Comparative Analysis," *Japan & the World Economy*, 2010, 22(2).

290. Christensen, Jens H. E. and Glenn D. Rudebusch. "The Response of Interest Rates to U. S. and U. K. Quantitative Easing," *The Economic Journal*, 2012, 122(564).

291. Chung, H, J. Laforte, D. Reifschneider, and J. C. Williams. "Have We Underestimated the Likelihood and Severity of Zero Lower Bound Events?" *Journal of Money, Credit and Banking*, Vol. 44 supplement (February), 2012.

292. CJ Hadlock, JR Pierce. "New Evidence on Measuring Financial Constraints: Moving Beyond the KZ Index," *Review of Financial Studies*, 2010, 23(5).

293. Claessens, S. & Kunt, A. & Huizinga, H. "How Does Foreign Entry Affect the Domestic Banking Market?" *Journal of Banking & Finance*, 2001, 25.

294. Claudio Bono, Piti Disyatat. "Unconventional Monetary Policies: An Appraisal," BIS working paper, 2009.

295. Cowan K, Gregorio J D. "Capital Controls and Capital Flows in Emerging Economies: Policies, Practices and Consequences: International Borrowing, Capital Controls, and the

Exchange Rate: Lessons from Chile," *Social Science Electronic Publishing*, 2007, 44(3).

296. Crockett A. "The Theory and Practice of Financial Stability," *Economist*, 1996, 144(4).

297. Curdia, Vasco, and Michael Woodford. "The Central-Bank Balance Sheet as an Instrument of Monetary Policy," *Journal of Monetary Economics*, 2011, 58(1).

298. D'Amico, Stefania, William English, David López-Salido, and Edward Nelson. "The Federal Reserve's Large-Scale Asset Purchase Programs: Rationale and Effects," *Economic Journal*, 2011.

299. da Silva, Luiz A. Pereira. "Global Dimensions of Unconventional Monetary Policy — an EME Perspective," Jackson Hole Economic Symposium, 2013.

300. Dahlhaus, Tatjana, Kristina Hess and Abeer Reza. "International Transmission Channels of U. S. Quantitative Easing: Evidence from Canada," Working Paper, Bank of Canada, 2014.

301. Daili, W., Yiping, H., Gang, F. "Will the Renminbi become a reserve currency?" *China Economic Journal*, 2015, 8(1).

302. De Mello, L. R. "Foreign Direct Investment, International Knowledge Transfers, and Endogenous Growth: Time Series Evidence," Mimeo, Kent, England: Department of Economics, University of Kent, 1996.

303. Delis, M. &N. Papanikolaou. "Determinants of Bank Efficiency: Evidence from a Semi-Parametric Methodology," *Managerial Finance*, 2009.

304. Denizer C. A. & Dinc M & Tarimcilar M., "Measuring Banking Efficiency in the Pre- and Post- Liberalization Environment: Evidence from the Turkish Banking System," *World Bank*, 2000.

305. Denizer, C. A. &M. Dinc. &M. Tarimcilar. "Measuring Banking Efficiency in the Pre- and Post- Liberalization Environment: Evidence from the Turkish Banking System," *World Bank*, 2000.

306. Diamond, Douglas and Philip Dybvig. "Bank Runs, Deposit Insurance and Liquidity," *Journal of Political Economy*, 1983(91).

307. D'souza, C. & A. Lai. "Does Diversification ImproveBank Efficiency," The evolving financial system and public policy, 2003.

308. Dueker, M. "Dynamic Forecasts of Qualitative Variables: A Qual VAR Model of U. S. Recessions," *Journal of Business and Economic Statistics*, 2005 (23).

309. ECB. "EU Banking Sector Stability," Germany: European Central Bank, 2008.

310. Edison H J, Klein M W, Ricci L A, et al. Capital Account Liberalization and Economic Performance: Survey and Synthesis[J]. Imf Staff Papers, 2004, 51(2).

311. Edison, H. J., Klein, M. W., Ricci L. A. &Slok, T. "Capital Account Liberalization and Economic Performance: Survey and Synthesis," IMF Working Paper, 2002.

312. Edison, H. J., Klein, M. W. "Capital Account Liberalization and Economic Performance: Survey and Synthesis," IMF Staff Papers, 2004.
313. Edison, Hali J., Levine, Ross, Ricci, Luca and Slok, Torsten. "International Financial Integration and Economic Growth." *Journal of International Money and Finance*, 2002, 21.
314. Edwards S. "Capital Mobility and Economic Performance: Are Emerging Economies Different?," NBER Working Papers, 2001.
315. Edwards, S. "Financial Openness, Sudden Stops, and Current Account Reversals," NBER Working Papers, 2004.
316. Eichengreen, B., Gullapalli, R., Panizza, U. "Capital Account Liberalization, Financial Development and Industry Growth: A Synthetic View," *Journal of International Money and Finance*, 2011, 30(6).
317. Eichengreen, Barry and Poonam Gupta. "Tapering Talk: The Impact of Expectations of Reduced Federal Reserve Security Purchases on Emerging Markets," MPRA Working Papers, 2014.
318. Eichengreen, B. & R. Gullapalli. & U. Panizza. "Capital Account Liberalization, Financial Development and Industry Growth: A Synthetic View," POLIS Working Papers, 2009.
319. Farmer, Roger E. A. and Pawel Zabczyk. "The Theory of Unconventional Monetary Policy," NBER Working Papers, 2016.
320. Fazzari S M, Hubbard R G, Petersen B C, et al. "Financing Constraints and Corporate Investment," Brookings Papers on Economic Activity, 1988(1).
321. Fazzari S M, Petersen B C. "Working Capital and Fixed Investment: New Evidence on Financing Constraints," *Rand Journal of Economics*, 1993, 24(3).
322. Feldstein, Martin & Horitoka, C. "Domestic Saving and International Capital Flows," *Economic Journal*, 1980, 90(358).
323. Forbes, K., and F. Warnock. "Capital Flow Waves: Surges, Stops, Flight and Retrenchment," NBER Working Papers, 2011.
324. Forbes, Kristin J., Marcel Fratzscher and Roland Straub. "Capital-Flow Management Measures: What Are They Good for?" *Journal of International Economics*, 2015(96).
325. Frankel, J. "Historical Precedents for Internationalization of the RMB," The Robina Foundation, 2011.
326. Fratzscher, Lo Duca, and Straub. "On The International Spillovers of US Quantitative Easing," European Central Bank (ECB) Working Paper Series, 2013.
327. Fratzscher, Marcel. "Capital Flows, Push versus Pull Factors and the Global Financial Crisis," *Journal of International Economics*, 2012, 88(2).
328. Frederic S. Mishkin. "The Economic of Money, Banking and Financial Markets,"

Pearson International, 2009(9).

329. Froot K A, Scharfstein D S, Stein J C. "Risk Management: Coordinating Corporate Investment and Financing Policies," *Journal of Finance*, 1993, 48(5).

330. Fuentes, R. & M. Vergara. "*Explaining Bank Efficiency: Bank Size or Ownership Structure?*," aea-eu. com, 2003.

331. Gagnon, Joseph, Matthew Raskin, Julie Remache, and Brian Sack. "The Financial Market Effects of the Federal Reserve's Large-Scale Asset Purchases," *International Journal of Central Banking*, 2011 7(1).

332. Gallagher, Kevin P. 2014. "*Ruling Capital: Emerging Markets and the Re-regulation of Cross-border Finance*," Cornell University Press, Ithaca, U. S.

333. Gambacorta, Leandro and David Marques-Ibanez. "The Bank Lending Channel: Lessons From the Crisis," *Economic Policy*, CEPR & CES & MSH, 2011, 26(66).

334. Gambacorta, Leonardo, Boris Hofmann, and Gert Peersman. "The Effectiveness of Unconventional Monetary Policy at the Zero Lower Bound: A Cross-Country Analysis," BIS Working Papers, 2012.

335. Gerard Caprio (Jr.) & Daniel Klingebiel. "*Bank Insolvencies: Cross Country Experience*," Policy Research Working Paper, 1996.

336. Gerard, Jr. Caprio, Patrick Honohan, Joseph E. Stiglitz. *Finance Liberalization: How Far, How Fast?*, Cambridge: Cambridge University Press, 2006.

337. Gertler, Mark and Peter Karadi, "QE 1 vs. 2 vs. 3: A Framework for Analyzing Large-Scale Asset Purchases as a Monetary Policy Tool," *International Journal of Central Banking*, 2013.

338. Gertler, Mark, and Peter Karadi. "A Model of Unconventional Monetary Policy." *Journal of Monetary Economics*, 2011, 58(1).

339. Ghosh, A. R., J. Kim, M. S. Qureshi, and J. Zalduendo. "Surges," International Monetary Fund(IMF) Working Paper, 2012.

340. Glick, Reuven and Sylvain Leduc. "The Effects of Unconventional and Conventional U. S. Monetary Policy on the Dollar," Federal Reserve Bank of San Francisco, Working Paper, 2013.

341. Gormley T A. "Banking Competition in Developing Countries: Does Foreign Bank Entry Improve Credit Access?" Department of Economics, 2007.

342. Grilli, V., Milesi-Ferretti, G. "Economic Effects and Structural Determinants of Capital Controls," IMF Staff Papers, 1995, 42(3).

343. Hamilton, James D. and Jing Cynthia Wu. "The Effectiveness of Alternative Monetary Policy Tools in a Zero Lower Bound Environment," Working Paper, University of California, San Diego, 2011.

344. Hancock, Diana, and Wayne Passmore. "Did the Federal Reserve's MBS Purchase

Program Lower Mortgage Rates?" *Journal of Monetary Economics*, 2011(5).

345. Hang M. "Markowitz. Portfolio Selection," *The Journal of Finance*, 1952, 7(1).

346. Harding, R. 2014. "India's Raghuram Rajan Hits Out at Uncoordinated Global Policy," *Financial Times*, 2014.

347. Harrison A E, Mcmillan M S. "Does direct foreign investment affect domestic credit constraints?" *Journal of International Economics*, 2001, 61(1).

348. Hau, Harald and Hélène Ray. "Can Portfolio Rebalancing Explain the Dynamics of Equity Returns, Equity Flows, and Exchange Rates?" Working Paper, 2004.

349. Henry P B. "Capital-Account Liberalization, the Cost of Capital, and Economic Growth," *American Economic Review*, 2003, 93(2).

350. Henry, P. B. "Capital Account Liberalization: Theory, Evidence, and Speculation," *Journal of Economic Literature*, 2007, 45(4).

351. Henry, Peter Blair. "Do Stock Market Liberalizations Cause Investment Booms?" *Journal of Financial Economics*, 2000, 58(1-2).

352. Héricourt J, Poncet S. "FDI and Credit Constraints: Firm-Level Evidence from China," *Economic Systems*, 2009, 33(1).

353. Hermes, N. & V. Nhung. "The Impact of Financial Liberalization on Bank Efficiency: Evidence from Latin America and Asia," *Applied Economics*, 2010.

354. Hoenig Thomas M. "The Federal Reserve's Mandata: Long Run," *Business Economics*, 2011(1).

355. Hoshi T, Kashyap A, Scharfstein D. "Corporate Structure, Liquidity, and Investment: Evidence from Japanese Industrial Groups," *Quarterly Journal of Economics*, 1991, 106(1).

356. Houben, A, Kakes, J and G Schinasi. "Towards a Framework for Safeguarding Financial Stability," IMF Working Paper, 2004.

357. Hu, Fred. "China's WTO Accession as a Catalyst for Capital Account Liberalization," Cato Journal, 2001, 21(1).

358. International Monetary Fund (IMF). "Unconventional Monetary Policies: Recent Experience and Prospects," April 18, 2013.

359. Ishii, Shogo, and Karl Habermeier. "Capital Account Liberalization and Financial Sector Stability," IMF Occasional Paper 211, Washington, D. C. : International Monetary Fund, 2002.

360. Ito S, Watanabe M, Yanagawa N. "Financial Aspects of Transactions with FDI: Trade Credit Provision by SMEs in China," IDE Discussion Papers, 2007.

361. Ito, H. , Kawai, M. "Trade Invoicing in Major Currencies in the 1970s–1990s: Lessons for Renminbi Internationalization," *Journal of the Japanese and International Economies*, 2016, 42.

362. Jensen M C, Meckling W H. "Theory of the Firm: Managerial Behavior, Agency Costs and Ownership Structure," *Journal of Financial Economics*, 1976, 3(4).

363. Johan P. Mackenbach, Martin McKee. "Social-Democratic Government and Health Policy in Europe: A Quantitative Analysis," *International Journal of Health Services*, 2013(3).

364. Jonhnston, R Barry. "Sequencing Capital Account Liberalization: Lessons for the Experiences in Chile, Indonesia, Korea and Thailand," IMF Working Paper, 1997.

365. Jotikasthira, Chotibhak, Christian T. Lundblad and Traun Ramadorai. "Asset Fire Sales and Purchases and the International Transmission of Financial Shocks," CEPR Discussion Paper, 2010.

366. Joyce, M., D. Miles, A. Scott, and D. Vayanos. "Quantitative Easing and Unconventional Monetary Policy: An Introduction," *The Economic Journal*, 2012, 122.

367. Joyce, Michael, Ana Lasaosa, Ibrahim Stevens, and Matthew Tong. "The Financial Market Impact of Quantitative Easing in the United Kingdom," *International Journal of Central Banking*, 2011, 7(3).

368. Jun L U, Xiong Y F. "Capital Account Liberalization, Institutional Quality and Economic Growth," *Finance Forum*, 2014.

369. Kaminsky G. L. & Schmukler S. L., "Short-Run Pain, Long-Run Gain: the Effects of Financial Liberalization," *The World Bank Policy Research Working Paper Series 2912*, 2002.

370. Kaplan S N, Zingales L. "Do Investment-Cash Flow Sensitivities Provide Useful Measures of Financing Constraints?" *Quarterly Journal of Economics*, 1997, 112(1).

371. Karry. "In Search of Macroeconomic Effects of Capital Account Liberalization," Washington: World Bank, 1998.

372. Kiley, M. "The Aggregate Demand Effects of Short- and Long-Term Interest Rates," Finance and Economics Discussion Series 2012–2054.

373. Kim S, Kim S H, Wang Y. "Financial Integration and Consumption Risk Sharing in East Asia," *Japan & the World Economy*, 2006, 18(2).

374. Klein M W, Olivei G P. "Capital Account Liberalization, Financial Depth, and Economic Growth," *Journal of International Money & Finance*, 2008, 27(6).

375. Klein, Michael W. "Capital Account Openness and the Varieties of Growth Experience," NBER Working Paper, 2003.

376. Koepke, Robin, Cameron Brandt and Sascha Mohammed. "Emerging Market Portfolio Flows: Lessons from 2014," International Institute of Finance (IIF) and EPFR Global, 2015.

377. Koichiro Kamada. "Evaluating Japanese Monetary Policy under the Non-negativity Constraint on Nominal Short-term Interest Rates," Bank of Japan Working Paper

Series, 2013.
378. Korinek, A. "Systemic Risk-Taking: Accelerator Effects, Externalities, and Regulatory," Mimeo, University of Maryland, 2009.
379. Kose, M. A. , Prasad, E. S. , Rogoff, K. , & Wei, S. J. "Financial Globalization: A Reappraisal," IMF Working Paper, 2009.
380. Kraay, A. "In Search of the Macroeconomic Effect of Capital Account Liberalization," Washington: The World Bank, 1998.
381. Krishnamurthy, Arvind and Annette Vissing-Jorgensen. "The Effects of Quantitative Easing on Interest Rates," Brooking Papers on Economic Activity 2011, 43(2).
382. Kunt, A. D. & Dereagiache, E. "The Determinants of Banking Crises: Evidence from Developing and Developed countries," IMF Paper, 1997.
383. Lam, W. Raphael. "Bank of Japan's Monetary Easing Measures: Are They Powerful and Comprehensive?" IMF Working Paper, 2011.
384. Lane P R, Milesiferretti G M, Ebrary I. "The External Wealth of Nations Mark II: Revised and Extended Estimates of Foreign Assets and Liabilities, 1970–2004," International Monetary Fund, 2006.
385. Lane P R, Milesi-Ferretti G M. "Capital Flows to Central and Eastern Europe," *Emerging Markets Review*, 2007, 8(2).
386. Laurenceson J. & Tang K. K. "China's Capital Account Convertibility and Financial Stability," EAERG Discussion Paper, 2005.
387. Lavigne, R. , S. Sarker and G. Vasishtha. "Spillover Effects of Quantitative Easing on Emerging Market Economies," *Bank of Canada Review*, 2014.
388. Levine, Ross. "Financial Development and Economic Growth: Views and Agenda," *Journal of Economic Literature*, 1997, 35.
389. Levy-Yeyati, Eduardo. "Global Moral Hazard, Capital Account Liberalization and the Over-lending Syndrome," IMF Working Paper, 1999.
390. Lim, Jamus J. , Sanket Mohapatra and Marc Stocker. "Tinker, Taper, QE, Bye? The Effects of Quantitative Easing on Financial Flows to Developing Countries," Policy Research Working Paper 6820, The World Bank, Development Prospects Group, Global Macroeconomics Unit, 2014.
391. Lorenzoni, G. "Inefficient Credit Booms," *Review of Economic Studies*, 2008, 75.
392. MacDonald, Margaux. "International Capital Market Frictions and Spillovers from Quantitative Easing," Queen's University Economics Department Working Paper, 2015.
393. Mckinnon, R. I. "Money and capital in Economic Development," Washington D. C. : Brookings Institution, 1973.
394. Meinusch, A. and P. Tillmann. "The macroeconomic impact of unconventional monetary policy shocks," University of Giessen, 2014.

395. Michael Woodford. "Methods of Policy Accommodation at the Interest-Rate Lower Bound," Jackson Hole Symposium, 2012.
396. Milesi-Ferretti. "International Capital Flows and Development: Financial Openness Matters," IMF Working Paper, 2010.
397. Milesi-Ferretti, G. M., and C. Tille. "The Great Retrenchment: International Capital Flows During the Global Financial Crisis," *Economic Policy*, 2011, 26(66).
398. Minsky, H. P. "The Financial Fragility Hypothesis: Capitalist Process and the Behavior of the Economy in Financial Crises," Cambridge: Cambridge University Press, 1982.
399. Miranda-Agrippino, Silvia and Hélène Ray. "World Asset Markets and the Global Financial Cycle," Working Paper, 2015.
400. Mishkin, F S. "Global Financial Instability: Framework, Events, Issues," *Journal of Economic Perspectives*, 1999, 13(4).
401. Morgan Peter J. "The Role and Effectiveness of Unconventional Monetary Policy," *Journal of the Korean Economy*, 2010(4).
402. Neely, Christopher J. "Unconventional Monetary Policy Had Large International Effects," Working Paper, Federal Reserve Bank of St. Louis, Research Division, 2010.
403. Okawa, Y. and E. Van Wincoop. "Gravity in international finance," *Journal of International Economics*, 2012, 87 (2).
404. Oliner S D, Rudebusch G D. "Sources of the Financing Hierarchy for Business Investment," *Review of Economics & Statistics*, 1992, 74(4).
405. Padoa-Schioppa, T. "Central Banks and Financial Stability: Exploring a Land in Between," in: V Gaspar, Partmann, O Sleijpen (eds.). The Transformation of the European Financial System. European Central Bank, Frankfurt, 2003.
406. Paries, Matthieu and Roberto De Santis, "A Non-standard Monetary Policy Shock: The ECB's 3-year LTROs and the Shift in Credit Supply," ECB Working Paper Series, 2013.
407. Pasricha, Gurnain, Matteo Falagiarda, Martin Bijsterbosch, and Joshua Aizenman. "Domestic and Multilateral Effects of Capital Controls in Emerging Mrkets," ECB Working Paper, 2015.
408. Paul Mortimeer-Lee. "The Effects and Risks of Quantitative Easing," *Journal of Risk Management in Financial Institutions*, 2012(4).
409. Peersman, Gert. "Macroeconomic Effects of Unconventional Monetary Policy in the Euro Area," Working Paper Series 1397, European Central Bank, 2011.
410. Peersman. "Macroecomomic Consequences of Different Types of Credit Market Disturbances and Non-conventional Monetary Policy in the Euro Area," *Monetary Policy and International Finance*.
411. Pesaran, M. H., Shin, Y., Smith. R. J. "Bounds Testing Approaches to the Analysis of Level Relationships," *Journal of Applied Econometrics*, 2001, 16(3).

412. Portes, R. and H. Rey. "The Determinants of Cross-Border Equity Flows. " *Journal International Economics*, 2005(65).
413. Portes, R. , H. Rey and Y. Oh. "Information and Capital Flows: The Determinants of Transactions in Financial Assets," *European Economic Review*, 2001, 45 (4 - 6).
414. Prasad Eswar, Kenneth Rogoff, Shang-Jin Wei, and Ayhan Kose. "The Effects of Financial Globalization on Developing Countries: Some Empirical Evidence," International Monetary Fund Occasional Paper No. 220 (Washington: International Monetary Fund), 2003.
415. Quinn & Dennis. "The Correlates of Change in International Financial Regulation," *American Political Science Review*, 1997, 91(3).
416. Quinn, D. "The Correlates of Change in International Financial Regulation," *American Political Science Review*, 1997, 91(3).
417. Quirk & Evans, Capital Account Convertibility: Review of Experience and Implication for IMF Policy, IMF Occasional Paper, 1995.
418. Reserve bank of India. Report of the Committee on Capital Account Convertibility, 1997.
419. Rodrik D. "Who Needs Capital-Account Convertibility," *Essays in International Finance*, 1998, 92(35).
420. Rosa, Carlo. "How 'Unconventional' Are Large-Scale Asset Purchases? The Impact of Monetary Policy on Asset Prices," Federal Reserve Bank of New York Staff Report 560, 2012.
421. Schneider, B. "Issues in Capital Account Convertibility in Developing Countries," London: Overseas Development Institute, 2000.
422. Sibert & Horst. "The Transformation of Eastern Europe," Kiel Institute of World Economics Discussion Paper, 1991.
423. Sinclair Peter, Ellis Colin. "Quantitative Easing Is Not as Unconventional as It Seems," *Oxford Review of Economic Policy*, 2012(4).
424. Singh, Kavaljit. "Emerging Markets Consider Capital Controls to Regulate Speculative Capital Flows," VOX, CEPR's Policy Portal, 2010.
425. Spence M. "Job Market Signaling," *Quarterly Journal of Economics*, 1973, 87(3).
426. Srivastava, S. "The Emerging Economies and Changing Prospects of the Multicurrency Global Order: Avenues and Challenges in Times Ahead," *Procedia-Social and Behavioral sciences*, 2012, 37(37).
427. Stein, Jeremy. "Evaluating Large-Scale Asset Purchases," Speech given at the Brookings Institution, Washington D. C. , October 11, 2012.
428. Stiglitz, Joseph E. *Globalization and Its Discontents*. New York: W. W. Norton, 2002.
429. Subramanian, A. "Renminbi Rules: The Conditional Imminence of the Reserve Currency Transition," SSRN Working Paper, 2008.

430. Sundararajan. "*Financial Soundness Indicators: Analytical Aspects and Country Practices*," IMF Occasional Paper, No. 212, 2002.
431. Swanson, Eric T., and John C. Williams. "Measuring the Effect of the Zero Lower Bound on Medium- and Longer-Term Interest Rates," Federal Reserve Bank of San Francisco Working Paper, 2012.
432. Tillmann, Peter. "Unconventional Monetary Policy Shocks and the Spillovers to Emerging Markets," Hong Kong Institute for Monetary Research (HKIMR), Working Paper, 2014.
433. Ueda Kazuo. "Japan's Deflation and the Bank of Japan's Experience with Nontraditional Monetary Policy," *Supplement*, 2012(2).
434. Ueda, Kazuo. "The Effectiveness of Non-traditional Monetary Policy Measures: the Case of the Bank of Japan," *The Japanese Economic Review*, 2012, 63(1).
435. Veblan, T. The Theory of Business Enterprises, New York: Charles Scribners and sens, 1904.
436. Volker Wieland. Quantitative Easing: A Rationale and Some Evidence From Japan. NBER Working Paper Series, 2009.
437. W. Raphael Lam. "Bank of Japan's Monetary Easing Measures: Are They Powerful and Comprehensive?" IMF working paper, 2011.
438. Warnock, Francis E. and Veronica Cacdac Warnock. "International Capital Flows and U. S. Interest Rates," *Journal of International Money and Finance*, 2009 (29).
439. Whited T M, Wu G. "Financial Constraints Risk," *Review of Financial Studies*, 2006, 19(2).
440. Whited T M. "Debt, Liquidity Constraints, and Corporate Investment: Evidence from Panel Data," *Journal of Finance*, 1992, 47(4).
441. Williams, John C. "Will Unconventional Policy Be the New Normal?" *Economic Letter*, Federal Reserve Bank of San Francisco (FRBSF), 2013.
442. Woodford, Michael. "Methods of Policy Accommodation at the Interest-Rate Lower Bound," presented at the Jackson Hole symposium, 2012.
443. Wright, Jonathan H. "What does Monetary Policy do to Long-term Interest Rates at the Zero Lower Bound?" *The Economic Journal*, 2012, 122(564).
444. Yeyati E L. "Global Moral Hazard, Capital Account Liberalization and the Overlending Syndrome," IMF Working Papers, 1998, 99(100).
445. Yoshiyuki Nakazone, Kozo Ueda. "Policy Commitment and Market Expectation: Lessons Learned from Survey Based Evidence under Japan's Quantitative Easing Policy," IMES discussion paper, 2011.

后　　记

　　本书为国家社科基金一般项目"量化宽松货币政策、国际资本流动和中国资本账户开放"(13BJL048)的最终成果。本书以发达经济体量化宽松货币政策为分析的起点,探讨了量化宽松货币政策、资本流动和中国资本账户开放之间的关系,并以此为基础,分析了中国资本账户开放对经济增长影响的间接渠道以及中国资本账户开放的政策思路和措施。

　　本书在写作的过程中,得到了周琳、秦大伟、许华、吴昕悦、韩强、林和东、曾建春、周雷等八位同学的帮助。他们作为课题组成员,在资料收集、数据采集、文献梳理以及部分章节的实证分析等方面做了大量的工作,在此表示感谢!

焦成焕

2020 年 2 月 21 日